Heinz-Detlef Scheer

Wie ich werde, was ich bin.

(Selbst-)Coaching für hochbegabte Erwachsene

Bibliografische Information der Deutschen Nationalbibliothek
Die Deutsche Nationalbibliothek verzeichnet diese Publikation in
der Deutschen Nationalbibliografie; detaillierte bibliografische
Daten sind im Internet über dnb.d-nb.de abrufbar.

© 2010, Heinz-Detlef Scheer

Text: Heinz-Detlef Scheer

Titel-Foto: Heinz-Detlef Scheer

Herstellung und Verlag: Books on Demand GmbH, Norderstedt

Kleingedrucktes:

Printed in Germany

ISBN 9783839112885

Zum Autor

Heinz-Detlef Scheer, Exmusiker, gelernter Kaufmann, Diplom-Psychologe, Jahrgang 1957, Zivildienst in der Lüneburger Heide, Studium in Kiel, Personalentwickler in München, ist seit 1991 selbstständig. Er arbeitet als Trainer und Coach für Unternehmen und Einzelpersonen. Außerdem betreibt er gemeinsam mit seiner Frau eine Buchhandlung in Bremen. Dass er selbst hochbegabt ist, entdeckte er anlässlich der Testausbildung während des Psychologiestudiums. Es dauerte aber 18 Jahre, bis er es wahrhaben wollte, sich noch einmal testen ließ und Mensa beitrat, einem Verein für Hochbegabte. Dort traf er auf unzählige Menschen, die nicht immer Schönes und Erbauliches im Zusammenhang mit ihrer Hochbegabung erlebt hatten. Fast zwangsläufig entwickelte sich ein neues und weites Betätigungsfeld für Scheer: das Coaching Hochbegabter. Denn warum sollte nicht bei Hochbegabten funktionieren, was bei seinem üblichen Klientel – Manager und Spezialisten in Unternehmen – auch funktioniert? Im Prinzip jedenfalls! In seiner Freizeit haben Radtouren das Segeln abgelöst, Scheer kocht und isst leidenschaftlich gerne, spielt Doppelkopf in jeder Lebenslage und engagiert sich als Testleiter und LocSec (lokaler Ansprechpartner) bei Mensa in Deutschland e.V.

Zum Buch

Das Buch gibt einen Überblick über das Phänomen Hochbegabung. Es klärt auf über den Tatbestand und gibt einen Einblick in das Seelenleben, die Erfolge und Misserfolge hochbegabter Erwachsener. Der Leser lernt die speziellen Schwierigkeiten Hochbegabter – teilweise in Form von Berichten Betroffener – kennen und bekommt schließlich Unterstützung, wenn es darum geht sich einen kompetenten Coach zu suchen.
Außerdem enthält dieses Buch eine Menge Anregungen (als hochbegabter Erwachsener) sich selbst zu helfen, seine Ressourcen möglichst umfassend zu nutzen und so auf eine zufriedenstellende Lebensführung zuzusteuern. Interessierte Nichthochbegabte oder diejenigen, die sich unsicher sind, ob sie hochbegabt sind oder nicht, finden Unterstützung im Umgang mit Hochbegabten – quasi eine Gebrauchsanweisung – oder für die eigene Entscheidung, sich testen zu lassen, um (endlich) Klarheit zu gewinnen. Und endlich zu werden, was sie sind!

Feedback zu diesem Buch

Cornelia Hegele-Raih, Redakteurin des Harvard Business Manager:

„Detlef Scheer, selber hochbegabter Coach von Hochbegabten gibt einen faszinierenden Einblick die Welt der überdurchschnittlich intelligenten Menschen. Und siehe da: jenseits aller Vorurteile erleben Hochbegabte die gleichen Hochs und Tiefs, kämpfen mit ganz eigenen, aber letztlich ganz universellen Problemen und Selbstzweifeln, wie sie auch uns durchschnittlich oder sonst wie begabte Menschen mitunter plagen. Nur in extrem geballter Form. In einem durchwegs verständlich und mit einem Augenzwinkern geschriebenen Parforceritt beantwortet Scheer letztlich Fragen, die sich nicht nur Hochbegabte sondern wir alle uns stellen: Was sollen oder können wir auf diesem Planeten eigentlich erreichen? Wie bringen wir unsere PS endlich auf die Straße? Wie werden wir zufriedener? Und so können auch ganz normale Leute aus diesem Buch viel lernen: für die eigene Karriere. Über das Coachen von hoch- oder anders begabten Menschen oder über das Menschsein an sich."

Dorothee Echter, Top Management Coach:

„Heinz-Detlef Scheer bietet mit diesem Buch allen Management Coaches wichtige Orientierung. Gerade im internationalen Topmanagement findet man überproportional viele Hochbegabte. Scheer vermittelt fundierte, erfahrungsbasierte Erkenntnisse, wie ihr Gehirn, ihre Wahrnehmung, ihre Seele und ihre Ambition, anders als die „Normalbegabter", funktionieren. Womit ich als Coach hoch begabter Spitzenleute rechnen muss. Woran ich ihre Hochbegabung erkennen kann. Welche nicht sehr klugen, emotionalen Widerstände diese Klientinnen und Klienten gegenüber „Erfolg" und „Lebensglück" entwickeln. Warum das so ist und wie ich speziell damit als Coach in Resonanz gehen kann. Wie ich meine hoch begabten Klientinnen und Klienten aus dem Top-Management am besten unterstützen kann. Dies ist ein überaus wertvolles Buch. Dafür danke ich Heinz-Detlef Scheer sehr. Nur er als selbst hoch begabter Coach konnte es so schreiben."

Dr. Hermann Meier, Vorstandsvorsitzender von MinD (Mensa in Deutschland e.V.) :

„Deutschland ist ein rohstoffarmes Land. Unser Wohlstand und unser Überleben basieren vor allem auf den Potentialen der Menschen, ihrer Findigkeit, Zuverlässigkeit und Intelligenz. Diese Potentiale zu finden, zu erschließen und zu fördern ist eine wesentliche gesellschaftliche Aufgabe.

Detlef Scheer zeigt, dass diese Herausforderung nicht mit Abschluss der Ausbildung endet: Manchen Erwachsenen wird erst im Laufe der Zeit bewusst, dass sie anders denken, arbeiten und fühlen als die Kollegen. Und dass Anpassung auf die Dauer nicht glücklich macht. Dieses Buch öffnet die Augen, es weckt Verständnis und macht Mut für einen gut reflektierten Neubeginn."

Für alle spät entdeckten Hochbegabten. Für die, die es wissen und für die, die es nicht einmal ahnen. Auch wenn die Zweitgenannten es kaum jemals lesen werden. Wenn aber nur einer oder eine dies tut und die richtigen Konsequenzen zieht, hat das Buch sein Ziel schon erreicht. Und für alle anderen, die sich tatsächlich für hochbegabte Menschen interessieren. Ich danke sehr für Ihr und Euer Interesse, denn vielleicht hilft es auch die Fronten zu entschärfen, die sich aus vielen Gründen leider immer wieder bilden.

Viele Hochbegabte hatten als Kind und Jugendlicher das Gefühl, von einem anderen Stern zu stammen, aus einer anderen Galaxie

Stellen Sie sich vor, Sie sind mit einem intergalaktischen Raumschiff mit einigen anderen zusammen zur Erde gekommen, um hier einige Zeit zu leben und zu arbeiten! Auf dem Flug haben Sie einen Menschen kennengelernt, den Sie sehr sympathisch fanden, ihn aber nach der Landung aus den Augen verloren.

Sie leben nun schon einige Zeit auf der Erde. Aber was ist Ihre Mission? Warum sind Sie hier? Wie lautet Ihr Auftrag? Sie wissen nur: Sie sollen etwas „Gutes" tun. Für sich und andere. Sie erkennen Ihren Auftrag an dem, was Sie am meisten herausfordert, was Sie am besten können und was Ihnen am meisten Spaß macht und Sie am meisten befriedigt. Weil Sie dabei ihre Ressourcen voll ausschöpfen können und am stärksten sind, sind Sie auch für andere dann erst richtig gut! Keine leichte Aufgabe, und es kann dauern, es herauszufinden. Aber es lohnt sich. Denn Sie werden dadurch extrem effektiv und erfolgreich. Früher oder später erkennt das jeder. Sie erkennen es jetzt schon! Denn Sie brauchen die Erkenntnis jetzt und hier für Ihre Arbeit auf diesem Planeten! Entweder, weil Sie als Hochbegabte endlich Ihre Ressourcen nutzen möchten, solange Sie noch hier sind, oder, weil Sie Hochbegabte dabei unterstützen und deswegen besser verstehen wollen.

Eines fernen Tages fliegen Sie zurück. Ihre Mission ist beendet. Sie treffen den Menschen wieder, den Sie auf dem Flug hierher kennengelernt haben. Sie freuen sich darüber, sich zu sehen, klopfen sich auf die Schulter… Sie haben sich so wahnsinnig viel zu erzählen… Sie lächeln sich gegenseitig an und sagen zufrieden: „Hey, das haben wir gut gemacht!" Und in diesem Moment wissen Sie: Sie haben Ihre Mission erfüllt.

Oder:

Das Leben ist das existenzielle Fragezeichen zwischen Geburt und Tod.

Inhalt:

Hilf dir selbst, sonst hilft dir keiner?

Stellen Sie sich vor, Sie haben vierzig Jahre in der Überzeugung gelebt, Sie hätten nur einen Arm. Eines Tages aber sagt Ihnen jemand, dass sie womöglich zwei Arme haben. Den Verdacht hatten Sie selbst schon einmal. Da wäre so eine seltsame Ausbeulung auf Ihrem Rücken, sagt der Jemand. Sie stellen fest, dass Ihr zweiter Arm seit 45 Jahren auf Ihrem Rücken festgebunden war. Aber der Jemand ist der Erste, der ihn erwähnt.

Sie machen ihn los. Sie sind irritiert, überwältigt, fasziniert. Mit einem Mal sehen Sie Ihr Leben mit ganz anderen Augen! Aber: Was machen Sie jetzt mit diesem zweiten Arm? Sie haben nie gelernt, ihn zu benutzen ... Er wird Ihnen zunächst einmal im Wege sein ... bis sie den dritten Arm entdecken, denn dann wird Ihnen klar: Sie haben gar nicht weniger Arme als alle andern, sondern: mehr! Sie sind eine kleine Krake!

Und dann fällt Ihnen irgendwann auf, dass Sie vermutlich wieder der Dumme sind. Nicht weil Sie so viele Arme haben, sondern weil Sie eine *andere* Anzahl Arme Ihr Eigen nennen als die meisten anderen. Da, wo Sie leben, bestimmen die Zweiarmigen, wo es hingeht, die anderen – egal ob mehr oder weniger Arme – stören.

Willkommen also in einem weiteren Buch über Hochbegabte. Und zwar diesmal über Coaching und geleitete Selbstreflexion, die man als Selbstcoaching bezeichnen könnte, aber nicht muss, und weiteren hilfreichen Gedanken für diese seltsame Spezies. Es wird – nebenbei bemerkt – tatsächlich hier und da diskutiert, ob es sich um eine Art eigene Spezies infolge von Mutationen handelt (beispielsweise bei vom Scheidt, Jürgen, *Das Drama der Hochbegabten*, Kösel, 2004, Seite 288 ff.).

Dieses Buch ist für hochbegabte *Erwachsene*, um genau zu sein. Vor allem für solche eben, die sehr spät davon erfahren haben! Weil ihre Kinder Schwierigkeiten in der Schule bekamen und sie dann schließlich selbst zum Test gegangen sind, beispielsweise. Und natürlich für alle anderen Leser, die immer schon mal alles über Hochbegabte wissen wollten, aber nie zu fragen wagten ...

Und vor allem für die, denen es nicht optimal ergangen ist und die überlegen, wie sie sich am besten helfen können.

Bevor wir uns dem Thema nähern, möchte ich etwas klarstellen: Hochbegabte sind keine besseren Menschen und legen auch keinen Wert darauf, solche zu sein. Sie kommen sich nicht irgendwie „besser" oder „wertvoller" vor als der Rest der Gesellschaft. Das Wort oder der Begriff

„Hochbegabung" gefällt mir persönlich nicht sonderlich, weil er eben etwas „Höheres" suggeriert. Er ist tatsächlich bei vielen Hochbegabten nicht beliebt. Höher als wer oder was? Höher als die „Niedrig- oder Tiefbegabten"? Wer soll das sein? Menschen mit einem IQ von weniger als 130? Wir können in unserer Sprache offensichtlich nicht auf „oben" und „unten" verzichten, deswegen benutze ich den Ausdruck weiter. Es wäre ja auch Unsinn, von „Andersbegabten" zu sprechen und dann erklären zu müssen, dass „anders" in diesem Fall „mehr" statt „weniger" bedeutet, was wiederum womöglich eine Wertung beinhaltet usw. usw. Aber damit sind wir schon voll im Thema der Wertungen und moralischen Urteile, die die Diskussion um hochbegabte Menschen so schwierig macht. Jedenfalls in Deutschland. Nichts geht ohne Wertung durch Unbeteiligte.

Und die Wertung ist wegen einer vermuteten/unterstellten Aufwertung der Wertigkeit von „Intelligenz" durch die Beteiligten im Kopf der Unbeteiligten allzu oft eine Abwertung, ohne auch nur einen einzigen Hochbegabten zu kennen. Die Hochbegabten erleben sich oft außerstande, ihre eigenen Möglichkeiten voll zu nutzen, und sie leiden unter belastenden sozialen Beziehungen, die direkt oder indirekt mit ihrer Hochbegabung zusammenhängen, z.B. mit der unzutreffenden Bewertung der eigenen Begabung durch sie selbst und durch andere. Das Leid entsteht oft durch fremde oder eigene Fehlinterpretationen der Situation, so wie dies häufig bei Minderheiten in ihrem Kontakt mit der Mehrheit der Fall ist.

Der Unterschied zu anderen „Minderheiten" besteht darin, dass die oft (zunächst) unerkannte objektive Grundlage von Unterschieden z.B. in der allgemeinen Wahrnehmungs- und Informationsverarbeitungsgeschwindigkeit liegt, die die Folgen falscher subjektiver Einschätzungen nicht angenehmer macht als eine offensichtlich willkürliche Diskriminierung. Es muss gar nicht um eine irgendwie falsch bewertete konkrete „Leistung" gehen: Man fühlt sich ungerecht behandelt, ignoriert, falsch verstanden, zurechtgewiesen oder irgendwie anders behindert, ausgebremst oder missachtet, ja verachtet.

Die Quellen der täglichen Frustrationen sind groß und wirken bei entsprechend unsicheren Persönlichkeiten umso stärker und irritierender. Zumal wenn man wenig Ausgleich durch Menschen erfährt, die einen liebe- und verständnisvoll oder jedenfalls völlig „normal" behandeln. Mit einer von anderen erwarteten Haltung oder mittlerweile durch die Hochbegabten selbst übernommenen (Über-)Forderung „wenn du so klug bist, dann hilf dir doch selbst!", ist es aber nicht getan. Weder bei statistisch „Normalbegabten" noch bei Hochbegabten.

Ich wünsche mir, dass weniger begabte (und sehr wenig begabte) Menschen in unserer Gesellschaft alle nur erdenklichen Fördermöglichkeiten erhalten, um ein zufriedenstellendes Leben führen zu können. Genauso wie die durchschnittlich begabten Menschen, die völlig unauffällig in unserer Gesellschaft wichtige Rollen übernehmen oder teilweise auffällige Spitzenleistungen erbringen. Ich möchte aber auch, dass dies für die Hochbegabten genauso gilt. Dass sie Förderung bekommen, wenn sie sie nötig haben, und dass es ihnen möglich ist, Spitzenleistungen zu bringen, ohne in der tatsächlichen oder nur eingebildeten oder geradezu aufgezwungenen „Arroganzfalle" (begegnet uns noch ausführlicher) zu landen.

Es scheint, dass es in unserer Gesellschaft fast unmöglich ist, über Begabung zu sprechen, ohne in den Verdacht zu geraten, unangemessen elitäres Verhalten zu befürworten und arrogant über andere Menschen hinwegschauen zu wollen. Darum geht es mir und mit Sicherheit den meisten anderen aber nicht. Wer das versteht, der wird etwas von der Lektüre haben. Die gemeinsamen Erfahrungen der Hochbegabten sprechen eine deutliche Sprache.

Einige Diskutanten möchten die Hochbegabten gerne in die Ecke der verhätschelten, übersensiblen Egoisten stellen, d.h. zu den anderen verzogenen Gören, die unsere Gesellschaft hervorbringt. Andere in die Ecke zu unrecht verehrter „Eliten", die sich dann zum Dank – getarnt im Nadelstreifen-Doppelreiher – ungehemmt beim „normalen" (Steuer-)Bürger bedienen und diesen hinters Licht führen, wo sie nur können.

Ingrun Führlich führt in ihrem exzellenten Buch über die Erlebniswelt der Hochbegabten – es beruht auf über 300 authentischen Berichten Hochbegabter – aus, worum es geht: Die Förderung von hochbegabten Kindern und Jugendlichen ist in den letzten Jahren sehr viel besser geworden, aber bei Erwachsenen wird die Luft schnell dünn.

Dies sei zwar verständlich, weil Erwachsene vielleicht ein potenziell größeres Repertoire zur Selbsthilfe hätten. „Allerdings käme wohl niemand auf die Idee, erwachsenen Sportlerinnen und Sportlern das Training mit der Begründung zu streichen, nun wüssten sie ja, wie man Fußball oder Tennis spielt und wären alt genug, um selbstständig zu üben." (Führlich, 2006, S. 17)

Führlich zitiert sogar aus einer Untersuchung von Barbara Feger aus dem Jahre 1984, in der betont wird, dass eine „Beratung für Erwachsene überflüssig sei", weil diese sich schließlich selbst helfen könnten (ebd.,

S. 18). Nach unzähligen (Coaching-)Gesprächen, Interviews und der Lektüre des Bestandes an Literatur zum Thema bin ich erschüttert, dass sich einige PsychologInnen bereits bei der Erwähnung von Hochbegabung bei Kindern, teilweise auch bei Erwachsenen, abwenden und sich zu unverständlichen und verletzenden, abwertenden Äußerungen hinreißen lassen, ihren Klienten Förderung, sogar Tests verweigern usw. Sie halten die hilflosen Eltern für geltungssüchtig und beschuldigen die Kinder der Neunmalklugkeit. Aber auf ihre Kunden einlassen, können sie sich offenbar nicht auf die hilfreiche Art und Weise, die man eigentlich von einem Therapeuten erwarten darf.

Dieses Buch zielt auf die vielen bunten, schönen, angenehmen und manchmal leider auch unangenehmen Erfahrungswelten spät und sehr spät erkannter hochbegabter Menschen. Ich möchte sie unterstützen und ermuntern, zu den fröhlichen und erfolgreichen Menschen zu werden, die sie vielleicht noch nicht sind. Oder den Erfolg weiter auszubauen, indem dieses Buch die zahlreichen „Fallen", die für Hochbegabte aufgestellt sind, durch verschiedene Maßnahmen zu reduzieren hilft. Was immer „Erfolg" im Einzelnen bedeuten mag.

Das Coaching Hochbegabter sollte wie jedes Coaching auf den speziellen Themen der Coachees im sozialen Umgang, im Umgang mit sich selbst und ihrer jeweiligen „Karriere" aufbauen und die besondere Beziehung zwischen Coach und Coachee berücksichtigen.

Es geht weniger um ein spezifisches Coaching oder um ein gänzlich neues, theoretisch revolutionäres Coaching-Konzept, sondern eher um die Akzeptanz als Coach, um die Schaffung von Resonanz, um das Teilen von persönlicher Erfahrung, gegenseitiger Toleranz, Akzeptanz und Respekt. Und darum, dass der Coach ein gutes Stück des weiten Terrains der Erfahrungswelt Hochbegabter kennen sollte. Es geht sozusagen um die „Branchenkenntnis" unter der akzeptierten Prämisse, dass die beste Methode eines Coaches seine eigene, reflektierte Erfahrungswelt und Person ist.

Dieses Buch soll dazu dienen, hochbegabten Erwachsenen neben anderen Maßnahmen wie dem Besuch von Seminaren oder dem Sich-einlassen auf einen Coaching-Prozess den Weg in ein individuell gestaltetes, selbstbestimmtes Leben, eingebunden in eine stabile soziale Gemeinschaft von Erwachsenen, zu ermöglichen bzw. den Weg dorthin ein Stück zu ebnen. Oder den Weg zu einem Coach zu erleichtern, der wesentlich dazu beitragen kann, dieses Ziel zu erreichen. Vielleicht ist die Scheu vor einem Coach ja nicht größer als vor jedem Handwerker, der ohne Bedenken angerufen wird, wenn die Waschmaschine leckt.

Sich selbst allerdings zu coachen ist eine hohe Kunst der Selbstbeherrschung. Für mich ist Selbstcoaching nichts anderes als eine systematische Selbstbefragung zu einem Problem mit dem Ziel, die Lösung zu finden. Nicht immer vollbringt jemand damit Wunder, aber so gut wie immer ist es hilfreich auf dem manchmal langen Weg zu sich selbst. Im Alltag sitzt einem ja nicht immer ein Coach auf der Schulter. Aber ein Coach kann helfen, zu sich selbst zu finden, auch der Coach, der man selbst ist.

Aber: Das zielt nicht auf ein hilfloses Leben im Schatten eines Coaches ab! So kann auch das beste Coaching nur zum Ziel haben, dass der Coach sich alsbald überflüssig macht, dadurch, dass die entsprechende Fertigkeit, sich selbst zu helfen, beim Coachee so weit entwickelt ist, dass sie „von selbst" funktioniert. Die Aufgabe ist es, vom Opfer seiner Umstände zum Münchhausen in eigener Sache zu werden, um sich selbst am eigenen Schopf aus dem Sumpf zu ziehen.

Wer seine Opferhaltung um des Prinzips willen kultiviert, weil er einen absoluten Anspruch auf zwar unwahrscheinliche Hilfe aus einer Reihe ihm früher angetaner Ungerechtigkeiten und anderer Gemeinheiten ableitet, der gibt damit die Regie über sein Leben aus der Hand. Er verurteilt sich selbst zum Warten. Unter Umständen sehr lange zu warten, anstatt endlich etwas zu tun. Wer nicht zurückfindet in die *Aktion*, der muss weiter *reagieren*.

Es ist also nichts weniger als ein persönlicher Befreiungskampf, der unabhängiger macht von der eigenen bisherigen Sozialisation. Dies ist eine Form der Souveränität, die in ihrer höchsten Vollendung sagen könnte: „Ihr könnt meinen Körper erschießen, meine Seele kriegt ihr nicht!" (dieses Zitat wird Ghandi in seinem Befreiungskampf den Engländern gegenüber zugeschrieben). Auch wenn das kaum einer je wirklich erreichen wird, dann ist doch jeder Schritt in diese Richtung ein richtiger Schritt, will man vom Opfer langsam zum Regisseur des eigenen Lebens werden, was ja gerade für diejenigen ein lohnendes Ziel sein sollte, die sich von anderen hin und her geschubst und emotional oder anders ausgebeutet oder ungerecht behandelt oder gar an der eigenen Selbstverwirklichung gehindert fühlen.

Ich möchte Sie ermuntern, Erfolge zuzulassen, Ihre vorhandenen Möglichkeiten erfolgreicher auszuloten und gezielt an Ihrer individuellen Karriere zu arbeiten. Ohne Scham, ohne Hemmungen und ohne die Gefahr, wiederum nur unangenehm aufzufallen und zurückgepfiffen zu werden. So wie viele Hochbegabte es seit Kindertagen erleben und ertragen mussten und müssen.

Diesmal mit einer gut kultivierten Portion sozialer Kompetenz im Gepäck, die eben leider nicht immer zu der Grundausstattung von Hochbegabten gehört. Wenn man die Biografien einiger Hochbegabter anschaut, dann kann man auch gut nachvollziehen, warum. Aber es nützt nichts: Es gilt, die soziale Kompetenz zu erwerben, die eigentlich selbstverständlich und nötig ist, um mit anderen angemessen umgehen zu können.

Und noch etwas: Es macht auch Spaß, hohe Leistungen in die Höhe zu treiben und erfolgreiche Menschen noch erfolgreicher werden zu sehen und ihnen gar dabei helfen zu können! Auch um die geht es in diesem Buch, denn ob es einem objektiv (was soll das sein?) oder subjektiv schlecht geht, weil man sich fühlt, wie im Graben stecken geblieben: Etwas verbessern kann man immer. Letztlich geht es immer wieder darum, seine vorhandenen Ressourcen optimal zu nutzen.

Führlich spricht in ihrem Buch von etwa 25 % der berichtenden Hochbegabten, die ausgesprochene Negativberichte abliefern. Das stützt in etwa meine persönliche sehr subjektive Statistik. Das Problem, dass niemand die Situation der nicht erkannten Hochbegabten erfassen kann, weil sie bisher niemand als Hochbegabte erkannt hat, kann ich natürlich auch nicht diskutieren. Deswegen empfehle ich immer, im Zweifel einen Test zu machen, weil die dadurch abgesicherte Selbsteinschätzung bei dem Bemühen helfen kann, das meiste aus seinen Ressourcen zu machen, ob man nun hochbegabt ist oder nicht. Bis heute habe ich niemanden getroffen, der die Teilnahme an einem Test je bereut hätte.

Natürlich ist es nie zu spät, aber warum soll man, wie so viele, eigentlich sein halbes Leben lang mit einer grandiosen Fehleinschätzung der eigenen Möglichkeiten herumlaufen? Viele Hochbegabte berichten, dass sie zwar Tests gemacht haben als Kinder, Jugendliche, junge Erwachsene: bei Einstellungstests, beim Arbeitsamt, bei der Bundeswehr, beim TÜV, aber nie die Ergebnisse genannt bekamen. Warum eigentlich nicht? Ist das eine bestimmte Art und Weise des gelebten Datenschutzes? Will man die Hochbegabten damit vor der eigenen Hochbegabung schützen?

Viele Hochbegabte berichten außerdem von den positiven Erlebnissen, die ein Test und die darauf folgende Zeit in ihrem Leben gebracht haben. Auch meine Gesprächspartner, die ich für dieses Buch bemüht habe und die schlicht in der Reihenfolge ihres Erscheinens in diesem Buch zu Worte kommen, bestätigen, was Führlich berichtet, dass nämlich mehr als 50% derjenigen, die von ausgesprochen negativen Erlebnissen berichteten, explizit darauf hingewiesen haben, dass sie erst sehr spät von ihrer Hochbegabung erfahren haben (Führlich 2006, Seite 41 ff.). Dies stützt meine These von der Notwendigkeit eines Coaching-Angebots für hochbegabte Erwachsene, denn es macht einmal mehr deutlich, dass die Probleme als Kind und Jugendlicher nicht einfach dadurch zu positiven Herausforderungen werden, dass man erwachsen wird. Im Gegenteil: Je länger man mit den seltsamen, aber eben unerklärlichen Phänomenen leben muss, desto unangenehmer kann es werden.

Und zuletzt: Nicht nur Führlich berichtet über die immense positive, ja befreiende Wirkung, die die Betroffenen mehr als überrascht und nach teilweise langen Jahren der Selbstzweifel in eine lang andauernde Euphorie schicken kann. Das entspricht auch den eigenen und den Erfahrungen von vielen Freunden und Bekannten, die ich bei Mensa gefunden habe. Als bekennender, wenn auch „spät berufener" Hochbegabter, bin ich natürlich bei Mensa aktiv, dem größten Club Hochbegabter weltweit.

Beruflich liebe ich es, als Trainer, Coach und Autor andere dazu zu bewegen, alle vorhandenen Ressourcen zu nutzen, die jeweilige Hand-bremse zu lösen und endlich die „PS auf die Straße zu bringen", die theoretisch möglich wären. Also so viel von dem zu realisieren, wovon jeder von uns träumt *und* was realistisch ist. Zur Verwirklichung fehlt vielen aber oft der letzte Kick. Von dieser Fähigkeit zur Aktivierung meiner Kunden lebe ich letztendlich. Und es müsste mit dem Teufel zugehen, wenn das mit Hochbegabten nicht auch möglich wäre. Meine Erfahrungen zeigen im Übrigen mittlerweile seit Jahren, dass es geht.

Wer sich nicht bewegt, spürt seine Fesseln nicht! Es mag Ihnen in diesem Buch vorkommen, als wenn ich hier und da die negativen Aspekte der Hochbegabung oder die Erfahrungen der Hochbegabten übertreibe. Nach meiner mittlerweile ausführlichen Erfahrung sind meine Beispiele allerdings bei Weitem nicht die heftigsten Erlebnisse, die Hochbegabte über sich ergehen lassen mussten, wenn es nicht optimal lief in ihrem bisherigen Leben. Bedenken Sie auch bitte, dass man erst einmal erkennen muss, was man verändern möchte, bevor es ans Verändern geht. Vorausgesetzt erstens, man möchte überhaupt etwas verändern. Und man wäre zweitens unter Umständen dazu in der Lage, würde man den Grund für die eigenen negativen, oder auch nur irritierenden, kuriosen Erlebnisse kennen.

An dieser Stelle möchte ich Detlef H. Rost beipflichten, dass es bis heute keinerlei gesicherte wissenschaftliche Erkenntnisse darüber gibt, dass bestimmte Persönlichkeitstypen oder gar -störungen bei Hochbegabten häufiger anzutreffen seien als bei anderen (aus seinem Aufsatz: „Klare Worte zur „Hochbegabungs-Diskussion" und seinem neuen Buch von 2009: Intelligenz: Fakten und Mythen). Es gibt sicherlich mehr Vorurteile als tatsächlich typische Bilder des hilflos umherirrenden Hochbegabten, der zwar genial ist, aber nicht in der Lage, eine Tasse Kaffee zu kochen. Die überaus meisten Hochbegabten wissen nichts von ihrer Hochbegabung und sind sehr, teilweise extrem, erfolgreich.

Meiner Überzeugung, meiner Erfahrung mit meinen Kunden nach und aus eigener Erfahrung sieht die Welt durch die Augen Hochbegabter dennoch anders aus als durch andere Augen. Dass dies viele Gründe hat, wird vielleicht deutlicher nach der Lektüre dieses Buches, das sich zwangsläufig mit Einzelfällen beschäftigt, denn es handelt ja von Menschen, und Menschen haben eben immer – und das glücklicherweise – ganz individuelle Geschichten.

Und Coaching muss sich meiner Meinung nach in einem theoretisch begründeten und damit wieder irgendwo zwar empirisch-wissenschaftlichen Rahmen bewegen, aber trotzdem dem Individuum und dessen subjektiv konstruierter Wirklich-keit widmen. Statistische Menschen gibt es so wenig wie aus der Luft gegriffene esoterische Fantasie-Gestalten, die jeder Erfahrung entbehren, auch wenn sie manchmal bei der empirischen oder fantastischen bzw. metaphorischen Betrachtung bestimmter Phänomene nützlich, wenn nicht gar notwendig sind, um den menschlichen Wahrnehmungsapparat nicht zu überfordern.

Wahrscheinlich ist dieser kleine Streit zwischen der Meinung des Intelligenz-„Papstes" Rost und dem Alltagserleben vieler Hochbegabter dadurch zu erklären: Es mag ja sein, dass Hochbegabung einfach nur „mehr desselben" bedeutet. Also: „schneller, höher, weiter" bzgl. von Aufgaben, die die allgemeine Intelligenz erfassen.

Im Austausch mit anderen wird daraus aber manchmal ein mit der Wahrnehmungswelt anderer nicht mehr kompatibler Murks, der im subjektiven Erleben eben etwas „anderes" darstellt und entsprechende Folgen im sozialen Miteinander und manchmal leider Gegeneinander hat. Diese wissenschaftliche Unsauberkeit möge man mir verzeihen. Ich bin kein Wissenschaftler, sondern Anwalt meiner Kunden, und die erleben die Welt ganz offenbar „anders" als andere Menschen.

Die vielen Schwierigkeiten, die ich als soziale Fallen für Hochbegabte beschreibe, kennen andere auch, das beeindruckte auch Cornelia Hegele-Raih, Redakteurin des Harvard Business Managers, als sie dieses Buch las. Und das bedeutet eben auch nicht, dass sie nicht doch im Leben Hochbegabter eine ganz besondere Rolle spielen: Intensiver durchlebt, intensiver durchlitten und intensiver verarbeitet. Das macht den subjektiven Unterschied, der sich alltagspraktisch massiv auswirkt.

Flüchten Sie sich auch nicht dahin, hier gelesene und daraufhin wiedererkannte Phänomene einfach zu leugnen, sondern beziehen Sie sie einmal experimentell auf sich selbst. Prüfen Sie, ob da etwas auch für Sie Gültiges dran sein kann, ob die Phänomene wirklich durch einen extrem hohen IQ entstehen könnten und nicht durch die vielleicht inzwischen befürchtete „Störung" (eine allzu häufige Vermutung Hochbegabter). Es hat immer Sinn, etwas zu eigenen Gunsten zu verändern, zu jeder Zeit.

Es ist nie zu spät, aufzustehen und sein Leben erfolgreicher, schöner, angenehmer, ausgeglichener oder effektiver zu gestalten.

Allein die Erkenntnis der eigenen Hochbegabung und der angemessene Umgang mit ihr bringen einen ein ganzes Stück weiter. Weil man klarer sieht. Weil man eigene Erlebnisse, die einem mehr Fragezeichen als Antworten liefern, besser interpretieren kann. Weil man seine Ressourcen erst nutzen kann, wenn man sie kennt. Glauben Sie es mir oder meinen Interviewpartnern oder lesen Sie das neue Buch von Andrea Brackmann über hochbegabte Erwachsene mit vielen (fast unglaublichen) Biografien Hochbegabter. Und scheuen Sie sich nicht, hier und da vor lauter Bewegung die eine oder andere Träne zu verdrücken, nur weil Sie sich selbst wiedererkennen und es kaum glauben können, dass es noch mehr Menschen auf der Welt gibt, denen es ähnlich ergangen ist und ergeht; aber trauen Sie sich, einen Schritt weiter zu gehen. Verlieren können Sie meiner Überzeugung nach nicht(s).

Dieses Buch soll dazu ermutigen, sich als Hochbegabter auf den Weg zu machen in die wundersame, endlose und tolle Welt der Möglichkeiten, die sich einem eröffnen, lässt man die meisten Probleme erst einmal hinter sich. Ob der eine einem Club beitritt, der andere endlich seine Ressourcen in ein Studium umsetzt oder die dritte anfängt, in ihrer Kernfamilie aufzuräumen und sie zu ihren eigenen Gunsten zu verändern ...

Wir können erfolgreich sein, und auf einer bestimmten Ebene haben wir schon dadurch viel gelernt, dass wir Probleme hatten, die wir jetzt in den Griff bekommen: Wir sind uns sehr bewusst geworden, was ablaufen kann, wenn es eben nicht optimal läuft. Und dafür, dass sich das nie wiederholt, können wir eine Menge tun. Und jetzt wissen wir auch, wie, denn die Kompetenz dazu steckte bekanntlich ja bereits wie die Lösung im Problem selber (dazu ausführlich weiter unten mehr). Nur nutzen müssen wir sie noch. Und da finden wir ganz andere „Karriere-Wege", die aber unter Umständen sehr viel besser zu uns passen, als wenn alles auf Anhieb glattgegangen wäre. Denn dann wären wir vielleicht nie so ins Nachdenken gekommen. Und wenn uns die Wächter der Bestimmungen, Gesetze, Vorschriften, Innungsordnungen, Studienordnungen und sonstiger dem deutschen Michel lieb gewordener Regelungsmechanismen des deutschen Gerechtigkeitswahns nicht die normalen ausgetretenen z.B. beruflichen Wege betreten lassen wollen, dann betreten wir eben andere Wege, nämlich unsere eigenen. Im Endeffekt haben wir dadurch die Nase vorn. Die Welt ist eine große niemals endende „Sendung mit der Maus"! Es kommt letztlich nur auf die Einstellung an, mit der wir sie entdecken. Und sie endlich wieder mit Kinderaugen entdecken zu können, ist doch etwas Feines. Und das können wir (wieder) lernen.

Und den größeren Wagen können wir im Ernstfall auch anderen überlassen, dem anderen Hochbegabten, dem Nachbarn, dem von Anfang an erfolgreicheren Kollegen oder weiß der Himmel, wem.

Wir kommen auch so zurecht. Es kommt darauf an, das eigene Leben sexy zu machen, sagte eine Kollegin von mir einmal. Oder wie Beate Uhse einmal in der legendären Talk-Sow „3 nach 9" in einem Gespräch mit Wolfgang Menge (!) sinngemäß zu dessen allergrößten Erstaunen sagte: „Der wahre Sex läuft doch im eigenen Kopf ab, alleine deswegen ist es völlig egal, ob der Freund einem Schönheitsideal entspricht oder nicht! Oder womöglich, welche Anzüge er trägt." Und im Kopf haben wir ja wohl mehr als genug! Nutzen wir es also!

Nicht nur wegen solcher Äußerungen wie der eben wiedergegebenen hielt ich Frau Uhse immer schon für eine ganz besondere Frau. Ihre mangelnde Fähigkeit zur Selbstreflexion wurde oft bekrittelt, ihr wurde sogar Verrat an der Frauenbewegung vorgeworfen. Vielleicht hatte sie einen starken Selbsterhaltungstrieb, den andere gerne „naives Wegschauen" nennen.

Und ihr ungewöhnlicher persönlicher und der außergewöhnlich erfolgreiche Lebenslauf als Geschäftsfrau mag dem einen imponieren, den anderen wegen des Inhalts ihrer Geschäfte abstoßen. Was jeder Mensch aber von ihr lernen kann, gerade jeder von der Norm abweichende Mensch, also auch wir Hochbegabte, das ist eine besonders erfolgreiche und sture Art der persönlichen Emanzipation. Was sie wollte, hat sie bekommen, und eins kann man ihr nicht vorwerfen: Sie hat sich nie aus den Grenzen, die ihr die Gesellschaft als Frau setzen wollte, etwas gemacht. Auch nicht aus denen, die ihr Alice Schwarzer gerne gesetzt hätte. Sie hat sie einfach ignoriert. Sie hat als Bürgerin dieses Landes und unserer Kultur gegen unzählige Konventionen erfolgreich verstoßen

– und damit ist ihr „Geschäft" noch gar nicht berücksichtigt. Wenn man möchte, kann man von ihr tatsächlich etwas lernen.

Und wenn wir Hochbegabte den einen oder anderen rechts und links gleichzeitig überholen – obwohl es dabei gar nicht in erster Linie geht – und Spaß dabei haben, was wir gerade tun, dann ist das natürlich auch O.K.! Solange wir dabei niemandem Schaden zufügen und niemanden herabwürdigen. Aber warum sollten wir das tun? Haben wir etwas davon?

Und noch etwas: Ich bemühe die „männliche" Formulierung, um nicht unnötig für Verwirrung beim Lesen zu sorgen, und betone überflüssigerweise, dass ich damit – wie auch sonst – keinerlei Diskriminierung von weiblichen oder allen denkbaren andersgeschlechtlichen Menschen bezwecke.

Bremen im Januar 2010

Heinz-Detlef Scheer

Erster Teil: Interviews mit Betroffenen

Olaf Paulsen (44)

Sven Holm (40)

Beate Bischler (38)

Kerstin Baumbach (45)

Susi Cinque (35)

Helene Jessels (66)

Sabine Janssen (40)

Lothar Korngast (43)

Estrid (34)

Warum noch ein Buch über Hochbegabung?

Im Folgenden möchte ich einige völlig unterschiedliche Menschen zu Wort kommen lassen, damit sich der Leser ein besseres Bild von den Problemen und ganz allgemein von dem Erleben hochbegabter Menschen machen kann. Selbstverständlich sind alle Namen und persönlichen Daten so durcheinander gewürfelt worden, dass niemand meine Interviewpartner erkennen kann. Es könnte also die Person sein, die Sie glauben zu erkennen, aber es ist nicht so. Einzige Ausnahme: Beate Bischler, die gerne ihren richtigen Namen und die richtigen Daten genannt haben wollte.

Das von den betroffenen Menschen selbst beschriebene Erleben ist relativ leicht nachzuvollziehen. Es gibt dabei Hochbegabte, die kaum bis gar keine „Probleme" erlebt haben oder sich kaum davon haben beeinflussen lassen, und es gibt welche, die fühlen sich erheblich und dauerhaft über mehrere Jahrzehnte missverstanden, ausgegrenzt und „gemobbt". Damit Sie sich von diesem Kaleidoskop einen Eindruck machen können, stelle ich die Interviews hier an den Anfang des Buches. Ich habe die Betroffenen vom Frühjahr 2007 bis etwa zum Herbst 2007 interviewt, eine Dame erst im Winter 2008/09. Teils schriftlich, teils am Telefon, teils im persönlichen Gespräch. Aber immer mit denselben Fragen.

Wie haben sie ihre eigene Hochbegabung erlebt? Wie sind sie damit umgegangen? Hat ein Test geholfen oder nicht? Wie haben sie die späte Aufklärung über ein wesentliches Merkmal ihres Selbst erlebt? Was hat diese Erkenntnis verändert? Diese Interviews sollen Sie, liebe Leser-Innen, dazu anregen, weiter darüber nachzudenken, was Sie selbst mit Ihrer Hochbegabung anfangen wollen und/oder ob Sie sich testen lassen wollen oder nicht. Oder auch welche Wege Sie auf dem Weg etwa zu mehr Selbst-Bewusstsein beschreiten wollen. Hier haben Sie beispielhafte authentische Berichte von Menschen, die es wissen müssen, denn sie haben es schließlich selbst erlebt: ganz unterschiedlich, in ganz unterschiedlichen Lebensabschnitten und zu ganz unterschiedlichen Zeiten. Ich habe sie in den letzten Jahren unter meinen Kunden oder Kollegen entdeckt, sie haben sich auf einen Aufruf in einer Mailingliste gemeldet oder über einen anderen Internet-Kanal. Fast alle Interviewten sind Mitglieder von Mensa. Mensa (oder MinD = Mensa in Deutschland) ist der derzeit weltweit größte Club hochbegabter Menschen, der insgesamt ca. 150.000 und alleine in Deutschland fast 9.000 Mitglieder hat (Stand Ende 2009, Tendenz: dramatisch steigend). Von diesem Club wird noch öfter die Rede sein, denn fast alle meine Interviewpartner und ich sind Mitglied. Trotz aller Zweifel ob ihrer statistisch zufälligen Auswahl geben sie einen guten ersten Blick auf die Erlebenswelt hochbegabter Kinder, Jugendlicher und Erwachsener, die – wie immer sie sich entwickelt haben mögen – später auch im hohen Alter als Erwachsene eben immer noch eins sind: hochbegabt. Die Interviewpartner stehen also als Einzelfälle natürlich nicht für empirisch begründete Thesen, sondern der besseren Nachvollziehbarkeit wegen als Vertreter subjektiv empfundener gehäufter Erlebnisse von hochbegabten Erwachsenen. Alle sind eigentlich erfolgreich, auch wenn sie teilweise mit einigem „Holpern und Stolpern" zu ihrem Erfolg gekommen sind. Es handelt sich insofern um eine Zufallsauswahl, als dass die Antworten von mir *nicht* redaktionell bearbeitet worden sind, meine Interviewpartner hier genau in der Reihenfolge auftauchen, wie sie sich gemeldet haben, und keiner weggelassen oder hinzugezaubert wurde: Die Texte sind alle von ihnen autorisiert, und bis auf Beate Bischler haben alle ein Pseudonym gewählt und tauchen mit verfremdeten persönlichen Eckdaten auf; die allerdings in keiner Weise ihre Aussage verfälschen, nur ihr Erkennen erschweren bzw. unmöglich machen. Leider ist es eben noch immer so: Das Risiko, durch falsch verstandene Äußerungen in einem Buch (wieder einmal) dummen Bemerkungen, Witzen und verächtlichen Kommentaren ausgesetzt zu sein (so die Äußerungen einiger meiner Interviewpartner), ist einfach zu hoch. Schade für diese Gesellschaft, die sich hier von einer, wie ich finde, beschämenden Intoleranz zeigt, aber eine nötige Konzession an die Wirklichkeit, in der wir leben (müssen). Vielen Dank für eure Bereitschaft und euer Vertrauen!

Olaf Paulsen (44)

ist seit dem 01.03.2007 weltweit für die Aus- und Weiterbildung von unter anderem Qualitätsmanagern eines global agierenden Konzerns zuständig, vorher war er als Führungskraft bei einer Tochterfirma desselben Konzerns auf einem anderen Gebiet (auch weltweit) tätig. Nebenbei hat er unter anderem in der Vergangenheit für eine Kinderhilfsorganisation quasi aus dem Nichts eine Beratungsorganisation mit 2000 Mitarbeitern an 100 Orten in Deutschland aufgebaut, die ein zuverlässiges Hilfsangebot für in Not geratene Kinder anbieten kann.

Wie bist du auf die Idee gekommen, dass du hochbegabt sein könntest?!

Ich habe im Studium so ein Taschenbuch in die Hände bekommen (H.J. Eysenck: „Intelligenztest" oder so ähnlich), da war so ein Test drin, da hatte ich dann über 150 Punkte. Aber ich hab dann gedacht: Ja, ganz interessant, was für ein Blödsinn, nein, das ist doch Quatsch. Von heute aus betrachtet, würde ich sagen, dass diese Reaktion angesichts meiner ganzen Minderwertigkeitsgefühle völlig normal war. Ich wollte es zwar immer, konnte mir aber letztlich nicht zugestehen, dass ich vielleicht besser bin als andere, weil ich eigentlich während meines gesamten Lebens für meine Andersartigkeit „bestraft" worden war.

Während des Studiums hatte ich mich auch schon einmal für einen Test bei Mensa angemeldet, dann aber nicht teilgenommen. Wahrscheinlich hatte ich Angst vor einem negativen Resultat. „Ich bin genial, aber was ist, wenn der Test nun das Gegenteil beweist? Was bleibt dann von mir übrig?"

Ich habe dann jahrelang überhaupt nicht drüber nachgedacht, bis dann mehrere IQ-Test-Sendungen im Fernsehen kamen (u.a. eine mit Günter Jauch). Ich habe vor dem Fernseher gesessen und mitgemacht, und siehe da: jedes Mal wieder ein extrem hoher Wert. Da bin ich doch ins Grübeln gekommen. Ich habe mich dann schließlich bei Mensa zum Test angemeldet. Und siehe da: wieder ein extremer Wert. Jedenfalls deutlich über 130!

Was sind die wichtigsten Erinnerungen/Phänomene aus deiner Kindheit/Jugend, die vermutlich mit Hochbegabung zu tun hatten, ohne dass du das wusstest?

Ich habe meine Andersartigkeit immer als Makel interpretiert, fühlte mich oft unverstanden und interpretierte das auch als ungeliebt.

Viele Erwachsene konnten mit meinen Fragen und meinem Verhalten nicht adäquat umgehen. Besonders in Gruppen wurde ich oft ausgegrenzt, weil ich die existierenden Machtstrukturen erkannte und infrage stellte. Dies ging mir auch in der Schule so.

Es war oft schwierig für mich, die Sinnhaftigkeit in einzelnen Unterrichtsvorgaben zu sehen. Ich war der Klassenclown, ich glaube, dass ist eine der klassischen Rollen, die sich Hochbegabte anziehen, das weiß ich aber heute erst. Die Schule war und ist aus meiner Sicht mit Hochbegabten überfordert. Viele Lehrer konnten mit meinem Verhalten nicht umgehen und versuchten vergeblich, mich zu disziplinieren. Es wurde etwas gefragt, die Antwort erschien einem dermaßen banal, dass man vielleicht mit einer Gegenfrage geantwortet hat. Da hattest du schon verloren. Der Lehrer fühlte sich angegriffen und hat einen rausgeschmissen. Mir schossen immer viel komplexere Zusammenhänge durch den Kopf, als es wohl angemessen war, und vor allem: als der Lehrer im Kopf hatte. Das war nicht gut, ich bin öfters vor die Tür gesetzt worden. Langeweile und Sinnlosigkeitsgefühle haben meine Schul- und Studienzeit geprägt.

Was ist aus diesen Phänomenen im Erwachsenenalter geworden?

Ich bin heute immer noch undiszipliniert und sprunghaft, aber im Großen und Ganzen habe ich das im Griff. Ich brauche das Herumalbern heute nicht mehr. Ich habe eine unglaublich gut funktionierende Intuition. Damit muss ich aber im Allgemeinen vorsichtig umgehen, da sie viele Neider auf den Plan ruft. Und die reden dann abschätzig von „Glück gehabt!", obwohl es letztlich geplant war. Ich bin für viele zu schnell, zu chaotisch, und mache Gedankensprünge, die andere häufig nicht nachvollziehen können.

Dabei entwickle ich nur parallel verschiedene Szenarien, zwischen denen ich bei veränderten Rahmenbedingungen wechseln kann. Das überfordert viele.

Warum hast du einen Test gemacht? Warum wolltest du es genau wissen?

Ja, eben, ich wollte es genau wissen, irgendwann war das Fass einfach voll, die Zeit reif. Ich habe dich doch auf einem Führungskräftetraining kennengelernt. Und mit dir darüber gesprochen. Ich habe eine gute Intuition. Und irgendwie bist du mir genau zu dem Zeitpunkt über den Weg gelaufen, als die Zeit reif war für Klarheit in meinem Kopf und in Bezug auf meine Hochbegabung, die ich immer noch nicht so nannte. Und ich war mir auch diesmal wieder schrecklich unsicher, ob ich teilnehmen soll oder nicht. Den Test selbst fand ich sehr leicht. Das ist ja das Verrückte. Trotzdem blieb diese Unsicherheit und dieses Gefühl: Nein, das kann nicht sein. Als ich den Brief mit dem Ergebnis bekam, war ich sehr erstaunt über den Wert. Stimmt das also doch, habe ich gedacht, na, das ist ja ein Ding. Aber ich war nicht euphorisch oder so.

Erstaunt. Irgendwie wusste ich es ja, und irgendwie auch wieder nicht. Na, da bin ich ja gut durchgekommen, schön.

Wie hast du die ersten Tage und Wochen erlebt, nachdem das Testergebnis klar war?

Ja, ich habe da keine so unmittelbaren Geschichten erlebt. Ich fühlte mich bestätigt und hab so gedacht: Tja, und was machst du damit jetzt? Aber es hat mir Sicherheit gegeben. Sicherheit, es zu wissen, wo ich stehe. Es waren mehr die Dinge, die sich insgesamt verändert haben ...

Hat sich irgendetwas verändert? Wenn ja, was?

Die Sicherheit zu wissen, woran es liegt, hilft einem enorm weiter. Ich hatte immer das ungute Gefühl, ich gehöre zu einer ungeliebten kleinen Gruppe, ja, welcher Gruppe ... schwer zu beschreiben ... so eine Sicherheit, du bist Teil einer Randgruppe, von der nur wenige etwas wissen wollen, die gemieden wird. Minderwertigkeitsgefühle, das Gefühl, nicht verstanden zu werden, wird als Nicht-geliebt-Werden interpretiert, was einen dauernd frustriert. Es führt in Hilflosigkeit, macht einen aggressiv und wütend.

Mein Leben hat sich nachhaltig verändert: Heute stehe ich zu mir. Ich weiß jetzt: Ich bin anders, und ich weiß auch, warum. Jetzt kann ich mich endlich ausrichten, sodass ich meine Stärken nutzen kann und meine Ziele verfolgen. Ich gehe lockerer mit mir selber um, ich akzeptiere mich eher als früher. Ich habe nicht mehr so einen „Genialitätsanspruch" (der auch andere nervte). Ich bin viel entspannter und kann mit anderen Menschen sehr viel besser und leichter umgehen. Beispielsweise wenn ich ein Training mache, was mir sehr, sehr viel Spaß macht, weil ich eine ganz starke Antenne für gruppendynamische Veränderungen habe und immer schon hatte. Ich kann prima darauf reagieren. Es kommt dazu, dass ich heute niemanden mehr von irgendetwas überzeugen muss, was derjenige nicht versteht oder was nicht zu ihm passt. Ich kann es akzeptieren, weil ich weiß, dass ich eben anders bin, und ich weiß, warum, dadurch ist der Anspruch, alle müssten das kapieren oder so sehen wie ich, verschwunden. Das kann ich in meiner Arbeit prima nutzen!

Der große Vorteil ist, dass ich durch die Bestätigung durch den Test meine Andersartigkeit akzeptiert habe. Ich habe nicht mehr den Anspruch, den anderen hinterherlaufen zu wollen und einem nicht näher

bestimmten Bild entsprechen zu wollen. Ich bin einfach ich selbst. Blödes Beispiel: Wenn einer durch einen Unfall ein Bein verliert, dann macht es ja auch keinen Sinn, den Rest des Lebens der Idee hinterherzuweinen, wie schön es doch wäre, wie anders alles wäre, wenn das Bein wieder da wäre. Es ist eben weg und damit sollte er sich abfinden. Ich weiß jetzt: O.k., es ist also so. Das ist ein Unterschied: Jetzt ist es dokumentiert, und jetzt ist es gut. Es ist einfach so. Die ewigen Zweifel sind weg. Die Zweifel, ob man nicht doch einfach nichts kapiert, wenn einem etwas seltsam vorkommt. Wenn eine Gruppe die Oberkante ihrer Belastbarkeit erreicht hat, dann sage ich mir: O.k., da brauche ich dann weder um jeden Preis weitermachen, noch brauche ich mich aufzuregen, dass es nicht weitergeht. Es ist eben so.
Gleichzeitig versuche ich aber auch, die anderen in ihrer Andersartigkeit zu verstehen und nicht mehr zu „missionieren".
„Du kannst mich gerade nicht verstehen? Auch in Ordnung!"
Um diese Haltung zu bekommen, hat mir sicherlich auch meine Beschäftigung mit dem ZEN-Buddhismus viel geholfen. So wie natürlich nichts monokausal ist, ist ja klar. Es kam eben alles zusammen: der Test, Mensa, das Treffen und das lange Gespräch mit dir.
Es gibt ja bekanntlich keine Zufälle. „Alles fließt."
Und jetzt der neue Job. Ich habe keine Führungsverantwortung mehr, aber das habe ich mir selbst so ausgesucht. Ich habe weniger Macht, aber eine viel interessantere Tätigkeit und eine optimale Life-Balance. Ich bin dauernd unterwegs, immer in anderen Ländern, anderen Kulturen, in der andauernden Auseinandersetzung mit dem Andersartigen erkenne ich mich selbst und kann innerlich wachsen. Das ist einfach toll.

Wie haben deine Freunde, Kollegen, Bekannten, Verwandten reagiert? Haben sie es überhaupt erfahren?

Ich differenziere da sehr. Ich würde nie einem Kollegen erzählen, dass ich hochbegabt bin. Ich habe einfach keine Lust mehr, mit diesen hilflos aggressiv-neidischen Reaktionen umzugehen!
Es gibt alle Reaktionen zwischen: „Leute mit einem IQ größer 130 stehen kurz vor dem Wahnsinn", oder die Leute kriegen sofort Schiss, dass man besser sein könnte als sie, und sie fangen sofort an, ihre Claims abzustecken. Vielleicht bin ich ihnen auch unheimlich. Jedenfalls eine Bedrohung. Nee, mach ich nicht. Meine Familie weiß natürlich Bescheid. Die haben auch erst ein bisschen seltsam geguckt. Aber ist o.k. so. Bei Freunden, nee, ich habe das einmal einem entfernteren Freund

erzählt. Es kam eine merkwürdig verhaltene Reaktion. Nee, ich würde heut jedem raten, damit nicht hausieren zu gehen. Du kannst nur verlieren. Und es bringt nichts. Viele können damit nicht umgehen, die verstehen gar nichts. So ist das eben.
Meinem neuen Chef gegenüber habe ich das aber sofort gesagt. Ich habe ihm gesagt, wo mein IQ ist, dass dies und das deswegen passieren könne. Dass er mich zu schnell, zu arrogant usw. finden könnte. Dass er vielleicht manchmal das Gefühl haben könnte, er sei mir unterlegen usw., und ich habe ihm gesagt, wo ich im Moment meine Stärken sehe. Und dann habe ich ihn direkt gefragt, ob er meint, damit umgehen zu können. Tja, und da hat er Ja gesagt. Und es geht! *Du hast ihm also regelrecht eine Gebrauchsanweisung für dich gegeben noch vor der Einstellung?* Ja, das war das Bewerbungsgespräch! Ich hatte keine Lust, da in eine Falle zu laufen, ich wollte sicher sein, dass ich mich auf dieser Stelle entfalten kann!

Wie hast du den ersten Kontakt zu „Mensanern" erlebt?

Ja, überhaupt, Mensa: Ich genieße jeden einzelnen Stammtisch. Das war auch eine ganz neue Erfahrung für mich! Endlich spannende Gespräche, interessante Leute ohne diesen unsäglichen Small Talk, den ich überhaupt nicht abkann! Diese Vielfalt von Leuten. Da sind ja ganz schrille Typen dabei. Alle Berufe, alle Themen, alles bunt und schnell und interessant. Es ist das Tempo, die Vielfalt und die Tatsache, dass man sich sehr schnell richtig auseinandersetzen kann. Der eine erzählt gerade, wie er Japanisch lernt und was man dabei beachten muss, der andere erzählt von einem Projekt, das er gerade aufgesetzt hat usw. Da kriegt man was mit, da kann man was bieten!
Ich kann nur jedem raten, die vorhandenen Möglichkeiten auch zu nutzen. Die Stammtische und anderen Treffen. Es erhöht einfach dramatisch die Wahrscheinlichkeit, auf Menschen zu treffen, die zum einen völlig anders sind als man selbst, von denen man etwas lernen kann also, und zweitens auf eine nie gekannte Akzeptanz und Toleranz zu stoßen.

Würdest du anderen empfehlen, einen Test zu machen?

Ich würde anderen empfehlen, einen Test zu machen, weil es das Leben total verändern helfen kann: Die Erklärung gibt dir die Möglichkeit, dich selbst zu akzeptieren, die Andersartigkeit und die Zugehörigkeit zu einer kleinen Randgruppe, die nicht immer geliebt wird, die oft missverstanden und angegriffen wird. Nur: Wenn du weißt, woran das Ganze liegt, kannst du damit umgehen und die anderen und dich selbst besser akzeptieren, und was ganz wichtig ist: deine eigenen Ressourcen besser nutzen. Das gibt eine Menge mehr Selbst-Bewusstsein und Selbst-Sicherheit, und das geht nicht auf Kosten anderer. Ganz im Gegenteil. Und du hast damit eher Zugang zu solchen Leuten wie z.B. Mensanern. Und das habe ich ja schon beschrieben. Das ist einfach fantastisch!

Bei mir haben die Veränderungen alle zusammengewirkt: Die Beschäftigung mit ZEN, die Veränderungen durch den IQ-Test und die Menschen bei Mensa. Ich liebe Veränderungen, trotzdem genieße ich diesen neuen unerwartet auftretenden Fixpunkt in meinem Leben. Der gibt Bestätigung und Sicherheit.

Es hat mir auch geholfen zu erkennen, dass es Dinge gibt, die mir wichtiger sind als Bestätigung von außen in Form von Headcounts, Dienstwagen oder Status in einer Führungshierarchie.

Ich glaube, man hat viel für sich erreicht, wenn man seine Andersartigkeit akzeptiert hat und es geschafft hat, die ständigen Kränkungen, es niemandem recht machen zu können, nicht geliebt zu werden usw., nicht in Aggression umschlagen zu lassen, sondern zu lernen, mit sich selbst im Frieden zu sein. Und dabei kann dieser IQ-Test aus meiner Sicht sehr gut unterstützen.

Sven Holm (40)

ist seit November 2006 beruflich wieder in Norddeutschland („fast wieder wie nach Hause zu kommen!"), demnächst auch wieder privat. Er arbeitet in einer Bundesbehörde in einer mittleren Stadt und ist seit einem Jahr sicher, dass er hochbegabt ist, nachdem er den Mensa-Test gemacht hatte.

Wie bist du auf die Idee gekommen, dass du hochbegabt sein könntest?!

Ich bin letztlich durch die Schwierigkeiten darauf gekommen, die mein Sohn so ziemlich von Anfang an in der Schule hatte. Wir sind von Pontius bis Pilatus gerannt. Schließlich hat eine Pädagogin vom Kinderschutzbund gesagt, sie würde gerne einen Test mit dem Jungen machen. Sie hat allerdings nicht gesagt, was für einen. Wir waren einverstanden. Und da stellte sich raus, dass er hochbegabt ist. Das haben dann die Lehrer erfahren, und dann wurde alles nur noch schlimmer anstatt besser. Es gab Widerstände unter den Lehrern ohne Ende. Na ja, und schließlich dachte ich mir, weil mich das alles so an meine Kindheit und die ganzen Probleme früher erinnert hat: Kuck doch mal bei dir selber nach, und dann habe ich mich für den Mensa-Test angemeldet. Ich war vom ersten Schuljahr an bis zur Mittelstufe immer mit Leichtigkeit der Beste in der Schule, da kam schon mal der Verdacht auf ... na ja, und heute weiß ich es also.

Was sind die wichtigsten Erinnerungen/Phänomene aus deiner Kindheit/Jugend, die vermutlich mit Hochbegabung zu tun hatten, ohne dass du das wusstest?

Ich bin immer mit Sprache leicht zurechtgekommen. In jeder Hinsicht. Lesen, Schreiben, dann Englisch, Latein usw. Kein Problem. Bis auf ein paar kleinere Probleme in Mathe ging das alles ganz auffallend leicht. Aber irgendwie ist mir selbst das nie als ungewöhnlich aufgefallen. Ja, ich hatte kaum Freunde, wenig und nur mit Schwierigkeiten Kontakt. Ich hatte einen sehr guten Freund in der Grundschule. Der ist dann aber weg. Heute geht es schon etwas besser. Ich habe mit 13/14 ganz bewusst zum Thema Discos gedacht: „Da gehst du NIE hin!" Wahrscheinlich hatte ich Manschetten davor, da in der Disco wieder nur alleine zu sein – wie immer. Später, so mit 17/18, bin ich dann doch und auch mit viel Spaß hin. Da hatte ich so ein-drei Kumpel, Kontakt mit Alkohol, und dann ging das.

Was ist aus diesen Phänomenen im Erwachsenenalter geworden?

Ich tue mich immer noch in Gesellschaft schwer. Hochzeiten, Silberhochzeiten ... wir sind in diesem Alter ... Small Talk ist etwas, das kann ich überhaupt nicht ab. Das ist für mich äußerst anstrengend. Fürchterlich. Das geht mir auch im Beruf so. Abends Geschäftsessen. Mir fällt nichts ein dazu. Autos, Wetter, Fußball. Schrecklich. Dabei würde ich mich gerne unterhalten. Ich habe ja auch Themen. Beispiel Fotografie. Ich fotografiere gerne. Das machen Millionen andere ja auch. Aber mit denen verbindet mich nichts. Diese Zeitschriften! Langweilig und klischeehaft! Als wenn einer immer nur versucht, den anderen nachzuahmen! Diese Banalität macht mich fertig!
Ich mag auch Gartenarbeit, ich habe einen schönen Garten, aber der ist anders ... Ich mag historische Pflanzensorten. Mein Garten ist nicht so

akkurat wie die anderen, da hast du dann auch nicht viele Gesprächspartner.

Warum hast du einen Test gemacht? Warum wolltest du es genau wissen?

Ja, im Zuge der Geschichte mit meinem Sohn, da wollte ich es dann auch *genau* wissen. Es erinnerte mich eben zu sehr an mich selber in meiner Kindheit. Ich wollte Gewissheit. Weil ich selbst seit der Oberstufe das Gefühl hatte: Ich kann meine Potenziale nicht richtig nutzen! Jetzt war da die Frage: Sind da überhaupt Potenziale? Entweder-oder: Entweder ich habe welche, dann trete ich bei Mensa ein (lacht). Dann würde da die Frage auftauchen: Ich habe also Potenziale, aber was mache ich jetzt damit? Oder es würde sich rausstellen, ich habe gar keine, ja dann, ich weiß es auch nicht ...

Wie hast du die ersten Tage und Wochen erlebt, nachdem das Testergebnis klar war?

Ja, ich war schon stolz, aber sonst war da wenig. Ich war erleichtert, dass ich es mir nicht eingebildet hatte. Fühlte mich bestätigt. Ich hatte jetzt Sicherheit ...

Hat sich irgendetwas verändert? Wenn ja, was?

Wenig. Nichts wirklich Greifbares. Ich war derzeit in psychologischer Behandlung, und der Psychologe hatte mich vorher im Zusammenhang mit meiner Problematik gefragt, ob ich vielleicht hochbegabt sei. Ja, aber jetzt wusste ich es, und weiter hat sich nichts getan.

Wie haben deine Freunde, Kollegen, Bekannten, Verwandten reagiert? Haben sie es überhaupt erfahren?

Ja, also ich habe es kaum jemandem erzählt. Nach dem ganzen Ärger, den mein Sohn hatte, wollte ich nicht auch noch ... die Reaktionen waren abschreckend genug.
Die Erste, die es erfahren hat, war meine Frau. Als ich eines Tages nach Hause kam, lag da der geöffnete Brief von Mensa, und meine Frau hatte drauf geschrieben: „Schatz, ich bin stolz auf dich!" Sie selbst hat da keinerlei Interesse, sie ist völlig zufrieden so. Aber sie ist stolz auf mich!

Ich habe die Tatsache meiner Hochbegabung dann einem ehemaligen Kollegen erzählt, der das zufällig mitgekriegt hatte und nach Mensa gefragt hatte. Er hat zwar nichts wirklich gesagt, aber an seinem Verhalten konnte ich erkennen, dass das für ihn in so unvorstellbar weiter Ferne lag. Mensa ... dass er das wie so eine Art Adelstitel oder Ritterschlag betrachtet haben muss. Na ja ... reichlich übertriebene Reaktion.

Bei meiner neuen Arbeitsstelle jetzt in Norddeutschland habe ich einen neuen Kollegen kennengelernt, mit dem war ich sofort auf einer Wellenlänge. Das hat richtig Spaß gemacht. Vom ersten Tag an. Ich habe dann irgendwann angefangen, so hier und da zu sticheln, so mal hier und da zu probieren, es zur Sprache zu bringen. Tja, was soll ich sagen, es stellte sich heraus, er ist selbst Mensaner!

Wie hast du den ersten Kontakt zu „Mensanern" erlebt?

Ich habe noch gar nichts mitgemacht bei Mensa. Die erste Mensanerin, die mir begegnet ist, war die Testleiterin. Ich war ja nicht sicher, deswegen wohl die gewisse Distanz. Ich dachte gleich: „Mit der kannst du nicht mithalten!" Na ja. Vielleicht sollte ich mal etwas von den Veranstaltungen mitmachen ...

Würdest du anderen empfehlen, einen Test zu machen?

Ja, och ... auf alle Fälle. Doch, doch. Ja, würde ich schon machen. Ich selbst war ja erleichtert über die Bestätigung. Das ist sehr sinnvoll. Vielleicht kann man dann die vorhandenen Potenziale besser nutzen. Aber was ist, wenn sich herausstellt, man hat keinen so hohen IQ? Da kann ich mir schon vorstellen, dass da einige große Schwierigkeiten mit haben. Oje. Ja, ich weiß auch nicht, was ich in so einem Fall gemacht hätte. Nee, aber die Bestätigung tut gut. Die Sicherheit ist größer. Doch, würde ich auf jeden Fall empfehlen! Es ist sehr hilfreich!

Beate Bischler (38)

macht zurzeit unter größten Schwierigkeiten Abitur und organisiert ihr Studium, d.h. sie versucht es. Die Fördermöglichkeiten für Blinde und Sehbehinderte sind ganz offenbar in diesem Lande so verteilt, dass man sich als schwer Sehbehinderte, die zur alltäglichen Orientierung einen Blindenhund und diverse kaum zu finanzierende Hilfsgeräte benötigt, zumut, mit sich selbst klarzukommen, indem man sich damit zufrieden erklärt, einfach nur aufbewahrt zu werden und keine zu großen Ansprüche wie z.B. eine normale Schulbildung bis zum Abitur zu fordern. Wozu braucht man auch Abitur oder Studium, wenn man sowieso nur auf Hartz IV bauen kann?

Hier zeigen sich neben allen anderen Phänomenen eindeutig die teilweise nur als zynisch zu bezeichnenden Grenzen unseres „Sozialstaates". Bischler gewann unter anderem eine Bronzemedaille in Athen bei den Paralympics im Judo.

Wie bist du auf die Idee gekommen, dass du hochbegabt sein könntest?!

Schon in meiner Kindheit bemerkte ich, dass ich wesentlich mehr aus meinem Leben machen könnte, als das, was für mich möglich war. In der Schule konnte ich die Tafel als hochgradig sehbehinderte Person nicht lesen. Mein Job war es, ständig die Mitschüler zu nerven, bis ich am Ende der Stunde den Aufschrieb in meinem Heft abgeschrieben hatte.

Anderseits war es mir zu langweilig, mir eine Woche lang dieselben Konjugationen eines Verbs anzuhören. Ab und an schrieb ich Einsen, dies aber nur, wenn ich mal im Krankenhaus war und der Lernstoff wurde mir gebracht. Somit konnte ich morgens, mittags und abends 5 Minuten den Stoff durchlesen. Gedacht hatte ich mir nie etwas dabei, da ich als Behinderte immer als „Vollidiot" behandelt wurde, ob ich wollte oder nicht.

Ein Jahr bevor ich nach Athen fuhr, hatte sich alles zu einem Problem zugespitzt. Obwohl ich tagsüber einen Vollzeitjob absolvierte, insgesamt drei Stunden Fahrzeit hatte und abends drei Stunden trainierte, war ich nachts um 24.00 Uhr fit wie ein Turnschuh. Ganz besonders im intellektuellen Bereich. Ich löste damals irgendwelche Braingames und Pseudo-IQ-Tests im Internet, weil mir nichts Besseres einfiel. Ständig, auch heute noch, habe ich einen sehr hohen inneren Bewegungsdrang (ADHS), als Kind war dies noch mit komorbiden Störungen vorhanden. Meine ständige Unterforderung und die Problematik, dass ich nicht studieren kann, bringen mich ab und an zum Wahnsinn. Mit 18 Jahren hatte ich mit Sport angefangen, um nicht im Irrenhaus zu landen.

Was sind die wichtigsten Erinnerungen/Phänomene aus deiner Kindheit/Jugend, die vermutlich mit Hochbegabung zu tun hatten, ohne dass du das wusstest?

In meiner Kindheit saß ich ständig als *Träumer* in der Klasse, der Unterricht langweilte mich, oft zählte ich die Fenster. Anderweitig nervte ich die Mitschüler (siehe oben). An manchen Klassenarbeiten konnte ich erkennen, dass mehr Potenzial in mir steckte – ich schrieb ab und an eine Eins. Auch sind mir in der Schule in Mathe in der 1. oder 2. Klasse irgendwelche Besonderheiten aufgefallen, worüber ich nie nachgedacht hatte, weil ich immer zu stark mit meiner Behinderung beschäftigt war, um an so etwas zu denken. Meine Schulzeit habe ich mit einem Sehrest von 2-5 % ohne jegliche Hilfsmittel abgeschlossen. Gelernt („gepaukt") habe ich nie!

Was ist aus diesen Phänomenen im Erwachsenenalter geworden?

Im Erwachsenenalter hat sich an den Phänomenen nicht viel geändert, weil ich auch im Erwachsenenalter keine Chance und Hilfe zur Änderung bekam. Als ich mit der Realschule fertig war, wollte ich auf das Gymnasium überwechseln. Allerdings hat mich kein Gymnasium genommen, der Notendurchschnitt war zu schlecht. Ich habe auch niemanden gehabt, der sich für meine Belange einsetzt. Später, nachdem ich drei Jahre gearbeitet hatte, erfuhr ich von jemandem, dass es ein Gymnasium für Blinde und Sehbehinderte gab. Oh, dachte ich, ENDLICH mal gefördert zu werden. Endlich mal das tun, was man im Kopf hat … mein Ziel war das Abitur und keine Fachhochschulreife. Ich wusste, dass die Fachhochschulreife von Hessen in Baden-Württemberg nicht anerkannt wurde. Von meinem Arbeitgeber hatte ich eine Freistellung nur für zwei Jahre. Als ich dort war, gab es eine Rehabilitationsabteilung. Nicht schlecht, dachte ich, wenn ich ein Jahr Reha mache, habe ich drei Jahre, und somit kann ich auch mein Abi machen. Voller Freude ging ich zum Direktor und unterbreitete ihm meinen Vorschlag. Was mir eigentlich einfällt, das schafft ein Blinder nicht, das geht nicht … ich bat meinen Vater um Hilfe bzw. meine Mutter. NIEMAND half mir … total gekränkt, geknickt, weil ich ja all die Auswirkungen der Zukunft vor mir sah, wäre ich am liebsten hingegangen und hätte auf der Stelle die Koffer gepackt und wäre abgereist. Da kam die Frage auf: wohin? Ich hatte ja keine Wohnung bis zum Ende meiner Beurlaubung? Ich hatte auch kein Geld … somit saß ich mal wieder meine Zeit einfach ab. Konnte mir stundenlange Monologe von irgendwelchen Mitschülern anhören ... auch wenn ich mich in der Freizeit mit Mathe beschäftigt hatte, was irgendwann einmal ein Mitschüler mitbekam, wurde ich als Außenseiter behandelt. Ich erinnere mich noch an eine Zugfahrt, bei der ich so schnell Dinge berechnet habe, was ich nicht mehr kontrollieren konnte, wegen der Geschwindigkeit in meinem Kopf, dass ich eine Schaffnerin beinahe betrogen hätte. In letzter Sekunde ist es mir noch aufgefallen und korrigierte es. Danach legte ich mich wieder in SCHLAFPOSITION ...

Nach der Schulzeit kam ich wieder zu meinem Arbeitgeber zurück, dort wollte ich in den gehobenen Dienst überwechseln. Bei einem Vorstellungsgespräch bemerkte ich jedes Mal, dass ich nur zum Erwärmen des Stuhles eingeladen wurde und mir keine Fähigkeiten zugetraut wurden. Auch später, im mittleren Dienst, bekam ich nie Möglichkeiten, mich für eine andere Position zu bewerben. Blinden wird nur ein Job am Telefon zugemutet, so nach dem Motto: blind = blöd.

Extern konnte ich mit 18 Jahren kein Studium antreten, ich konnte mich damals nur für drei Jahre beurlauben lassen, die Möglichkeit zum Studieren war aufgrund der Hilfsmittelproblematik nicht gegeben. Sehende können ihr ganzes Leben am Thema des *lebenslangen Lernens teilnehmen*. Behinderte bekommen nur für ihre Erstausbildung Hilfsmittel bezahlt, danach werden sie quasi *dumm gehalten*.

Zur damaligen Zeit konnte ich keine Leistungen etc. vorweisen, um mich bei irgendeiner Stiftung zu bewerben. Somit hatte ich dann die Chance genutzt, um bei den Paralympics teilzunehmen. Als Behinderter wird man immer irgendwie als *wertlos und Nichtsnutz* angesehen.

Inzwischen wird mein Arbeitsplatz, auch als Beamtin in einem Privatunternehmen, wegrationalisiert. Seit fünf Monaten bin ich nun krank geschrieben, weil ich bei meiner Arbeit nur zwei Sätze sagen darf, diese den ganzen Tag. Ich habe einen permanenten Bewegungsdrang im Büro, den ich mit Süßigkeitenkonsum ausgleiche.

Um mir meine Hilfsmittel, die bei einem Neuanschaffungspreis eine Kleinigkeit kosten, nämlich 20.000 Euro, zu beschaffen, habe ich mich um einen Nebenjob gekümmert. Blinde haben ja so tolle Job-Chancen, die wie eine Parabel aussehen, die gegen null strebt. Nun hole ich mir Infos über das weltweite Internet ein, vergleiche Daten, Versionen, Technik etc. und natürlich Preise, um vielleicht doch noch ans Ziel zu kommen. Bis heute habe ich als *hochbegabte Behinderte nicht einmal die Chance, das Abitur in unserem Land zu machen!!!!!* Nein, ich muss mich nicht nur um Hilfsmittel kümmern, sie selber finanzieren, sondern mich auch noch mit Behörden herumärgern.

Warum hast du einen Test gemacht? Warum wolltest du es genau wissen?

Einen Test habe ich gemacht, weil Blinde als unterbemittelt eingestuft und behandelt werden. Um den Leuten sehr deutlich mitzuteilen, dass man nicht zu dem Personenkreis mit einem IQ unter 30 gehört. Man wird ständig gedemütigt, missachtet und als wertlos angesehen. Chancen werden einem nicht eingeräumt. – Da ich als hochgradig Sehbehinderte keine Chance habe, dachte ich, mir darüber mehr Möglichkeiten zu verschaffen. Auch hochbegabte Behinderte werden als wertlos behandelt. Hingegen werden teilweise die normal Sehenden in den *Himmel* gelobt (nicht immer natürlich! Aber so kommt es mir dann vor.).

Wie hast du die ersten Tage und Wochen erlebt, nachdem das Testergebnis klar war?

Über den IQ und meine Möglichkeiten hatte ich mich gefreut. Danach bin ich noch mehr in meine Depressionen gefallen, weil ich es noch weniger verkrafte, mein Potenzial liegen lassen zu MÜSSEN.

Hat sich irgendetwas verändert? Wenn ja, was?

Geändert hat sich so viel, dass ich jetzt umso mehr meine Ziele durchsetzen möchte. Mangels der dringend nötigen Hilfsmittel, die ich immer noch nicht habe, verkrafte ich Rückschläge aber äußerst schwer.

Wie haben deine Freunde, Kollegen, Bekannten, Verwandten reagiert? Haben sie es überhaupt erfahren?

Teilweise. Viele meiner Bekannten ziehen sich zurück. Sie fühlen sich unter den Scheffel gestellt bzw. minderwertig. Meine Familie möchte mit dem Thema Hochbegabung nichts zu tun haben. Wenn ich nicht Mitglied bei Mensa wäre, würde ich mich wie auf einer einsamen Insel fühlen.

Wie hast du den ersten Kontakt zu „Mensanern" erlebt?

Aufschlussreich, weltoffen, man kann sich mit ihnen über GOTT und die WELT unterhalten. Hätte mir dort mehr Hilfe erhofft.

Würdest du anderen empfehlen, einen Test zu machen?

Ich würde anderen empfehlen, einen Test zu machen, weil sie evtl. mehr Gewissheit über ihr Leben erfahren. Unbeantwortete langjährige Fragen beantworten können.

Welche Frage müsste hier noch gestellt werden?

Wie lösen andere unerkannte, hochbegabte Erwachsene ihre Probleme? Gegenseitiger Austausch wäre wünschenswert.

Kerstin Baumbach (45)

stammt ursprünglich aus der DDR, wo sie auch Elektrotechnik studiert hat und ihren ersten Job an der Uni in Dresden bekam, allerdings bei den Philosophen (!). Seit 2005 ist sie bei einem großen Interessenverband in einer norddeutschen Großstadt angestellt.

Wie bist du auf die Idee gekommen, dass du hochbegabt sein könntest?!

Gar nicht. Ich war an der Uni angestellt, fühlte mich „völlig auf der falschen Stelle" und war zur Beratungsstelle gegangen. So eine Art Berufsberatung auf privater Basis. Mit meiner Spezialisierung gab es nur wenige Stellen, ich konnte ja nicht mal eben die Stelle wechseln. Und ehrlich gesagt: Ich wusste auch nicht, was ich wollte. Ganz vieles schien mir gleichzeitig möglich zu sein.
Als Kind hat mich meine Oma „Schlauchen" genannt. Aber sonst war da nichts. Im Gegensatz zu anderen Hochbegabten kann ich mich nicht daran erinnern, dass ich vor der Schule schon gelesen hätte. Auch in der Schule war ich zwar gut, aber ich war immer auch mal für Aussetzer gut, konnte also meine Leistungen nicht zuverlässig „abrufen". Und im Studium habe ich keine stabilen Einser oder so was geschrieben, es waren sehr gute, durchschnittliche und schlechte Zensuren dabei. Ich

hatte überhaupt nicht das Gefühl, gut zu sein. Jetzt im Nachhinein ist mir klar: Ich habe nie gelernt, wie man lernt.

Was sind die wichtigsten Erinnerungen/Phänomene aus deiner Kindheit/Jugend, die vermutlich mit Hochbegabung zu tun hatten, ohne dass du das wusstest?

Ja, die Bemerkung von meiner Oma hab ich schon erwähnt. Ich habe immer schnell gelernt. Ende der ersten Klasse konnte ich „Gullivers Reisen" und „Robinson Crusoe" in altdeutscher Schrift lesen, weil wir das nur als altes Buch hatten von meinem Vater. In der Schule kam ich dann bald in eine Klasse mit „erweitertem Russisch-Unterricht", also eine Art Förderklasse im Osten. Auch da gehörte ich schnell zur Klassenspitze. Ich habe immer viele Hobbys gleichzeitig gehabt: Sport, Zeichen-Zirkel (nennt man heute Kunst-AG), ich habe wahnsinnig viel gelesen und die Mathe-AG besucht. Meine Eltern haben dann versucht, die Zahl der wöchentlich ausgeliehenen Bücher zu beschränken, weil ich praktisch Tag und Nacht gelesen habe. Sie dachten, vor allem das nächtliche Lesen wäre ungesund für mich.

Ich bin wegen Verhaltensauffälligkeiten so mit 13/14 bei einer Psychologin gewesen (ich war „aufsässig", „vorlaut", aufbrausend bin ich heute noch ein bisschen). Die Psychologin hat meinen Eltern gesagt: „Glückwunsch zu diesem Kind", hat aber die Probleme meiner Eltern nicht ernst genommen.

Was ist aus diesen Phänomenen im Erwachsenenalter geworden?

Ich habe mein Studium auf einer halben Arschbacke durchgezogen trotz erhöhter Freizeitorientierung. Elektrotechnik ist anspruchsvoll, trotz mäßiger Motivation gehörte ich zu den 30 % Besten beim Abschluss. Ich habe mir aber nichts dabei gedacht. Das war ja nichts Besonderes. Ich bekam schon Kommentare von anderen Studenten: „Du machst das ja mit so wenig Aufwand!" usw.

Ich habe dann direkt nach dem Abschluss eine Stelle nicht bei den Elektrotechnikern, sondern in Dresden bei den Philosophen bekommen. Das war ganz schön anspruchsvoll. Da musste ich nach vier Wochen meine erste Vorlesung halten. Ich fühlte mich damit zum ersten Mal im Leben etwas überfordert, aber die anderen haben das gar nicht bemerkt.

Warum hast du einen Test gemacht? Warum wolltest du es genau wissen?

2000 habe ich im Rahmen einer Psychotherapie auf eigenen Wunsch alle möglichen Tests gemacht. Ich fühlte mich damals sowohl über- als auch unterfordert, es kam nichts an Output mehr heraus in meinem Job. Es war eine schwierige Zeit an der Uni. Dauernder Wechsel der Dozenten, Umstrukturierung usw. Ich habe dann auf Vorschlag der Psychologin in der Beratungsstelle u.a. den „Interessen-Struktur-Test" gemacht. Dass das auch ein Intelligenz-Test ist, war mir gar nicht so klar.[1] Mich hat am IST vor allem interessiert, herauszufinden, wo meine Begabungen und meine „Schwächen" liegen. Als ich als „Nebenergebnis" meinen IQ bekam (IQ = 148), konnte ich das gar nicht einordnen. Ich habe das weggeschoben, ich hatte Wichtigeres zu tun. Meine Vergangenheit aufarbeiten, und ich hatte andere Prioritäten wegen der beruflichen Situation, die ich klären musste.

2002 hatte ich mich dann beruflich wieder ein bisschen stabilisiert und war wieder offen für anderes und habe erst mal eine Weiterbildung begonnen.

2004 habe ich das Buch von vom Scheidt „Das Drama der Hochbegabten" in die Finger gekriegt, daraufhin meine Testergebnisse noch mal angeschaut. Ich habe mit einer Freundin geredet, mit der mich ein gemeinsames Hobby verbindet. Sie ist Spieleentwicklerin (da gibt es ja viele Hochbegabte), ich bin zwar keine Entwicklerin, aber ich spiele halt gerne. Mit ihr habe ich das erste Mal über Hochbegabung geredet und auch darüber, was es heißt, als Kind deswegen einsam zu sein.

Ja, da habe ich noch etwas Kurioses erlebt, wo ich wohl mächtig ins Fettnäpfchen getreten bin. Ein anderes Hobby von mir ist kreatives Schreiben. Ich machte damals so einen Kurs, und da haben sich einige über eine holländische Schriftstellerin unterhalten, die einen IQ von über 130 hat. Da fiel mir nichts Dümmeres ein, als zu sagen, dass das nichts Besonderes sei, das hätte ich auch. Das ist mir eben so rausgerutscht. Ziemlich naiv. Da haben natürlich alle ziemlich blöd gekuckt.

---

[1] Es gibt meines Wissens derzeit einen AIST (allgemeiner Interessen-Struktur-Test), davon eine revidierte Fassung (AIST-R), und es gibt einen „IST", einen Intelligenzstruktur-Test, den veralteten IST 70 von Amthauer, den inzwischen niemand mehr anwendet, und eine neue Version, die sich I-S-T- 2000 R nennt. Der eine Test misst die Interessen, der andere die Intelligenz. Ich vermute, Kerstin hat beide Tests gemacht.

Wie hast du die ersten Tage und Wochen erlebt, nachdem das Testergebnis klar war?

Ja, ich habe lange gebraucht, um das zu verarbeiten, um mir dessen überhaupt bewusst zu werden, was das bedeutet.

Hat sich irgendetwas verändert? Wenn ja, was?

Ja, ich habe jetzt ein stabileres Selbstwertgefühl. Weiß genau, woran was liegt. Ich habe kein Bedürfnis mehr, etwas ändern zu wollen, also im Sinne von mich unbedingt anpassen zu müssen. Das Andersartige hat man ja schon bemerkt. Früher war da der Anpassungsdruck. Die vielen Versuche, von denen einige ja ziemlich danebengegangen sind. Ich konnte halt meine Klappe nie halten. Das Einsortieren der Vergangenheit fällt leichter. Ich bin noch nicht ganz mit der Verarbeitung durch. Aber ich habe z.B. drei Anläufe gemacht für eine Promotion. Nach dem dritten Versuch dämmerte es mir, woran es liegt, dass es einfach nicht klappen wollte: Ich habe nie Arbeitstechniken gelernt. Ich habe mich deshalb immer mehr angestrengt, im Sinne von Watzlawick „mehr desselben" versucht. Es brachte nichts wegen des grundsätzlichen Mangels an Arbeitstechniken. Vielleicht, wenn ich das alles früher gewusst hätte ...
Ich musste ja nie Gliederungen oder so etwas machen. Ich hatte die Gliederungen ja immer parallel im Kopf. Das hatte immer gereicht. Aber jetzt waren die Dinge eben viel komplizierter, und da reichte das eben nicht mehr. So Mitte bis Ende dreißig erwartete ich irgendwie von mir: „Das musst du jetzt selbst auf die Reihe kriegen." Im Moment habe ich damit keine akuten Probleme.

Wie haben deine Freunde, Kollegen, Bekannten, Verwandten reagiert? Haben sie es überhaupt erfahren?

Unterschiedlich. Einige Freunde haben gesagt: „Das wussten wir schon immer!" Meine Schwester hat gesagt: „Habe ich doch immer gesagt!" So eine typische Situation in unserer Kindheit war: Wir hatten beide Zeugnisse, die zu den besten in der Klasse gehört haben. Der Kommentar bei mir war: „Wenn du dich angestrengt hättest, wäre es besser!" Bei ihr war der Kommentar: „Na ja, das geht dann eben nicht besser bei dir!" Wenn ich es mir im Nachhinein überlege: für uns beide sehr verletzend.

Im letzten Bewerbungsgespräch habe ich einen richtigen Lapsus gebracht: Ich sollte drei Eigenschaften von mir aufzählen, die andere über mich berichten. Da habe ich gezögert und gesagt: „Hilfsbereit, chaotisch, und (wieder gezögert) andere sagen oft: ziemlich intelligent!" Da wurden dann sofort Witze drüber gemacht. Die Atmosphäre wurde seltsam. Zum Glück hatte es keine schlimmen Auswirkungen. Ich habe die Stelle ja bekommen.

Nein, nein, ich erzähle das nicht jedem! Eine Kollegin (deren Tochter hochbegabt ist), die fragte mich mal danach, und ich kam ein bisschen mit ihr ins Gespräch. Sie kam dann aber sofort mit irgendwelchen „psychiatrischen" Auffälligkeiten bei Hochbegabten. Das war wohl eher ihr eigenes Problem, dass sie damit nicht umgehen kann, vielleicht im Zusammenhang mit ihrer Tochter ... aber sie hat es dann gleich den Vorgesetzten weitererzählt. Auch das mit den angeblichen „psychiatrischen" Auffälligkeiten. Das war sehr unangenehm. Heute ist sie weg, Gott sei Dank!

Ich bin also sehr vorsichtig geworden, wenn es um dieses Thema geht. Bei einem Punkt allerdings greife ich sofort ein: Wenn ich merke, es ist von Kindern die Rede, die ganz offenbar hochbegabt sind und die massive Schwierigkeiten kriegen, weil die Erwachsenen nicht entsprechend reagieren. Die sollen es verdammt noch mal leichter haben, als ich es hatte. Z.B. bei einem Kollegen. Sein Kind hatte nach knapp einem halben Jahr Grundschule massive Schwierigkeiten bekommen, er hatte sich allerdings auch schon Sorgen gemacht, weswegen wohl. Da oute ich mich, da greife ich ein! Und das auch erfolgreich.

In begrenztem Rahmen engagiere ich mich auch „öffentlich". So habe ich neulich bei der Gesellschaft für das hochbegabte Kind e.V. Wochenend-Workshops für Kinder gegeben. In einigen Kindern habe ich mich als Kind fast schmerzhaft wiedererkannt – in dieser Unsicherheit, gepaart mit Altklugheit. Da möchte ich auch künftig dran mitarbeiten, dass diesen Kindern die unnötigen Umwege erspart bleiben, die ich im Leben gehen musste.

Wie hast du den ersten Kontakt zu „Mensanern" erlebt?

Freundliche, nette Leute beim Stammtisch z.B. Das ist wohl auch von Ort zu Ort sehr unterschiedlich, aber ich fühlte mich von Anfang an da wohl. Ich hatte ja einen ganz pragmatischen Grund: Nach meinem Umzug nach Osnabrück habe ich überlegt, wie ich ein paar nette Leute kennenlernen könnte. Da habe ich den Testleiter von Mensa angeschrieben und ihm meine Testergebnisse beigelegt. Ich dachte: Vielleicht besteh ich ja den Test von Mensa. Der hat mir dann sofort die Eintrittsformulare geschickt. Damit hatte ich überhaupt nicht gerechnet. Ich dachte nur: Hoffentlich bestehe ich den Mensa-Test. Ich war mir unsicher. Und dann kriege ich einfach das Beitrittsformular. Das hat mich natürlich emotional ganz schön bewegt.

Ab 2005 habe ich mich intensiver damit beschäftigt. Da wurde mir auch klar, dass bestimmte Probleme in meinem Beruf damit zusammenhängen. Beispiel: Als ich selbstständig war, hatte ich zweimal Aufträge, bei denen ich mehrfach (und aus meiner Sicht deutlich) Präzisierungen der Aufgabenstellung angemahnt hatte und gesagt habe, dass ich diese Entscheidungen brauche, um weiterarbeiten zu können, weil es sonst alternativ noch die und die und die Möglichkeiten geben würde.

Beim ersten Mal hat der Auftraggeber gleich die Möglichkeit genutzt, all das andere, woran er vorher nicht gedacht hatte, auch noch mit erledigen zu lassen (natürlich fürs gleiche Geld) – beim zweiten Mal habe ich einfach keine Antworten erhalten, und wenn ich nachgehakt habe, dann den Kommentar „Das habe ich Ihnen doch schon gesagt". Es kam zu Zeitverzögerungen und zu einem stets wachsenden Frustpotenzial, bis ich die Notbremse ziehen musste.[2]

Und in meinen Arbeitsverträgen passierte so etwas auch oft. Egal um was für eine Art von Aufgabe es sich handelte: Ich hatte oft das Gefühl, nicht über die notwendigen Informationen zu verfügen, um sie so zu erledigen, dass ich mit dem Ergebnis zufrieden war. Ich dachte, das läge daran, dass ich die Messlatte zu hoch ansetze, und habe mich dann erst mal therapeutisch bemüht, meine Ergebniserwartungen emotional auf ein „normales" Maß runterzuschrauben – aber ich habe eben auch wirklich dann oft schlechtere Resultate erzielt, als wenn ich weniger Gedanken noch mitgewälzt hätte.

Mir fällt auch auf, dass ich andere oft überfordere, wenn ich diese anderen Möglichkeiten anspreche. Ich gebe ab und an mal Seminare und Schulungen – und da ist es ja wichtig, den Stoff so aufzubereiten (= zu reduzieren), dass die Teilnehmer folgen können, die Infos gut aufnehmen

---

[2] Ein Muster, das die Beziehungen hochbegabter Menschen oft behindert: Das Muster ist klar: Der Hochbegabte „kann" nicht arbeiten, weil ihm wesentliche Daten fehlen, die eine Aufgabe erst sinnvoll machen würden. Der jeweilige Auftraggeber sieht das als Schwäche. Bei ihm kommt an: Der kann das grundsätzlich nicht! Aus der Situation „Ich will es besser machen!" bei dem einen ist „Du kannst das nicht" bei dem anderen geworden. Ein „Spiel", das einen zur Verzweiflung treiben kann.

können und bei dem Seminar auch ein bisschen Freude haben. Durch die Evaluationen zieht sich immer: „Viele, viele, viele Informationen und Zusammenhänge, über die wir noch nie nachgedacht haben, zum Glück so gut aufbereitet, dass wir zu Hause noch mal nachlesen können – aber das nächste Mal bitte ein bisschen weniger."

Noch was: Am Stammtisch, da sind alle normal. Da war ich sehr erleichtert. Die hätten ja auch alle ganz anders sein können. Schneller, besser als ich, manchmal ist da ja auch so ein „Meiner ist länger als deiner" im Gange, denke ich. Aber das war da gar nicht. Ich war sehr angenehm überrascht. Das war auch Blödeln auf hohem Niveau. Prima.

Würdest du anderen einen Test empfehlen?

Ja, unbedingt! Ich habe auch schon ein paar Leuten einen Gutschein für einen Test angeboten, aber die meisten schrecken davor dann doch zurück. Bisschen komisch finde ich das, weil man ja seine Sehschärfe schließlich auch testen lässt, wenn man mit dem Sehen Schwierigkeiten hat. Woran liegt das? Ja, ich glaube einmal an der deutschen Geschichte und dem sagen wir unglücklichen Umgang mit „Eliten". Und außerdem wird ja auch bei anderen Phänomenen, bei irgendwelchen Andersartigkeiten gewitzelt. Jeder hat es doch lieber, wenn die anderen genauso wie er selbst sind. Seltsam finde ich auch, dass in unserer Gesellschaft doch Leistung immer so betont wird. Und dann gibt es Berührungsängste mit potenziellen Hochleistern ohne Ende. Wahrscheinlich ist es die alte Frage nach der Anstrengung. Der, der leistet, muss ordentlich gelitten haben bei der Anstrengung für die Leistung, sonst gilt sie nicht. Oder besser: Sonst gilt sie sogar als unanständig. Hier kommt ein wichtiges Phänomen zutage: der Neid.

Ich habe da mal eine denkwürdige Szene im Kino erlebt, die für mich da symptomatisch ist: Ich saß mit einer Freundin im Kino – wie gesagt – in einem Film namens „Die andere Seite des Mondes". Plötzlich fragt mich meine Freundin, ob das denn nun immer dieselbe Seite des Mondes ist, die man sieht, oder mal die eine, mal die andere. Ich sage wahrheitsgemäß: „Ich weiß es nicht!" Schließlich habe ich mich nie im Leben besonders für Astronomie interessiert … Daraufhin meine Freundin in leicht indigniertem und leicht vorwurfsvollem Ton der Genugtuung: „Das müssten Hochbegabte aber doch wissen!!"

Anmerkung des Autors: Ich bin Vegetarier. Ohne dass jemals eine weitere Information den Besitzer gewechselt hätte, werde ich manchmal

Dinge gefragt wie z.B. (mit entsetztem Ton): „Ja, aber Sie haben ja einen Ledergürtel an, das dürfen Sie ja gar nicht!" Auf einer Mensa(!)-Grill-Fete packten meine Frau und ich vegetarische Grillwürstchen aus. Kommentar der Gastgeberin: „So was dürft ihr doch gar nicht essen!" (weil Vegetarier doch Fleisch an sich ablehnen und deswegen auch kein „nachgemachtes" Fleisch essen dürfen, denn damit gäben sie ja zu, dass sie eigentlich Fleisch essen wollten ... Wir wollten einfach nur bei der Grillfete nicht allzu unangenehm auffallen. Außerdem mögen wir die Dinger gerne essen. Hier befinden wir uns also in einem Es-besser-wissen-als-die-Betroffenen-Phänomen. Das geht auch mit und ohne Neid.

Susi Cinque (35)

lebt in einer kleineren norddeutschen Großstadt als Tochter eines italienischen Vaters und einer deutschen Mutter und arbeitet bei einer Versicherung im Bereich Produktentwicklung. Während des Interviews kamen wir (erfreulicherweise) vom Hölzchen aufs Stöckchen, ich habe die meisten Äußerungen also teilweise erst im Nachhinein grob den Fragen zugeordnet.

Wie bist du auf die Idee gekommen, dass du hochbegabt sein könntest?!

Da gab es einige Ideen sicherlich wegen der Schulleistung und wegen des Entwicklungsstandes ab und zu. Zu Beginn des Studiums habe ich dann einen Test gemacht. Das gab einen Hinweis. Der IQ müsse irgendwo jenseits der 145 liegen. Der Test differenzierte da nicht mehr. Mehr habe ich jedenfalls nie erfahren. Ja, das hatte aber auch keine Konsequenzen. Das hatte für mich keine Relevanz. Der IQ ist ja nichts Erstrebenswertes an sich.

Was sind die wichtigsten Erinnerungen/Phänomene aus deiner Kindheit/Jugend, die vermutlich mit Hochbegabung zu tun hatten, ohne dass du das wusstest?

Ich hatte schon als Kind immer überdurchschnittlich viele verschiedene Interessen, ich war immer überdurchschnittlich schnell, in der Schule immer ohne Anstrengung sehr gut. Ich habe nie gelernt, ich habe mich gelangweilt. Habe mich immer mit Erwachsenen viel besser unterhalten als mit Gleichaltrigen. Man sagte hier und da, ich sei „sehr reif". Solche Dinge kamen von Kind auf vor: Schon in der ersten Klasse sagte eine Klassenkameradin: „Du bist irgendwie anders als wir. Ich weiß zwar nicht, was, aber irgendetwas ist anders ...!"

Ich hatte viele Konflikte mit Lehrern. Ab der ersten Klasse wurde ich in die „unruhige Ecke" gesetzt, um dort für „Ordnung zu sorgen". Die Lehrerin hat sich dann bei mir beschwert, wenn ich mich nicht darum gekümmert habe, und geschimpft. Dann habe ich zum Beispiel gesagt: „Das mache ich nicht, das ist ja auch eher wohl Ihre Aufgabe!" Das gab natürlich Ärger. Es gab reichlich Konfliktstoff. Meine Ansprüche an die Lehrer waren höher als die der anderen Kinder. Ich hatte dauernd Langeweile wegen des langsamen Tempos, wegen der ewigen Wiederholungen, ich habe dann mitunter auch provoziert, wurde rausgeworfen oder nach Hause geschickt, das war auch viel interessanter draußen als in der Schule.

Ich habe schließlich mit 13/14 die Schule gewechselt, ich hatte aufgrund einer anderen Schulform noch nie ein Schulbuch in der Hand gehabt. Ich konnte Chemie nicht von Physik unterscheiden, ich hatte keine Ahnung von Grammatik, ich sollte Verben konjugieren und in Mathe mit Formeln arbeiten mit Klammern usw. Ich habe echt gedacht, der Lehrer verarscht mich!

Ich habe auch gedacht: ... nein ich war schwer enttäuscht von den Schulbüchern! Da stand im Englischbuch beispielsweise: „Yesterday I .... to the church" und dann irgendwo „go" darunter. Ich konnte damit überhaupt nichts anfangen. Das sollte ein Schulbuch sein? Wozu?! Wozu extra ein Buch, wenn unter der Frage gleich die Antwort steht? Ich habe überhaupt nichts verstanden! Oder im Französisch-Test, bei dessen Auswertung ich dann überhaupt erst merkte, dass z.B. „Je ... avoir ... besoin ..." richtig umgewandelt werden sollte in: „J´ai besoin ..." Ich wollte mich glatt mit dem Lehrer anlegen, weil ich schrieb „J´avoir besoin ..." Dass man „avoir" konjugieren konnte und natürlich in der Arbeit sollte, war mir schlicht nicht klar!

Ich kannte ja nicht mal die Bedeutung von Bruchstrichen! Deswegen ist mir in Mathe quasi dasselbe widerfahren.

Aber das hat sich alles schnell gelegt.

Ich fand die neue Schule megamäßig interessant. Es gab ungeheuer viel zu lernen. Schon im ersten Jahr hatte ich einen Schnitt von fast 1,0. Das Ganze begann, mich dann schnell wieder zu langweilen. Ich war dann in der neunten Klasse im Austausch ein halbes Jahr im Ausland und dann in der zehnten auch, da habe ich dann auch gleich Abitur mitgemacht.

Als Kind habe ich mich durch die Bibliotheken gelesen, zwei bis drei Bücher am Tag. Irgendwann war alles außer den Naturwissenschaften leer.

Das mit dem Rausschmeißen aus dem Unterricht, was ich lange Zeit erleben musste, passierte dann aber nicht mehr.

Was ist aus diesen Phänomenen im Erwachsenenalter geworden?

Was mir aber bis heute geblieben ist, ist, dass Leute sich oft durch meine Geschwindigkeit bedroht fühlen. Einige versuchen dann, mich kleinzuhalten.

Das gilt auch für den Beruf: Auf der einen Seite schätzen andere die Vorteile der Intelligenz, wenn es um das Generieren von Ideen geht oder darum, Lösungen zu finden, Dinge zu analysieren. Was auch immer. Gern, wenn es ihnen hilft ... Aber die gleichen Leute fühlen sich durch diese Fähigkeiten auch schnell bedroht und versuchen oftmals, einen auszubremsen.

Mit meinem Tempo und rein argumentativ bin ich überlegen. Und das macht einen natürlich nicht gerade beliebt. Wenn es aber richtig brennt und sie selber nicht weiterkommen, bin ich wieder gefragt. Seltsam auch, dass dieselben Menschen, die mich alltags ausgrenzen, auf Betriebsfeiern usw. den Kontakt suchen. Dann bin ich „first choice", dann suchen sie auch den inhaltlichen Austausch, aber nur in der Situation. Die Hierarchen suchen sich mich als anspruchsvollen Gesprächspartner. Im beruflichen Alltag ist dann wieder alles komplett anders.

(Anmerkung des Autors: Die Fragen „Wie habe ich die ersten Tage und Wochen erlebt, nachdem das Testergebnis klar war?" und „Hat sich irgendetwas verändert? Wenn ja, was?" fallen aus Gründen, die im Gesprächsverlauf begründet sind, flach.).

Für mich gewinnt die Hochbegabung in letzter Zeit an Bedeutung: Ich habe früher immer gedacht, Hochbegabung hilft einem. Das Leben ist dann leichter. Aber heute sehe ich das anders. Manchmal frage ich mich, ob sie das Leben nicht schwerer macht.

Mir hat die Diagnose Hochbegabung aber geholfen. Ich hatte immer schon ein gutes Gedächtnis. Das hat immer viele Leute erstaunt. Ich habe auch eine sehr merkwürdige Wahrnehmung oder innere Vorstellungen von Zahlen z.B. Heute weiß ich wenigstens einigermaßen, warum das so ist. Bei mir haben verschiedene Zahlen immer Beziehungen untereinander. Auch mathematische. Die Zahlen nehme ich teilweise als Tonhöhen wahr, als Musik, als Melodie. Mal so, mal so. Ich kann das kaum beschreiben. Es passiert eben. Manchmal höre ich Zahlen hauptsächlich phonetisch, manchmal nehme ich sie optisch-fotografisch wahr, manchmal dreidimensional in ihren mathematischen formelhaften Beziehungen zu anderen Zahlen. Zum Teil je nach Kontext unterschiedlich. Das sind so Module.

Ich habe da mehrdimensionale Beziehungen, also räumliche Beziehungen, die wandelbar sind, also eigentlich vierdimensionale Beziehungen bei Zahlen im Kopf. Ohne eigentlich zu wissen, wie es geht, finde ich so manchmal Lösungen. Ich kam auf richtige Lösungen, ohne den eigentlichen Lösungsweg zu kennen.

Als Vorbereitung auf den Schulwechsel hatte ich einen Mathe-Nachhilfe-Lehrer (ein „Ossi"-Wissenschaftler), der war total begeistert von meinem Matheverständnis. Er behauptet, das hätten in Deutschland vielleicht zwei bis drei Menschen. Das halte ich für übertrieben.

Als wir in der Schule Leistungskurse wählen sollten, wollte ich eigentlich Mathe und Chemie wählen. In den Fächern waren aber bereits die ganzen Katastrophenjungs drin. Deswegen lief das bei mir nachher auf Englisch und Französisch heraus. Das hätte ich bei allem Interesse an Mathe nicht ausgehalten.

Die Diagnose Hochbegabung, fällt mir gerade ein, tat mir gut, weil ich mich ab und zu gefragt habe, ob ich vielleicht ein wenig spinne. Ich hab mich oft gefragt, ob ich noch alle Latten auf'm Zaun hab!

Ich habe z.B. außerdem eine starke synästhetische Wahrnehmung. Ich habe starke Geruchssensationen, auch wenn es da definitiv nichts zu riechen gibt, dann kommt Farbe oder ein Geschmack und eine starke emotionale Färbung dazu oder haptische Eindrücke. Bevor ich von Synästhesie gehört hatte, dachte ich: Jetzt tickst du nicht mehr richtig! Diese synästhetischen Eindrücke sind überhaupt nicht mehr beschreibbar. Ich bin auch extrem emotional. Ich höre oft von anderen: „Wie kann man nur so sehr mitleiden oder so stark emotional reagieren ...!" Das ist halt mal so und mal so. Weil ich so emotional bin, so hypersensibel, bin ich auch ganz schnell verletzt. Das ist sehr schwer, das anderen klarzumachen.

Mein Studium ging dann sehr schnell. Ich habe BWL und Philosophie, und die meiste Zeit dabei gearbeitet, über 1,5 Jahre voll studiert und später in einer anderen Stadt fulltime gearbeitet. Alles in allem habe ich dafür dann 4,5 Jahre ungefähr gebraucht. Nur BWL, oder nur Philosophie, dass hätte mich zu sehr gelangweilt. Ach ja, ich habe ja noch am

Anfang während des BWL-Studiums über eine Fern-Uni Pädagogik und einige andere Themen belegt. Stimmt ja!

Warum hast du einen Test gemacht? Warum wolltest du es genau wissen?

Der Test hat mich überhaupt nicht interessiert. Es ist einfach schwierig, Kontakte aufzubauen und auch halten zu können. Ich lebe in einer Kleinstadt und bin in einem Alter, in dem viele stark mit Hausbau und junger Familie beschäftigt sind. Die Frauen haben eigentlich abends zum Weggehen keine Zeit oder Lust mehr wegen der kleinen Kinder. Die Männer sind da weniger angebunden, aber dann zicken oftmals deren Frauen zu Hause. Bei den nicht familiär angebundenen Männern geht es meistens erst einmal für 'ne gewisse Zeit gut, aber viele wollen irgendwann mehr. Es gibt Leute, die ich kennenlerne und auch nett finde, aber mit denen ich keinen interessanten Gesprächsstoff finden kann. Ich fühle mich dann irgendwie fehl am Platz. Vielleicht wirke ich dann hochnäsig, arrogant, wie ein Snob. Aber das will ich gar nicht. Es bringt nur eben einfach nichts!
Dann kam das Gespräch mit dir über Hochbegabung und Mensa.

Wie hast du den ersten Kontakt zu „Mensanern" erlebt?

Mensa bedeutet für mich eine Möglichkeit auf interessante Kontakte. Ich gehöre da nicht zum harten Kern, aber bin dabei. Prima finde ich, dass so viele so unterschiedliche Leute, die unterschiedlichsten Typen, da auftauchen. Klasse! Aber was mich erschreckt, ist, dass manche dann doch ihren IQ in den Vordergrund stellen wie auf einer Demo-Bühne. Diese Selbstdarstellung mag ich nicht.[3]

Wie haben deine Freunde, Kollegen, Bekannten, Verwandten reagiert? Haben sie es überhaupt erfahren?

Also ich halte mich da bedeckt. Ich würde es nicht leugnen, wenn mich jemand danach fragt, aber ich glaube, die Probleme würden sich nur unnötig verschärfen ...

---

[3] Anmerkung des Autors: Schade, das kommt vor, aber glücklicherweise extrem selten. Im Allgemeinen spricht man nicht über seinen IQ bei Mensa.

Ich möchte auf keinen Fall den Eindruck machen, ich hielte mich für was Besseres. Menschen, die mir am Herzen liegen, wären vielleicht verprellt. Oder sie wollten auch Mensa beitreten, und dann dürfen sie es aber nicht. Das wäre ja wie ein Club für Menschen ab 1,80 Körpergröße oder Schuhgröße 46 oder so. Ich möchte diese Leute weder verletzen noch verlieren.

Würdest du anderen einen Test empfehlen?

Ja, was kann daran schaden? Es könnte das Selbstwertgefühl bei einigen Menschen ankratzen, wenn es dann nicht zu dem erhofften Ergebnis kommt.

Ich würde es jetzt aber auch nicht dringend empfehlen. Aber wenn es darum geht: „Bin ich verquer? Oder kann ich mir das anders erklären ...?!"

Mit der Diagnose Hochbegabung kann man eben einiges anders erklären, aufhellen. Wenn es also darum geht: „Ich bin gar nicht verrückt, sondern gehöre einer Gruppe zu, und in der sind Menschen, denen es ähnlich geht ... und das führt zu Entspannung, zur Erklärung, warum man sich irgendwie anders fühlt, dann ja! Schließlich ist es ja als ewiger Außenseiter auch nicht so das tolle Gefühl ...

Helene Jessels (66)

wurde 1941 in Ostpreußen geboren. Nach eigenen Angaben stammen daher auch ihre Eigenschaften wie „wortkarg" und „stur", wie sie es nennt. Bis zum Alter von 15 Jahren lebte sie als „Flüchtlingskind" (=Außenseiter) in einem kleinen Dorf im Emsland, später in einer kleinen Kreisstadt. Sie besuchte bis zur Klasse 9 die Realschule, dann wechselte sie auf eigenes Bestreben auf das Gymnasium. Sie war Volksschullehrerin (Hauptschullehrerin), hat zwei hochbegabte Töchter und lebt heute in Bremens „Umzu", wohin es sie einst durch Heirat verschlug.

Sie gehört zu der Gruppe von Hochbegabten, die sehr spät, nämlich erst mit 60 Jahren, von ihrer Hochbegabung erfuhren.

Wie bist du auf die Idee gekommen, dass du hochbegabt sein könntest?!

Erst mal gar nicht. Ich hatte zwar immer das Gefühl, „da muss noch was kommen", „ich will noch ganz viel erleben"; aber Hochbegabung war kein Thema zu der Zeit, in der ich aufgewachsen bin. Das Gefühl eines gewissen „Defizits" war aber schon da.

Was sind die wichtigsten Erinnerungen/Phänomene aus deiner Kindheit/Jugend, die vermutlich mit Hochbegabung zu tun hatten, ohne dass du das wusstest?

Ich hatte nie Freunde. Ich erinnere mich an verständnislose Gesichter, wenn ich was gesagt hatte, interpretierte das aber als ziemliche Dummheit meinerseits. Dieses Gefühl war auch verstärkt (und aufgebaut?) worden durch die strikte Anweisung meiner drei älteren Brüder, meinen Mund zu halten, es käme ja doch nur „dummes Zeug" heraus. Ich lernte so sehr schnell Anpassung.

Was ist aus diesen Phänomenen im Erwachsenenalter geworden?

Als Erwachsener macht man nicht mehr unreflektierte Aussagen oder Bemerkungen. Ansonsten ist vieles so geblieben, d. h. Anpassung an die Erwartungen des sozialen Umfelds. Wo ich die Möglichkeit hatte, mich schriftlich „auszutoben", nahm ich das gern wahr und hatte oft eine besondere Genugtuung, wenn ich mich mit meiner Meinung durchsetzen konnte. Das galt auch für Prüfungen.

Warum hast du einen Test gemacht? Warum wolltest du es genau wissen?

Erst als ich aus Neugier und Spaß an kniffligen Dingen den Jauch-Test mitgemacht hatte – und mal eben Studio-Sieger hätte werden können –, kam mir die Idee: Das isses vielleicht! Das war zunächst mal ganz aufregend; dann machte ich mich mit dem Gedanken vertraut, bei Mensa einen Test zu machen, ich wollte es genau wissen – nicht aber, ohne mir Gedanken über etwaige „Folgen" zu machen: Wird sich mein Leben ändern? Muss ich noch etwas ganz „Kluges" tun? Was ist, wenn ich die 130 nicht „schaffe"?, usw. Nachdem ich zu dem Schluss gekommen war, alles bliebe beim Alten, machte ich den Test, um mir so eventuell einen neuen oder erweiterten Bekanntenkreis zu schaffen – und vielleicht mein Leben ganz still für mich doch ein wenig besser auf die Reihe zu kriegen (z. B. Defizitgefühl, Minderwertigkeitskomplex usw.).

Wie hast du die ersten Tage und Wochen erlebt, nachdem das Testergebnis klar war?

In den Wochen nach dem Erhalt des Testergebnisses wechselten sich Sprachlosigkeit (Unfassbarkeit) und Turbulenz in mir einander ständig ab. Zeitweise hatte ich das Gefühl, mir sei der Boden unter den Füßen buchstäblich weggerissen. Vorherrschende Gefühle zu der Zeit: Unsicherheit, Freude bis hin zum Jubel, Ängstlichkeit und Einsamkeit, weil ich, wo immer ich mich auch hinbegab, diesen neuen Teil meines Lebens verschweigen „musste".

Hat sich irgendetwas verändert? Wenn ja, was?

Es hat sich äußerlich nicht viel geändert, außer dass es noch dieses Leben mit Mensa gibt, d. h. für mich: neue vielfältige Aktivitäten, interessante Gespräche, eben der Blick über den gewohnten Tellerrand. Innerlich hat sich alles geändert. Irgendwann begann ich – musste ich beginnen – mein ganzes vergangenes Leben – immerhin sechs Jahrzehnte – neu zu interpretieren. Plötzlich schienen viele Dinge erklär- und verstehbar. Diese inneren Konsequenzen sind für mich das Wichtigste, und es ist immer noch ein hartes Stück Arbeit.

Wie haben deine Freunde, Kollegen, Bekannten, Verwandten reagiert? Haben sie es überhaupt erfahren?

Wenige Menschen wissen von meiner Hochbegabung. Die Reaktionen waren sowohl Interesse als auch Übergehen, einfach ein Nicht-darauf-Eingehen, so als hätte man gar nichts gesagt.

Wie hast du den ersten Kontakt zu „Mensanern" erlebt?

Mein erster Kontakt mit Mensa war ein Stammtischbesuch. Ich hatte das Gefühl, willkommen zu sein, das war in einer so ausdrücklichen Form schon neu für mich.

Würdest du anderen einen Test empfehlen?

Ich würde anderen empfehlen, einen Test zu machen, weil mir das Ergebnis geholfen hat, etwas Ordnung in mein Leben zu bekommen, und weil das, was ich bisher damit anfing, mein Leben bereichert hat. Das natürlich nur bei zu erwartender Feststellung einer Hochbegabung.

Sabine Janssen (40)

lebt in einer norddeutschen Großstadt. Sie hat nach Abi und Lehre mit 22 Jahren einen IQ-Test gemacht, zwei Jahre später ein Maschinenbaustudium begonnen und arbeitet seit einiger Zeit als selbstständige Konstrukteurin für verschiedene Auftraggeber.

Wie bist du auf die Idee gekommen, dass du hochbegabt sein könntest?!

Mir fiel das Lernen immer recht leicht in der Schule, ich hatte immer gute Noten. Ich habe eine Schwäche für (Psycho-)Tests jeder Art und Spieltests (Anmerkung des Autors: Spieltests werden im Allgemeinen IQ-Tests genannt, die im Netz frei verfügbar sind und die nicht unbedingt wissenschaftlichen Kriterien genügen).
Da wird wohl irgendwann auch mal so etwas wie ein IQ-Test dabei gewesen sein, sodass ich mir das irgendwie vorstellen konnte. Da war auch so ein „Mini-IQ-Test" in der *Hörzu*.

Was sind die wichtigsten Erinnerungen/Phänomene aus deiner Kindheit/Jugend, die vermutlich mit Hochbegabung zu tun hatten, ohne dass du das wusstest?

Ich habe immer am besten gelernt, wenn ich mir die Informationen selbst zusammensuchen konnte. Z.B. habe ich mir bereits vor der Schule selbst das Lesen beigebracht, als Teenie habe ich mir Gitarrespielen beigebracht. Ich hatte keinen Unterricht. Es war auch so: Irgendwie „Vorgekautes" wurde ganz schnell wieder uninteressant. Ich musste immer selbst dabei Regie führen.
Ich hatte oft Schwierigkeiten oder Desinteresse im Umgang mit Gleichaltrigen, meist auch ganz andere Interessen. Ich war sehr schüchtern, hatte Minderwertigkeitsgefühle. Ich fühlte mich oft unverstanden oder irgendwie „falsch". Ich kann das gar nicht genau in Worte fassen, ich fühlte, da war etwas anderes, und zwar mit einer Wertung, also einer Abwertung, also „falsch" eben. Und dann dachte ich: „Dann muss ich das wohl sein!"

Was ist aus diesen Phänomenen im Erwachsenenalter geworden?

Das meiste (Negative) hat sich deutlich abgeschwächt, da es jetzt besser einzuordnen ist. Das Selbstlernen finde ich immer noch interessanter, aber inzwischen fehlt etwas die Energie dazu.

Warum hast du einen Test gemacht? Warum wolltest du es genau wissen?

Ich habe dem eigentlich gar nicht so große Bedeutung beigemessen – es war ein Test, eine Herausforderung, das hat mich gereizt. Und dann habe ich eben mit 22 den Mensa-Test gemacht.

Wie hast du die ersten Tage und Wochen erlebt, nachdem das Testergebnis klar war?

Da kann ich mich gar nicht so daran erinnern, aber ich denke, ganz gut, ich hatte ein gutes Ergebnis erwartet. Es war für mich aber eher ein abstraktes Ergebnis und hatte keine Auswirkungen auf mein Leben, und mir war auch nicht klar, dass ein hoher IQ Einfluss auf Leben und Psyche haben kann (wie Beispiele unter der Frage „Phänomene in der Kindheit" weiter oben). Im Nachhinein dachte und denke ich: „Das kenne ich von irgendwoher, das kommt mir bekannt vor!"

Hat sich irgendetwas verändert? Wenn ja, was?

Ja, es war eine Selbstbestätigung, es brachte ein gestiegenes Selbstbewusstsein mit sich. Sonst nichts Unmittelbares. Das kam erst im Laufe der Zeit. Es kam zu neuen Kontakten, die dann manche Entwicklungen bedingt haben oder sonst persönlich wichtig geworden sind.

Wie haben deine Freunde, Kollegen, Bekannten, Verwandten reagiert? Haben sie es überhaupt erfahren?

Meine Eltern haben verhalten positiv reagiert, haben es vielleicht als selbstverständlich genommen? Weiß ich nicht. Kollegen haben es nicht erfahren. Bekannte meist auch nicht – guten Freunden erzähle ich es, wenn es sich anbietet und ich eine positive Reaktion erwarte. Ich habe damit erst einmal schlechte Erfahrungen gemacht. Eine ehemalige

Freundin hat daraufhin Streit angefangen und sich von mir getrennt! Sonst kommt es meist zu Interesse bis Neugier und gelegentlich zu Nachfragen, ob ich noch dabei bin. Also bei Mensa.

Wie hast du den ersten Kontakt zu „Mensanern" erlebt?

Ich bin sofort warm und herzlich aufgenommen worden – ich war eine der ersten Frauen in einer Männerrunde 1989 ;-). Bin quasi aufgesogen und in aktive Tätigkeiten hineingezogen worden, das hat sich so ergeben, und ich hatte auch Lust dazu. Habe ich mich besser verstanden gefühlt? Weiß ich nicht, aber ich habe mich gut aufgenommen gefühlt, das war schon quasi etwas Neues für mich.

Würdest du anderen einen Test empfehlen?

Ja, weil er Klarheit bringen kann, sich manche Dinge und Phänomene vielleicht besser einordnen lassen. Es bringt vielleicht Selbstvertrauen, um sich Dinge vorzunehmen und anzupacken, die man sich sonst nicht zugetraut hätte. Im Falle einer Mensa-Mitgliedschaft kommt es zu Kontakten und Impulsen, die einen weiterbringen. Ich würde es nur jemandem konkret raten, wenn ich seine Erfolgschancen als gut einschätzen und ihm/ihr auch zutrauen würde, mit einem negativen Ergebnis klarzukommen.

Lothar Korngast (43)

lebt in einer norddeutschen Großstadt und ist bei einem Industrie-Konzern als Mathematiker beschäftigt.

Wie bist du auf die Idee gekommen, dass du hochbegabt sein könntest?!

Die Idee kam mir eigentlich erst, als ich mich wirklich mit dem Thema beschäftigte. Schule und Studium war nicht wirklich supergut, aber gut genug für eine Arbeit, die Spaß macht und spannend ist. IQ-Tests und logische Rätsel sind eh unter Mathematikern weit verbreitet, also nichts, was auffällt. Es hat immer Menschen (Mitschüler und Studenten) gegeben, die weit besser waren als ich. Daher hab ich eigentlich nie an eine Hochbegabung gedacht. Erst als ich Mensaner kennengelernt habe, wollte ich mal einen genaueren Test machen.

Was sind die wichtigsten Erinnerungen/Phänomene aus deiner Kindheit/Jugend, die vermutlich mit Hochbegabung zu tun hatten, ohne dass du das wusstest?

Ich hab schon immer gern geknobelt und gebastelt und konstruiert. Das kann aber auch daran liegen, dass meine beiden Eltern Lehrer waren. Jeder meiner Geschwister hat eine andere besondere Vorliebe. Mein Bruder tendiert mehr zu Medizin und Theater, meine Schwester zu Literatur und Sprachen und ich eher zu Naturwissenschaften und Logik. Auffällig war an uns allen nichts, es gibt also eher kein besonderes Phänomen zu berichten.

Was ist aus diesen Phänomenen im Erwachsenenalter geworden?

Gab es denn eines?

Warum hast du einen Test gemacht? Warum wolltest du es genau wissen?

Andere Tests hatte ich schon früher mal gemacht, um sie kennenzulernen, aus Spaß, oder weil Freunde Testkandidaten suchten. Ich hatte beispielsweise bei einer Bekannten einen Test gemacht, der die Kunden eines Unternehmens bestimmten Profilen zuordnete. Ergebnis: „Du passt ja in überhaupt kein Profil!" Wegen der Testerfahrung hatte ich eher wenige Probleme, die Veranstaltungen von Mensa mitzumachen, sah aber auch keinen Reiz, den Mensa-Test zu machen. Für mich sind Mensa und Hochbegabung auch zwei deutlich unterschiedliche Dinge. Ich hatte Mensaner schon vor dem Test kennengelernt. Über einen Kollegen bin ich zum Mensa-Spieleabend gestoßen, der irgendwie genau meiner Vorstellung von Spieletreffen entsprach.
Keine „verstaubten" Spiele und ein netter, oft leicht ironischer Umgangston. Dort war ich schon über ein Jahr „Gast". Ich hatte mir in der Zeit überlegt, den Test zu machen, aber auf die richtige Stimmung gewartet. Letztendlicher Anreiz, den Test zu machen, war wohl, dass ich in dieser Zeit eine Mensanerin kennengelernt hatte. So ein netter Frühjahrssonntagmorgen hatte sich dann angeboten, für den ich mich kurzfristig angemeldet habe. Das war dann 1999, glaube ich.

Wie hast du die ersten Tage und Wochen erlebt, nachdem das Testergebnis klar war?

Das Testergebnis reichte, um bei Mensa einzutreten. Ich hab mich gefreut, mitmachen zu können, auch weil ich vorher schon viel vom Verein gehabt hatte. Sonst war mir das eher egal.

Hat sich irgendetwas verändert? Wenn ja, was?

Ich glaube nicht, dass sich etwas verändert hat. Dazu hatte ich schon vorher viel Kontakt mit den Menschen, die auch Mensaner sind. Außer für Vereinstätigkeiten ist der IQ-Test und auch der Wert ja nicht von Bedeutung. Vielleicht schreibe ich zu viel über Mensa. Aber aus meiner Sicht war der Test und auch das Ergebnis damit stark verbunden. Darüber hinaus war das eher weniger von Bedeutung.

Wie haben deine Freunde, Kollegen, Bekannten, Verwandten reagiert? Haben sie es überhaupt erfahren?

Dass ich den Test mache, hatte ich kaum vorher bekannt gegeben, Das hätte mich unter Druck gesetzt. (Wie unten noch kommt, hatte ich einfach auf 'ne passende Gelegenheit gewartet. Die Testleiterin kannte ich ja und konnte mich da auch sehr kurzfristig anmelden :-) Dass ich in Mensa eingetreten bin, hab ich nicht unbedingt verbreitet, aber auch nicht geheim gehalten. Gerade weil ich lange Zeit, ohne den Test, viele Veranstaltungen mitgemacht habe, habe ich auch Leuten davon erzählt. Wenn ich glaube, dass jemand auch auf der „gleichen Wellenlänge" sein könnte und es interessant ist. Mein Bruder hat z.B. während der Sommerfest-Veranstaltungen in Berlin ein pharmazeutisches Unternehmen mit denen besichtigt, die zum Spieleabend kommen.
Mensa als Verein wird auch kritisch gesehen, aber eher, weil das „elitär" als negatives Vorurteil anhängt. Wenn dann die Leute Mensaner kennenlernen, wird der Verein egal. Selten haben Gäste den Spieleabend oder die Anwesenden als anstrengend und zu ironisch empfunden. Das ging mir nie so, weil auch die Gruppen, die ich früher getroffen hatte, einen ähnlichen Umgangston/Art pflegten.

Wie hast du den ersten Kontakt zu „Mensanern" erlebt?

Wie oben schon gesagt, war ich lange vor dem Test schon Gast auf den lokalen Mensaveranstaltungen. Da ich die Menschen eh kannte und mochte, hat der Test da nichts verändert. (Nur die Witze über den „Alibi-Mathematiker" und „Nicht-Mensaner" oder „Quoten-Nicht-Mensaner" blieben aus. Vermisst hab ich die aber auch nicht :-) Meine erste Mensa-Großveranstaltung war ein Silvestertreffen in Würzburg. Das war ungemein spannend und schön. Schon am Eingang wurde ich freundlich begrüßt: „Hallo, ich bin Halbfrosch" (Kosename eines Mensaners), und das ganze Wochenende war ´ne klasse Feier & ein Spieletreffen mit vielen netten Leuten. Würzburg war, auch wenn man die anderen Veranstalter nicht ärgern will, für mich das beste Treffen. (Und auch das erste, obwohl ich noch gar nicht Mitglied war, sonder als „Gast" einer Mensanerin mitreiste.)

Würdest du anderen den Test empfehlen?

Es fällt mir sehr schwer, eine Empfehlung zu geben. Der Test ist spannend, und damals, Erika war noch Testleiterin, hat es einfach auch Spaß gemacht. Ich hab aber auch den Mediziner-Test für die Uni mal mitgemacht, nur um den zu sehen und mal zu testen, ob ich so etwas kann. Die Aussage war für mich zumindest eher von geringerer Bedeutung. Wenn man Spaß hat, sich mal selber zu testen, könnte ich es empfehlen. Doch der Test allein bringt einem ja gar nichts.
Eventuell muss man sich fragen, ob man je bereut hat, einen Test zu machen. Eventuell will man ja ein Ergebnis gar nicht wissen. Aber wenn man sich für Tests interessiert, sind die Bedingungen eh schon meist so, dass man auch ein Ergebnis möchte.

Estrid (34)

lebt und arbeitet in der Bodenseeregion als Testerin für Navigations-systeme.

Wie bist du auf die Idee gekommen, dass ~~ich~~ du hochbegabt ~~sein~~ ~~könntest~~ bin?[4]

---

[4] Ein typischer Zug von manchen Hochbegabten besteht darin, alles und jeden zu korrigieren, auch wenn es die Fragen sind, die einem gestellt werden. Wenn

Durch den Spiegel meiner Umwelt und Nachdenken. Meine Mutter sagte: „Manchmal könnte man meinen, du seist nicht normal." Das hatte ich ebenfalls festgestellt. So unheimlich, wie ihr das Thema war (offensichtliche soziale Ängste), hatte es etwas mit dem Gehirn zu tun. Ich konnte das Problem aber nicht mit Geistesschwäche in Verbindung bringen, daher musste das Gegenteil dieses „nicht normal" ausmachen. Die Frage war nur: „Wie schlimm ist es?"

Was sind die wichtigsten Erinnerungen/Phänomene ~~aus deiner Kindheit/Jugend~~, die vermutlich mit Hochbegabung zu tun hatten, ~~ohne dass du das wusstest~~?

Ich konnte schon immer gut erklären – vorausgesetzt, ich verstand etwas von dem, was ich erklären wollte, und ich durfte die Dinge auf meine Weise erklären (ich bevorzuge das Zeigen und Machenlassen). Ich bleibe ruhig in brenzligen Situationen. Im Einsatzdienst oder im Abenteuersport ist besonders letztere Gabe manchmal von einem Moment auf den anderen (über-)lebenswichtig. Bis zu einem gewissen Grad ist es möglich, solches Talent, mit dem jeder Mensch unterschiedlich ausgestattet ist, in der Ausbildung zum Vorschein zu bringen und zu fördern.

Ich erinnere mich, dass ich als Kind und Jugendliche verzweifelt gern anders gelernt hätte. Ich war neugierig und gierig nach Wissen. Viel zu oft löschte mich der Schulunterricht in langen 13 Jahren geistig ab. Ich saß meistens am Fenster. Bei Schneeregen kam es mir vor, als rinne die Lebenszeit der Leute im Schulgebäude in zähen Schlieren an der Scheibe herunter. Es war langweilig wie der Tod.

Ich fragte mich, wie es allen außer mir egal sein kann, dass in solchem Ausmaß Zeit, Neugier und Energie lebender Menschen vergeudet wird, weil man Lehrpläne abspult und Begabungen ignoriert.

Ich war so ein „Wie-warum-weshalb"-Kind. Damit überforderte ich permanent meine Umwelt. Die Überforderungsreaktionen interpretierte ich als Nicht-gemocht-Werden und war damit meinerseits überfordert.

---

man keine Lust hat, sie zu beantworten, oder irgendetwas dran irritierend ist, werden eben die Fragen verändert. Deswegen habe ich die Änderungen im „Original" übernommen. Eine Angewohnheit, die nicht bei allen Nichthochbegabten gleichermaßen gut ankommt.

Was ist aus diesen Phänomenen ~~im Erwachsenenalter~~ bis heute geworden?

Vor ein paar Jahren war ich einmal mit einer Erste-Hilfe-Situation konfrontiert. Eben fährst du noch gemütlich Auto, im nächsten Augenblick ist vor dir ein schwerer Unfall. Ich habe in dieser Situation nicht viel nachgedacht, sondern richtig gehandelt. Diese Sache hat mich zum Nachdenken gebracht: Wenn es so einfach ist (Erste-Hilfe-Kurs genügt), muss es möglich sein, andere Menschen in der Ausbildung so weit zu bringen, dass sie ohne Angst vor Fehlern das Richtige tun.

Ich mache als Ausbilderin im ehrenamtlichen Bereich (verschiedene Organisationen) alles anders, was ich selbst als dem Lernen nicht förderlich erlebt habe. Beispielsweise die für Feuerwehrleute obligatorische regelmäßige Erste-Hilfe-Weiterbildung. Ein bisschen Referat, und der Pflicht wäre rein formal Genüge getan. Wenn so unterrichtet wird – und die Ausbilder oder Lehrer nicht einmal eigene Medien verwenden (z.B. einen Foliensatz, der zu Thema und Zielgruppe passt) –, droht Billig-Schulung, und die zementiert das Mittelmaß.

Die aufwendigere Methode ist, Szenarien zu entwickeln, Schauspieler zu besorgen und denen vorher beizubringen, wie beispielsweise das typische Verhalten eines Herzinfarktpatienten ist. Es war meine Idee, es auf diese Weise anzugehen, aber natürlich hatte ich Unterstützung. Unser Ziel war, dass unsere Lehrgangsteilnehmer mit echten (und echt gut geschminkten) Menschen in möglichst lebensnaher Kulisse üben. Zu jedem Szenario gehört eine Rückmeldungs-Runde, in der das Fachliche geklärt wird und alle Beteiligten die Möglichkeit haben, etwas zu sagen oder Fragen zu stellen. Am wichtigsten sind Kommentare, wie die Betroffenen die Situation erlebt haben. Es macht für den Lernenden einen Unterschied, wenn er nur passiv einen Vortrag konsumiert oder selbst handelt – und dabei erlebt, dass sein Handeln Folgen hat. Jeder Fehler, der einem Lernenden in solchen Situationen unterläuft, muss nicht wiederholt werden, wenn es wirklich darauf ankommt.

Auf diese Weise auszubilden ist Führungstätigkeit. Führen bedeutet ja nicht, herumkommandieren, sondern den ganzen Ablauf im Auge behalten und den Lernenden einen Dienst leisten. Dieses Dienen heißt, den Übenden ehrliche Auskunft zu geben, was sie können – und was (noch) nicht. Falsches Lob ist nicht fair. Es bringt niemanden weiter.

Vielleicht ist das Suchen und Finden von Fehlern meine besondere Gabe. In meinem Hauptberuf als Testerin von Navigationssystemen finde und dokumentiere ich Fehler in Prototypen. Die Qualitätssicherung ist notwendige Arbeit, bevor ein Gerät an den Markt geht.

Ich beschäftige mich also beruflich wie privat mit dem, was mich interessiert und was ich gut kann. Nicht gut umgehen kann ich mit Langeweile und überflüssiger Struktur, einengenden Regeln, die niemandem helfen. Als Testerin arbeite ich etwa je zur Hälfte am Schreibtisch und im Auto. Ich habe das Glück, ein Heimbüro zu haben. Das eröffnet gewisse Freiräume (etwa wie ich meine Zeit einteile), auf der anderen Seite trage ich mehr Eigenverantwortung für das Organisatorische (beispielsweise die Absprachen mit der Firma, die 300 Kilometer von mir entfernt ihren Sitz hat).

Meine Arbeit hat einen hohen Neidfaktor im Bekanntenkreis. „Die fährt beim schönsten Wetter Navis spazieren, auch noch ins Ausland. Und kriegt den Sprit geschenkt." – Das ist die Durchschnitts-Meinung von oberflächlichen Bekannten. Dass die Wirklichkeit anders aussieht, es sich mithin um qualifizierte Arbeit handelt, muss ich hier nicht beschreiben. Was ich mache, steht ja im Wesentlichen weiter oben.

Als Kind und Jugendliche hat mich Neid kleingemacht. Ich nahm es persönlich. Seit ich es soziologisch betrachten kann (Stichwort „Neid-Gesellschaft"), hat es nicht mehr viel mit mir zu tun. Wenn nun mal wieder jemand meint, sich Vorurteile über mich zu erlauben, ist das ein klarer Hinweis darauf, dass dieser jemand ein Mensch ist, der es bisher selten (oder nie) geschafft hat, seine Ideen zu leben. Vermutlich traut er sich nicht einmal zu träumen. Schade, aber ich kann das nicht ändern.

Warum hast du einen Test gemacht? Warum wolltest du es genau wissen?

Zwecks Bestätigung der eigenen Wahrnehmung. Und das Wetter war schlecht. Ich hatte nichts anderes vor.

Wie hast du die ersten Tage und Wochen erlebt, nachdem das Test-ergebnis klar war?

Es gab andere Ereignisse, die mein Leben in einem Augenblick verändert haben. Das Testergebnis ist doch nur eine Zahl. Als ich mir Jahre später eine detaillierte Auswertung des Tests geben ließ, war das keine Überraschung, nur abermals die Bestätigung meiner Wahrnehmung.

Hat sich irgendetwas verändert? Wenn ja, was?

Die Erkenntnis, dass Unbeteiligte das Thema „Hochbegabung" gern unqualifiziert diskutieren. Das war mir in diesem Ausmaß neu. Eine Elterninitiative für die Einrichtung eines Hochbegabten-Zuges an einem Gymnasium fragte einmal, ob ich „als Mensanerin" ein Referat halten wolle. Ich sagte, ich könne nur über mich sprechen, da Mensa selbst keine Meinung hat. Das sei in Ordnung, sagte der Anrufer: „Sicher fällt Ihnen alles leicht, und Sie sind erfolgreich im Beruf." Ich erzählte, was mir trotz/wegen Hochbegabung alles nicht so leicht von der Hand geht wie dem Durchschnittsmenschen. Im weiteren Verlauf des Telefonats klang der freundliche Herr zusehends frostiger. Bald war keine Rede mehr davon, dass ich vor den Eltern sprechen sollte. Ich hatte keine rosarote Erfolgsgeschichte zu bieten. Es passte nicht zur vorgefertigten Meinung, dass Hochbegabung immer Segen, niemals Fluch ist. Vielleicht hätte mich eine Inselbegabung interessant gemacht. So wie Rain Man, nur bitte ohne dass er behindert ist und man ständig auf ihn aufpassen muss. Ich war denen zu normal und nach normalen Maßstäben zu erfolglos.

Ich finde nun nicht, dass ich erfolglos bin. Ich habe einen interessanten Lebenslauf mit lustigen Wendungen. Lästig daran ist, dass ich schon mehrere Vorstellungsgespräche hatte, in denen sinngemäß gesagt wurde: „Die Stelle ist besetzt. Von allen Bewerbern haben Sie den verrücktesten Lebenslauf. Wir wollten sie einfach mal sehen." Ineffizient. Aber grundsätzlich ist Neugier schon o.k.

Meine Erfahrung ist, dass man lernen kann, mit Hochbegabung zu leben. Mit einer chronischen Erkrankung gelingt das schließlich vielen Menschen auch. Hochbegabung ist eine stinknormale Anomalie. Andere Gebrechen sind spektakulärer. Wenn ich nur an die Bilder im Pschyrembel („Klinisches Wörterbuch") denke…

Wie haben deine Freunde, Kollegen, Bekannten, Verwandten reagiert? Haben sie es überhaupt erfahren?

Ich hänge meine Hochbegabung nicht raus. Ich spreche offen darüber, wenn das Thema passt. Meine Freunde wissen alle, dass ich hochbegabt bin, den Wert behalte ich für mich. Vermutlich habe ich nicht mehr Hochbegabte um mich als jeder Durchschnitts-Mensch. Dagegen erlebe ich mein soziales Umfeld keineswegs als durchschnittlich. Bei meinen Freunden sind ganz besondere Gaben vertreten, mit denen ich selbst weniger oder gar nicht gesegnet bin. Meinesgleichen, zu viel Ähnlichkeit, wäre mir kein interessanter Umgang. Ich möchte gar niemand kennenlernen, der in allem ist wie ich. Das kenne ich doch längst.

Mein Vater sagte zu meiner Hochintelligenz: „Minus mal minus gibt plus."

Viele Leute wissen nicht, wie sie mit Hochbegabung umgehen sollen. Ist das nun eine Krankheit? (Eine Laune der Natur. Ein Witz Gottes, so was in der Art.) Etwa ansteckend? (Ja, bei exzessivem Sozialkontakt mit Betroffenen.) Ist es therapierbar? (Ausdauerndes Glotzen von Teleshopping-Kanälen und konsequentes Nicht-Lesen hilft in der Regel, anzuwenden in Langzeit-Therapie.) Gibt es dagegen Pillen? (Bestimmt!) Nicht wenige sind neidisch auf Hochbegabte und haben dabei überhaupt keine Vorstellung, was Hochbegabung bedeutet. Zum Beispiel ist es sehr schwer, fremde Dummheit auszuhalten.

Wie hast du den ersten Kontakt zu „Mensanern" erlebt?

Das war, als ich den Test machte. Der Testleiter war gut gelaunt und freundlich. Trotz Regenwetter. Da der damals verwendete Test vier Stunden dauerte, fühlte ich mich danach gehirngewaschen. Ich hatte keinen Kopf mehr für Fragen zum Test oder über Mensa. Ich wollte nur noch weg.

Wie ich bald feststellte, gibt es auch dumme Mensaner. Das fand ich bemerkenswert. Bei meinem ersten Mensa-Treffen in einer Wirtschaft stand ein Wimpel auf dem Tisch: „130. Vorgeschriebene Mindest-Intelligenz." Na ja. Dagegen sind die Vorarlberger Mensafreunde in Feldkirch eine sehr angenehme Runde.

Würdest du anderen den Test empfehlen?

Ja, weil es die Erfahrung vieler Menschen ist, dass sie nach dem Test einen Teil von sich selbst (ihr Gehirn) besser verstehen. Ich kenne als Testleiterin Rückmeldungen wie: „Wusste ich doch, dass ich nicht dumm bin." Von dem, was einen Menschen geistig, sozial oder emotional ausmacht, bildet selbst ein normierter IQ-Test nur einen winzigen Ausschnitt ab. Zum Thema „Dummheit" halte ich es lieber mit Forrest Gumps Mutter: „Dumm ist der, der Dummes tut." Das kann ich auch über mich oft genug sagen.

Es gibt wirtschaftliche Argumente für einen IQ-Test. Beispielsweise die Studiengebühr, von der sich Studierende mancher Hochschulen bei entsprechendem Ergebnis befreien lassen können.

Was spricht dagegen? – Prüfungsangst. Oder Druck von außen. Wer zum Test geht, sollte das aus freien Stücken tun, offen für jedes Ergebnis sein und keine Erwartungen (beispielsweise die Hoffnung auf Erlösung von Jugend-Traumata) an den Wert knüpfen. Bestehen Zweifel in dieser Hinsicht – einfach warten: Intelligenztests gibt es immer wieder.

Würde ich selbst es wieder tun? Bei schlechtem Wetter sofort.

Seit den Interviews ist eine Menge Zeit vergangen. Ich habe in dieser Zeit eine ganze Reihe Hochbegabte gecoacht. Es hat sich dabei in der Form ein spezielles Hochbegabten-Coaching entwickelt, was die meisten bevorzugen, was funktioniert, was Spaß macht, auch wenn es manchmal weiß Gott keine lustigen Themen sind. Es hat sich aber auch herausgestellt, dass viele meiner Kunden Dinge erleben mussten, die sich „normale" Menschen gar nicht vorstellen können.

Und die das hier im Buch Geschilderte bei Weitem und erschütternd übertreffen. Es sind hässliche Geschichten von Selbst- und Fremderniedrigungen, von Verachtung, Missachtung, andauernder Geringschätzung bis fast zur Selbstzerstörung und perfider selbst gemachter Abwertung der eigenen Person. Geschichten von gegenseitigen Quälereien, von schreiender Ungerechtigkeit, Demütigung und hinterlistigen stillen Ausschlüssen aus Freundes- und Familienkreisen, Geschichten, die die Vertreibung aus dem Paradies in einer neuen Variante wieder und wieder erzählen. Diese Geschichten sind an Grausamkeit kaum noch zu überbieten, und ich will sie Ihnen ersparen, denn dies ist kein Buch für Voyeure, und Hochbegabte sind keine Exhibitionisten. Der einzige Grund für diese Art der Vertreibung aus dem Paradies: Ein Mensch denkt schneller und anders als die meisten anderen und kann sich deshalb kaum verständlich machen. Er wird zur Bedrohung für die anderen, ohne es zu bemerken, ohne es zu wollen. Die anderen wehren sich gegen diese Bedrohung mit allen Mitteln und schützen sich vor dem Unbekannten, dem Andersartigen. So weit, so banal. Die einen feiern ungestört weiter, die anderen haben das Nachsehen. Nur die, die das Nachsehen haben, können etwas daran ändern, denn sie können nachsehen, woran es liegt, und an einigen Stellschrauben drehen. Ich hoffe, ich kann vermitteln, an welchen beispielsweise.

Warum noch ein Buch über Hochbegabung?

Neben drei, vier anderen Titeln, die in den letzten fünf Jahren zum Thema hochbegabte Erwachsene erschienen sind, möchte ich mit diesem Buch dazu beitragen, eine Lücke zu füllen. Die seltsam anmutende Lücke bezüglich der Beschäftigung mit hochbegabten *Erwachsenen*, die neben einer Unzahl von Veröffentlichungen über hochbegabte Kinder und Jugendliche klafft. Es gibt nicht nur wenige bis keine Hilfsangebote, kaum ein Therapeut oder Coach gibt als Zielgruppe Hochbegabte an, und das wahrscheinlich aus gutem Grund, wie wir noch sehen werden, und es gibt auch kaum Literatur zu diesem Thema.

Beim näheren Hinsehen sind viele der von mir angewandten Methoden im Coaching reichlich „kopfig", meine subjektive persönliche Statistik sagt eindeutig, dass man bei hochbegabten Erwachsenen mit diesen Methoden die größten und schnellsten Erfolge im Sinne der vom Kunden erwünschten Änderungen realisiert. Das mag aber auch an mir liegen, weil ich im Kontakt mit Hochbegabten keinerlei Rücksicht auf Tempo, Wortwahl oder komplexe gedankliche Konstruktionen scheinbar abstruser (aber unter Umständen hilfreicher) Alternativ(re)konstruktionen von als belastend (re)konstruierter Wirklichkeit nehmen muss. Und genau dies gefällt meinen Klienten. Und wenn ich mich „austoben" kann, bin auch ich eben am besten. Meine Coachees reagieren besonders konstruktiv und schnell auf meine kreativen „Veränderungsmachenschaften", komplexen, überraschenden, hilfreichen Verstörungen (oder Neukonstruktionen störender Wirklichkeit) und anderen Interventionen. So jedenfalls meine bisherige Erfahrung. Ich möchte also Lust auf Coaching unter hochbegabten Erwachsenen machen.

Außerdem möchte ich hochbegabte Erwachsene und solche, die sich unsicher sind, was mit ihnen los ist (ob sie hochbegabt sind oder aus anderen Gründen immer auf dieselben Probleme stoßen), ermutigen, sich testen und/oder coachen zu lassen. Man stelle sich vor, der eigene IQ wäre 129, eben nicht 130, was sich als Kriterium für Hochbegabung etabliert hat! Der Mensch mit 129 oder 128 unterliegt denselben Phänomenen wie der mit 130 oder 132. Also zielen meine Gedanken natürlich auch auf die „Grenzgänger".

Sich testen lassen und dann (endlich) anfangen, etwas aus der eigenen Hochbegabung zu machen, anstatt sie zu verleugnen, zu verstecken oder einfach nur darunter (und unter meist zunächst völlig unerklärlichen Reaktionen ihrer Umwelt) zu leiden. Ein Test und ein so objektiv ermittelter Wert helfen erfahrungsgemäß sehr dabei, nicht mehr wegzuschauen und sich endlich den eigenen Möglichkeiten zu stellen.

Noch einmal: Sollte der IQ nicht dem der „Hochbegabten" (dem Mensa-Kriterium) entsprechen, bietet auch diese Erkenntnis die Chance, die vorhandenen Ressourcen optimal und zum eigenen Nutzen einzusetzen. Begleitet durch eine fundierte Beratung beispielsweise, bekommt man ein klares Bild von den eigenen Möglichkeiten und hat die Chance, fortan ohne die ständige Gefahr der Über- oder Unterforderung zu leben und seine Ressourcen z.b. beruflich angemessen einzusetzen. Nicht nur eine meiner KundInnen machte in der ziemlich sicheren Erwartung einen Test, hochbegabt zu sein, und war im ersten Moment sehr geschockt, dass das nun überhaupt nicht der Fall war. Im Nachhinein spürte sie aber eine große Erleichterung, und heute kann sie ihre Ressourcen viel besser nutzen als früher. Und das dauernde Gefühl, überfordert zu sein, die Erwartungen, die sie selbst und andere an sie stellten, nicht erfüllen zu können und deswegen ein permanentes Stress- und Enttäuschungs-erleben zu haben ... alles Vergangenheit! Die Bilanz ist eindeutig positiv! Selbst in solch einem Fall!

Immerhin habe ich selbst es geschafft, die Tatsache meiner eigenen Hochbegabung über einen Zeitraum von mehr als 18 Jahren vollkommen zu verdrängen. Ich kenne also diese Gruppe der „latenten" oder „spätberufenen" Hochbegabten nicht nur unter meinen Kunden oder Freunden, sondern auch aus meinem eigenen Badezimmerspiegel. Natürlich führte diese Verdrängung dazu, dass auch ich die mit einer Hochbegabung verbundenen Möglichkeiten kaum bewusst genutzt habe und mich stattdessen hier und da in Grübeleien über meine eigene Unfähigkeit wiederfand.

In diesem Buch geht es auch darum, um was für einen wunderbaren Befreiungsschlag es sich handeln *kann*, plötzlich eine ganz einfache Erklärung für diverse Phänomene zu bekommen, die bis dato zu Selbstzweifeln und einem völlig falschen Selbstbild führten. Mit der Verdrängung der ersten „Erkenntnis" bin ich bei Weitem nicht allein, was mir auch erst mit zunehmender Beschäftigung mit dem Thema klar wurde. Immer wieder treffe ich auf Hochbegabte, die nach einem ersten Test, der einen Wert für den IQ von bis zu 145 ergab, das Testergebnis fast wütend weggeworfen oder eben ignoriert haben. Und zwar, weil sie glaubten, dass der hohe Wert ein Beweis für die schlechte Qualität des Tests sei und/oder für den „Unsinn" der IQ-Testerei überhaupt.

Dass das späte Festellen einer Hochbegabung, das erste Nachdenken darüber, die erste Freude oder zumindest positive Überraschung, dann die Erleichterung o.ä. Gefühle im Nachhinein auch zu Zorn, Wut und nicht immer angemessen auslebbaren Aggressionen führen kann, gehört wohl leider ebenfalls dazu und ist in manchen Fällen nicht nur banal. Dass damit die Arbeit erst richtig anfängt (es macht das Leben nicht unbedingt einfacher), ist ein weiteres Phänomen. Aber diese „Arbeit an sich selbst" macht dann auch (meistens) Spaß, zumindest Sinn, und es stellen sich Gefühle der Befriedigung und der Neugier ein! Denn es geht nun darum, endlich der oder die zu sein, die oder der man wirklich ist – zu sich zu kommen, sozusagen – Selbstzweifel zu Selbst-Bewußtsein weiterzuentwickeln, sich wesentlich mehr den eigenen Interessen zu widmen, anstatt nur verschiedene Taktiken zu erproben, um es anderen um jeden Preis recht zu machen oder nicht (unangenehm) aufzufallen. Und diese Befreiungsarbeit ist etwas ganz Wunderbares, weil man unmittelbar spürt, dass und was sie nützt. Maria Petersen beschreibt in ihrem jüngst überarbeiteten Buch sehr nachvollziehbar und ausführlich den langen steinigen Weg von der Überzeugung „doof", über die Einsicht hochbegabt zu sein, zum befreienden Happy End: „Danke! Jetzt bin ich glücklich!" So auch ihr Buchtitel. In dem vor kurzem erschienenem Roman *Die Eleganz des Igels* beschreibt Muriel Barbery, die kurze, aber heftige Entwicklung einer spät, fast (!) zu spät entdeckten Hochbegabung einer alternden Concierge in einem vornehmen Pariser Wohnhaus. Wer nachfühlen möchte, was das bedeutet, und selbst keine Erfahrung hat, sollte dieses wunderbare Buch lesen und genießen! Das leider fehlende Happy End kann man sich schnell dazudichten.

Wie immer man die Tatsache umschreibt, dass zwar das ganze Leben angefüllt ist mit Phänomenen, die für Hochbegabte typisch, aber häufig eher hinderlich als förderlich sind: Zugunsten des einzelnen Menschen besteht Handlungsbedarf, um nicht ein Leben ausschließlich mit „angezogener Handbremse zu leben". Und vor allem: weil sogar Betroffene bestimmte Vorkommnisse nicht als Zeichen für einen hohen IQ erkennen und oft genug zum eigenen Schaden negativ als (Persönlichkeits-)„Schwäche" mit den daraus resultieren negativen Konsequenzen fehlinterpretieren und so dauernd unterfordert bleiben.

Man lernt, damit umzugehen, dass man irgendwie anders ist als die anderen – was einem das Leben selbst aber auch nicht zwangsläufig leichter macht. Das Leben der Hochbegabten, die nicht hundertprozentig zurechtkommen und ihre Ressourcen nicht zu 100 % nutzen, ist dabei keine Ansammlung von Katastrophen, Rückschlägen und Misserfolgen. Sie haben sich, wie die meisten Hochbegabten, mehr oder weniger erfolgreich durchgeschlagen! Ihre eigene Kindheit war in Ordnung, wenigstens akzeptabel (das unterscheidet sie nicht von „normal"-begabten Menschen). Wenn sie aber beispielsweise während einer Krise anfangen nachzudenken, dann finden auch sie eine Ansammlung quälender Erlebnisse im Laufe ihres eigenen Lebens, die wohl leicht entbehrlich gewesen wären.

Im Extremfall – so Claudio Seipel[5] in seiner begonnenen Doktorarbeit – kann von der Gefährdung der Identität durch nicht erkannte Hochbegabung gesprochen werden. Und damit dürfte er wahrlich nicht falsch liegen. Man darf gespannt auf seine Ergebnisse sein. Ohne wilden Spekulationen allzu viel Raum geben zu wollen, sei darauf hingewiesen, dass es erste glaubwürdige Zeichen dafür gibt, dass frühkindliche Traumata sogar genetische Veränderungen hervorrufen können. *Gehirn und Geist* zitiert aus einem Artikel der *Nature Neuroscience*: Forscher der kanadischen McGill University in Montreal haben herausgefunden, dass genetische Veränderungen bei Opfern von Kindesmisshandlungen zur Reduzierung der Stress-Anfälligkeit führen (*Gehirn & Geist*, Heft 5/2009, Seite 10). Warum sollten solche vermutlich sehr stabilen Veränderungen nicht auch bei traumatisierten unerkannten Hochbegabten führen? Eine spannende Frage, die man untersuchen sollte! Wer mehrere Jahrzehnte lang die seltsame Diskrepanz zwischen enormen Ressourcen einerseits und extrem schlechter Bewertung andererseits erlebt, kann kaum ohne Schaden davonkommen.

Einige spät entdeckte Hochbegabte sprechen ja durchaus davon, dass sie ihre „Biografie neu schreiben" mussten, nachdem ihnen klar wurde, was Hochbegabung im Kontext des eigenen Lebensentwurfs bzw. -laufs bedeutet. So spricht ja auch Helene in ihrem Interview in diesem Buch davon: „Irgendwann begann ich – musste ich beginnen, mein ganzes vergangenes Leben – immerhin sechs Jahrzehnte – neu zu interpretieren." Und das dauert seine Zeit.

Dieses Nachdenken über das „Was-wäre-gewesen-wenn ..." abzustellen, ist nicht eben leicht. Manchmal führt es in immer düsterere Grübeleien, anstatt irgendein Problem lösen zu helfen. Unter den von vielen erlebten Voraussetzungen ging das wohl nicht anders, und sie sind ja auch irgendwie klargekommen. Dass man diesen „Verdacht", all diese Hinweise auf eine mögliche Hochbegabung aber um der Harmonie willen verdrängt und eine ganze Reihe von kraftraubenden Strategien entwickelt, um mit diesem Phänomen klarzukommen, ist leider fast ein trauriges Allgemeingut bei Hochbegabten. Und zwar vor allem bei

---

[5] Persönliche Mitteilung Claudio Seipels an den Autor, Januar 2009

denjenigen, die häufig nicht sehr erfolgreich und glücklich sind, sondern immer wieder auf neue Schwierigkeiten stießen und stoßen. Zu negativ ist in unserer Gesellschaft das Image der Hochbegabten immer noch ausgeprägt. Elite ist verpönt, und alle, denen man das Label „arrogant", „Überflieger", „Oberlehrer", „Besserwisser" „Intelligenz-*bestie*" o.ä. anhängen kann, denen wird es meist auch angehängt – selten in freundlicher Absicht.

Hochbegabten geht es manchmal wie Harry Potter, der bei seinen verständnislosen Pflegeeltern unter der Treppe hausen muss, weil er der personifizierte Störfaktor in einem langweiligen, aber geordneten Leben „rechtschaffener Bürger" ist. Er bekommt den ganzen Zorn der Familie zu spüren, die mühelos das erdrückende Gewicht eines aus unserer Sicht geradezu unsinnigen Lebens tragen kann, bei der kleinsten Provokation durch „Andersartigkeit" aber derartig aus der Bahn geworfen wird, dass man jederzeit im Grunde mit Gewalthandlungen jeder Art gegenüber dem Provokateur rechnen muss. Und das unter energiefressender Umgehung jeder Möglichkeit, aus dieser ungewöhnlichen Beziehung vielleicht sogar einen Nutzen zu ziehen.

Die soziale Erfahrung Hochbegabter sieht oft genau so aus: Sie wirken auf Eltern unbegreiflich, irritierend und überfordernd, auf Lehrer bedrohlich, auf Verwandte und Bekannte schlicht „verrückt" oder „nicht normal" oder irgendwie auf die „schiefe Bahn" geraten. Und viele der Beteiligten verlangen noch heute (und das ohne nachweisbar „böse Absicht"!) von den Betroffenen ganz einfach, gefälligst völlig anders zu sein als sie nun einmal sind. Nämlich so, wie die Eltern sind, die nichts anderes kennen (wollen?) als die eigene Existenzform bzw. Art und Weise der Ausgestaltung menschlicher Existenz. Als Kind wie als Erwachsener keine schöne oder gar zu Höchstleistung motivierende Erfahrung!

Man könnte sagen, dass die – aufgrund mangelnder anderer Perspektiven und mangelnder Bereitschaft, auch kritische Wahrnehmungen ins Bewusstsein vordringen zu lassen – blinde Verteidigung der nicht aufgedeckten fatalistischen Daseinsverfehlung der Eltern vieler Hochbegabter als angeblich erstrebenswertem Lebensstil zu dem sich verfestigenden fatalen Welt- und Selbstbild Hochbegabter beiträgt, die dann schließlich in einer nur noch mühsam verdeckten Identitätskrise münden: Sie halten sich für unendlich langsam und wissen gleichzeitig, dass in ihnen ein 296-PS-Bolide schlummert.

Hört man vielen Hochbegabten zu, die von identitätsbedrohlichen Kindheitserlebnissen berichten – und davon habe ich alleine in meinen

Coachings genug gehört –, dann fällt einem unweigerlich das Phänomen der „double bind"-Botschaften ein, die nicht nur Gregory Bateson seinerseits sogar mit der Entstehung der Schizophrenie in Verbindung gebracht hatte. Das hochbegabte Kind muss oft jahrelang ertragen, dass einerseits von ihm Höchstleistung verlangt wird. Ob die Hochbegabung nun „amtlich bestätigt" ist oder nicht, denn halbwegs wahrnehmungswache Eltern bekommen eine schnelle Auffassungsgabe ihres Kindes natürlich auch ohne Test mit. Neben die immer wiederholte Forderung nach Höchstleistung wird die Forderung nach altersgerechtem kindlich-naivem Verhalten und letztlich auch Denken gestellt. Eine klassische Dilemma-Situation im Sinne eines double binds, geht man einmal von einer Abhängigkeitsbeziehung zwischen Eltern und Kindern aus. Das Kind kann es den Eltern nicht recht machen – egal was es tut: Zeigt es Höchstleistung, wird es als „neunmalklug" ausgebremst und beispielsweise aufgefordert, sich „kindgerecht" oder „altergerecht" zu verhalten. Zeigt es kindlich-naive Zurückhaltung, wird es veralbert: „Nun sei doch nicht so kindisch!" oder gänzlich in seinen Grundlagen bezweifelt: „Na, da kommt der Herr Professor wohl auch nicht weiter, was?!" Die Eltern fordern gleichzeitig aufgrund einer angeblichen vorhandenen Fähigkeit eine bestimmte Leistung, wenn sie aber kommt, verlangen sie aufgrund angeblichen Unvermögens, dass das Kind sich zurücknimmt.

Was bleibt einem da als Kind übrig, will man wenigstens ab und zu die Zuneigung der Eltern spüren? Das Einfachste: Man gewöhnt sich daran, dass die Eltern eben „verrückt" sind. Da Eltern aber für Kinder fast das ganze Universum an möglichen Daseinsformen für Menschen repräsentieren oder wenigstens darüber berichten können, ist es nicht ganz so einfach, also zweifelt man erst einmal und hartnäckig an sich selbst. Denn so eine große weite Welt voller kluger Erwachsener KANN einfach nicht verrückt sein!

Es begleitet die Kindheit: Lehrer, die Agenten einer vorantreibenden Förderung sein sollten, fordern von Eltern, diese Kinder „zurückzunehmen" (nein, Fördern ist immer noch eine Ausnahme, obwohl die Chancen dank immer mehr und häufigerer Presse gestiegen sind!). Sie werden allzu oft als verhaltensgestört diagnostiziert, sie bekommen Tranquilizer statt Herausforderungen, sie gelten als unerträglich „besserwisserisch". Kurz: Sie irritieren die Erwachsenen dermaßen, dass sie irgendwie ruhiggestellt werden, wenn sie das nach dauernden Ermahnungen, Bitten, Schuldzuweisungen und Drohungen nicht schon selber erledigt und sie also längst resigniert haben.

Relativ wenige (einige schaffen das!!) sind im Alter von 5-10 Jahren schon so sozial kompetent und erfahren, dass sie für ihre (unfreiwilligen) „Peiniger" und deren Hilflosigkeit auch noch Verständnis aufbringen können und deswegen ganz bewusst (!) erfolgreiche Gegenstrategien entwickeln.

Immer noch viel zu viele Kinder und Jugendliche landen auch heute noch in der Sonderschule oder gar falsch diagnostiziert als „Patienten" mit ADS-Diagnose (Aufmerksamkeits-Defizit-Syndrom, früher: „Zappel-Phillip"!) in der Hexenküche eines an die Allmacht von Psychopharmaka glaubenden Psychiaters, der die Gesellschaft vor der scheinbar unerträglichen und bedrohlichen Wissbegier hochbegabter Kinder glaubt schützen zu müssen, weil er es nicht besser versteht.

Das ADS-Syndrom mag ja eine gültige Beschreibung bestimmter Probleme sein, aber die Abgrenzung zu einfacher Hochbegabung ist eben nicht immer einfach (siehe z.B. Simone Harland: *Hyperaktiv oder hochbegabt?*, Ehrenwirth, 2003)!

Wie schnell man als Kind in die Resignation rutschen kann, zeigt die Geschichte einer meiner KundInnen bzw. ihres 4-jährigen Sohnes. Die Diskussion, ab wann ein Kind die Schulbank „drücken" soll, sei einmal dahingestellt, denn sie ist wohl kaum pauschal zu beantworten. Nachdem der Sohn sich im Kindergarten zu Tode langweilte, obwohl er sich gut auf die anderen Kinder einstellen konnte (wenn es ihm zu bunt wurde, dann nahm er sich ein Buch und setzte sich in eine Ecke zum Lesen!), äußerte jemand den Verdacht, er sei so anders als die anderen, er solle getestet werden. Nun, er wurde getestet und begutachtet, und mehrere Profis gaben grünes Licht, zumal er auch körperlich sehr weit entwickelt war, ihn einzuschulen. Als die Mutter nach einem Beratungs- und Behördenmarathon zur Tat schreiten wollte, konnte sich plötzlich keiner der Beteiligten erinnern, etwas in dieser Richtung geäußert zu haben. Der beteiligte Schulpsychologe stellte sich stur, machte der Mutter klar, dass er sie für unfähig hielt, und damit war die Geschichte beendet. Die Mutter musste es ihrem Sohn sagen, der seit Monaten gespannt auf eine Entscheidung wartete und unbedingt in die Schule wollte (!). Er reagierte – wie die Mutter berichtete –, mit einem völlig „zerfallenden" Gesicht, das Resignation und Hoffungslosigkeit ausdrückte, mit den Worten: „Ich habe jetzt keinen Bock mehr, dann gehe ich eben erst mit 6 in die Schule." Ihr Sohn hatte ein sehr gutes Programm, um mit Gleichaltrigen umzugehen, die nicht so weit waren wie er, das „schaltete er ein" und hat es bis heute nicht mehr ausgeschaltet.

Sicherlich gibt es Mütter, die glauben, nur weil ihr Sohn bis drei zählen kann wie jedes andere Kind, müsste er bald den Nobelpreis bekommen. In diesem Fall ganz sicher nicht, sondern hier war die Mutter von der berechtigten Sorge getrieben, ihr Sohn könne durch ständige Unterforderung Schaden leiden. Ich bin kein Prophet, aber ich meine, für diese Geschichte gibt es drei mögliche Ausgänge: (1) Der Sohn resigniert und findet den Ausweg aus dieser Überlastungs-Frustrations-Situation in endgültigem Desinteresse an Schule. Das ergäbe einen von vielen neuen hochbegabten Schulversagern. Oder (2) Er gehört zu den extremen Ausnahmen von Kindern, die bereits mit vier Kompetenzen auf sozialem Gebiet und im Selbstmanagement entwickelt haben, die trotz solchen extrem erniedrigenden und frustrierenden Erlebnissen, aus denen KEINERLEI Förderung resultiert, später durchstarten. Oder (3) Die Mutter schafft ihm eine herausfordernde Parallel-Welt und setzt ihn den anstrengenden Anforderungen aus, sich den Tag über dumm zu stellen und zu Hause z.B. zu lesen, was erst vier Jahre später in der Schule vorkommt. Kann man so etwas einem Kind zumuten?!

Ich hoffe, dass er zu den Kindern gehört, die Ausweg Nr. (2) wählen können, denn gegen die massive Wand der Ignoranz kommt er in diesem Falle wohl nicht an. Und die Mutter ist so klug, jetzt nicht noch einen Kriegsschauplatz neben dem nächsten aufzumachen, was sicherlich auch kein Ausweg wäre.

Zurück zu den Erwachsenen: Der Hochbegabte wird oft von seiner Umgebung als gefährlich, lästig, unnahbar, übermächtig, furchterregend empfunden, und kaum einer denkt wirklich darüber nach, was es für den Betroffenen selbst bedeutet, über einen langen Zeitraum so und nicht anders wahrgenommen zu werden!

Die von Hochbegabten entwickelten Strategien, sich sozial zurecht-zufinden, sind meist leider nicht dazu dienlich, sich selbst zu erkennen oder gar das Beste aus sich selbst herauszuholen. Im Gegenteil: Es sind eher Strategien, die die eigene Aktivität dämpfen, statt zu helfen, sich voll zu entwickeln! Man pflegt diese Strategien aber oft bis ins hohe Erwachsenenalter, weil sie immer wieder zum kurzfristigen Überleben geeignet sind, weil sie einem in gewissem Maße soziale Anerkennung oder doch wenigstens geduldete soziale Interaktion, momentane Akzeptanz verschaffen. Dazu gehören das „Verleugnen", das „Sich-dumm-stellen"[6]. Hochbegabte geraten laufend in Situationen, in denen

---

[6] Wunderbar filmisch umgesetzt und dieses Mal sogar „erfolgreich" im Film „Vitus" mit Bruno Ganz in der Rolle eines Großvaters, den wir uns wohl alle

sie denken, dass sie als Einziger etwas nicht verstanden haben, und sich selbst daraufhin für „dumm" halten. Wenn sie sich in so einer Situation anpassen, also im Grunde devot unterordnen, werden sie häufig mit lobender Anerkennung oder einer anderen Zuwendung belohnt. Irgendwann stellen sie sich dann „proaktiv" dumm und bekommen wieder die Anerkennung, nach der sie sich so sehr sehnen.

Ein nerviges Nebenergebnis ist dann, dass sie z.B. mit einer ermüdend langweiligen Antwort auf eine Frage leben müssen, die sie aus taktischen Gründen gestellt haben, damit jemand sich ihnen zuwendet, nicht weil sie die Antwort nicht wüssten. Noch schlimmer: Sie können eine falsche oder unvollständige Antwort nicht einmal verbessern oder ergänzen! Denn dann würde ja die Situation entlarvt, und sie bekämen eine Extraportion „soziale Bestrafung" dafür. Nicht auszudenken, was passieren würde, würden sie jetzt auch noch anfangen zu erläutern, wie es zu dieser unsäglichen Situation überhaupt gekommen ist, denn sie sind die Einzigen, die das erklären könnten! Es würde nur immer noch schlimmer ... Eine Art Teufelskreis entsteht: Je weniger kompetent ich erscheine, desto netter sind die Menschen. Schrecklich! Und die häufige Langzeitwirkung: mangelnde soziale Kompetenz hochbegabter Erwachsener!

Es erinnerte mich lebhaft an meine eigene Kindheit, als mir ein Kunde, der wie so viele Erwachsene erst durch die Schulprobleme seines Sohnes auf seine eigene Hochbegabung gestoßen war, Folgendes erzählte: „Ich selbst kann mich an eine Strategie erinnern, die ich völlig unbewusst heute in seltenen Fällen immer noch einsetze, beispielsweise im Büro, wenn ich nicht aufpasse. Meistens merke ich es aber schnell und lass es wieder: Als Kind und vor allem als Jugendlicher bin ich wie viele meiner ‚Leidensgenossen' im familiären Kreis, aber auch woanders ständig angeeckt, wenn ich eine Idee zu einem Thema beisteuerte, bei der andere meinten, sie könne gar nicht von mir stammen, weil ich eben zu ‚klein' etc. wäre. Der Vorwurf kam sofort: ‚Idee geklaut!' Ich habe dann häufig meine Ideen an den Mann und an die Frau gebracht, indem ich ‚Phantome' zitiert habe, die angeblich hierzu und dazu etwas gesagt haben. Hätte ich gesagt: ‚Ich habe dazu ´ne tolle Idee. Könnte es nicht sein, dass ...!', hätte man mir schnell den Mund verboten. Oder man hätte

---

gewünscht hätten. „Vitus", ein Film von Fredi M. Murer, mit Teo Gheorghiu als Vitus und Bruno Ganz als Großvater, mit Julika Jenkins und Urs Jucker, CH 2006, 122 Min., Buch: Peter Luisi, Fredi M. Murer, Lukas B. Suter; Kamera: Pio Corrad; Musik: Mario Beretta

mich irgendwie anders lächerlich gemacht. Wenn ich aber sagte: ‚Neulich kam eine Sendung im Fernsehen, ja, in der Drehscheibe war das, da hat ein Professor ...', dann hörte man mir (nicht immer, aber oft!) zu, und ich konnte meinen Gedanken loswerden. Der wurde dann manchmal wirklich diskutiert, freilich kaum unter weiterer Einbeziehung meiner Person. Aber immerhin! Frustrierend war es aber, wenn der Gedanke auf richtiges Interesse stieß und ich nachgefragt wurde, dann hatte ich die Lorbeeren quasi bereits an ein Phantom abgegeben, bevor ich sie hätte ernten können. So etwas kann – wegen des anhaltenden ‚Erfolges' – durchaus zur Routine werden. Es bringt einen selbst allerdings nicht wirklich ins Gespräch ... ganz im Gegenteil. Aber die Hoffnung stirbt ja auch in einem Kinderkopf zuletzt!"

Da auch hochbegabte Menschen auf normale Art und Weise lernen, lernen sie häufig dauerhaft ein regelrecht „dummes" Verhalten, was wiederum ihre Umwelt in dem Glauben bestärkt, sie hätten etwas nicht verstanden, seien also wirklich „dumm" oder wenigstens langsam oder unkonzentriert oder unmotiviert oder alles auf einmal. Häufig würde die objektiv richtige Erklärung dann heißen müssen: Der eine versteht etwas nicht, weil es unlogisch ist und z.B. deshalb in eine unmoralische oder zumindest moralisch fragwürdige Situation führt.

Beispiel: „Rauchen und Trinken sind lebensgefährliche Konsumgewohnheiten labiler Menschen! Das tun nur Menschen, die erhebliche Schwierigkeiten mit sich haben, und die werden dann süchtig! Für Kinder ist das überhaupt nichts, das ist viel zu gefährlich!", sagt die Mutter, während sie in der einen Hand ein Cognac-Glas, in der anderen eine Zigarette hält, während der Aschenbecher auf dem Wohnzimmertisch schon deswegen überquillt, weil ALLE anwesenden Erwachsenen rauchen. Es wird dem staunenden Kind aber nicht auf Nachfragen erklärt (warum die Mutter raucht und trinkt beispielsweise), weil es da gar nichts logisch zu erklären gibt und im Beispiel die Mutter als völlig unglaubwürdige moralische Instanz entlarven würde.

Deshalb wird derjenige, der die Erklärung eingefordert hat, oft für „dumm" oder unreif, „neunmalklug" (wenn er etwas sagt) o.ä. erklärt. Dieser ahnt aber die wahren Gründe, die außerhalb der Logik (der Kinder wie der Erwachsenen, falls es da überhaupt Unterschiede gibt!) z.B. in versteckten Machtkämpfen liegen, die ihm gar nicht versteckt, sondern ziemlich offen vorkommen. Das bedeutet langfristig, der Betroffene lernt, dass er die tatsächlichen „sozialen Regeln", die „Spiele der Erwachsenen" (zum Beispiel die eines gesellschaftlich offiziell negativ, aber informell geduldeten bis positiv sanktionierten Macht-

kampfes) nicht versteht und dies dann auf seine mangelnde (!) intellektuelle Kompetenz bezieht oder auf sein Kindsein an sich, welches sich nicht durch Denken, sondern nur durch Warten ändern könnte. Die einzig richtigen, eher sozial-emotional begründeten Ursachen beobachteten unlogischen Verhaltens werden also nicht erläutert, weil sie nicht zum „offiziellen Begründungsrepertoire erwachsenen Verhaltens" gehören, das sich zudem in geheimnisvolles Schweigen hüllt, wenn es droht, entlarvt zu werden. Wer veröffentlicht schon gerne die Tatsache, dass er dauernd gegen die von ihm selbst erfundenen oder verteidigten Regeln verstößt?! Denken kann der hochbegabte Jugendliche oder das Kind aber schon, nur warten, das kann er/es noch viel weniger als andere! Und weil nicht sein kann, was nicht sein darf, nützen etwaige Erkenntnisse dem hochbegabten Kind nichts, weil es sie nicht kommunizieren kann/darf, weil diese Zusammenhänge noch so richtig sein können, sie *können* ja gar nicht stimmen! Wer soll da die Erwachsenen noch verstehen? Das Problem: Hochbegabte kapitulieren hier nicht, sondern wenden sich wieder ihrem Kinderzimmer und den „kind- bzw. altersgerechten" Spielzeugen zu und geraten dabei über die Erwachsenen ins Grübeln! Sie denken weiter darüber nach und fühlen sich massiv verletzt und missachtet, weil die viel mächtigeren Erwachsenen sie offenbar für dumm verkaufen (wollen!). Oder kapieren sie doch nicht, was die Erwachsenen da sagen, weil sie zu dumm sind? Die Folgen für das Selbstbild und/oder die soziale Geborgenheit sind in beiden Fällen eher schrecklich: Das Selbstbild entwickelt sich zu einer einzigen großen Frage: Warum bin ich so blöde? Alle anderen verstehen immer alles und sehen glücklich aus, und ich kriege gar nichts mit. Die soziale Geborgenheit, die ein Kind so dringend braucht, wandelt sich in die Überzeugung, NIE gelobt oder anerkannt zu werden, egal was man aus sich heraus macht. Stattdessen wächst die Überzeugung, alleine auf der Welt zu sein und sich irgendwie fernab von allen durchbeißen zu müssen. Hier liegt vermutlich der Ursprung der (jugendlichen) Überzeugung vieler Hochbegabter, sie stammten von einem anderen Stern, aus einer anderen Galaxie. Rollenvorbilder dafür gibt es in Science-Fiction-Filmen ja weiß Gott genug.
Der Teufelskreis ist perfekt. So lernt man weder eigenständiges Verhalten, noch eine besonders effektive Form sozialer Kompetenz. Das Selbstbild passt sich dem Fremdbild auf Dauer an, um dem permanenten Konflikt einer unerträglichen kognitiven Dissonanz aus dem Wege zu gehen (Dieses psychologische Phänomen der Reduzierung kognitiver Dissonanz, eine „sich selbst erfüllende Voraussage", wurde offenbar zuerst von

Max Frisch im Theaterstück „Andorra" beschrieben und wird deswegen auch das Andorra-Phänomen genannt).

Auch das „Anpassen um jeden Preis" gehört zu diesen Strategien, das „Zurückstecken, wo immer es geht". Das betrifft dann nicht nur den intellektuellen Bereich, sondern alle Bereiche sozialer Auseinandersetzungen, und verhindert so unter Umständen eine normale Entwicklung insgesamt. Ich glaube inzwischen, dass diese Strategien in Einzelfällen nicht nur kurzfristig, sondern sogar lebenslänglich zum „Erfolg" führen. In meinem persönlichen Erfahrungsbereich kommen Menschen vor, die – einstmals auffällige hochbegabte Kinder – als junge Erwachsene so intensiv den Durchschnittsbereich „gepflegt haben", dass ihnen ihre intellektuellen Fähigkeiten teilweise dauerhaft abhandengekommen sind. Dies ist allerdings eine kühne Behauptung, die ich natürlich nicht belegen kann. Schließlich aber ist Isolation, gerade als Kind oder Jugendlicher, so ziemlich das Schlimmste, was einem passieren kann. Das auch noch gepaart mit einem extrem empfindlichen Wahrnehmungsapparat. Und warum sollte man der dauerhaften Isolation nicht durch Anpassung des Selbstbildes an das Fremdbild entkommen können? Die Erwachsenen-Welt ist schließlich voller Lug und Trug, das lernen Hochbegabte leider noch viel schneller als andere.

Aber auch wenn Hochbegabte zu ihrer Hochbegabung oder ihrem „Anderssein" stehen, z.B. zu einer mit der sozialen Umwelt nicht immer kompatiblen Geschwindigkeit im Denken und Wahrnehmen, wird es nicht automatisch einfacher. Sie ecken weiter an, auch als Erwachsene im Berufsleben, überschätzen sich selbst und laufen möglicherweise in diverse „Lebensfallen". Diese scheinen alle mehr oder weniger darin begründet, dass die sozialen Kontakte unangemessen gepflegt werden, dass die eigene Wirkung unter- oder überschätzt oder völlig falsch eingeschätzt wird.

Wenn Eltern vor lauter Begeisterung über ihr „Wunderkind" zu aggressiven Dressur-Akten neigen, um selbst über ihr Kind „berühmt" zu werden (das trifft Gott sei Dank nur wenige), wird es oft auch zur persönlichen Katastrophe für beide Beteiligten. Oder möchten Sie gerne von einer geltungssüchtigen Mutter quasi auf dem Jahrmarkt zur Schau gestellt werden?! Häufiger allerdings sieht die Wirklichkeit so aus, dass sich Eltern angegriffen und bedroht fühlen und zum Beispiel – wie bei einer meiner Kundinnen passiert – ihrer 15-jährigen und ganz offenbar hochbegabten Tochter jahrelang die Zustimmung zu einer Leihbibliothekskarte verweigern, damit ihre Tochter nicht „schlauer" wird als sie selbst! „Zu lesen brauchst du nichts. Du liest doch schon in der Schule!

Wir haben es auch so zu etwas gebracht, oder?! Und wenn du erst mal unseren Betrieb übernimmst ...!" Anstatt also mit genügend „Stoff" für ihr Hirn versorgt zu werden, wurde sie mit „Du brauchst das nicht! Du bist es nicht wert!"-Botschaften versorgt.

Dass von einer dem Hochbegabten eigenen rasanten Wahrnehmungsgeschwindigkeit oft fälschlich auf eine dramatisch erhöhte Kreativität oder Qualität seiner eigenen geistigen Fähigkeiten geschlossen wird oder auf irgendeine künstlerische Fähigkeit, führt vielfach – ich komme später darauf zurück – nur zur Geburt eines „brillanten Dilettanten" statt zu wirklichem Erfolg. Denn der wirkliche künstlerische Erfolg hat auf den meisten Gebieten eine langjährige und fast ausschließliche Konzentration auf ein unendlich hartes und teilweise erschreckend frustrierendes Trainingsprogramm zur Bedingung. Beispielsweise beim Erlernen klassischer Musikinstrumente wie Geige oder Cello. Mit mehr Intelligenz kann man zwar vielleicht schneller Noten lesen lernen, aber das braucht man gar nicht, um ein erfolgreicher Cellist zu werden, denn für das Notenlesenlernen hat man so lange Zeit, bis teilweise völlig natürliche, aber für das Cellospielen unsinnige Bewegungsabläufe abtrainiert und gegen die für das Cellospielen nötigen ersetzt worden sind. Und das dauert, weil unsere Psychomotorik beispielsweise beim Cello-Spielen-Lernen weitgehend unabhängig von unserem IQ arbeitet. Wer möchte statt eines überzeugenden künstlerischen Ausdrucks auf einer Weltbühne maschinenhaft klingende Virtuosität hören, die emotionslos wie von einem Abspielautomaten produziert wird und auf dem emotionalen Level von Fahrstuhlmusik stecken bleibt?

Für die Emotionen braucht man kein Training, sie aber zu erkennen und zu benennen oder sie aber in Musik zu verwandeln, dafür braucht man mehr als Talent. Die für das harte Training nötige Fähigkeit zum konzentrierten Durchhalten trotz laufender Frustrationen findet man aber gerade bei Hochbegabten mindestens so selten wie in der übrigen Bevölkerung. Vermutlich sogar viel seltener.

Allerdings gibt es von einigen Autoren festgestellte Unterschiede, die hochbegabte von normalbegabten Lernenden unterscheiden und insgesamt beim Lernen begünstigen. Hochbegabte sollen schneller, besser, intelligenter, planvoller und kreativer lernen können als andere. Dies stellt z.B. Weinert[7] fest, der mehrfach zitiert wird, in unserem Falle von Ida Fleiß, als eine der wenigen Quellen zum Thema (Ida Fleiß, 2003). Die Art und Weise des Lernens bezieht sich allerdings auf Begriffe,

---

[7] Nach Fleiß, Ida: *Hochbegabung und Hochbegabte*, Seite 56 ff.

Zusammenhänge, Prozesse, Bedeutungen usw. Die metakognitiven Kompetenzen, also Fertigkeiten wie Überwachungs- und Ausführungsfertigkeiten, die notwendig sind, um mit erforderlichem Planungs- und Strategiewissen erfolgreich umzugehen, spielen bei Hochbegabten eine besondere Rolle. Das hilft aber immer noch nicht bei dem relativ eintönigen, langwierigen Umerziehen der Psychomotorik, die einen technisch guten Cellisten ausmacht, wenn das alles das Lernen insgesamt auch beschleunigen mag. Und ist dann dies alles im Einsatz und erfolgreich, ist immer noch nicht gesagt, dass überhaupt genügend Motivation vorhanden ist, auch die großen Frustrationen auf dem Weg zu einem erfolgreichen Musiker durchzustehen.

Viele Menschen haben erlebt, welche Veränderungen zum Positiven damit verbunden sind, sein eigenes „Getting-out"[8] als Hochbegabter zu erleben. Bei mir selbst, bei meinen Freunden und bei meinen Coaching-Kunden erlebe ich das laufend.

Ich habe mir trotz aller Rückschläge und Erfolge in meiner Biografie, oder gerade deswegen, die Neugier erhalten, die man braucht, um meinen Job zu tun: die Arbeit mit Menschen. Sei es in Form von Seminaren oder in Form von Coaching. Menschen und ihre Biografien bleiben meine Berufung. Für mich gibt es nichts Interessanteres.

Bei dieser Arbeit verabschiedet man sich immer wieder von negativen Vorurteilen über Menschen, Mentalitäten, Staaten, Völker. Wir stecken Menschen gerne in Schubladen und versuchen, sie dann an der Flucht zu hindern. Dann finden wir uns leichter zurecht. Dieses nicht zu tun, das gehört zum täglich Brot des Coaches. Meistens macht das regelrecht Spaß. Enttäuschung macht also Spaß? Ja, also der Zustand ohne Täuschung, der unmittelbar auf die „Ent"-„Täuschung" folgt. Und jeweils in diesem Zusammenhang wenigstens eine neue Option eröffnet.

Ich weiß, dass es Kollegen gibt, die lieber von „Therapieresistenz" sprechen, als sich von einer Schublade zu verabschieden. Aber um die geht es hier nicht. Ich habe große Achtung vor meinen therapeutischen Kollegen. Ich bin kein Therapeut, sondern Coach, und wenn ich mit Menschen konfrontiert bin, die meiner Meinung nach eine Therapie benötigen, dann versuche ich zu erreichen, dass diese sich einen fähigen Therapeuten suchen, der ihnen helfen kann. Das ist nicht einfach, weil ich immer noch nicht genügend Therapeuten kenne, die sich mit Hochbegabten auskennen und sie auch akzeptieren. Vor Kurzem habe

---

[8] Vgl. z.B. Prof. Jürgen vom Scheidt: *Das Drama der Hochbegabten*, Kösel, 2004, z.B. Seite 52.

ich mal wieder versucht, einen Therapeuten in Bremen und „umzu" zu „googeln". In der Tat fand ich einen, auf dessen Homepage-Eintrag eines Verbandes als Spezialisierung „Hochbegabung" stand. Ich schrieb ihm eine Mail, beschrieb, was ich machte, und fragte, ob es möglich wäre, sich bei einem Kaffee kennenzulernen, ich würde ihn gerne weiterempfehlen, wenn sich das aus dem Coachingprozess heraus so ergäbe. Er antwortete mir, das sei nicht nötig, ich solle ihm einfach die Kunden schicken.

Ganz ehrlich und ohne Kollegen-Schelte – das liegt mir fern! –, das reicht mir nicht aus. Ich werde ihn niemandem empfehlen.

Coaching bringt einen Menschen weiter, wenn er merkt, dass er lernfähig ist, dass es Veränderungen gibt, die zu eigenen Gunsten ausgehen. Sich schließlich an eigenen vorhandenen Ressourcen orientieren zu können, anstatt an vermuteten oder vermeintlichen persönlichkeitsbedingten Fehlleistungen, stellt für mich einen Wert an sich, ja fast ein Menschenrecht dar.

In diesem Sinne ermächtige ich meine Kunden zur Selbstbestimmung. Und das ist eine schöne Arbeit. Ich arbeite seit Jahren erfolgreich mit Hochbegabten, als Trainer und als Coach, und ich habe bereits eine Menge Erfahrungen sammeln dürfen, teils bewusst, teils unbewusst. Ich habe in den letzten Jahren immer wieder Hochbegabte unter meinen Kunden entdeckt und sie dazu bewegen können, sich der eigenen Kompetenz und den eigenen Schwierigkeiten damit zu „stellen".

Und das mit nachhaltigem Erfolg, zu großem Nutzen und zur Zufriedenheit, ja sogar zur großen Freude meiner Kunden.

Das vorliegende Buch für hochbegabte Erwachsene soll ja auch dazu dienen, Ihnen, liebe Leser, Appetit zu machen! Es soll Ihre Motivation fördern, (endlich) etwas für sich selbst zu tun und auf die eigene Heldenreise zu gehen, wie Prof. Jürgen vom Scheidt das ausdrückt.[9] Es soll Mut machen, sich Wege zu suchen, die eigenen Potenziale voll auszuschöpfen und erfolgreich(er) zu werden. Einen eigenen unbeschwerteren Weg zu finden. Eine eigene, weitgehend selbst erfundene Lebens-Karriere zu machen, befruchtet von vielen Menschen, vielen Ideen, aber in Eigenregie und Würde.

Ohne Peinlichkeit, auf dem selbst gewählten Gebiet, mit selbst gesteckten oder wirklich freiwillig und reflektiert übernommenen Zielen und zur eigenen Zufriedenheit. Unabhängig von (besserwisserischen)

---

[9] Jürgen vom Scheidt: *Das Drama der Hochbegabten*, 2004.

Kommentaren von außen. Aber integriert in die vorhandene (soziale) Wirklichkeit. Sozusagen: „Ganz, wie Sie wollen!"

Dazu gehört auch, dass Sie für sich selbst entscheiden (können und müssen), ob Sie sich für dieses „Projekt" Unterstützung holen oder ob Sie es alleine versuchen. Unterstützung finden Sie bei mir oder über mich in Form von Coachings oder in Form eines Strategie-Seminars, aber auch in speziellen Hochbegabten-Vereinen (z.B. MinD = Mensa in Deutschland).

Hier wie dort finden Sie (endlich) Gesprächspartner, die das Phänomen aus eigener Anschauung kennen und es Ihnen nicht verübeln. Hier „rasseln" Sie auch endlich mit anderen Menschen „auf gleicher Augenhöhe" zusammen. Hier können Sie sich endlich streiten. Hier müssen Sie sich rhetorisch endlich wieder anstrengen, um einen Standpunkt erfolgreich vertreten zu können. Aber: Hier werden Sie akzeptiert. Prinzipiell und so wie Sie sind. Weil jeder einen mehr oder weniger ähnlichen Erfahrungshorizont hat. Vielleicht betrifft das weniger die vielen Jugendlichen und Kinder, die heute den Vereinen beitreten, weil die von ganz anders eingestellten Eltern und teilweise endlich auch besseren Lehrern betreut wurden. Aber um die geht es uns hier ja auch nicht primär. Wir 40 bis 60-Jährigen, aber auch die viel ältern und viele 30-Jährige und Jüngere haben da noch ganz andere Erfahrungen gemacht.

Positive Erfahrungen können Sie natürlich auch woanders machen: Sie, die zwar etwas ahnen, die es aber nicht genau wissen und die vielleicht wie viele Hochbegabte aus verschiedenen Gründen einen großen Bogen um die eigene Hochbegabung gemacht haben.

Haben Sie schon einmal erlebt, wie erfrischend es sein kann, als Erwachsener zur eigenen Schulzeit die Wahrheit zu sagen? Dass Sie z.B. öfter geschwänzt haben, weil Sie einfach zu faul waren? Dass es für Sie keinerlei Last war, in zwei Orchestern und im Chor, in einer Tanzgruppe, einer Rockband und beim Paddeln aktiv zu sein, während Sie mit Freunden in jeden Ferien ins Ausland fuhren, nebenbei auf dem Bau und in Kneipen jobbten, Erfahrungen mit ihrer ersten großen Liebe, mit Mopeds und der Polizei wegen Fahrens ohne Führerschein gleichzeitig mit der Herausgabe einer Schülerzeitung neben dem schulbegleitenden Privatmusiklehrer-Studium am Konservatorium zu machen? Dass auch Sie immer trotzdem dachten, Sie verstehen Gebrauchsanweisungen, Ihren Geschichtslehrer oder Ihre Deutschlehrerin oder den Mathematiklehrer nicht, weil Sie zu blöd sind? Sie verstehen unser Regierungssystem oder unser Steuer-System nicht oder den Inhalt bestimmter

Unterhaltungs-Sendungen, bei denen es einfach nichts zu verstehen gibt, so wie Sie das verstehen könnten oder wollten?

Wann haben Sie das letzte Mal vor sich selbst zugegeben, dass Ihnen bestimmte Partys unerträglich vorkommen, weil Sie einfach niemanden finden, mit dem Sie über den für Sie sinnlosen Small Talk hinaus interessante Themen diskutieren könnten? Oder niemand hat Ihr Herumalbern verstanden! Ganz im Gegenteil, dafür sind Sie auch noch schräg angeschaut worden?

Mal wollen Sie total albern sein, manchmal brauchen Sie Futter in Form ernster Gespräche, und beides finden Sie gleichermaßen entspannend, und manchmal wollen Sie davon etwas haben, und zwar sofort und in Unmengen. Egal ob mitten am Tag oder mitten in der Nacht. Und fanden andere das vielleicht nur verrückt, wichtigtuerisch, jedenfalls unangemessen und blöde oder arrogant? Weil gerade etwas anderes als etwa die stille (stumpfe?) Harmonie einer langweiligen Geburtstagsfeier lauter wie stumme Fische herumsitzender Menschen wichtiger war als ihr eigener genialer, ihrem Hirn entsprungener Gedanke, der die Sprengkraft gehabt hätte, endlich eine interessante und aufregende Diskussion hervorzurufen?

Ich hoffe also auf Sie, dass Sie Appetit auf mehr von sich selbst bekommen. Wer sich nicht bewegt, spürt seine Fesseln nicht. Das gilt insbesondere für latent Hochbegabte und alle, die aus falsch verstandener Höflichkeit oder aus Scham vergessen haben, sich selbst wenigstens soweit ernst zu nehmen, dass sie in der Lage sind, die eigenen Ressourcen vollständig zu nutzen. Oder das wenigstens zu versuchen. Und jetzt viel Spaß bei einer spannenden und besonderen „Reise ins Ich"!

Zweiter Teil: Hochbegabung als Phänomen

Hochbegabung als gesellschaftliches Phänomen

Genie und Wahnsinn

Hochbegabung an sich

Gibt es die Pille für Hochbegabung?

Alltägliche Indizien für Hochbegabung

Hochbegabung als gesellschaftliches Phänomen

Unser Verhalten im Alltag wird maßgeblich bestimmt durch unsere Glaubenssätze und diese wiederum durch die wichtigen Grundwerte. Sie unterscheiden sich inhaltlich bei Hochbegabten nicht von denen der meisten Menschen, denn auch Hochbegabte lernen im Laufe ihrer Sozialisation die Werte ihres sozialen Umfeldes kennen und übernehmen sie meist. Wird z.B. in der Familie sehr früh auf politische Wachheit geachtet und Wert darauf gelegt, das Recht auf Demonstrationen in Anspruch zu nehmen, so übernimmt auch ein hochbegabtes Kind schnell in seinen persönlichen Wertekatalog, dass Demokratie an sich einen Wert darstellt und nicht nur zur emotionalen Lebensqualität ganz wesentlich beiträgt. Es wird also in seinem späteren Verhalten diesem Wert folgen und sich ganz selbstverständlich demokratischen Gepflogenheiten beugen und aktiv an der Gestaltung der Gesellschaft mitarbeiten. Oder gerade das Gegenteil tun. Auf jeden Fall aber sein Tun oder Lassen an diesem Kriterium orientieren. Egal wie die Pubertät dann wirklich verläuft.

Die Pubertät verläuft anders bei Hochbegabten, wenn man einmal – die Individualität selbstverständlich zur Verdeutlichung außer Acht lassend – die Phänomene der schnelleren Entwicklung, der schnelleren Wahrnehmung und Informationsverarbeitung zur Betrachtung bündelt: Pubertierende Hochbegabte sind frühreif, hypersensibel und fühlen sich oft fremd in der Welt, die sie als Pubertierende entdecken. Viel fremder, als die normale „westliche" Pubertät[10] es nahelegen würde. Viele kreisende Gedanken überdrehen jetzt erst richtig. Die Pubertät läuft ab wie bei allen anderen, nur zigmal intensiver. Beschleunigte Wahrnehmung und das ebenso beschleunigte analytische Denken tragen sehr viel mehr und schneller, als Erwachsenen bewusst ist, dazu bei, die Lügen und Intrigen, den Selbstbetrug und den Betrug anderer, die

---

[10] Es gibt einige Hinweise darauf, dass Pubertät nicht ein genetisch bedingtes und damit zwangsläufiges Identitätschaos als Teil der Entwicklung eines Menschen ist, sondern kultur- und zivilisationsbedingt vor allem in westlichen Industrieländern auftritt. Die neuerdings beobachtbaren neurophysiologischen Veränderungen sind möglicherweise nur Korrelationen, nicht Ursachen. „Teenager sind prinzipiell sehr leistungsfähig, doch sie werden in unserer westlichen Kultur systematisch entmündigt, von Erwachsenen isoliert und damit blockiert" (*Gehirn und Geist*, 1/2008, S. 25). Wenn das so sein sollte, wird dieser Isolierungseffekt durch die Phänomene, die Hochbegabte darüber hinaus erleben, extrem verstärkt.

Doppelzüngigkeit, Doppelmoral und Heuchelei der Erwachsenenwelt zu durchblicken. Sie bauen sich ihre eigenen von den Eltern oder direkten Bezugspersonen eher unabhängigen Wertesysteme sehr viel früher und selbstständiger auf. Und sie beharren hartnäckiger und nachtragender als andere auf deren Gültigkeit, zumal wenn sie von bestimmten einflussreichen Erwachsenen übernommen wurden und alsbald von denen selber ignoriert oder frech umgedeutet werden. So wollen sie z. B. schon als Kinder so sein dürfen, wie sie „eigentlich" sind! Sie erkennen sich viel früher als eigenständige Person.

Wer sich genussvoll und emotional sehr bewegend in die Erlebniswelt einer hochbegabten 13-Jährigen hineinversetzen möchte, sei auf das bemerkenswerte Buch von Delphine de Vigan *No und ich* hingewiesen. Für jeden Interessierten ein MUSS. Das Buch verweist einen Hochbegabten möglicherweise sehr, sehr deutlich auf seine eigene Kindheit und Jugend, und einem Nichthochbegabten gibt es einen schnellen und unterhaltsamen Einblick in die Gefühlswelt und vor allem auch die Wahrnehmung einer 13-Jährigen (!).

Hochbegabte Pubertierende begreifen nicht, warum Kinder – anders als Erwachsene – weniger Rechte haben sollen in Bezug auf Selbstbestimmung, Selbstverwirklichung, Ehrlichkeit, Gerechtigkeit usw., nur weil sie noch Kinder sind. Zumal ihr Hirn oft schon längst arbeitet wie bei einem Erwachsenen.[11]

Ihr Drang nach Begründungen bleibt dabei ebenso oft unbefriedigt wie ihr Freiheitsbedürfnis. Denn die Antwort: „du darfst das nicht, weil du noch ein Kind bist!" kann selbstverständlich nicht befriedigen. Sie ist eine Tautologie und eine Degradierung gleichzeitig. Und die Äußerung: „Du begreifst das noch nicht, weil du noch nicht alt genug bist!", kommt für diese Kinder noch mehr als für andere einer schallenden Ohrfeige gleich.

Auf derartige Herabsetzungen unserer Person reagieren wir Menschen alle mehr oder weniger gleich:

Diese Verletzung/Behinderung unserer Bedürfnisbefriedigung bzgl. Anerkennung, Wertschätzung oder einfach nur Akzeptanz und der damit verbundenen persönlichen Werte wird als Angriff empfunden – als

---

[11] Erstens gibt es dazu verschiedenen Meinungen, und zweitens entspricht es der subjektiven Wirklichkeit vieler Hochbegabter, und von der gehe ich beim von denen, die darunter leiden, spielt das Coaching erst einmal aus. Statistische Durchschnittshochbegabte hin und ebensolche her. Ich bin zwar gespannt, auf was man sich schließlich einigt. Wenn man sich überhaupt jemals einigen wird. Für die Coaching-Prozesse keine Rolle.

gefährliche Störung der Identität und Verletzung der Souveränität des Einzelnen. Demzufolge werden die dem eigenen Wertesystem entsprechenden Verteidigungsmechanismen aktiviert – es kommt zu einem Machtkampf. Den wiederum durchblickt natürlich der hochbegabte Jugendliche sofort usw.

Hier unterscheiden sich übrigens möglicherweise Hochbegabte tatsächlich in der Häufung substanziell von anderen: Hochbegabte müssen oft schon als Kinder die Erfahrung machen, dass sie „frühreife", für sie selbst faszinierende Gedanken, die sie unbedingt mit Erwachsenen besprechen wollen, beispielsweise in ihrer Familie aussprechen und daraufhin von Erwachsenen als Querulant oder „neunmalklug" bezeichnet werden. Sie werden zurechtgewiesen und manchmal sogar beschimpft. Und es wird sofort ein anderes Verhalten (Zurückhaltung) verlangt. Andere Kinder/Geschwister kommen überhaupt nicht auf derartige Ideen und werden deshalb weder beschimpft noch gebremst. Unter Umständen aber dem Hochbegabten laufend als Vorbild dargestellt.

Mitunter sind die Konsequenzen katastrophal. Dann nämlich, wenn sich der Hochbegabte im Laufe der Zeit dem Vorbild anpasst – um jeden Preis. Er bezahlt dann die Bewältigung der einen Dissonanz mit der Entstehung der anderen. Oder anders ausgedrückt: Die Verwandten und Lehrer, die Nachbarn und der Dorfpolizist sind endlich zufrieden, aber gezahlt wurde mit dem schwindenden Selbstwertgefühl bis hin zur massiven Identitätskrise eines hochbegabten Menschen. Ein Leben mit angezogener Handbremse um des lieben, aber faulen Friedens willen droht auch hier.

Einige Autoren vertreten die These, dass die Pubertät bei Hochbegabten nicht nur eher beginnt, sondern auch eher aufhört (z.B. Andrea Brackmann in „Jenseits der Norm – hochbegabt und hoch sensibel?", Seite 75). Es gibt aber auch Hinweise darauf, dass die Pubertät Hochbegabter extrem lange dauert, bis ins dritte Lebensjahrzehnt hinein und weiter. Diese These bezeichnet vom Scheidt zwar als sehr spekulativ, vertritt sie aber dennoch (vom Scheidt, z.B. Seite 188). Wenn man von den rein körperlichen Veränderungen in der Pubertät einmal absieht, stimme ich voll zu.

Meine Beobachtung ist eher, dass Hochbegabte einfach länger brauchen, um sich mit den alltäglichen Widersprüchen Erwachsener abzufinden. Einige schaffen das nie. Es herrscht nicht nur oft der bewusste Wunsch vor, nie erwachsen zu werden, einige werden es einfach tatsächlich nie. Das widerspricht nur auf den ersten Blick der These der typisch hochbegabten „Frühreife". Über eine angenehmere Form des Erwachsenseins, nämlich in Form der Entwicklung einer größeren Selbstsicherheit und eines tatsächlichen Selbstbewusstseins, über Souveränität und authentisches Auftreten habe ich schon mit meinen hochbegabten Coaching-Kunden sehr fruchtbare Diskussionen geführt.

Ich vertrete die These, dass die Pubertät hochbegabter Menschen oft so lange dauert, weil sie so schnell, so früh und so intensiv einsetzt. Hochbegabte fallen oft durch ihre „unnachgiebige" Art auf, die mitunter sehr nachtragend wirkt. Unfähig zu verzeihen, weil nicht heute gut sein kann, was gestern zu verurteilen war, können vielleicht viele ihre eigene Pubertät nie vergessen und tragen die entsprechenden Gefühlswelten bis ins hohe Erwachsenenalter als Ballast mit sich herum. Und Pubertieren schützt vor erwachsenen Entscheidungen. Also vor "Ent – Scheidungen", die immer auch Trennung von einer Idee bedeuten. Und das erleben Hochbegabte oft als fast unerträgliche Einschränkung ihrer Möglichkeiten.

Zumal aus der Erwachsenen-Welt dauernd Aufforderungen kommen, sich zu entscheiden: für eine Schule, für ein Musikinstrument, für einen Beruf. Für eine Sportart. Die Idee von Spitzenleistung, die oft dahinterstecken mag, und die manchmal echte Sorge um die Zukunft des eigenen Kindes, das sich verzetteln könnte, kollidiert frontal mit den Bedürfnissen vieler Hochbegabter: Alles auf einmal oder abwechselnd zu tun und sich eben gerade nicht zu entscheiden.

Aus der Art und Weise, wie Bedürfnisse befriedigt werden, welche Werte mit Bedürfnissen und ihrer Befriedigung verbunden werden, ergeben sich vielfältige und komplexe Konfliktfelder.

Die größte Schwierigkeit bei der Konfliktlösung besteht darin, dass alle beteiligten Seiten gleichzeitig und im gleichen Maße bereit und in der Lage sein müssen, die Unterschiedlichkeit von Wertesystemen oder Sets von bestimmten Glaubenssätzen zu erkennen und zu akzeptieren.

Wenn aber jede Seite davon ausgeht, die eigenen Werte als „richtiger", „edler", „vernünftiger", weil „erwachsener" usw. anzusehen als die Werte der anderen, ist eine erfolgreiche Bearbeitung z.B. in Form gegenseitiger Toleranz nicht möglich. Eine „Lösung" des Konfliktes ist sowieso nicht möglich, denn dann hätte man einen Kompromiss. Leider passiert aber oft genau das: Da die Mehrheit der Menschen in einer Gesellschaft eben nicht hochbegabt ist (Hochbegabung ist eben wie andere Dinge die statistisch extreme Ausnahme), hält diese Mehrheit auch ihre eigenen Werte für die „richtigen" Werte – einfach deshalb, weil die meisten sie vertreten. Im Falle der statistisch genauso betroffenen Minderbegabten fällt das nicht so negativ auf. In diesem Sinne der Förderung von Menschen, die offenbar aus eigener Kraft nicht genug erreichen, um sich selbst ein menschenwürdiges Leben zu schaffen, wird eine Menge getan, damit der Weg – wenn möglich – vom statistisch „unteren" Extrem in Richtung Durchschnitt wenigstens ein Stück beschritten werden kann. Das ist auch wünschenswert. Das fällt einer Gesellschaft, die logischerweise in der Mehrheit mittelmäßig ist, auch besonders leicht, hilft sie doch den „Minderbemittelten" zu einem Niveau, das dem „hohen" eigenen Niveau entspricht. Das wirkt gönnerhaft, großzügig, besorgt, usw. Warum aber sollte eine mittelmäßige Mehrheit einer verschwindend geringen Minderheit dazu verhelfen, ihre Ressourcen voll auszuleben, wenn diese in der Wahrnehmung der Mehrheit möglicherweise (und irrtümlich) als bedrohlich angesehen werden?

Auch deswegen spielt sich im „oberen" Extrem nicht so viel ab, schon gar nicht im Erwachsenenalter. Rein als Gedanken-Experiment könnte man ja zwei Strategien verfolgen: Die Hochbegabten dem Durchschnitt anpassen durch gezielte Ausbremsung, oder die Hochbegabten fördern, damit aus den vorhandenen Ressourcen das meiste für alle gewonnen werden könnte. Ich trete für die zweite Idee ein. Realität scheint aber noch für viel zu viele die erste zu sein. Wir können offenbar in unserer Gesellschaft so wenig mit Eliten umgehen, die ständig unseren Selbstwert bedrohen, dass wir nicht einmal in der Lage sind, sie angemessen zu *nutzen*.

Das heißt aber auch: Der Umgang mit Hochbegabten in unserer Gesellschaft führt mit einer bemerkenswerten Wahrscheinlichkeit in eine (vermutlich durch Neid und Überlegenheits-/Unterlegenheitsfantasien und dadurch bedingte Konflikte) Isolation der Minderheit, also in diesem Falle der Hochbegabten, die diese Konflikte nicht ohne Umdenken der Mehrheit zu eigenen Gunsten lösen können. Und die Frage bleibt wegen der vielleicht gar nicht gegebenen Kompatibilität der Erfahrungswelten offen, ob Umdenken überhaupt möglich ist. Oder sinnvoll. Hier ist es wohl so wie auf vielen Gebieten: Es scheint generell einfacher (kurzfristig risikoloser) zu sein, übereinander als miteinander zu kommunizieren. Die Abgrenzung war gesellschaftlich immer schon der beliebtere Sport. Integration hatte eher den Ruch von Caritas und unerwünschter Nachbarschaft. Bestimmte Definitionen waren in diesem Zusammenhang bestimmt nicht hilfreich. So definierte das Oxford Dictionary, 3. Auflage von 1934: „Intelligentzia(-sia). Der Teil einer Nation, welcher nach selbstständigem Denken strebt." (Nach Bernhard von Mutius (Hg.), in: Mutius, Bernhard von: *Die andere Intelligenz*, Klett-Cotta, 2. Auflage, 2004, Seite 12).

Vielleicht hilft auch hier nur der eher buddhistische Ansatz des „Anerkennens, was ist", wenn er ernst gemeint ist und nicht nur einer Schickeria als modewogende Pseudoweisheit dient wie McDalai in Lama, der dem Dalai Lama nicht gerecht werden kann, weil es am grundsätzlichen Willen zum Frieden fehlt.

Hier ein für unser Thema bedeutender kleiner Ausflug in die (nicht nur) deutsche Mentalität:

In der Regel muss für die Unfähigkeit der Deutschen, mit Eliten umgehen zu können, der verquere bis perverse Missbrauch des Elitebegriffs im Dritten Reich herhalten. Aber in Deutschland liegt das Problem viel tiefer: Wir pflegen insgesamt eine Kultur der Gerechtigkeit, die neben dem Ideal der Gleichbehandlung eine Orientierung an den jeweils schwächsten Gruppenmitgliedern positiv sanktioniert und als Hauptthema eine Umverteilung von „oben" nach „unten" beinhaltet. Meist bezogen auf materielle Güter, aber auch auf Bildung respektive die Zugangsmöglichkeit zu den hauptsächlichen Bildungseinrichtungen. Dass die gerechte Verteilung von Entwicklungschancen dann und wann zur Erhaltung schlagkräftiger (Arbeits-)Heere im Dienste der Herrschenden diente, macht das Ganze nicht besser. Wobei der Begriff „oben" immer auch eine allgemeine Metapher für die „positiv" ausgeprägte Eigenschaft ist. Es ist dabei gleichgültig, ob damit finanzieller Reichtum, Intelligenz, Macht oder Ähnliches gemeint ist. Wäre dieser Gerechtigkeitswahn im Sinne eines echten gelebten Gerechtigkeitssinnes tatsächlich einmal ausgelebt worden, wäre das angeblich zugrundeliegende Problem der Ungerechtigkeit längst obsolet. Es bleibt uns aber erhalten. Die Tradition des Neids – heute unsinnigerweise „Sozialneid" genannt – ist eine der Säulen unseres gesellschaftlichen Konsenses. Wobei es manches Mal scheint, als würden eher „die da oben" auf „die da unten" neidisch sein, weil dieselben angeblich ungerechtfertigt Geld kassieren, was eigentlich „denen da oben gehört". Daran kann man als „einer derer da oben" schon verzweifeln, wenn man will.

Aber wir haben ja alle viel Übung, sozusagen als ethisch-moralische Volkssportler: Auch wir hier „unten" machen gerne „die da oben" – Politiker, Manager, Schlagerstars, Fußballspieler und andere Prominente – solange reich (und/oder mächtig), bis sie einen (winzigen oder groben) „Fehler" machen. Dann stürzen wir uns genüsslich auf sie und beweisen, dass sie das viele Geld, das wir ihnen gezahlt haben, zu Unrecht kassiert und nicht „verdient" haben. Dass wir das öffentliche Einklagen der

Erhöhung einer Rente von 8.000,00 € auf 12.000,00 € durch einen SPD-Mann für zutiefst unanständig halten, egal wie juristisch berechtigt die per Gericht durchgesetzte Forderung war, gehört auch dazu. Da kämpfen zwei, manchmal auch mehr Seelen in unserer Brust: Einerseits finden wir es pervers, so viel Geld einzustreichen und auch noch einzuklagen („der kann doch den Hals nicht voll kriegen") angesichts von Millionen von Hartz-IV-Beziehern. Andererseits kommen Äußerungen des Betroffenen dazu, die die emotionale Antipathie der aufrechten Bundesbürger auf Spitzenwerte treiben –, unter anderem – weil es eben ein SPD-Mann ist. Einem CSU-Mann vom Kaliber eines Franz-Josef Strauß hätte man das womöglich durchgehen lassen, weil es zu seiner „Rolle" und zu unserem Feindbild gehört hätte. Und dann ist da noch das Problem: Es steht dem Mann rein rechtlich zu! Und es muss doch alles mit rechten Dingen zugehen, oder? Schon wieder ein Grund durchzudrehen. Das derzeitige (2008/2009) Weltwirtschaftschaos zeigt es wieder sehr deutlich: Wer hier wen warum beschimpft, dass er sich unberechtigt bereichert hätte, sich falsch verhalten usw. usw., ist kaum noch nachvollziehbar. Dass mal wieder alles auf dem Rücken des „kleinen Mannes" ausgetragen wird, ist auch nur eine Möglichkeit, die Tatsache zu beschreiben, dass sich der kleine Mann in der Regel nicht darum kümmert und es gerne anderen überlässt, was mit den Bedingungen passiert, die schließlich zum Verlust seiner Arbeit führen. Die einen zu schamlos, die anderen zu blöd? Wohl ein bisschen zu einfach. Wir pochen auf unsere Rechte, auf unsere Ansprüche, jeder aus seiner Warte und auf seine Weise. Unsere Republik lässt sich von Lobbyisten terrorisieren und blockieren und ist deswegen nicht zu einem substanziellen Wandel fähig.

Die „Abwrackprämie" ist Legende einer hilflosen Reaktion, die in ihrer Natur den drei Affen gleicht, die nichts sehen, nichts hören und nichts sagen wollen. Manchmal hat man ja nicht nur als Hochbegabter den Eindruck, es handele sich weniger um eine Abwrackprämie für alte Autos, sondern für alternative Ideen, die in Form einer wirklich neuen Weltwirtschaftsordnung einfach zu bedrohlich wären. Da versucht man lieber „mehr desselben". Einer meiner Kollegen wird recht haben: Nach fünf Jahren spricht keiner mehr von einer substanziellen Krise. Sie wird eine Menge Menschen ruiniert haben, aber es wird auch Sieger geben, auf jeden Fall aber keine wirkliche Veränderung.

Im Kapitel „Gleichheit – eine deutsche Obsession" in seinem Buch „Worauf warten wir?!" (Abtprimas Notker Wolf: *Worauf warten wir? Ketzerische Gedanken zu Deutschland*. Rororo, 2006) präsentiert

Abtprimas Notker Wolf eine wunderbare Polemik gegen den Regelungswahn der Deutschen, der dauerhaft nur ins Mittelmaß und die Ungerechtigkeit führen kann. Die Helden dieser Gerechtigkeit beispielsweise in Form von „Sozialpolitikern" führen die „soziale Gerechtigkeit" auf den Fahnen und scheinen sie gleichzeitig aus den Augen zu verlieren!

Hauptsache, es wird alles auf Durchschnitt heruntergeregelt oder umverteilt! Das Problem dabei ist: Intelligenz kann man nicht umverteilen wie Geld oder Macht. Intelligenz kann man sich entfalten lassen, zum Nutzen des Einzelnen UND der Gesellschaft. Oder man kann die Entfaltung behindern, zur Frustration und zum Schaden des Einzelnen UND zum Schaden der Gesellschaft. Wenn das Entfaltenlassen einer Elite aber zu starke Neidgefühle, Angst vor Machtverlust, Minderwertigkeitsgefühle und verwandte Emotionen bei der Mehrheit auslöst, eben wegen der Kollision mit der das Mittelmaß verherrlichenden Mehrheit und deren Gerechtigkeits-Tick in unserem Lande, dann muss diese Mehrheit gegensteuern. Sie geht gegen die „Bedrohung" vor und löst das Dilemma durch individuelle Verantwortungszuschreibung. „Da sind die selbst verantwortlich!" (s.o.). Das allerdings würde der gesamten Gesellschaft tatsächlich gut stehen, wenn wir wieder mehr in Eigenverantwortung handelten und nicht unsere gesamte Lebensplanung mehrheitlich unseren Verwaltern in den verschiedenen Behörden überließen. Tun wir aber. Also bleibt es zunächst dabei: Durchschnittlichkeit wird zur „Normalitäts- und Gerechtigkeits-Norm".

Das heißt: Wer nicht durchschnittlich ist, ist nicht normal. Das ist durchaus eine richtige und akzeptable Feststellung, solange sie bedeutet: Er ist außergewöhnlich, weil er vom Durchschnitt abweicht.

Eine Pionierin der amerikanischen Intelligenzforschung, die weithin in der männlich-chauvinistischen Forschungslandschaft mindestens der ersten Hälfte des 20. Jahrhunderts untergegangene Psychologin Leta Hollingworth, machte bereits in den Dreißigerjahren höchst interessante Experimente mit Schulklassen in der sogenannten „Speyer School", in der retardierte Kinder und höchstbegabte Kinder unter einem Dach unterrichtet wurden. Wohl nicht nur diesen Erfahrungen geschuldet, entstand das berühmte Zitat von Hollingworth: „The highly intelligent child must learn to suffer fools gladly" (Hollingworth, L.S.: "What we know about the early selection and training of leaders." *Teachers College Record*, 40, S. 586, nach Klein, Tanja Gabriele, *Mind Magazin*, 61/07). Will sagen: Es wäre interessant, sich als Schule einer „managing diversity" zu verschreiben, um gegenseitige Toleranz und die soziale Kompetenz, miteinander wertschätzend und völlig normal umzugehen, zu fördern. So heißt es heute in jeder Sonntagsrede zum Beispiel zur Personalpolitik großer Unternehmen, um dafür zu sorgen, dass unterschiedlichste Mitarbeiter mit den unterschiedlichsten Talenten und kulturellen Hintergründen lernen, ein schlagkräftiges und kreatives Team zu bilden. Oder Hochbegabte von klein auf lernen zu lassen, mit weniger Begabten umzugehen, vielleicht sogar mit minderbegabten, „retardierten" Kindern. Denn das entspräche in der Tat beispielsweise der Zusammensetzung unserer Gesellschaft nach Intelligenzkriterien. Der von Hollingworth beklagte Mangel an „emotional education" herrscht ja nicht nur bei Hochbegabten manchmal vor.

Meine Mutter, der man alles Mögliche vorwerfen kann (ich schließe mich da als Sohn mitnichten aus!), machte in den Sechziger- und Siebzigerjahren als Grundschullehrerin „soziale Experimente", die sie gar nicht als solche betrachtete: Sie hatte immer sogenannte verhaltensgestörte oder behinderte Kinder mit in einer „normalen" Grundschulklasse. So konnten alle Schüler voneinander lernen und trainieren, aufeinander Rücksicht zu nehmen und ohne Scheu miteinander umzugehen. Als „Experimente" betrachtete das aber der damalige Schulrat in Bremen nicht, der sie mehrfach verwarnte, solcherlei Alleingänge zu machen, die ja angeblich schließlich zum Schaden der Kinder hätten ausgehen können. Meine Mutter hat stur weitergemacht bis ans Ende ihrer beruflichen Tätigkeit. Irgendwann ist das Ganze als erfolgreiches „Bremer Modell" zur Integration Behinderter veröffentlicht worden, allerdings ohne Erwähnung meiner Mutter.

Was sich entwickeln kann, wird in einem kürzlich erschienenen Kinderbuch prima beschrieben, in dem ein sich selbst als „tiefbegabter" titulierender Junge mit seinem hochbegabten Freund ein unzertrennliches und unschlagbares Team bildet („Rico, Oskar und die Tieferschatten", siehe Literaturverzeichnis).

Aber wie sieht es heute aus? Zumindest, was Hochbegabte, also nach „oben" abweichende Schüler angeht, sieht es viel zu häufig immer noch so aus, dass Hochbegabte nicht nur nicht gefördert, sondern sogar massiv an ihrer Entwicklung gehindert werden. Da ist von Toleranz, Entwicklung sozialer Kompetenzen, gegenseitiger Hilfe oder gar Integration wenig zu spüren. Forderungen von Lehrern an Eltern hochbegabter Kinder, die Kinder endlich „zurückzunehmen", um die Klasse bzw. den Unterricht (also den Lehrer!) nicht zu „stören", sind leider immer noch keine Seltenheit.

Wir leben in einer Schuldkultur, und da wird dem Nicht-Normalen, der für seine Situation, also auch die Nicht-Akzeptanz durch die Normalen, ja durch sein eigenes Verhalten verantwortlich ist, schnell das Schildchen „schuldig" umgehängt. Dann wird vom Nicht-Normalen zuerst verlangt, dass er sich selber ändert. Er ist geradezu verpflichtet, danach zu streben, „normal", also durchschnittlich zu werden.

Olympioniken sind da eine zeitlich begrenzt akzeptierte Ausnahme. „Ganz reizende" Bildchen von goldbehängten Helden, die, zu Hause wieder angekommen, ihre in bescheidenen Verhältnissen lebende Groß-mutter umarmen unter der Unterschrift „Er bleibt einer von uns!", sind Legende.

Falls er dazu ausreichende Anstrengungen unternimmt und trotzdem keinen Erfolg hat, sind wir durchaus zum Helfen bereit. Falls er sich nicht ausreichend anstrengt, helfen wir nach! Wenn er z.B. durch eine erkennbare Behinderung „nach unten" von der Norm abweicht, sind wir (längst nicht jeder!) zu einer gewissen Toleranz bereit. Behinderte wehren sich mit Recht gegen die weit verbreitete Vorstellung, dass ihre Behinderung ein Handicap im Sinne einer Wertminderung darstellt.

Außerdem haben wir Sonderschulen eingerichtet, in denen minder-begabte Kinder gefördert werden sollen. Gehen sie dahin, fallen sie in der normalen Klasse auch nicht mehr ins Gewicht. Aber wer „nach oben" abweicht, verdient kein Pardon. Zumindest so lange nicht, wie er nicht einen messbaren, sofort oder in Kürze wirksam werdenden außergewöhnlichen Nutzen für die Gemeinschaft verspricht. Dabei kann dieser Nutzen durchaus darin bestehen, dass er uns z.B. als Künstler oder Sportler oder Erfinder gute Dienste leistet. Aber Leistung hat er schon zu bringen! Und zwar genau nach unserem Geschmack! Wozu ist sonst seine Überdurchschnittlichkeit gut?

Hoch- und Höchstbegabte besitzen dann manchmal bestenfalls den Unterhaltungswert von skurrilen Außenseitern. Beispielsweise wenn sie als Rechenkünstler bei „Wetten, dass ...?" auftreten.

So selbstverständlich, wie Minderbegabte in die Sonderschule über-wiesen werden, so selten gelingt es immer noch, Lehrer davon zu überzeugen, hochbegabte Kinder wenigstens eine Klasse überspringen zu lassen. Sonderschulen für Hochbegabte gibt es inzwischen eine Menge, manchmal gelingt also auch die Aussortierung der hochbegabten Kinder, um sie zu fördern. Aber das muss man ganz gewiss mit einem lachenden und einem weinenden Auge betrachten, denn die hochbegabten Kinder können sich zwar austoben, was ihre Intelligenz angeht, und das ist wunderbar! Aber was die Entwicklung emotionaler und sozialer

Kompetenzen angeht, bringt das eben lediglich ein intensives Training in der Auseinandersetzung mit gleich intelligenten Kindern. Von dem Ziel: „The higly intelligent child must learn to suffer fools gladly", das Hollingworth vor ca. 70 Jahren sinnvollerweise beschrieb, sind wir meilenweit entfernt, immer noch. Eine mir bekannte Ausnahme ist hier das Schloss Torgelow bei Waren an der Müritz, ein privates Internatsgymnasium, auf dem die Klassen höchstens 12 Schüler haben und auf das auch ganz normalbegabte Schüler gehen. Allerdings ist es eben erstens privat und zweitens ein Internat. Und wenn es so schön wie Hogwarts wäre: Irgendwie „normal" ist es eben nicht. Und wer hat schon 27.180,00 EUR (der Jahres-Beitrag für z.b. einen 6.-Klässler im Jahre 2007)[12] in der Portokasse, um seinem Kind (oder Kindern(!) den Besuch zu ermöglichen? Glücklich die, die das können!

Eine weitere Schwierigkeit, der sich Hochbegabte ausgesetzt sehen, ist generell der verbreiteten Abwehrhaltung allem Fremden gegenüber zuzuschreiben.

Die bedrohlichen Bösen gibt es, und es sind immer die anderen! Dieser Zusammenhang gilt für die einzelne Persönlichkeit ebenso wie für Gruppen/Gemeinschaften. Dabei können alle an Konflikten beteiligten Seiten sowohl gemeinsame wie unterschiedliche Werte zu konkreten Bedürfnissen haben – z.B. das gleiche Wetter angenehm finden, die gleichen Vorstellungen von Ruhe und Erholung haben, sogar den gleichen Gott verehren –, wenn sie sich gegenseitig nur in einem entscheidenden Wert angegriffen fühlen, wird der andere schon zum Feind – manchmal nur einen Augenblick lang, manchmal dauerhaft.

Diese feindselige Reaktion ist ebenfalls ein evolutionäres Erbe. Sie folgt physiologischen Gesetzmäßigkeiten: Wenn wir uns angegriffen fühlen, wird blitzschnell unser biologisches Sicherheitssystem aktiviert! Adrenalin-Flash, schnellerer Herzschlag, steigender Blutdruck, beschleunigte Atmung, höherer Muskeltonus, Tunnelblick, Pokerface oder Drohgebärde: Wir sind bereit zur Selbstverteidigung durch Flucht oder Angriff.

Wir merken uns den Verursacher, um ihn im Ernstfall wiederzuerkennen, wir registrieren sein Umfeld und Ähnlichkeiten mit anderen Personen, wir verbreiten unsere selbst gemachten Bedrohungsfantasien weit über unseren unmittelbaren Lebenskreis hinaus in einer „öffentlichen" Meinung. Und wir entdecken natürlich überall und immer wieder Beweise für die Richtigkeit dieser Theorien.

---

[12] www.schlosstorgelow.de

Oder: Wir versuchen, uns selbst Mut zu machen, indem wir dem gerade selbst geschaffenen Feind (wie beim Voodoo) noch mehr schlechte Eigenschaften andichten.

So kommt es, dass selbst Menschen, die keinen einzigen Hochbegabten persönlich kennen, ganz genau wissen, dass diese arrogant, verdreht, lebensuntüchtig, rücksichtslos und vielleicht sogar verrückt sind.

Da aber alle Menschen die gleichen bio-sozialen Grundbedürfnisse haben, gibt es auch gesetzmäßige Lösungsmöglichkeiten – sie liegen in der Erkenntnis und Anerkennung dieser Unterschiede, die niemand „gemacht" hat, sondern die einfach da sind. Und in dem aus dieser Perspektive normalen Umgang untereinander. Für viele Hochbegabte – auch wegen des eigenen Verhaltens – nur eine unerfüllte Wunsch- oder Traumvorstellung.

Ein weiterer Effekt kommt offenbar hinzu, der viele Minderheiten trifft und auch viele Menschen, die gleichsam irgendwie ein Tabu-Thema verkörpern. Da erscheint das Buch „Feuchtgebiete" von der Fernsehmoderatorin Charlotte Roche (Roche, Charlotte: *Feuchtgebiete*, Dumont, 2007), und fast sofort hat jeder ein moralisches Urteil über die Autorin parat, die eigentlich nichts macht, als die reichlich späte Entdeckung ihres eigenen Körpers einem staunenden Publikum in hunderttausendfacher Ausgabe zu präsentieren, das gierig zugreift und jederzeit in der Lage ist, ein moralisches, auch hier und da ein regelrecht vernichtendes Urteil über die Autorin selbst zu fällen, ob das Buch nun gelesen wurde oder nicht. Bis zu heftigem Verwünschen und Todesdrohungen geht die Palette der „Meinungsäußerungen" derjenigen unbescholtenen Bürger, die doch eigentlich eine sexuelle Revolution hinter sich gebracht hatten, oder haben wir das alle falsch verstanden? Die Wahrheit ist: Es hat in Deutschland nie eine sexuelle Revolution im Sinne einer Befreiung gegeben. Es gab sicher Änderungen im Sexualverhalten durch die Pille, aber Oswald Kolle steht mit seinen über 80 Jahren inzwischen wieder so alleine zwischen allen Fronten wie zu der Zeit, als er loszog, um sich zur Speerspitze der sexuellen Befreiung der Deutschen zu machen. Ansonsten hätte dieses Buch nicht diese Auflage, und die Menschen würden sich nicht so das „Maul zerreißen" – was sie ja *immer* gern mal ihrem Nachbarn vorwerfen –, ob sie das Buch nun gelesen haben oder nicht!

Ähnlich wie viele über Hochbegabte alles wissen, ohne einen einzigen zu kennen: „Hochbegabte sind arrogant, wissen alles besser, werden gehätschelt und getätschelt, sind Mimosen, haben recht nahe am Wahnsinn gebaut, kommen in der Regel im richtigen Leben nicht zurecht, sind ohne starken Partner hilflos, wollen dauernd im Mittelpunkt stehen, zeigen anderen gerne, wie ‚doof' die sind. Oder umgekehrt: Werden mit einem silbernen Löffel im Mund geboren, werden immer reich und glücklich, kriegen automatisch Führungspositionen, sind Wunderkinder, Hoffnungsträger und Retter der Menschheit." Aber wehe, sie funktionieren nicht in diesem Sinne, dann sind sie jämmerliche Versager, haben sich nicht richtig angestrengt, sind unreif, verweigern sich, betrügen sozusagen den Rest der Menschheit um die Früchte ihrer Intelligenz.

Ausgedacht? Dichterische Freiheit? Nein, lieber Leser, kein einziges Wort habe ich mir selber einfallen lassen. Diese Zuschreibungen stammen ausnahmslos aus meiner eigenen sozialen Umgebung oder aus der meiner KundInnen.

Genie und Wahnsinn

Die Gleichung Genie = Wahnsinn hat eine lange Tradition. In letzter Zeit wird Hochbegabung in – meine ich – unglücklicher Form mit anderen Krankheiten und Störungen in Verbindung gebracht, wie z.B. in den Zusammenhang mit der Persönlichkeitsstörung „Borderline-Syndrom". Diese immer häufiger gestellte Diagnose im Bereich der Persön-.lichkeitsstörungen erlebt seit etwa zwanzig Jahren einen gewissen Boom, der möglicherweise auf die Schwierigkeit ihrer Differenzial-diagnose zurückzuführen ist. Sie ist zwar in Klassifikationssystemen wie dem DSM IV (= „Diagnostical and Statistical Manual of Mental Disorders", ein heute international weitgehend anerkanntes Diagnose-Schema) definiert bzw. beschrieben, enthält aber so viele verschiedene Symptome und Kombinationen von Erscheinungsweisen und –intensitäten, dass die Diagnose selbst einen Fachmann manchmal verwirren dürfte. Der Streit, ob es sich um eine Persönlichkeitsstörung handelt oder um differenzialdiagnostische Probleme, hält an. Früher für „Grenzgänger" zwischen „Neurose" und „Psychose" verwendet, scheint mir heute eine Inflation entstanden zu sein, die eher die Unentschiedenheit des (Hobby)Diagnostikers bezeichnet, ob ein Mensch nun „verrückt ist oder nicht" (oder beim Fachmann „gestört" oder „psychisch krank") als das „Krankheitsbild" des angeblich Betroffenen. Der Laie, der sich nicht zwangsläufig mit komplizierter Differenzialdiagnostik auseinandersetzt (warum sollte er?), setzt nach meiner Erfahrung „Borderline" häufig mit „Persönlichkeitsstörung" oder „Verrücktheit", manchmal sogar mit „(fast) Schizophrenie" oder „leichte Psychose" gleich, freilich ohne zu wissen, was dahinterstecken könnte. Wobei der Ausdruck „Verrücktheit" EIGENT-LICH der richtigere ist: „Ver – rückt" ist jemand, der im Vergleich zum Mittelmaß etwas „ver – rückt" ist.

Da Hochbegabte oftmals hochsensibel sind und daraus und aus ihren damit verbundenen Stimmungsschwankungen keinen Hehl machen, Gefühlsregungen manchmal kaum oder gar nicht, manchmal besonders intensiv zeigen (!), fallen sie dann auf als sich manchmal im Vergleich zum Mittelmaß extrem extrovertiert gebärdend. Und da ist es eben praktisch, entweder die Gleichung „Genie = Wahnsinn" oder viel moderner „hochbegabt = „Borderline-Syndrom" aufzustellen. Abgesehen davon, dass der Begriff „Genie" von Hochbegabten nicht gerade geliebt wird und meist in diesem Zusammenhang eher ironisch oder/und abwertend gemeint ist oder lediglich eine Bezeichnung für Herrn Einstein darstellt. Für anspruchvollen Small Talk auf einer Party scheint es nach der Erfahrung vieler Hochbegabter jedenfalls für Nicht-hochbegabte und auch für Hochbegabte zu reichen, den Begriff „Borderline" in die Runde zu werfen, um Betroffenheit, Neugier und Zugewandtheit auszulösen. Die einsetzende Diskussion löst dann mehr oder weniger Betroffenheit aus durch mehr oder weniger gezielte Sticheleien oder wie zufällig hingeworfene Parallelen der diskutierten „Diagnose" mit Verhaltensweisen anwesender Hochbegabter.

Die pauschale Nähe von Hochbegabung und psychischen Störungen erscheint natürlich verfehlt und durch nichts belegbar. Aber die Wahrscheinlichkeit, dass hochbegabte Menschen zumindest für Laien „erkennbar" einige der Borderline-Symptome zeigen, lässt sich nicht wegdiskutieren. Zumal die Diagnose meiner Ansicht nach eben leicht-fertig kommuniziert wird. Wenn ich Kunden oder Bekannte, die jemanden (auch sich selbst) als Borderline-Patienten bezeichnen, frage, was denn die Diagnose bedeute, bekomme ich von Depressionen über autoaggressive Handlungen bis hin zu manisch-depressiven Schüben und Wahnvorstellungen einschließlich Zwängen und paranoiden Zuständen alles geboten, was man ab und zu in einer Zeitung unter „Vermischtes" lesen kann.

Nach dem DSM IV müssen aus einem Katalog von insgesamt neun Kriterien von Störungen, die wiederum recht eindeutig definiert sind, mindestens fünf vorliegen, damit man von einem Borderline-Syndrom sprechen kann.

Auch wenn es sich, wie einige behaupten, nicht mehr wie am Anfang um eine Verlegenheitsdiagnose handelt: Die inflationäre Benutzung des Begriffs im Zusammenhang mit Hochbegabung legt eine fahrlässig undifferenzierte Einschätzung im Sinne einer gefährlichen Nähe zur Gleichung Genie = Wahnsinn nahe, die im nächsten Abschnitt noch einmal separat von einem anderen Blickwinkel aus betrachtet wird. Mir geläufig und mittlerweile gewohnt: Es kommt durchaus häufiger vor, dass meine Kunden in einem erstaunlich „feindseligen", „aggressiven" und „arroganten", teilweise extrem verletzenden Ton mit mir Kontakt aufnehmen. Und obwohl sie tatsächlich und ehrlich Hilfe durch mich und meine Dienstleistung erwarten, kommt es regelmäßig vor, dass sie in ihrer ersten Mail beispielsweise zunächst die Psychologie, dann die Psychologen, die Therapeuten und dann die Coaches für inkompetent erklären, für Scharlatane und/oder gefährlich halten und deren Existenzberechtigung anzweifeln. Es kommt vor, dass Hochbegabte ganz am Anfang ihrer Kontaktaufnahme großes Entsetzen darüber äußern, wie man für eine Dienstleistung wie Beratung überhaupt Geld verlangen kann. Was sie nicht daran hindert, weiterhin in völlig unauffälligem Ton ihre Lage zu schildern und sich interessiert an einem Coaching zu zeigen. Ich halte mich für ziemlich hart gesotten, doch selbst mir fällt es manchmal schwer, in neutral freundlichem Ton meinerseits mit dem Kunden Kontakt aufzunehmen. Aber ob dieses Verhalten nun Teile einer psychiatrisch gerechtfertigten Diagnose widerspiegelt oder einfach nur eine seltsam kompensierte Schwellenangst oder nur die Marotte eines gewohnheitsmäßigen Besserwissers ist, der auf vorauseilenden Angriff schaltet, um nicht zum x-ten Male eine Enttäuschung zu erleben? Ich weiß es nicht, und deswegen habe ich mich daran gewöhnt, ohne auf Selbstverteidigung zu schalten.

Was hat eigentlich zu dem weit verbreiteten und hartnäckigen Vorurteil geführt: Genie und Wahnsinn lägen ganz dicht nebeneinander? Mir kommt es manchmal so vor, als gehöre dieses hartnäckige Vorurteil in die Familie der gedanklichen Konstruktionen, die dem weit unterdurchschnittlich begabten Menschen eine in jeder Hinsicht bemerkenswerte sexuelle Aktivität bescheinigen.[13] Also genauso absurd ist. Wahrscheinlich haben wir es hier mit einer Wahrnehmungsverzerrung zu tun, die dadurch gespeist wird, dass besonders auffällige und NEGATIV wirksame Menschen wie z.B. „verrückte" Diktatoren in ihrer schrecklichen Wirkung besonders intelligent wirken, weil man sich kaum denken kann, wie man als „normaler Mensch" solch eine Wirkung erreichen könnte. Dabei denken die meisten eben nicht an Phänomene,

---

[13] „Dumm fickt gut!" findet man sogar auf Toilettenwänden vornehmerer 5-Sterne-Häuser.

die mehr die „Geführten" als die „Führer" angehen, wie Obrigkeits-Gläubigkeit, Verantwortungsdiffusion, den Hang der Menschen, Autoritäten zu folgen oder sogar (auch vorauseilend) Gehorsam zu leisten, selbst wenn sie kaum verstehen, worum es geht. Außerdem neigen viele Mensch ja dazu, etwas als „verrückt" oder „wahnsinnig" zu etikettieren, vielleicht sogar so wahrzunehmen, nur weil sie es selbst nicht verstehen, nachvollziehen können oder aus irgendwelchen moralischen Gründen nicht akzeptieren möchten. Auch und gerade wenn sie es nicht verstehen können. So könnte man eigentlich auch sagen „Dummheit und Glück liegen ja bekanntlich dicht beieinander" oder vornehmer ausgedrückt: „Tendenziell niedrige intellektuelle Leistungsfähigkeit geht ja bekanntlich oft mit einer eher weniger differenzierteren Wahrnehmungsleistung und damit gelungeneren Anpassung an Normalität und damit einem größeren Glücksgefühl einher." Egal wie man es formuliert, es entbehrt nicht eines gewissen Unsinns. Und das, obwohl man doch „weiß", dass eher „einfacher strukturierte" Menschen (auch so ein Ausdruck…) weniger Bedürfnisse haben und wegen ihrer geringeren Probleme leichter zufriedenzustellen sind. Oder?!

„Ja, manchmal ist es so, dass ich mich nach dem einfachen Glück der einfachen Leute sehne. Außer alltäglichen existenziellen Problemen keine Zweifel, kein Herumphilosophieren, einfach nur essen, trinken und schlafen …", übrigens ein Original-Zitat eines Hochbegabten. Es scheint sich hier also wie üblich um einen eher gegenseitigen Etikettierungsprozess zu handeln. Beides wird dem Menschen nicht gerecht und hilft eigentlich niemandem weiter, außer vielleicht der kurzfristigen „Befriedigung", sich selbst auf Kosten anderer in ein bestimmtes Licht rücken zu können.

„Ja, ja, bei Stalin lag Genie und Wahnsinn ja auch sehr dicht beieinander!" Eine gewisse trotzig aufscheinende Faszination, die offenbar von „verrückten Genies" gerade wegen der von ihnen ausgehenden Gemeingefährdung wie z.B. bei Frankenstein, Dr. No, Goldfinger, Hitler oder Stalin[14] ausgeht, ist nicht zu leugnen. In jedem Falle gibt einem aber

---

[14] Frankenstein dürfte hinreichend bekannt sein als filmische Kunstfigur aus Hollywood, Dr. No und Goldfinger sind die bekannten und ebenso frei erfundenen Parade-Bösewichte aus James-Bond-Filmen, die die Faszination von „Genie und Wahnsinn" verkörpern. Hitler und Stalin indes sind keine Hollywood-Erfindungen (!), sondern die beiden haben bekanntlich tatsächlich einmal gelebt, mitten in Europa und mitten unter uns. In der Regel sind sie aber sehr „weit weg" von uns persönlich. Das Ausmaß des (faszinierenden) Größenwahns konnte man auf der architektonisch geprägten Ausstellung

die Bewertung „verrückt" oder „gescheitert" oder „Gott sei Dank besiegt!" oder ähnlich immer das Recht, sozusagen als neutral bzw. politisch korrekt fasziniert zu gelten. Biografien von Exdiktatoren haben ein treues Publikum, da beißt die Maus keinen Faden ab. Man kommt als geschichtlich Interessierter nicht in den Ruch, als wirklicher Fan, als Befürworter der Ideen dazustehen. Man bleibt politisch korrekt, auch wenn man sich das ganze Leben mit solchen Figuren beschäftigt. Bei geschichtlichen Figuren wie Stalin oder Hitler bin ich mir nie im Klaren gewesen, ob die jeweils posthume nahezu Gleichsetzung ihres speziellen „Wahns" mit „Hochbegabung" eher zur Politur des Selbstbildes Normalbegabter dient, die daraufhin mit Fingern nicht nur auf Diktatoren, sondern auch auf Hochbegabte zeigen dürfen. Und die überhaupt alleine deswegen sehr froh sind, weil sie immer gerne mit dem Finger auf möglichst viele andere zeigen mögen, weil sie keine andere Möglichkeit kennen, sich selbst zu erkennen. Nur in der Unterschiedlichkeit zum Bösen erkennen sie sich selbst als gut. Deswegen brauchen sie laufend Nachschub an bösen „Vorbildern". Oder ob sie dem kuriosen, aber blanken Voyeurismus geschuldet ist, der sich in der virtuell und posthum konstruierten „Peinlichkeit", Hitler sei schwul gewesen, sonnen kann. Wobei man sich immer fragen muss, wem ist da was in welchem Kontext „peinlich"?! Und ob das nun eine Beleidigung Hitlers oder aller Schwulen ist.

Das Bild der Hochbegabten in Forschung und gesellschaftlichem Leben hat sich in den letzten Jahrzehnten wenig gewandelt. Die Etikettierung läuft etwas anders: Das Bild des „verrückten" Wissenschaftlers, der zwar genial, aber irgendwie lebensunfähig ist, hat sich ein wenig zum bedauernswerten Hochbegabten gewandelt, der als Opfer einer feindlichen sozialen Umwelt keine Chance auf ein normales Leben bekommt.

„Berlin-Moskau" bewundern, von Hitlers größenwahnsinniger Vorstellung einer „Halle des Volkes" von unvorstellbaren Ausmaßen, neben der der Reichstag wie eine kleine Hütte wirkte, bis zu dem babylonisch anmutenden Turm von Stalin, den er bei Moskau plante ... Kaum einer der heute lebenden Menschen dürfte einen der beiden tatsächlich noch persönlich kennengelernt haben. Aber es gibt wohl kaum einen, der sich KEIN Urteil über sie erlaubt, selbst wenn er noch nicht einmal geschichtlich besonders gebildet ist. Sie haben das Eigentum und Erbe ihrer eigenen Völker, ihr halbes Volk selbst und ein gutes Stück des Rests der Welt rationell und prozessoptimiert in Schutt und Asche gelegt, bis sie ihren gottähnlichen Allmachtsanspruch gegen einen gewöhnlichen und erbärmlichen Tod eintauschen mussten. Von beiden wird angenommen, dass sie hochintelligent waren.

Andererseits blühen die positiven Vorurteile, die natürlich auch eher politisch korrekt sind, weil sie wenigstens teilweise mit Forschungsergebnissen übereinstimmen: Hochbegabte gelten als psychisch belastbarer, sind aber allzu oft auch größeren Belastungen ausgesetzt. Es zeigt sich auch immer wieder eine Korrelation zwischen hoher Intelligenz und sozial kompetentem Verhalten. Dies bedeutet, dass sehr intelligente Menschen oftmals weniger aggressiv sind (sie können sich bei einem Streit besser verbal wehren und schlagen eher nicht oder erst später zu), sich sozialer verhalten (zumindest ethisch-moralischer urteilen) und beliebter sind als Normalbegabte. So kommt der Entwicklungs-Psychologe Detlef Rost, der sich seit 1987 der Differenzialdiagnostik hochbegabter Kinder und Jugendlicher widmet, zu der Erkenntnis, dass „Hochbegabte in ihrer Persönlichkeit eher stabiler sind als Normalbegabte" (aus einem Artikel von Andreas Fasel, *Welt online*, 13. Februar 2005).

Das wiederum kann dazu führen, dass Hochbegabte eher selten negativ auffallen. Ja, die Vermutung liegt nahe, dass die allermeisten gar nichts von ihrer Hochbegabung ahnen. Da sie in unauffälligem Maße erfolgreich, angesehen und sozial gesichert sind, halten sie sich selbst für völlig „normal". Es gab und gibt für sie keinen Grund, über Hochbegabung nachzudenken und sich einem Test (der allein zweifelsfrei die Hochbegabung nachweisen könnte) zu unterziehen.

Es ist also davon auszugehen, dass die ganz überwiegend größere Zahl der erfolgreichen hochbegabten Personen weder als solche erkannt, noch bezüglich ihrer Motivation, Probleme oder Erfolge je besonders erforscht wurde. Immerhin gibt es alleine in Deutschland nicht erkannte etwa 1,6 Millionen hochbegabte Menschen, jedenfalls rein statistisch nach dem 2 % -Kriterium geschätzt. Und solche, denen man nach einem Test (z.B. bei der Bundeswehr, beim Arbeitsamt oder nach dem sogenannten „Idiotentest" bei der medizinisch-psychologischen Prüfung der Fahreignung zwar nicht den Führerschein, aber das Ergebnis verweigerte). Nicht gerade wenig! Allein zahlenmäßig schon kaum noch eine „Elite".

Ich konzentriere mich – wie gesagt – hier auf diejenigen, die auch in der Statistik vorkommen: Auf die, die ahnen, dass sie dazugehören könnten, und die sich darüber klarer werden möchten. Und natürlich auf die, die wissen, dass sie dazugehören, und schon länger etwas für sich tun wollten, aber den Schritt noch nicht gemacht haben. Wobei ich die Grenze nicht exakt bei einem IQ von 130 setzen möchte. Sie müssen also keinen IQ-Test machen, um weiterlesen zu dürfen, lieber Leser! Ich vermute gerade in dem Grenzbereich von 125 plus/minus 5 IQ-Punkte diverse Probleme gleicher Art bei einer großen Anzahl von Personen, die sich aus den verschiedensten Gründen noch nie Gedanken darüber gemacht haben und die natürlich auch gut beraten wären, zu wissen, wie sie ihre Kompetenzen und Ressourcen optimal nutzen können, ohne in die typischen Fallen für Hochbegabte zu tappen. Ich bin inzwischen allerdings auch davon überzeugt, dass die Probleme mit einem über 130 ansteigenden IQ überproportional mitwachsen können, alleine, weil die Wahrscheinlichkeit, auf vergleichbar intelligente Mitmenschen zu treffen, in diesem Bereich dramatisch sinkt. Und das natürlich auch in den wesentlichen, weil prägenden Sozialisationsphasen von Kindheit und Jugend der Fall gewesen ist. Aber was ist nun Hochbegabung an sich?

Hochbegabung an sich

Hochbegabung bezeichnet in der Psychologie ein weit über dem Durchschnitt liegendes Maß an Intelligenz. Als hochbegabt gelten jene Menschen, die in einem wissenschaftlich anerkannten Intelligenztest einen IQ erreichen, der nur von zwei Prozent ihrer Mitmenschen erreicht wird. Auf der in Deutschland verwendeten Skala ist dieser IQ-Wert 130. Die Intelligenzquotienten Hochbegabter betragen also auf einer deutschen Skala 130 oder mehr. Oder in Prozenträngen ausgedrückt: Ein bestimmter Test wird von 98 % der Bevölkerung weniger gut gemacht als von Hochbegabten.

Im alltäglichen Sprachgebrauch wird Hochbegabung oft verwendet, um einzelne Talente (mathematische, musische o.ä.) oder herausragende Leistungen auf einem eng begrenzten Gebiet (z.B. „Gedächtniskünstler") zu beschreiben.

Menschen mit solch hervorragenden Intelligenzleistungen, sogenannten „Inselleistungen", die oft quasi auf Kosten der allgemeinen Intelligenz gehen, nannte man früher „Idiots Savants" (wissende Idioten), heute höflichkeitshalber nur noch „Savants".

In diesem Buch ist die Hochbegabung im Sinne eines überdurchschnittlichen generellen IQ gemeint, der mit einem klassischen, wissenschaftlich anerkannten Verfahren gemessen wird. Dass man über das IQ-Konzept selber trefflich streiten kann, steht auf einem ganz anderen Blatt. Im Werk von Bernhard von Mutius: „Die andere Intelligenz" ringen über 20 bedeutende Autoren über Begriffe und Konsequenzen einer neuen, aus gesellschaftlichen, wirtschaftlichen und anderen Gründen notwendigen Perspektive, auf die „Intelligenz" zu schauen. Physiker, Hirnforscher, Philosophen, Psychologen und andere bringen ein buntes

Kaleidoskop von Ideen zusammen. Selbst wenn diese sehr notwendige Diskussion zu völlig neuen Denkweisen führen wird, zu neuen Konzepten oder zu neuen beschreibbaren Verhaltensweisen, oder vielleicht mit Schwung in den sogenannten „6. Kondratieff"[15] (s.u.), würde sie allerdings trotzdem nichts an der Aussage der IQ-Tests ändern.

Die Diskussion um die IQ-Tests selber ist übrigens für die meisten Hochbegabten völlig uninteressant. Weil sie oft von denen betrieben wird, die selbst kaum betroffen sind, aber dem ganzen Thema wie beim Leistungssport einen extrem hohen Wert beimessen, was Hochbegabte selber nur in den seltensten Fällen tun. Warum sollten sie auch, für sie ist das Außerordentliche ja Normalität.

Wichtig ist dies immer nur für Menschen, die mit dem IQ eine politische, ethisch-moralische oder sonstige Wertung verbinden möchten. Der IQ an sich ist völlig wertfrei konstruiert, und er hat auch selbst keinerlei wertende Bedeutung. Die für manche Menschen so wichtige Wertung, die aber lediglich in deren eigenem Kopf entsteht, macht erst aus dem IQ den „brisanten" Diskussionsstoff. Dass auch einzelne Hochbegabte leider hierzu zu zählen sind, ist unbestritten. Wer mag nicht auf Dauer einer Erziehungsbotschaft glauben, die immer wieder betont, dass er etwas Besonderes sei, ein besonders wertvoller Teil der Menschheit sozusagen. Das glauben ganz andere Menschen aber auch gerne von sich.

Der „sechste Kondratieff" bezeichnet übrigens ein Zeitalter nach der industriellen Revolution und der noch gegenwärtigen Wissensgesellschaft, das ganz andere intellektuelle Operationen und soziales Verhalten erfordert als unser jetziges. D.h., wir befinden uns bereits heute auf der Schwelle zum 6. Kondratieff. Der „sechste Kondratieff" wurde vom russischen Wirtschaftswissenschaftler Kondratieff (bzw. von Leuten, die seine spärlichen überlieferten Daten daraufhin auswerteten) ziemlich exakt (quasi in Form einer Meta-Konjunktur-Welle) vorausgesagt aufgrund bestimmter, von ihm entdeckter Konjunkturwellen am Ende des 19. und zu Beginn des 20. Jahrhunderts in Europa. Kondratieff selbst wurde 1938 von Stalin zum Tode verurteilt. Er gehörte offenbar zu einer intellektuellen Bedrohung, die sich ein totalitärer Staat wie die UdSSR nicht leisten wollte, allein weil Kondratieff den Prinzipien der Planwirtschaft widersprach (sehr ernst und gleichzeitig unterhaltsam nachzulesen bei Erich Händeler). Der 6. Kondratieff, der in Ansätzen

---

[15] Der „6. Kondratieff", benannt nach einem sowjetischen Wirtschaftstheoretiker. Vgl. z.B. Händeler, Erik: *„Kondratieffs Welt. Wohlstand nach der Industriegesellschaft"*, Brendow, 2005.

bereits erkennbar ist, fordert wie jedes Zeitalter und die immer schneller aufeinanderfolgenden Wellen der Industrialisierung, der Wissensgesellschaft und was immer uns noch begegnen wird, bestimmte Fähigkeiten von den Menschen. Eine hohe allgemeine analytische Intelligenz wird allerdings immer eine genau solche bleiben. Umso wichtiger wird es für ALLE Menschen werden, aber für eine bestimmte Gruppe von Hochbegabten noch wichtiger, weil viel schwieriger zu realisieren, rechtzeitig ein gerüttelt Maß an sozialer Kompetenz entwickelt zu haben. Denn die würde einem (nicht nur, aber ohne wird es noch enger!) das Überleben mit höherer Wahrscheinlichkeit sichern als nur eine überragende analytische Fähigkeit. Oder anders ausgedrückt: Wir werden immer Menschen mit überragender analytischer Fähigkeit brauchen, aber immer mehr, die diese sozialverträglich, integrierend, konfliktfreudig und selbstkritisch (und umweltverträglich und Frieden stiftend und und und) einzusetzen in der Lage sind. Der geheimnisvolle, aber arrogante, autoritäre und unkommunikative Alchemist ist schon lange kein Erfolgsmodell mehr!

Wer sich näher für die Diskussion und die Historie des Intelligenz-Konzeptes interessiert, sei auch auf das neue, wunderbar persönlich und teilweise polemisch geschriebene Buch von Daniel Tammet „Wolkenspringer" verwiesen. Tammet gehört zu den offenbar weltweit extremsten 50 „Savants", die vollkommen ungewöhnliche Rechenleistungen zu bringen imstande sind (z.B. die Zahl Pi bis zur 22514sten Stelle zu rezitieren oder eine fremde Sprache innerhalb einer Woche zu lernen). Aber im Gegensatz zu den meisten Savants ist er trotz seines Autismus in der Lage, sich anderen nicht nur mitzuteilen, sondern auch eine gut ausgebaute Polemik gegen das IQ-Konzept vorzubringen. Er gibt einen guten Abriss der aus seinen Augen völlig verfehlten Anwendungsgeschichte des IQ von 1900 an und argumentiert beispielsweise, warum er nie Mensa beitreten würde. Er wirft Mensa indirekt (er bemüht Kritiker, die dies sagten, und stimmt dann zu) vor, dass sie „elitär und zu beschäftigt mit Rätseln und Denkspielen sei, anstatt ein echtes Forum für intelligente Debatten und Diskussionen zu bieten" (S. 51). Sein eigener IQ liegt in einem nicht mehr vernünftig messbaren Bereich (er gibt den wohl in Großbritannien üblichen „Mensa-Catell"-Test an, dessen 98 % -Wert bei 148+ liegt, und seinen eigenen mit 180 auf dieser Skala). Er betont, wie unsinnig (beispielsweise genetische Thesen und Folgen für die Einwanderungspolitik der USA usw.) das IQ-Konzept in der Vergangenheit angewendet wurde und die Notwendigkeit, andere Konzepte wie den „EQ" („emotionale Intelligenz" nach

Daniel Coleman) oder das multiple Intelligenzkonzept von Howard Gardner (acht Intelligenzen von „Linguistische Intelligenz" über körperlich-kinästhetische Intelligenz bis hin zur „naturalistischen Intelligenz") mit in die Diskussion einzubeziehen. Er stellt heraus, wie wenig Hinweise es auf die tatsächliche Validität des IQ z.b. im Hinblick auf „Lebenserfolg" gibt. Vielleicht hat er noch nicht bemerkt, dass es zumindest zum Allgemeinwissen der Hochbegabten gehört, dass der IQ zwar keine hinreichende Bedingung im Sinne einer Garantie für Lebenserfolg ist, dass man ohne eine hohen IQ aber kaum zu wissenschaftlichen oder künstlerischen Spitzenleistungen in der Lage ist! Die Frage, ob der IQ genetisch bedingt oder umweltbedingt ist, wird ausführlich unter die Lupe genommen. Die Tatsache, dass ein gewisser Robert Klark Graham in den USA Ende der Siebzigerjahre sogar ein Samenbank-Projekt gründete („The Repository for Germinal Choice"), um besonders intelligente Menschen stark zu vermehren (Seite 64 ff.), sagt allerdings meiner Meinung nach nichts über die Sinnhaftigkeit oder Sinnlosigkeit eines sauber definierten Konzepts mit exakt definierter Bedeutung aus, wie es das IQ-Konzept inkl. „g"-Faktor derzeit darstellt. Tammet selbst dreht sich ein wenig im Kreis, als er nach einem kleineren Sturmlauf gegen genetische Thesen und für „Fleiß und Anstrengung" zusammenfassend zu der Erkenntnis gelangt, dass wohl genetische wie auch andere Einflüsse wie z.B. Übung den IQ bzw. besondere intellektuelle Leistungen beeinflussen. Ich glaube kaum, dass sich auch nur einer von uns Hochbegabten vorstellen kann, dass man 13 geteilt durch 94 mit hundert Stellen hinter dem Komma alleine durch Fleiß oder Konzentration in Minuten dahersagen kann. Man muss schon ein entsprechendes Speichermedium haben und es außerdem benutzen KÖNNEN. Mit anderen Worten: Die Hardware UND die Software müssen stimmen, sonst geht nichts. Alleine wegen seines leidenschaftlichen Plädoyers für die maximale Nutzung eigener Ressourcen und diverser, für den Laien teilweise skurriler Forschungen und Ideen zum Thema Hirnfunktionen von Savants und „normalen" Menschen ist das Buch aber ein unbedingtes Muss.

Wer sich für die rein klassisch-wissenschaftliche Seite der Argumentation interessiert, ist bei Detlef H. Rost gut aufgehoben. Interessante „Klare Worte zur 'Hochbegabungs'-Diskussion" findet Rost in seinem gleichbetitelten Aufsatz. Er greift das seiner Meinung nach jeglicher empirischer Grundlage entbehrende Konzept Howard Gardners massiv an. Das IQ-Konzept, das sich auf den „g"-Faktor (allgemeine Intelligenz bzw. allgemeine kognitive Leistungsfähigkeit) bezieht, gehört eben zu den besterforschten Konzepten weltweit überhaupt. Alternativen Ansätzen wie dem Konzept der multiplen Intelligenzen von Gardner beispielsweise erteilt er eine klare und begründete Abfuhr: Einige der von Gardner als „unabhängig" deklarierten Faktoren „laden" klar hoch auf dem „g"-Faktor (hängen mit ihm inhaltlich-statistisch eng zusammen, d.h. sie korrelieren), sind also eindeutig nicht, wie Gardner behauptet, „unabhängig" voneinander; insgesamt seien die „Faktoren", die Gardner postuliert, aber nie nachgewiesen hat, lediglich das Ergebnis einer längeren Nachdenkarbeit an seinem Schreibtisch. Letztendlich sei die derzeitige Inflation von Intelligenzkonzepten (das trifft die emotionale Intelligenz, die soziale Intelligenz, die Machtintelligenz, die Eheintelligenz, die Beziehungsintelligenz, die Sportintelligenz und andere obskure „Intelligenzen") ein Rückfall in „unpsychologisches Laiendenken". Ich muss ihm da zustimmen. Ich persönlich glaube, dass eine gewisse Trennschärfe sinnvoll durchdachter UND empirisch abgesicherter unterschiedlicher Konzepte und damit eine differenzierte Wahrnehmung von Unterschieden dem Diktat „politischer Korrektheit" und einer Art Gleichheitswahn zum Opfer gefallen ist. Natürlich ist die Fertigkeit, gute soziale Kontakte einzufädeln und zu pflegen, eine wichtige Fähigkeit im Überlebenskampf – auch im modernen – des Menschen. Sie hat aber dennoch mit dem Intelligenzkonzept nichts zu tun.

Wer jedenfalls in einem in Deutschland anerkannten IQ-Test (der praktisch den „g"-Faktor misst) einen Wert über 130 erreicht, der löst Aufgaben, die beispielsweise das verbale Verständnis, das logische Denken oder das räumliche Vorstellungsvermögen erfordern (im Konsens der Intelligenzforschung die „primary mental abilities"), wesentlich schneller und besser (fehlerfreier) als andere, genauer gesagt als 98 % der Bevölkerung. Insofern erübrigt sich jeder Streit, denn ein ideologischer Streit über den Sinn oder Inhalt von Intelligenztestverfahren oder deren gesellschaftlicher Relevanz usw. ändert nichts an der hohen Leistung hochbegabter Menschen in den entsprechenden Disziplinen selbst. Hochbegabte können deswegen angesichts der mannigfaltigen Schwierigkeiten, denen sie häufig seit Kindestagen ausgesetzt sind, das Stammtisch-Argument: „Intelligenztests sind aber auch fragwürdige Instrumente ...!" besonders wenig vertragen.

Wie schnell wir in Deutschland doch bereit sind, Tatsachen auszuweichen, die uns bedrohlich erscheinen, unsere Energie der Suche nach Verteidigungsmechanismen zu widmen, statt uns um Verständnis oder echte Maßnahmen zu bemühen! Das zeigen in unserem Zusammenhang zwei kurz referierte Beispiele aus dem privaten und aus dem öffentlichen Bereich: Im privaten Bereich begab sich folgende Szene etwa im Jahre 2004, über die ich mittlerweile nur schmunzeln kann, die aber typisch ist für die „Bewältigung" der offenbar für manche Menschen beunruhigenden Tatsache, dass ein Hochbegabter anwesend ist. Als es bei einem Arbeitskreis dazu kommt, dass jemand (dem jemand war das in diesem Zusammenhang gar nicht recht, er konnte es aber nicht mehr verhindern) als Mitglied eines Hochbegabten-Clubs „geortet" wurde, kam in Sekunden ein bunter Reigen an Reaktionen der anderen Mitglieder zustande, der ziemlich interessant und aufschlussreich war. Von „Das ist ja toll, ehrlich! Was macht ihr denn da?!" über „Was heißt denn das?! Interessant!" bis hin zu eben der typischen, auch in anderen Kontexten immer wieder geäußerten Vermutung: „Aber das sind doch keine wissenschaftlichen Tests, oder?!"

Diese Bemerkung gehört zu einer ganzen Klasse von Bemerkungen, die offenbar dazu dienen, die bedrohte Balance desjenigen wieder herzustellen, der mit dieser „bedrohlichen" oder wenigstens „unpassenden" Tatsache (sonst könnte er sie ja einfach so stehen lassen) konfrontiert ist. Andere Beispiele: „Na ja, und als Psychologe weißt du natürlich, was man da ankreuzen muss, ist doch klar!" oder „Das Intelligenz-Konzept muss ja grundsätzlich infrage gestellt werden. Intelligenz ist ja bloß, was der Test misst, ja ja!". Dies ist übrigens eine der unfreiwillig komischsten Argumentationen. Denn natürlich ist Intelligenz das, was der Test misst, denn so ist man ja auf den Test gekommen. Niemand würde doch ernsthaft auf die Idee verfallen, die Länge einer Tischplatte mit einem Thermometer in Grad Celsius messen zu wollen. Noch weniger würde aber ein (auch wenig) vernunftbegabter Mensch auf die Idee kommen, ihm vorzuwerfen, „Länge" sei doch „nur", was der Zollstock misst, sonst nichts! Und deswegen hätte seine Messung ja gar keine Bedeutung!

Je nach Lage der Laune des Betroffenen kann darin durchaus auch mal der Versuch einer mutwilligen Abwertung der eigenen Person gesehen werden. Was das Ganze nicht gerade sympathischer macht. Es zeigt dies deutlich eine zumindest in Deutschland populäre und, wie ich meine, mentalitätsbedingte Art und Weise, mit Dingen umzugehen, die einem nicht passen. Hier greift offenbar das tief verwurzelte menschliche Bedürfnis nach sozialen Vergleichsprozessen. Freilich nicht, um hinterher selbst schlecht dazustehen. Die Dinge (und vor allem andere Menschen) werden abgewertet oder ignoriert, erst dann geht es uns wieder gut, obwohl es weder eine objektive Bedrohung gegeben hätte, noch die Notwendigkeit zur Interpretation oder überhaupt zu irgendeiner Maßnahme.

Wir haben es bis heute nicht gelernt, aus uns selbst heraus glücklich zu werden, wir brauchen anscheinend immer den Vergleich mit anderen als Gradmesser für unser Glück. Wirklich reich macht aber nur das eigene souveräne und unabhängige Glück nach eigenem Maßstab. Es reicht uns (noch) nicht, schön zu sein, wir brauchen den Hässlichen, der es uns durch seine hässliche Existenz beweist, dass wir schön sind. Wie schön wäre es, wären wir schön. Einfach so.

Auf öffentlicher (und doch wieder gesellschaftlicher) Ebene sehen wir uns aktuell mit einer unsäglichen PISA-Debatte konfrontiert, mit der wir aber auch noch „fertig werden", wie ein Radiomoderator es ausdrückte. Da sind wir ganz sicher, und zwar ohne messbare Maßnahmen auf dem Bildungssektor! Auf unsere unnachahmliche Art und Weise: Wir sind zwar Exportweltmeister, fast Fußballweltmeister, wir erkennen die Verteilung des Nobelpreises an deutsche Forscher problemlos an. Eigentlich werden Kriterien, auf denen wir als Weltbeste abschneiden, nie wirklich öffentlich hinterfragt. Nun stellte die PISA-Studie fest, dass die deutschen Schüler nicht zur Weltspitze, sondern allenfalls zum schlechten Mittelmaß gehören. Was passiert? Deutschland steht unter Schock: Wir sind auf irgendeinem Gebiet nicht Weltmeister! Es werden sofort Maßnahmen eingeleitet, es wird über neue Gesetze nachgedacht, Geld wird plötzlich investiert, es werden in den Schulen Wände gestrichen, Dächer werden abgedichtet, Fenster ausgetauscht und neue Sportgeräte angeschafft. Es entsteht eine kollektive Anstrengung aller Verantwortlichen, die zu nichts führt: Die Ergebnisse bleiben miserabel. Was nun?! Es wächst in der Folge die Empörung über die angeblich unsinnigen Kriterien der PISA-Studie. Nach dem Motto: Wenn wir es nicht schaffen, Weltmeister zu sein, dann stimmt der Wettbewerb nicht! Wir wollen uns das lieber nicht auf der Zunge zergehen lassen ... Die Argumente gegen die PISA-Studie beinhalten solche Ideen wie: „Das waren die Migranten: Die mit den schlechten Leistungen! Die deutschen Schüler wären Weltmeister, wenn ..." oder „Die Kriterien sind unsinnig, beispielsweise beim Lesetest" bis hin zu viel komplizierteren, trotzdem entlarvenden Argumentationen: Ausgerechnet in der Zeitschrift „Gehirn und Geist" erschien in Heft 12/2006 ein Artikel, geschrieben von der Diplom-Psychologin Johanna Senghaas, über ein Buch von Inge Seiffge-Krenke von der Uni Mainz (ebenfalls Psychologin), das eine Studie über das Stressverhalten von Jugendlichen aus etlichen unterschiedlichen Ländern beschreibt. Versucht man, die Aussagen des Artikels zusammenzufassen (im Buch steht hoffentlich mehr), dann liest sich das Ganze etwa so: Der Schock der PISA-Studie sitzt tief. Jetzt gibt es (Gott sei Dank!) eine neue Untersuchung über das Stressverhalten von Jugendlichen (was hat das eine mit dem anderen zu tun?); im Stressverhalten sind deutsche Jugendliche Weltmeister (ach so). Dass deutsche Jugendliche viel mehr Stress haben, ist womöglich ein Grund dafür, dass die Finnen in der PISA-Studie besser abschneiden (ja, wenn die keinen Stress haben, wir aber die Weltmeister in der Stressverarbeitung sind, dann ...).

Die Autorin fasst selbst in einer Bildunterschrift zusammen: „Ja, aber ...! Schlechte Schulleistungen mögen zwar Stress verursachen – doch damit können deutsche Jugendliche bestens umgehen." (Seite 25)

Ach so, die schlechten Leistungen machen den Stress, ich dachte gerade, die schlechten Leistungen kommen durch den Stress zustande. Was denn nun?

Oder wird so ein Schuh draus: Die Deutschen verhauen die PISA-Studie, aber es macht ihnen nichts aus? Das ist ja wirklich beruhigend: Es geht zwar den Bach runter, aber das macht uns nichts! Dann ist ja alles in Ordnung, oder?

War das die Aussage? Oder lässt sie sich womöglich noch weiter reduzieren: Wie, die anderen sind besser in der Schule? Wir haben aber etwas gefunden, da sind WIR besser! Sitzen wir alle noch in der Sandkiste?

Würde man eine Aussage vom Kaliber: „Die Japaner bauen zwar bessere Autos, aber dafür ist das Wattenmeer der Nordsee in der ganzen Welt einmalig! Und auf den Halligen brauchen wir keine Autos!" in einer deutschen Wirtschaftszeitschrift in einem Artikel über den weltweiten „Vergleich der Leistung der Automobilindustrie in verschiedenen Ländern" veröffentlichen? Ich glaube kaum, es sei denn, es handelt sich um Satire.

Gibt es die Pille für Hochbegabung?

Nachdem ein eigenartiger Siegeszug von Viagra eingesetzt hat und damit sexuelle Probleme aus dem Blickfeld gerückt sind – denn offenbar haben wir zu unserer ursprünglichen, den moralischen Vorstellungen der 50er-Jahre angepassten Auffassung von Sexualität als korrektem und zeitsparend durchgeführtem Akt mit scheinbarer Zeugungsabsicht zurückgefunden – jetzt also die Pille für Intelligenz?

In letzter Zeit – wen wundert´s nach Olympia 2008 und dem damit verbundenen erstaunlichen Medaillenregen – flammt mal wieder die Diskussion um die Wunderpille, die intelligent macht, auf. Die Zeitschrift *Gehirn und Geist* (Heft 10/1008) macht damit auf und stellt das „neue IQ-Doping" in einem breit angelegten Artikel vor.

Ich möchte das leidige Thema für Sie – liebe Leser – abkürzen: Machen Sie sich keine Hoffnung!

Was hier und da im Labor funktioniert, bei der einen oder anderen Ratte oder Maus, muss dies noch lange nicht beim Menschen tun. Auch nicht, wenn Hunderttausende in aller Welt für Milliarden Dollars und Euros Tabletten schlucken, deren Nebenwirkungen nicht hinlänglich oder völlig unbekannt sind und deren hirnleistungssteigernde Wirkung beim Menschen noch nie jemand nachweisen konnte.

Studenten, Militärs, Polizisten, Sportler dopen, was das Zeug hergibt, und nicht nur Ronnie Wood oder Keith Richards fragen sich, warum die nicht gleich ein kleines Portiönchen Shit oder Koks einnehmen. Künstler in aller Welt trinken Unmengen Alkohol und Kaffee, rauchen wie die Schlote und verschaffen sich auf alle erdenklichen Arten und Weisen den nötigen Kick für ihre spezifischen Höchstleitungen. Der eine oder andere bezahlt es dann und wann mit dem mehr oder weniger langsam und qualvollen Dahinscheiden aus dem angeblich so geliebten und inspirierenden Leben, und das war´s dann!

Das Medikament Ritalin (eigentlich ADS = Aufmerksamkeits-Defizit-Syndrom – Kindern verschrieben und manchmal eben auch fälschlicherweise hochbegabten „Zappelphillips" eingetrichtert) soll Wunder wirken bei sogenannten „Gesunden", ebenso Modafinil, eigentlich ein Wachmacher für notorisch schlafkranke Menschen (Narkolepsie), der, naiv angenommen, Gesunde wacher macht usw. usw. Mit diesen Drogen wird ein Milliardenmarkt bedient und die Folgen in Kauf genommen, auch wenn sie unbekannt sind. „Neuroenhancer" nennen sich diverse Substanzen, die sogar Militärpiloten schlucken (sie bevorzugen ein Mittel gegen Alzheimer), um sicherer zu fliegen: Piloten (Kampfflieger) zeigten mehr Sicherheit bei Manövern nach der Einnahme von Donepezil. Hier und da wirken die Mittel sogar aufhellend und die Hirnaktivität beschleunigend, aber das taten Kokain, Heroin, LSD und Co. auch schon – mit den bekannten Folgen: Fragen Sie Jimi Hendrix oder Janis Joplin, wenn Sie sie dereinst wiedertreffen!

Also riskieren Sie lieber keine Impotenz, Schlaganfälle und einige andere hässliche – vielleicht sogar langfristig die gefürchtete Verblödung durch Drogen – „Nebenwirkungen", die bisher alle Doping–Mittelchen mehr oder weniger irgendwann zeigten. Nur um (unbewiesen) zeitweilig 2 bis 3 IQ-Punkte zuzulegen! Es lohnt sich nicht.

Nehmen Sie lieber die guten alten bekannten und ungefährlichen „Doping"-Tipps an, die schon die alten Griechen kannten. Sie sind nicht nur gesund, sondern auch billiger, weil außerhalb des Schwarzmarktes legal zu erwerben. Und Sie müssen sie nicht vor Freunden oder der Polizei verstecken:

(1) Drei Tassen Kaffee am Tag (senkt das Demenzrisiko) und mehr sind gesund, senken das Alzheimerrisiko und machen wach. Abgesehen davon dass eine richtig gute Tasse Lieblingskaffee einfach wunderbar ist und damit indirekt zumindest zu Glücksgefühlen beitragen kann.

(2) Essen Sie viel Gemüse. Auch Trockenfrüchte enthalten Antioxidantien (klingt so gut nach Anti-Rost-Mittel!), z.B. Datteln. Und dieses Antirostmittel fängt die „freien Radikalen" ein, die uns alt aussehen lassen wollen.

(3) Essen Sie Fisch oder nehmen Sie Öle, die ebenso wie Fisch Omega-3-Fettsäuren enthalten (z.B. Leinöl und Rapsöl). Die Omega-3-Fettsäuren halten den geistigen Verfall auf. Hilft auch gegen Alzheimer.

(4) Mediterranes Essen ist schon fast die Turbo-Diät! Weder schützt Bildung oder Nichtrauchen vor Alzheimer, noch fördert Diabetes oder Bluthochdruck diese Horror-Kankheit schlechthin. Wer aber täglich Olivenöl, Pasta und Gemüse zu sich nimmt, tut sich diesbezüglich wirklich Gutes!

(5) In Vino veritas! Ja, ja, aber Wein macht auch gesund! Jedenfalls in Maßen. Aber das wussten Sie sicherlich auch schon … Resveratrol heißt das im Wein enthaltene „Antirostmittel", das den geistigen Verfall verhindert oder verlangsamt.

(6) Mens sana in corpore sano! Mehr ist dem nicht hinzuzufügen. Wer seinen Körper trainiert, trainiert automatisch seinen Geist gleich mit! Immer wieder gerne vergessen. Dabei heißt Gymnasium auf Deutsch Sportplatz.

(7) Ein Hirn kann man durch Gebrauch trainieren wie jeden Muskel! Hundertprozentig klar ist noch nicht, was nun genau wohin führt, aber es gibt genügend Hinweise darauf, dass Musizieren, Spielen und sogar Sudoku und Kreuzworträtsel hilfreich sind. Mehr oder weniger. Nicht jede Übung führt allerdings zu einem Transfer in Richtung allgemeine Hirnleistung.

Aber jede Übung ist besser als keine Übung. Und die sogenannten „neuroben" Übungen (z.B. Musik machen, Sprachen
lernen oder Sport) schieben nicht nur Alzheimer auf.

Gott sei Dank steht dies alles auch im Anschluss an den „IQ-Doping"-
Artikel im selben Heft von *Gehirn und Geist* im Artikel vom
Arbeitsphysiologen Michael Falkenstein und entspricht damit wohl dem
state of the art der Ernährungswissenschaft (und des IQ-Dopings). Diese
sieben goldenen Regeln könnten auch eine diabetesgerechte Lebens- und
Ernährungsweise darstellen oder ganz allgemein zu mehr Gesundheit
und Spaß am Leben führen. Wesentlich mehr ist momentan auch durch
stundenlanges Surfen im Netz nicht zu finden. Was sich natürlich bald
wieder ändern wird.

Alltägliche Indizien für Hochbegabung

Was sind eigentlich alltägliche (außer dem Ergebnis eines IQ-Tests)
Indizien für Hochbegabung? Zunächst deutet die Ausprägung mehrerer
bestimmter Fähigkeiten bereits im Kindesalter auf überdurchschnittliche
Intelligenz auf bestimmten Teilgebieten hin, ist aber kein Beweis für das
tatsächliche Vorliegen von Hochbegabung. Solche Fähigkeiten sind z.B.
frühe und elegante Ausdrucksfähigkeit und ein großer Wortschatz,
zeitiges und häufiges Lesen von Büchern auf dem Niveau über der
zugeordneten Altersstufe, sehr differenzierte Beobachtungsgabe, hohe
Wahrnehmungsfähigkeit, starke Wissbegierde, viel Fantasie, hohe Sensibilität und Beschäftigung mit anspruchsvollen Themen sowie ein stark
ausgeprägter Gerechtigkeitssinn. Viele hochbegabte Kinder bringen sich
z.B. ohne weitere offensichtliche Hilfe von außen Lesen und Schreiben
oder Rechnen bereits vor der Einschulung selber bei, wenn sie nicht von
ihren Eltern daran gehindert werden („Lass das, das kommt erst in der
Schule!").
Später kommt dazu möglicherweise das deutliche Gefühl, dass die
eigenen Argumente von der Umwelt nicht verstanden werden, dass man
als „anstrengend" und „störend", als „Querulant" empfunden wird, und
auffällig häufig auch die Erfahrung, dass man sich für viele intellektuelle
Aufgaben nicht anstrengen muss und deswegen nicht versteht, warum
andere das müssen. Daraus ergibt sich besonders bei Unterforderung
schnell ein Gefühl der Überlegenheit, das zum Zweifel an Autoritäten
führt. Das entsteht besonders dann, wenn gute bis sehr gute Leistungen
(messbare Ergebnisse) in einem Bereich erzielt werden, in dem ständig

ein Vergleich mit anderen durchgeführt wird. Dies ist in der Schule und in Ausbildungsprozessen besonders typisch, trifft aber häufig auch im Berufsleben zu. Deshalb werden Hochbegabte in der Regel unter den Hochleistern (Bestschüler, Beststudenten usw.) vermutet und sind dort auch besonders häufig vertreten. Allerdings ist Hochleistung nicht gesetzmäßig durch Hochbegabung erklärbar, sondern Hochleistung kann auf vielen Gebieten auch bei durchschnittlicher Intelligenz durch Training, Disziplin, Fleiß, Interesse und Engagement erreicht werden. Ebenso sind durchschnittliche oder sogar unterdurchschnittliche Leistungen kein Beweis gegen das Vorhandensein einer Hochbegabung.

Das bedeutet beispielsweise auch, dass es weitaus mehr Hochbegabte mit Sonderschulkarriere oder einem niedrigen oder gar keinem Schulabschluss gibt, als man erwarten würde, obwohl sie intellektuell den meisten Menschen „überlegen" sind. Die Gründe dafür sind vielfältig. Einige Gründe für die Entwicklung einer Spirale nach „unten" habe ich bereits beschrieben. Viele Hochbegabte erleben vor allem das Gefühl, als Person abgelehnt zu werden, in Kombination mit der Einsicht, für alles Mögliche zu dumm zu sein, weil sie oft auch Dinge nicht verstehen, die alle anderen Menschen mit normaler Anstrengung offenbar sofort begreifen ... also scheinbar ganz einfache Dinge. Das Paradoxe daran ist, dass eben viele Dinge als viel zu kompliziert erscheinen, weil damit gleich mehrere offene Fragen verbunden sind, die aber nur den Hochbegabten „erscheinen", weil sie der Einfachheit nicht trauen („immerhin hat der Lehrer doch danach gefragt!"). So kommt es durchaus vor, dass Hochbegabte sogar in IQ-Tests „versagen", denn manchmal sind die Anleitungen/Erklärungen für die einzelnen Aufgabengruppen, die ja auch in Form von Beispielen die Anforderung erläutern (z.B.: „Welche zwei Gegenstände/Dinge lassen sich einem gemeinsamen Oberbegriff zuordnen?: a) Auto, b) Hund, c) Baum d) Hobelbank, e) Katze") so irritierend einfach, dass sie noch an der Aufgabe herumrätseln, während alle anderen bereits mit der Aufgabengruppe fertig sind.

Ohne die Beantwortung dieser Fragen, die sich dadurch ergeben („Wie könnte diese Aufgabe gemeint sein? Was sind Oberbegriffe in diesem Falle?"), glauben sie dann, den Rest nicht begreifen zu können. Wenn man „so ein Problem" dann glaubt, nicht verstanden zu haben, alle anderen aber doch, dann kann es einfach nur daran liegen, dass man selbst dafür einfach zu dumm ist. Eine – wie schon diskutiert – fatale Fehleinschätzung der Gesamtsituation! Das Ganze wird nicht einfacher, wenn man die Gesamtsituation (Beispiel Schule) erst einmal „richtig" analysiert hat. Dann wird nämlich der Lehrer zum „Dummen", zudem noch sozial inkompetenten Feigling, der mittels seiner Amtsmacht durchgreifen muss, weil ihm die inhaltlichen Argumente ausgehen. Keine gute Basis für Respekt oder auch nur Anerkennung des Lehrers als Person. Auch Jürgen vom Scheidt hat in seinem Buch „Das Drama der Hochbegabten" eine ganz Reihe von Indizien aufgelistet, die eine grobe Selbsteinschätzung ermöglichen. Ich habe die Erfahrung gemacht, dass derjenige, der sich die Fragen offen und ehrlich selbst beantwortet, nicht so ganz weit danebenliegt. Einige der von mir entdeckten Hochbegabten habe ich tatsächlich nur mit diesen Fragen richtig eingeschätzt. Vom Scheidt führt insgesamt 90 Kriterien auf (Vom Scheidt, Jürgen: *Das Drama der Hochbegabten*, Kösel, 2004, Seite 187 ff.), anhand derer man sich selbst einschätzen kann. Er teilt die Kriterien in neun verschiedene Gruppen von einer (!) bis zu 24 spezifischen Selbsteinschätzungen ein:

(1) Allgemeine Eigenschaften, z.B. Schlafbedürfnis, verlängerte und/oder beschleunigte Pubertät und Freiheitsdrang

(2) Geschwindigkeit der Informationsverarbeitung im Gehirn, z.B. Entscheidungsfreudigkeit

(3) Umgang mit/Aufnahme von Informationen, z.B. vielseitiges Lesen, schnelles Lesen, intensive und frühe Nutzung des PC, Lernen mit minimaler Anleitung usw.

(4) Abgabe von Informationen, wie z.B. Fähigkeit zur Selbstironie, selbst initiierte Freizeitaktivitäten, Entwicklung neuer, origineller Ideen usw.

(5) Aufnahme und Abgabe von Informationen speziell im zwischenmenschlichen Bereich wie z.B. hohe Sensibilität für innerpsychische und fremdpsychische Zustände und Geschehnisse, Querdenker sein, wird oft für älter geschätzt wegen seines Andersseins (Kommunikation)

(6) Speicherung von Informationen, wie z.B. sehr gutes Gedächtnis, weit in die Kindheit zurückreichendes Gedächtnis

(7) Vernetztes Denken: Verarbeitung von Informationen, wie z.B. Lerntempo, Ausdauer, Konzentration, Perfektionismus, Fremdsprachenlernen, ausgeprägte, anhaltende Kreativität, aufgabenorientierte Lernmotivation

(8) Vernetzung von Menschen, wie z.B. Empathie, Charme, Charisma, ausgeprägtes Gerechtigkeitsgefühl, Humor

(9) Vernetzung von Objekten: Erfindungsreichtum, Kreativität mit Objekten

Wer also erst einmal einen unverfänglichen Ausflug in die Selbst-einschätzung machen möchte, bevor er sich einem echten Test aussetzt, ist mit dem Buch von vom Scheidt wirklich gut bedient. Nicht nur wegen des Selbsttests, sondern auch wegen des gesamten Buches, das sehr gut Vor- und Nachteile bestimmter Gedankengänge zum Thema ausbalan-ciert.

Dritter Teil: Hochbegabung als Falle

Typische soziale Probleme für hochbegabte Erwachsene

„Versagen" ist auch später im Leben noch möglich

„Charakterfehler" und „Persönlichkeitsstörung"

Karriere

Im eigenen Schneckenhaus die fehlende Gemeinschaft beklagen

Kurzgefasst: Liste typischer Fallen für Hochbegabte

Typische soziale Probleme für hochbegabte Erwachsene

„Es macht ihnen keinen Spaß.
Es macht mir keinen Spaß, wenn es ihnen keinen macht.
Wenn ich ihnen keinen Spaß mache, kann es mir mit ihnen Spaß
machen.
Ihnen Spaß machen, macht keinen Spaß. Es ist harte Arbeit.
Es könnte mir Spaß machen herauszufinden, warum es ihnen keinen
macht.
Es soll mir keinen Spaß machen herauszufinden, warum es ihnen keinen
macht.
Aber es macht dann wenigstens Spaß, ihnen vorzumachen, dass es mir
keinen Spaß macht herauszufinden, warum es ihnen keinen macht.
Ein Mädchen kommt daher und sagt: Komm, es wird uns Spaß machen.
Aber was einem Spaß macht, ist Zeitvergeudung, weil es nicht hilft
herauszufinden, warum es ihnen *keinen* Spaß macht.
Wie kann es dir nur Spaß machen, wo Christus für dich am Kreuz starb.
Hat es ihm etwa Spaß gemacht?"

Ronald D. Laing

In diesem „Knoten" von Ronald D. Laing (*Knoten*, Rowohlt, 1972, Seite
8, ein Leckerbissen für Hochbegabte!) ersetzt der Hochbegabte gerne
teilweise mal das Wort „Spaß" durch „Sinn". Christus wird durch
Vietnam ersetzt oder durch das Dritte Reich oder oder oder. Er
verkompliziert diesen Knoten gerne einmal, wenn es darum geht, die
Welt in ihrer Gänze *richtig* zu betrachten. Eigentlich hat er damit ja
sogar recht ... aber wehe, er befindet sich dabei in Gesellschaft mit ganz
normalen, anderen Menschen. Wohl dem, der dann den „Aus-Schalter"
findet ...
Wer als Erwachsener hochbegabt ist, war das auch schon als Kind und
Jugendlicher! Und da bis Mitte der Neunzigerjahre nur wenige
Initiativen und Einrichtungen zur Förderung der Hochbegabung existier-
ten, konnten viele der heute erwachsenen Hochbegabten von diesen
Einrichtungen in ihrer Kindheit und Jugend noch nicht profitieren.
Sondern sie sind „trotz" ihrer Hochbegabung irgendwie groß geworden –
mit allen Besonderheiten, Schwierigkeiten, Vor- und Nachteilen – und
haben sich in der sie umgebenden Gesellschaft so gut es eben ging
integriert. Wiederum spreche ich von denen, für die das Leben nicht von
vornherein das reine und permanent andauernde Flow-Erlebnis war.

Und es gibt eine große Gruppe von Phänomenen oder „Schwierigkeiten", die überhaupt nicht klar den Hochbegabten zugeordnet werden können in dem Sinne: Das kommt nur bei Hochbegabten vor.

Hier liegt nicht nur ein kleiner Hund begraben! Alle Probleme können natürlich alle Menschen haben, Hochbegabte haben von bestimmten Problemen mehr, erleben sie intensiver, ecken damit „zuverlässiger" an. Und vielleicht ist auch gerade wieder diese Idee, irgendetwas Belastendes nicht der Hochbegabung selbst zuschreiben zu können, ein Teil des Problems einiger Hochbegabter, denn es hat bei einigen sicherlich mit „berechtigter" Zuschreibung oder „Ausrede" zu tun. In unserer Gesellschaft ein fundamentales Problem mit Folgen: Man darf nur berechtigterweise jammern, unberechtigt aber nicht, dann ist es eine faule Ausrede. Der starke Effekt der persönlichen Befreiung durch die „Diagnose" Hochbegabung wird dadurch u.U. stark relativiert bis verunmöglicht. Darum kümmern wir uns weiter unten noch.

Andererseits ist es – um noch einmal auf das differenzial-diagnostische Problem zurückzukommen – ja so, dass gerade die Hochbegabung an sich ein Teil der Persönlichkeit der Hochbegabten ist. Also löst sich hier die Frage möglicherweise in Luft auf. Denn natürlich haben Hochbegabte persönliche Eigenarten wie Nichthochbegabte auch. Und eben durch ihre Hochbegabung eine unterscheidbare Persönlichkeit.

Typischerweise wird Hochbegabten gerne zugeschrieben, sie könnten sich nicht lange auf eine bestimmte Sache konzentrieren. Dass diese Tatsache auch für nicht hochbegabte Menschen gilt, ist kein Beweis dafür, dass sich der Hochbegabte selber konzentrieren könnte, würde er sich nur genug anstrengen. Gerade das wollen ihm aber die verschiedensten Personen (von denen er selbst eine sein kann) immer wieder einreden (wenn er Pech hat, und viele haben Pech). Beispielsweise beschreibt eine Interviewpartnerin von Andrea Brackmann (2007, Seite 122) die Fähigkeit vieler Hochbegabter, wenn nicht aller, die Dinge aus verschiedenen Perspektiven zu betrachten. Jemand nimmt bei einem tollen Angelausflug die Perspektive des Karpfens ein und weigert sich fortan, zu angeln oder Fisch zu essen. Natürlich kann das jedem passieren. Alle Erfahrungen mit Hochbegabung, die ich inzwischen sammeln durfte, ergänzen den vielleicht entscheidenden Unterschied: Die Fähigkeit, verschiedene Perspektiven einzunehmen, steigert sich, ohne irgendeine Möglichkeit, dagegen anzugehen, zur Obsession, zum Zwang nicht weniger Hochbegabter. Temple Grandin beschreibt in ihrem Buch „Ich sehe die Welt wie ein frohes Tier" auf unnachahmliche Art und Weise, was in einer hochbegabten Autistin vor sich geht, in deren Kopf die Dinge selbstverständlich automatisch ablaufen; das machte sie schließlich zu der wohl weltweit berühmtesten Autistin und Tierforscherin, die ihre eigene Muttersprache wie eine Fremdsprache lernen musste und es gelernt hat, als extreme Autistin vor mehreren Tausend Menschen Witze zu erzählen, um einen Vortrag zu illustrieren. Ihr dabei gezeigtes Lächeln: antrainiert. Die Wahrnehmung des Lächelns ihres Publikums: antrainiert. Sie sitzt neben einem knutschenden Liebespaar und denkt sich: Das sieht sehr nett aus, ja, schon, aber es kommt in meinem Kopf eben nicht vor! Wenn sie sich einer Kuh nähert, sieht sie die Welt mitsamt den ganzen dazugehörigen Emotionen der Kuh sofort mit deren Augen. Ein extremes, interessantes Buch, weil es solch eine sonst nicht vorstellbare Vorstellungswelt vorstellbar macht.

Nicht: man kann, sondern man *muss* verschiedene Perspektiven einnehmen, denn *jeder* neue Blickwinkel könnte noch neue Erkenntnisse liefern. So kann kein Mensch eine Entscheidung fällen, und genau das können Hochbegabte oft eben nicht. Genau dieses Phänomen habe ich bei meinem Vater erlebt und zu schätzen gelernt, weil es dazu führte, dass er nie vorschnell geurteilt hat (dies ist nämlich die positive Seite dieser Medaille) und dass er sogar Verständnis für seine Gefängnis- und KZ-Wächter entwickelte, die er insgesamt 12 Jahre erdulden musste, weil er deren Perspektive problemlos einnehmen konnte. Und das hat ihm nicht geschadet, sondern geholfen, seine eigene Situation besser zu verstehen und zu akzeptieren (als politischer Gefangener). Mit zunehmender Beschäftigung mit Hochbegabung keimte in mir – wie schon einmal erwähnt – der Verdacht, dass das, was ich bisher als einen „naiven und gelebten Hang" zum radikalen Konstruktivismus bei meinem Vater gedeutet habe, vielleicht nicht einfach nur Hochbegabung auf Seiten meines Vaters war. Vielleicht ist meine Leidenschaft für systemisches und radikal konstruktivistisches Denken nichts anderes als die positive Seite der verwirrenden negativen Seite der Hochbegabung, die zu Entscheidungslosigkeit, Sprunghaftigkeit und der manchmal auftauchenden Unfähigkeit, sich über einen langen Zeitraum auf ein bestimmtes Thema zu konzentrieren, führt.

Zusammenfassend könnte man also sagen: Lassen wir die Frage, ob irgendein Phänomen nun direkt und ausschließlich auf Hochbegabung zurückzuführen ist oder nicht, einmal beiseite und widmen uns den Problemen, denen Hochbegabte oft ausgesetzt sind, meistens im Bereich der sozialen Kompetenz.

Zu diesem Thema muss ich einfach Detlef H. Rost zu Wort kommen lassen. Im Gegensatz zu vielen anderen Autoren behauptet er, dass es keinerlei Anzeichen dafür gäbe, dass Hochbegabte irgendwie mehr oder anderen Phänomenen oder Problemen ausgesetzt sind als andere „normale" Menschen. Ganz im Gegenteil, einiges spräche deutlich dafür, dass hochbegabte Kinder und Jugendliche insgesamt emotional stabiler, ruhiger, fröhlicher, natürlicher, enthusiastischer usw. seien als andere. (Seite 17). Er hält es im Grunde für eine Art Selffullfilling Prophecy, die die durch die Medien angeheizte Etikettierung fördere, weil sich Medien eben nicht für „normale" Hochbegabte interessieren würden, sondern für die eher spektakulären Einzelfälle von „verschrobenen Persönlichkeiten" beispielsweise. Insgesamt seien Hochbegabte weder „Streber", noch sei „Hochbegabung ein „Risikofaktor" (S. 18). Es gäbe weder Hinweise auf eine angeblich erhöhte Suizidgefährdung noch einen schlechteren gesundheitlichen Allgemeinzustand. In diesem Zusammenhang betone ich noch einmal, dass es sich bei diesem Buch nicht um ein Werk mit prinzipiell empirisch-wissenschaftlichem Anspruch handelt. Zumindest ich selbst kann solche Fragen nicht abschließend beurteilen. Für das Coaching meiner Kunden und ihr spezifisch individuell-subjektives Erleben ihrer eigenen Existenz in ihrem spezifischen Kontext als Hochbegabte in einer nicht hochbegabten sozialen Umwelt ist das wegen der naturgemäßen prinzipiellen Individualität aber auch nicht relevant.

Wie sieht die Situation für Hochbegabte überhaupt aus in unserem Land? Offensichtlich ist für viele in Deutschland kein Platz!

Auffällig ist, dass in den letzten Jahren mehr und mehr Deutsche das Land verlassen. Dabei scheinen bei dieser „Auswanderungswelle" weniger die Menschen ohne jede Ausbildung das Land zu verlassen wie vielleicht im 19. Jahrhundert oder wie im Moment immer noch aus den sogenannten Entwicklungsländern in Länder der westlichen Welt (bei sich langsam änderndem Trend, weil sie hier sonst verhungern würden), sondern ganz im Gegenteil: Es verlassen auch die das Land, die eine hervorragende Ausbildung haben. Und zwar sowohl Handwerker als auch Akademiker. Seit Kurzem sogar mehr als überhaupt hereinwollen! Gut ausgebildete, hoch leistungsfähige Erwachsene (hochbegabte und andere exzellente Experten) kehren Deutschland für immer den Rücken und wandern in andere Regionen der Welt aus. Wir sind aber nicht im 18. oder 19. oder im 20. Jahrhundert. Wir haben derzeit weder Hungersnöte noch systematische politische oder religiöse Verfolgungen. Die meisten gehen nicht weg, weil es ihnen überragende finanzielle Vorteile bringt (sich woanders eine völlig neue Existenz aufzubauen, erfordert neben Mut und Energie auch jede Menge Geld oder eine entsprechende Menge an Blauäugigkeit!), auch nicht wegen des Klimas oder weil sie ganz schnell eine völlig fremde Sprache lernen wollen. Sondern weil sie ihre Fähigkeiten und Potenziale in anderen Ländern besser einsetzen und anwenden können als bei uns. Weil sie nicht ständig an den Maßstäben der Mittelmäßigkeit gemessen werden wollen und sich dann für jede Abweichung vom Normalmaß rechtfertigen müssen, sondern weil man von ihnen geradezu erwartet, dass sie Außergewöhnliches tun! Aber eben auf eine eher entspannte und selbstverständliche Art und Weise, nicht weil sie sich mit einer Spitzenleistung für ihre Hochbegabung bei der Gesellschaft „entschuldigen",, müssen oder damit „bezahlen" müssen, um normal behandelt zu werden. Und das noch gegen einen schier unüberwindbaren Berg an bürokratischen Hürden in der Spitzen-Forschung und der „freien" Wirtschaft. Ganz im Gegenteil, die Verdienstmöglichkeiten und die Möglichkeiten zu sozialem Aufstieg sind schließlich und endlich viel größer im Ausland. Deutsche Ärzte verdienen in Skandinavien offenbar bis zu viermal so viel wie in Deutschland. So ganz marode kann das schwedische Gesundheitssystem also wohl noch nicht sein ... Auch wenn das Leben in Schweden sehr viel teurer ist als hier, schreckt es aber nicht ab: Ganz im Gegenteil. Schweden und das noch viel teurere Norwegen sind mittlerweile Einwanderländer für Deutsche geworden. Die Zusammensetzung deutscher Auswanderer nach dem IQ ist meines Wissens bis heute nicht untersucht worden, wäre aber bestimmt interessant. Denn es wandern offenbar mehr hochqualifizierte Ärzte, Wissenschaftler, Ingenieure u.ä. aus als Facharbeiter oder ungelernte Kräfte.

Was aber tut ein Erwachsener, der nicht auswandern will (oder kann)?

Wie gesagt, nicht alle Hochbegabten wandern aus, das ist natürlich Unsinn, aber immer mehr exzellent Qualifizierte, und das sollte doch zu denken geben. Und wie ergeht es einem als Hochbegabtem in Deutschland?

Was tun hochbegabte Berufsanfänger, junge Wissenschaftler, Techniker, exzellente Handwerker nach Abschluss der Schule? Wie gesagt, auch hier geht es wieder um die, bei denen nicht alles von alleine und hundertprozentig klappt.

Im Berufsbildungssystem und im akademischen Betrieb deutscher Hochschulen kann man besondere Talente relativ gut verbergen! Und Hochbegabung, die gar nicht als spezifisches Talent erkennbar ist, sondern eher diffus wie allgemeine intellektuelle Überlegenheit aussieht, lässt sich noch besser verstecken. Es wird nämlich danach weder gesucht noch gefragt! Häufig finden im Studium wie in der Schule immer noch dieselben Rollenspiele statt, und plötzlich findet man sich auf dem Platz des Strebers, des um die Gunst des Professors schleimenden Opportunisten wieder.

Bestenfalls werden einige Mit-Azubis oder Kommilitonen aufmerksam, weil bestimmte formale Leistungen mit erstaunlich geringer Anstrengung abgeliefert werden – und man davon ja eventuell profitieren könnte. Es ergeben sich also – wie schon in der Schule – vielleicht ein paar einseitige Nützlichkeitsbeziehungen. Aber wirklich gefordert und erst recht gefördert wird kaum oder gar nicht. Für viele ist es auch bereits zu spät: Sie haben längst den Weg der unsympathischen Chaoten gewählt, die sich selbstgerecht und/oder griesgrämig mit der Grundhaltung „unverstanden" und „missachtet" durchs Leben schlagen. Einige haben längst die Strategie: „Ich bin doof, dann sprechen die Leute mit mir!", zu einem eigenen Persönlichkeits-Merkmal „Durchschnittlichkeit, Unauffälligkeit, Unbehelligtsein" herunterkultiviert.

Mir wird immer wieder von Fällen berichtet, wo Bewertungen ausdrücklich schlechter ausfielen mit der Begründung; man habe sich zu tiefgründig mit einem Thema befasst, in einer Analyse zu viel des Guten getan, das Thema des Aufsatzes „überproblematisiert", zu detailliert auf Fragen geantwortet usw. Im Rahmen der Beurteilung von Deutschaufsätzen passiert es immer wieder, dass der Lehrer schlicht nicht versteht, was der hochbegabte Schüler ausdrücken möchte! Und was der Lehrer nicht versteht, ist eben eine schlechte Leistung des Schülers. Für das Leben, nicht für die Schule lernen wir! Oder wie war das ...?

Als Schüler hat man vielleicht wiederholt die Erfahrung machen müssen, dass ein Rechenergebnis nicht als richtig anerkannt wurde, weil der „Rechenweg" im Unterricht noch nicht behandelt worden war, nicht erkennbar sei oder gar nicht vorhanden bzw. dokumentiert und so die richtige Zahl nur durch Zufall oder eben auf dem „falschen" Weg (Abschreiben vom Nachbarn) zustande gekommen war. Und weil der Mathelehrer sich in seiner Selbstherrlichkeit nicht vorstellen konnte, dass ein Schüler um mehr Ecken als er selber denken kann, gab es auch nicht, was es nicht geben durfte: andere Wege, als die dem Lehrer bekannten.

Literaturstellen durften nicht als Argumentationshilfen zitiert werden, weil das Quellenwerk nicht zum Schulstoff gehörte, und viele andere ähnliche Fälle. Die Aussagen der Hochbegabten in Führlichs „Lebenslang hochbegabt" (MV Wissenschaft, 2006) oder Ida Fleiß' „Hochbegabung und Hochbegabte" (Tectum, 2003) bestätigen meine „Privatstatistiken". Wer solche Erfahrungen gesammelt hat, hält sich als

Erwachsener sowohl mit seiner Anstrengung (lohnt sich nicht) als auch mit seinem Wissen (versteht keiner) zurück! Verstärkt durch die Überzeugung: „Will ja keiner!"

Genau diese Zurückhaltung bewirkt aber andererseits, dass mehr als Durchschnittlichkeit auch gar nicht vermutet wird. Das bedeutet, dass selbst Mentoren oder engagierte Ausbilder, Wissenschaftler, Experten – wenn sie nach außergewöhnlich begabten Schülern oder Nachfolgern suchen – kaum fündig werden können.

Denn die Talente haben ja inzwischen gelernt, sich nicht allzu offensichtlich zu zeigen. Meine Coaching-Kunden selbst erzählen mir immer wieder, dass sie einfach keine Lust mehr auf irgendeine Rückmeldung ihrer Umwelt zu ihrer Hochbegabung haben. Lieber verzichten sie darauf, ihre Ressourcen voll zu nutzen.

Sie sind mittlerweile trainiert in einer nahezu „schizophren" erscheinenden Tarnung: Sie existieren in verschiedenen Parallelwelten, in denen sie jeweils eine andere Facette ihrer Persönlichkeit offenbaren.

So kommt es öfter vor, dass hochbegabte Menschen nach einem Schritt in die „Öffentlichkeit" der Hochbegabten, z.B. einem Beitritt, teilweise sogar inkl. vorsichtiger aktiver Mitarbeit in einem Verein für Hochbegabte, außerhalb des Vereins, also einer sehr geschützten exklusiven „Öffentlichkeit" weiterhin die komplette Tarnung aufrechterhalten. Den Satz „Das darf mein Arbeitgeber (mein Freund, meine Familie, mein ...) auf gar keinen Fall erfahren!" habe ich nun für meinen Geschmack schon zu oft gehört. Wer jemals versucht hat, eine Tarnung aufrechtzuerhalten, auf welchem Gebiet auch immer, aus welchem Grund auch immer, weiß, wie anstrengend und nervenaufreibend das sein kann. Und in der Regel nicht dazu geeignet, Entfaltung zu fördern.

Andererseits scheint es „hyperaktive" Studenten zu geben, die mit größter Gelassenheit und ohne jedwedes ADHS-Syndrom Schach spielen, segelfliegen oder PC-Programme schreiben. Nur tun sie dies eben in einer ganz anderen Umgebung, mit ganz anderen Partnern, als sie z.B. ihre Pflichtklausuren an der Uni schreiben. Fragen, die sie eigentlich von ihren Professoren beantwortet bekommen müssten, stellen sie diesen gar nicht erst. Stattdessen stehen sie in regem Mail-Verkehr mit anderen Studierenden an weit entfernten Hochschulen in ganz anderen Fachrichtungen, in anderen Ländern, schreiben an einem Buch oder bauen nebenbei eine eigene Firma auf. Was das Verfolgen eines Studien-Zieles auch nicht gerade vereinfacht.

Ein Grund dafür, dass viele – viel zu viele – Hochbegabte in Ausbildungen, sei es nun akademisch oder anders, immer wieder scheitern. Es nützt einem nichts, wenn man immer wieder betonen möchte, wie gut man eigentlich fachlich (tatsächlich) ist, wenn man durch jede Prüfung fällt. Und es nützt auch nichts, hoch intelligent zu sein, wenn man sich auf nichts wirklich lange genug konzentrieren kann, weil einen nichts von den angebotenen Inhalten wirklich fasziniert.

„Versagen" ist auch später im Leben noch möglich

Jetzt und auch noch nach der Uni entwickeln sich noch eine ganze Reihe von „Versagern" und „Abbrechern". Wege, die Langeweile an der Uni zu durchbrechen, gibt es viele, aber sie sind oft nicht für das eigentliche Studium förderlich.

Manche brechen ihre begonnenen Studien einfach ab, weil sie das übermächtige und ohnmächtige Gefühl haben, im akademischen Betrieb nicht wirklich etwas lernen zu können und nur Lebenszeit zu vergeuden. Was sie wirklich wissen wollen, ist nicht Gegenstand des Studiums, und was im Studium geboten wird, bringt sie nicht wirklich weiter – also setzen sie ihre Hoffnung auf die nächste Fachrichtung oder auf einen – meist unorganisierten – „eigenen" Weg. Dieser besteht leider in sehr vielen Fällen aus einer Endlos-Abwärts-Serpentine der Enttäuschungen und Frustrationen. Manchmal auch im Drogenkonsum.

Viele Hochbegabte berichten, dass sie systematisch Alkohol und seltener auch andere Drogen einsetzten und einsetzen, um sich gezielt zu sedieren. Besonders wenn nagende Neugier nicht befriedigt werden konnte oder ein ganzes Tagesprogramm als völlig „sinnlos" erkannt wurde (hier kommen natürlich der Frustration geschuldete Über-treibungen dramatisierend hinzu!). Alkohol als gesellschaftlich anerkannte Droge wird immer noch eher positiv oder jedenfalls nicht negativ sanktioniert. So wird man kurzfristig „zufrieden". Man kann die tödlich langweilige Anpassung besser ertragen. Und man muss sich dem gesamten Problem scheinbar nicht mehr stellen. Gleichzeitig kommt man schnell in guten Kontakt zu anderen trinkenden Studenten. Man hat also endlich den ersehnten sozialen Kontakt! Und wenn man selbst keine zusammenhängenden Sätze mehr sprechen kann, muss man auch nicht mehr über grundsätzliche Fragen des Lebens philosophieren. Eigentlich ist man aber eben nur sediert.

Einer meiner Coachees legte sich in der letzten Prüfungsphase völlig unabhängig von der perfekten Beherrschung des Stoffes mit fast allen relevanten Personen, die im Zusammenhang mit der Abnahme der Prüfung eine Bedeutung hatten, zu verschiedenen Themen derartig an, dass er damit seinen gesamten Studienerfolg und damit die von ihm gewünschte Beamtenlaufbahn in höchstem Maße gefährdete. Die Zensuren wurden immer schlechter. Die Prüfer, zu denen er keine bedeutende Beziehung aufbauen konnte, begannen, sich per Zensur für subjektiv durch sein „arrogantes" Verhalten erlittene Schmach zu rächen. Der Coachee bemerkte das nicht. Er hatte sich in einem ihm fremden und von ständigen Rollenkonflikten und Positionskämpfen beherrschten System übermächtiger und untereinander konkurrierender Lehrer auf einen Machtkampf eingelassen, dessen Spielregeln er nicht beherrschte. Außerdem bestand er darauf, dass eigentlich *seine* eigenen Spielregeln zu gelten hätten, da er diese als die „vernünftigsten" betrachtete (unter anderen Umständen hätte er damit vermutlich recht gehabt und eine Welle der Vernunft auslösen können. Dies waren aber keine anderen Umstände). Da wären wir bei einem Phänomen, das für Deutsche (und für andere vermutlich auch) häufig lebensbestimmend ist. Wichtig ist nicht, ob man untergeht oder besteht, sondern wenn es „hart auf hart" kommt, dann stirbt man lieber, wenn man sicher ist, dass auf dem eigenen Grabstein steht: „Er hatte recht!"! Diese auf jeden Fall typisch deutsche Prinzipientreue (man könnte auch sagen: selbstzerstörerische Prinzipienreiterei) ist bei hochbegabten Menschen natürlich auch vertreten. Und so kam in diesem Falle dazu, dass ich als Coach hauptsächlich dazu dienen sollte, dass er sich bei mir über die böse Welt beschweren wollte, und wenn ich jeweils versuchte, meine Eindrücke über seinen Auftritt zu schildern, mir zu beweisen, dass ich nicht richtig zugehört hatte, die Dinge völlig falsch sähe und Dinge hineininterpretierte, die es gar nicht gäbe. Um das jeweils zu toppen, wurde mir plötzlich erzählerisch „bewiesen", wie harmonisch das Ganze eigentlich abliefe und wie gut die EINZELNEN Beziehungen eben doch seien. Hier taucht das Phänomen überdeutlich auf: recht haben wollen auch auf Kosten der eigenen Glaubwürdigkeit. Paradox? Nein, nein, das haben Sie jetzt falsch verstanden ...!

„Charakterfehler" und „Persönlichkeitsstörung"

Oft suchen Hochbegabte, vor allem wenn sie mit sich und ihren Grübeleien alleine sind, die Ursachen für ihre Schwierigkeiten in eigenen Charakterfehlern! Das wird auch noch von ihrer sozialen Umwelt bestärkt. Manchmal erst hervorgerufen, weil sich z.B. Lehrer oder Eltern nicht um die Hochbegabung kümmern, es gar nicht wissen und sich daraufhin selbst einen Reim machen. Und der heißt dann eben oft: Reiß dich doch mal zusammen! Du kannst dich eben nicht konzentrieren! Jetzt pass doch mal auf, und mach nicht immer etwas anderes, wenn Erwachsene dir etwas Wichtiges mitzuteilen haben! Denn die allermeisten hochbegabten Menschen halten sich im Grunde für völlig normalbegabt. Oder sogar für unterdurchschnittlich begabt. Und wenn sie die „falschen" Fragen zu früh stellen, den Hausaufsatz zu „tiefgehend" bearbeiten, „zu viele Interessen" gleichzeitig haben oder „zu anspruchsvolle" Gespräche führen, so arbeiten und zweifeln sie an sich manchmal bis an ihr Lebensende – beschleunigt durch das Unverständnis ihrer sozialen Umwelt und durch die Tatsache, dass sie natürlich auch ganz normale Fehler machen, die sie dann aber kausal falsch attribuieren, also in diesem Fall nicht auf die Situation, auf „Pech" o.ä., sondern die mangelnden eigenen Kompetenzen.

Aber selbst, wenn die Eltern wissen, dass das Kind hochbegabt ist, kann noch vieles schiefgehen, wenn sich die Eltern nicht in der Lage fühlen, sich in das Kind hineinzuversetzen, oder wenig Interesse zeigen. Dann kommen u.U. aggressive Forderungen nach Leistung, die die Geschichte für das Kind nicht besser machen: „Wenn du dich mal anstrengen würdest, dann ginge das auch: Du bist doch so schlau! Nun mach schon!" Welches Kind würde solche manchmal gebetsmühlenhaft wiederholten Botschaften nicht irgendwann in sein Selbstbild integrieren?

All diese Phänomene können sich natürlich im Berufsleben im Verhältnis zu Vorgesetzten und Mitarbeitern usw. fortsetzen. Und nicht nur das, manchmal neigen sie zu einem langsam gesteigerten Furioso, weil die „Sanduhr des Lebens abläuft" und es einfach nicht besser werden will, wie einer meiner Kunden sich einmal ausdrückte.

Denn genau genommen benehmen sich Hochbegabte ja eben auch auf dieser Bühne ganz normal: Sie wollen wie jeder andere Mensch ein Teil der Gemeinschaft sein, dazugehören, anerkannt sein, sozusagen „die Norm erfüllen" und als „einer von den Guten" gelten! Die ständige Kritik an ihrem „Anderssein" ist natürlich eine Aufforderung, sich zu ändern. Nur geht das eben in der Regel kaum, ohne dass die eigene Persönlichkeit schwer verbogen wird! Andere Lösungsmöglichkeiten, die es durchaus gibt, werden oft nicht gesehen.

Es erscheint eigentlich ganz logisch: Von einem Beinamputierten einen Hochsprung zu fordern, gilt als unangemessen und ist es auch! Wenn dieser trotzdem von sich aus den Wunsch verspürt, versucht man, ihm diesen Wunsch auszureden. Ist er aber „uneinsichtig" und will trainieren, so bewundert man schließlich seinen Kampfeswillen, seine Hartnäckigkeit und seinen Mut – und aus dieser Bewunderung heraus wächst dann auch sehr schnell die Bereitschaft, den „versehrten" Sportler zu unterstützen. Nicht zuletzt deshalb gibt es ja die Paralympischen Spiele, leider nicht im Rahmen, aber wenigstens im Anschluss an die Olympiade.

Trifft aber sozusagen das Gegenteil zu, ist jemand hochbegabt und möchte deshalb als Kind oder Jugendlicher außergewöhnliche Wege gehen, so reagiert die Umwelt zunächst in gleicher Weise: Man hält den Wunsch oft genug für unangemessen und versucht, ihm diesen auszureden.

Normalerweise kommt kaum jemand auf die Idee, schon frühzeitig von einem Hochbegabten Außergewöhnliches zu fordern (abgesehen von geltungssüchtigen Eltern, die vollkommen rücksichtslos agieren und ihre „Wunderkinder" nicht früh genug im Fernsehen sehen können. Etliche positive Ausnahmen bestätigen natürlich auch hier die Regel)!

Im Gegenteil: Eltern, die ihre Kinder gern in besonderen Fördereinrichtungen anmelden möchten, müssen sich allerhand inquisitorischen Eignungsprüfungen stellen, sie sehen sich dem Vorwurf des übertriebenen Ehrgeizes ausgesetzt, man unterstellt ihnen elitär motivierte oder schikanöse Erziehungsmethoden usw.

Bei der hartnäckigen an mich gerichteten Nachfrage wegen eines Tests auf Hochbegabung stellte sich schließlich heraus, dass der Testkandidat gerade mal ein Jahr alt war. Dass *in diesem Fall* ganz offensichtlich die Eltern ein Problem haben, braucht wohl kaum diskutiert zu werden! Insofern schließe ich mich der Polemik von Detlef Rost im bereits zitierten Welt-online-Artikel voll an: Das sind eher schreckliche Auswirkungen der angeblichen momentanen Popularität des Themas, die aber kein Zeichen für eine bessere Versorgung mit Möglichkeiten, sondern ein Zeichen für krankhaften Ehrgeiz oder andere vom Thema Hochbegabung völlig unabhängige Phänomene der Eltern sind.

Dabei ist längst erwiesen, dass der Mensch mit seinen Herausforderungen wächst, nicht mit seinen Unterdrückungen, Beschränkungen, Begrenzungen!

Deshalb setzen sich auch die Hochbegabten – ähnlich wie der beinamputierte Sportler – bei entsprechendem Kampfeswillen, der dazu gehörenden Hartnäckigkeit und großem Mut irgendwie durch. Nur werden sie dafür nicht unbedingt bewundert, sondern eher gescholten. Es wächst nicht die Bereitschaft zur Unterstützung, sondern eher die Kritik, der Neid und oft auch die Diffamierung.

Können Sie sich vorstellen, wie viel Kraft es kostet, zu erkennen, dass man eben nicht ohne weiteres als „normal" anerkannt wird?

Was denken Sie jetzt? Gehen Ihnen Sätze durch den Kopf wie diese: „Ja, ja, die armen Hochbegabten! Immer sind sie schlecht behandelt worden, und keiner hat sie je verstanden! Sie brauchten sich nur selber nicht so wichtig zu nehmen." Solche oder ähnliche Gedanken? Dies alles habe ich regelmäßig auf Konferenzen, in Beratungsgesprächen, auf Seminaren für Führungskräfte, von Lehrern, sogar auf Treffen von Hochbegabten eben von Hochbegabten selbst zu hören bekommen.

Karriere

Wenn Hochbegabte auf die Idee kommen, „Karriere" zu machen, begehen sie häufig einen fundamentalen Irrtum: Sie glauben, dass man als fachlich versierte Koryphäe quasi automatisch ganz nach oben kommt! In den pyramidal organisierten Hierarchie-Strukturen der großen Unternehmen herrschen aber ganz andere Gesetze. An die Spitze kommen bei Weitem nicht – und schon gar nicht automatisch – die fachlich besten Experten, sondern die, die eine zum Unternehmen und der jeweiligen Kultur insgesamt passende und überragende soziale Kompetenz aufgebaut haben!

In den Spitzen der Unternehmen geht es nicht mehr – wie noch im mittleren Management – um intelligente Anpassung, darum, die Dinge fachlich und verhaltensmäßig richtig zu machen. Da ist man gut beraten, seine fachlichen Fähigkeiten in den Vordergrund zu rücken, man braucht sie – nicht so sehr wegen der täglichen Aufgaben, aber allein schon wegen der Akzeptanz durch Mitarbeiter, Kunden, Lieferanten, der eigenen Vorgesetzten usw. Mit einer intelligenten Anpassungsleistung kann man immer wieder – wenn auch im mittleren Management schon in Grenzen – seine fachlichen Fähigkeiten beweisen. Mittleres Management als Rückgrat des Unternehmens ist lebenswichtig, hier muss funktioniert werden, im Sinne und zu Gunsten des Unternehmens.

Das heißt, hier ist zwar ab und zu unternehmerische Einsicht gefragt, aber vor allem darauf beruhendes perfektes exzellent ausgeführtes Verhalten, getragen von (unbedingter) Loyalität. Gerade diese Kontextbedingungen und die mit den Zielen einer Mittelmanagement-Stellung verbundenen alltäglichen Kämpfe um die beste Anpassung wirken aber auf Hochbegabte oft unerträglich. Sie durchschauen schnell die informellen Strukturen, aber sie haben oft nicht wirklich die soziale Kompetenz, den Durchhaltewillen und die Konzentrationsfähigkeit, um sich hier auf einen wirklichen und für das Unternehmen zielführenden Wettbewerb einzulassen.

Im Top-Management sieht das ganz anders aus. Hier, wo es um strategische Ausrichtung, um den Kampf mit Konkurrenten auf höchster Ebene intern wie extern geht, sind völlig andere Fähigkeiten, ist eine ganz andere Form der sozialen Kompetenz gefordert, um zu bestehen und um eigene Ideen schließlich umsetzen zu können. Diese Welt, in der sich tatsächlich eine Menge Hochbegabte erfolgreich behaupten, ist aber nicht erreichbar, nur weil man hochbegabt ist! Und viele Hochbegabte lehnen diese Welt der „Beziehungen" auch offen ab.

Top-Manager schaffen sich exzellente soziale Netzwerke, die sie halten, stützen, beschützen und die die fachlichen Aspekte des Jobs für sie erledigen. Sie benötigen viel Zeit und Energie, um diese Netzwerke aufzubauen und zu pflegen, ohne die das Management riesiger Unternehmen mit Hunderttausenden von Menschen gar nicht möglich wäre. Diese Netzwerke laufen quasi unabhängig von ihnen und trotzdem in ihrem Sinne. Kleinere Netzwerke existieren manchmal mit sogenannten Geschäftsfreunden, manchmal aus Versehen auch mit Geschäftsfeinden. Dann ist man gut beraten, das eine vom anderen zuverlässig zu unterscheiden. Unter anderem darin liegen die Stärken erfolgreicher Lenker großer Organisationen.

Es reicht also nicht, wenn Hochbegabte z.B. schneller als alle anderen die Existenz und Form informeller Machtstrukturen durchblicken. Sie müssen auch selber aktiv gestaltender Teil dieser Strukturen werden können, weil sie sich entsprechend sozial akzeptiert und geschickt zugleich verhalten können. Und das ist eben etwas ganz anderes als die bloße völlig korrekte Wahrnehmung von etwas.

Ein weiteres Problem kommt bei vielen Hochbegabten dazu: Sie lieben es nicht nur, blitzschnell bei anderen Machtkämpfe und deren Spielregeln zu durchblicken, sondern verachten gerne die Tatsache, dass irgendetwas anders funktioniert, als durch bloße Logik gesteuert. Da geht man gerne mal mit vernichtend sarkastischen oder verletzenden Bemerkungen dazwischen. Einigen möchte ich zugestehen, dass sie das gar nicht bemerken, weil ihnen schlicht die Entwicklungsmöglichkeit zu einem sozial kompetenten Gesprächspartner gefehlt hat und sie sich im Bereich der reinen Logik für unangreifbar halten.

Ein Hochbegabter erzählte mir, dass er erst durch einen – sagen wir Schauspielkurs – mit über dreißig Jahren gelernt hat, wie wichtig Gestik und Mimik, also Körpersprache für die alltägliche Kommunikation sind. Und bestimmte Gesten und andere körpersprachliche Signale lernte er erst in diesem Kurs kennen und anwenden. Man möchte es kaum glauben, und auch ich dachte: Kokettiert da jemand mit seiner angeblichen sozialen Inkompetenz? Oder übertreibt er nur? Nein, im Laufe des Gespräches begriff ich es erst: Er hatte nur durch die von seinem Verstand gesteuerte Entscheidung, den Verstand draußen zu lassen, Zugang zu seinen Emotionen bzw. deren scheinbarem Nichtvorhandensein und deren körpersprachlichen Äquivalenten gefunden! Sicher ein extremer Fall, aber nicht völlig ungewöhnlich für Hochbegabte.

Bei einigen anderen bin ich mir mittlerweile sicher, dass sie das Spiel an sich lieben: Sie schießen vernichtende Pfeile in Form von blanken Beleidigungen ab und verstecken sich gleich darauf hinter der angeblichen Unfähigkeit, deren Verletzungspotenzial zu erkennen. Hier wird eine weitere echte Tragik im sozialen Leben vieler Hochbegabte deutlich: Den Triumph in solch einem Kampfgetümmel sozialer Beziehungsbotschaften müssen sie sehr einsam genießen (und das macht eigentlich keinen Spaß!), weil entweder niemand das Spiel durchblickt und deswegen die „rhetorische Leistung" nicht würdigen kann oder weil sie umso mehr wegen dieses asozialen Verhaltens verachtet werden. Und ausgestoßen! Der Teufelskreis beginnt, seine manchmal für den Beobachter deprimierende Aufgabe zu erfüllen. Nicht nur einmal habe ich solch einen rhetorischen Triumphator beifallheischend auf irgendeinem Meeting untergehen sehen. Es gibt Menschen, die verraten den besten Freund unter den Kollegen um einer guten Pointe willen, na gut. Einige Hochbegabte sehen das nicht einmal als Kavaliersdelikt und sind selbst beleidigt, weil der getroffene Kollege als Reaktion überhaupt wagt, sich abzuwenden.

Eine andere typische Falle für Hochbegabte in Unternehmen ist die Gefahr, gnadenlos ausgenutzt zu werden. Und zwar von den Chefs („Sie machen das schon!"), von den Kollegen („Wir verstehen davon ja nichts!"), von den Kunden („Sie sind der Einzige, der mich versteht!") und schließlich von sich selbst („Wenn die erst einmal kapieren, was ich alles kann, dann würdigen die mich auch! Dann steige ich auch auf!"). Dieses System bestätigt und verstärkt sich selbst auf tragikomische Art und Weise. Im Zusammenhang mit Vorgesetzten („Sehen Sie, das hätte keiner so gemacht wie Sie!: Ich wusste, dass Sie das schaffen!"), den Kollegen („Toll, wie du das kannst, ich bin dazu einfach zu blöd ...!"), den Kunden („Wenn der Kollege gekommen wäre, ich weiß nicht, ob ich ihm den nächsten Auftrag unterschrieben hätte!") und einem selbst („So kriege ich wirklich herausfordernde Aufgaben").

Einer meiner Kunden hatte während eines längeren China-Aufenthalts das gesamte China-Geschäft seines Unternehmens neu geregelt und ausgebaut. Von einem Ort aus, in den sich keiner freiwillig versetzen ließ. Wegen des Ortes. Eine graue, in wenigen Jahren aus dem Boden gestampfte Trabantenstadt mit drei Millionen Einwohnern, die von Schwerindustrie lebt. Für meinen Kunden spielte der Ort überhaupt keine Rolle, sondern nur die Aufgabe, die er dann auch von 07.30 Uhr früh bis abends 20.00 Uhr zuverlässig erledigte. Abends nach 20.00 Uhr widmete er sich seinem Europa-Geschäft, damit es in Gang gehalten wurde bis zu seiner Rückkehr, und so brauchte seine Firma auch dafür keinerlei Vertretung oder andere Vorsorge zu treffen. Mein Kunde geriet so nicht nur an die endgültigen Grenzen seiner Belastbarkeit, sondern er wurde auch noch schwer krank, hatte sich einen Virus als Souvenir mitgebracht, der ihm zwei Wochen Krankenhaus und 41 Grad Fieber beschert hatte. Und das war nur die medizinische Seite der Medaille: Er ist schließlich praktisch völlig zusammengeklappt. Er selbst hatte nur die herausfordernden Aufgaben gesehen und fühlte sich dementsprechend motiviert. Natürlich kommt das auch bei Normalbegabten vor. Aber Hochbegabte sind dafür anfälliger, weil man sie allein durch knifflige Aufgaben reizen und motivieren kann, bis an die Grenzen zu gehen. Was wiederum oft darin begründet ist, dass jeder Weg hin zu Anerkennung und Lob wegen der oft erlittenen Dauerfrustration in Kindheit und Jugend eben ein Weg ist, die Balance – wenn auch spät – wieder herzustellen. Manchmal eben nur ein vermeintlicher Weg.

Im eigenen Schneckenhaus die fehlende Gemeinschaft beklagen

Es reicht nicht, am liebsten alleine vor dem eigenen Computer zu sitzen und fachliche Höhenflüge zu organisieren.
Es sieht von „unten" betrachtet häufig so aus, als wenn „die da oben" gar nicht richtig arbeiten würden. Genau so ist es, aber zum „Arbeiten" sind „die da oben" auch gar nicht „eingestellt" worden!
Nicht nur, dass „naive Hochbegabte" das oft gar nicht bemerken, Hochbegabte werden in diesem System möglicherweise von vornherein als echte Gefahr für die existierenden Machtverhältnisse identifiziert! Weil Sie, wenn sie überhaupt oben ankommen, wirklich arbeiten wollen und postwendend scheitern. Jedenfalls mal schwarz-weiß übertrieben dargestellt. Von solchen Systemen kann man nicht erwarten, dass sie von vornherein Begeisterung für Abweichler, für „Querulanten" entwickeln! Und sei es auch noch so konstruktiv für irgendeine „Sache". Hier geht es nicht unbedingt um die Sache! Und das muss es auch gar nicht. Jedenfalls nicht in den existierenden pyramidal organisierten Machtstrukturen, die derzeit die (immerhin relativ gut funktionierende) Stütze

unseres Wirtschaftssystems darstellen. Hochbegabte erscheinen hier häufig als viel zu unberechenbare Faktoren.

Ihre vielseitigen, zahlreichen Interessen sind in den Augen des Durchschnitts zu außergewöhnlich, um sie zu kontrollieren. Ihre Denk- und Arbeitsweise (und damit verbunden ihre ganze Lebensweise) wird oft als zu undiszipliniert betrachtet, um sich wirklich auf sie zu verlassen. Und oft haben Hochbegabte leider auch nicht die Ausstrahlung, um die Sympathie der Massen zu gewinnen – also Mehrheiten zu akquirieren, die einem die eigene Position auf Jahre sichern. Hochbegabte sind also in diesem und für dieses System durchaus verzichtbar. Ich spreche hier wieder von denen, die scheitern. Es gibt natürlich auch viele, die nicht scheitern, sondern leicht und elegant an die Spitze kommen, weil sie nicht nur hochintelligent sind, sondern auch extrem sozial kompetent! Organisationen brauchen die dauernde Veränderung durch Anreize von außen, um in der ständigen Evolution der weltweiten Märkte zu bestehen. Maturana und Varela würden sagen: Die ständige erfolgreiche Anpassung an sich ständig verändernde Umweltbedingungen erfordert die ständige Bereitschaft des Systems, sich „perturbieren" (verstören) zu lassen und diese Irritation als Energie- und Informationsquelle einer zukünftig konstruktiven, intelligenten, systemerhaltenden, optimierten Anpassung zu nutzen (Maturana, Humberto R.; Varela, Francisco J.: *Der Baum der Erkenntnis. Die biologischen Wurzeln menschlichen Erkennens*, Goldmann, 1990). Nur Systeme, die sich so verstanden ständig neu erfinden, können überleben. Also wäre doch nichts willkommener, als in den eigenen Reihen Querulanten zu haben, die für eine ständige Perturbation sorgen. Weit gefehlt! Denn wenn dies auch logisch scheint, hindert es das unsichere System womöglich, sich gegen von außen kommende Irritationen effektiv zur Wehr zu setzen, um die eigene Existenz zu sichern, weil man gerade mit einer Veränderung, also mit sich selbst beschäftigt ist. Deswegen rufen unsichere Kandidaten (Menschen wie Organisationen) auch immer nach Konsolidierung! Also: Querulanten in den eigenen Reihen sind in der Regel unerwünscht, weil bedrohlich für den Wunsch nach Kontinuität. Und deswegen ist der Wunsch nach Unversehrtheit auch um ein Vielfaches stärker als der nach einem starken Immunsystem! Und das, obwohl einem erst ein starkes Immunsystem die Unversehrtheit garantiert! Dieses scheinbare Paradoxon ist meiner Ansicht nach auch verantwortlich dafür, dass viele Menschen effektive Selbsthilfe ablehnen und ineffektive Fremdhilfe dulden, z.B. bei „Lifestyle-Krankheiten" wie Diabetes oder Bluthochdruck.

Die hier und da zu beobachtende explizite Suche nach „Querulanten" entpuppt sich bei näherem Hinsehen oft leider als besonders gut getarnte Variante der Suche nach einem den Ideen der machthabenden Führung konformen „Neuen". Wenn man also als Hochbegabter in einem solchen System erfolgreich sein will, Karriere machen will, muss man entweder das Mehrheiten-System in Kauf nehmen und für sich nutzen und um die „Position" kämpfen, oder man muss völlig außerhalb des Systems und unabhängig von Positionen einen eigenen Weg entlang eines eigenen unabhängigen Karrierebegriffs suchen und so gut werden, dass man noch außerhalb des Systems für dieses unentbehrlich wird.

Im ersten Falle (wenn man innerhalb des Systems aufsteigen will) ist man zur Anpassung an die Mehrheiten gezwungen. Anpassung an Mehrheiten heißt aber eben meistens auch: verbergen der (für andere bedrohlichen) Hochbegabung! Verstecken und Zurückhalten unkonventioneller Ansätze oder Überlegungen, bis die Chance besteht, dass diese Mehrheitsfähigkeit erreichen. Brave Einhaltung aller formalen Disziplinarien, akkurate Erfüllung auch unsinniger bürokratischer Forderungen, Wahrnehmung administrativer und repräsentativer Pflichten auf hohem Niveau (nur Einstein konnte sich seine Frisur leisten!), bescheidenes Untertauchen in der kollektiven Grauzone des Teamworking und Entschleunigung der Effizienzansprüche!

Die zweite Variante (völlig außerhalb des Systems eigene Karrierewege zu suchen) hat den Nachteil, dass man ohne Verbündete, ohne Öffentlichkeit und ohne materielle Unterstützung zwar einen theoretischen Lösungsansatz im Denken finden kann – dieser aber keine Chance hat, jemals umgesetzt zu werden. Um dies zu tun, bräuchte man draußen die entsprechenden sozialen Netzwerke, um etwas zu erreichen. Wenn es also tatsächlich eine Lösung sein soll, muss man sich wohl oder übel mit dem Aufbau eines eigenen Systems befassen!

Und hier liegt für Hochbegabte eine echte Chance! Erwachsene, die von ihrer Hochbegabung wissen und sich vor sich selbst dazu bekennen (deshalb muss das noch nicht einmal öffentlich werden), sind geradezu prädestiniert, wirklich effektive eigene Netzwerke aufzubauen, zuverlässige Verbündete und materielle Unterstützung zu gewinnen und durch unkonventionelle Wege ganz wesentlich zum Fortschritt (des Unternehmens, der Organisation usw.) beizutragen: Sie benötigen nämlich nicht unbedingt nur quantitative Mehrheiten, sondern sozusagen qualitative Mehrheiten! Man könnte auch sagen: Einfluss und Macht kann man nicht nur über quantitative Mehrheiten gewinnen.

Warum eigentlich dieser relativ lange Ausflug in die Welt der Unternehmen, des Managements?

Weil die Prinzipien, die im Management eines Wirtschaftsunternehmens gelten, für Hochbegabte praktisch überall auf unbekannte und bedrohliche Art und Weise gelten können. In mehr oder weniger starken Ausprägungen entstehen so oder ähnlich die Schwierigkeiten, denen sich Hochbegabte ausgesetzt sehen, ob sie nun in sogenannten „non profit"-Organisationen arbeiten, in Wirtschaftsunternehmen, in freier Praxis, im Wissenschaftsbetrieb einer Universität oder in einem privaten Forschungs-Institut. Die Prinzipien sind dieselben.

Andere Probleme, die im beruflichen Kontext auftauchen, sind davon ableitbare Phänomene, und/oder sie erscheinen als gleichartig wie die Probleme aller anderen Menschen im unternehmerischen, betrieblichen oder sonstigen beruflichen Kontext, sind aber häufig – wie schon mehrfach betont – deswegen von einer anderen Qualität, weil sie schneller entstehen, heftiger und grundsätzlicher ausgetragen werden: mit anderen Worten, durch ihre Radikalität mehr Schaden als normal anrichten können für alle Beteiligten.

Kurzgefasst: Liste typischer Fallen für Hochbegabte

Meine ebenso subjektiv wie der eigenen Erfahrung und Wahrnehmung nach zusammengestellte Liste (mir ist keine diesbezügliche empirisch erfasste und wissenschaftlich stichhaltige Zusammenstellung bekannt) der typischen Schwierigkeiten hochbegabter Erwachsener liest sich wie folgt:

(1) Schwierigkeiten mit der Selbstsicherheit und Selbsteinschätzung: „Ich bin zu doof!"

(2) Schwierigkeiten, mit Emotionen umzugehen

(3) Schwierigkeiten mit der eigenen Außenwirkung

(4) Schwierigkeiten mit der Konzentration oder Fokussierung

(5) Schwierigkeiten durch Selbstüber- und -unterschätzung

(6) Die Komplexitätsfalle

(7) Die Verästelungsfalle

(8) Schwierigkeiten aus Angst vor der vermeintlich großen sozialen Kompetenz anderer

(9) Schwierigkeiten durch Intoleranz, mangelnde Nachsicht, Ungeduld und eigene Rigorosität = Rechthaberei

(10) Schwierigkeiten, Entscheidungen zu treffen oder wenigstens klare, nachvollziehbare Standpunkte einzunehmen

(11) Anhaltende Schwierigkeiten durch eine belastende Kindheit und Jugend

(12) Der Dwiz-Faktor („*Dir* werd *ich's* zeigen")

(13) Überforderung durch magische Ansprüche

(14) Erhöhte Erregbarkeit des Nervensystems

(15) Schwierigkeiten durch mangelnde soziale Kompetenz

(16) Schwierigkeiten durch mangelnde Herausforderung

Diese Auflistung kann gar nicht vollständig sein. Sie soll wegen der gesteigerten Deutlichkeit in aller Bescheidenheit und zur Orientierung für latent Hochbegabte unter Ihnen, liebe Leser, exemplarisch erläutert werden. Ich füge jeweils ein Beispiel dazu, das einerseits aus meiner Praxis als Berater stammen kann und andererseits bis zur Unkenntlichkeit zusammengesetzte Wirklichkeiten nutzt, um bestimmte Muster zu verdeutlichen und niemanden erkennbar zu machen.

Im individuellen Coaching-Prozess, so viel ist klar, werden sich ganz andere, neue, entfernt verwandte, jedenfalls individuelle Themen zusätzlich herauskristallisieren.

Betrachten Sie die Liste als groben Wurf für Schubladen, die manchmal klemmen und manchmal helfen, sofort zu finden, was man sucht. Und manchmal fällt einem vor lauter Schwung zu viel entgegen.

Ich bin weit davon entfernt, nur um des leichteren Etikettierens oder um der besseren, weil lauteren und krasseren Marketing-Möglichkeiten einen künstlich aufgebauschten oder pseudo-wissenschaftlichen Spezial-katalog von „Störungen" aufzubauen.

Auch mit dieser subjektiv von mir zusammengestellten Sammlung typischer Schwierigkeiten Hochbegabter möchte ich vor allem eines erreichen:

Ich möchte Ihnen, liebe LeserInnen – weil Sie sich vielleicht hier und da wiedererkennen – Appetit darauf machen, sich mit diesem Thema eingehender zu beschäftigen, bis Sie es schaffen, Ihre vorhandenen Ressourcen optimal zu Ihren eigenen Gunsten zu nutzen und ein zufriedenstellendes Leben zu führen, wenn Sie es nicht ohnehin schon tun. Oder, wenn Sie in einer beruflichen Krise, vor einer schwierigen beruflichen Entscheidung o. Ä. stehen, dazu anregen, sich einen Coach zu besorgen, der Ihnen hilft, die Situation erfolgreich zu Ihren Gunsten zu beeinflussen, Sie in der Selbstfindung bzgl. unseres Themas Hochbegabung erfolgreich zu unterstützen.

Oder ein Seminar zu besuchen, das Sie dazu nutzen können, sich systematisch mit diesem Thema zu beschäftigen.

Egal was Sie wirklich tun wollen, tun Sie es! Aber nun erst einmal zu den immer wieder festgestellten besonderen Schwierigkeiten hochbegabter Erwachsener. Na, erkennen Sie sich wieder?

(1) Schwierigkeiten mit der Selbstsicherheit und Selbsteinschätzung:
„Ich bin zu doof!"

Obwohl die Reihenfolge der gelisteten Schwierigkeiten keine Rangfolge nach einem bestimmten Kriterium nahelegen soll, ist es wohl so, dass die Selbstunsicherheit und oft inkorrekte Selbsteinschätzung bei Hochbegabten ein Dauerproblem ist, das ihnen das Leben schwer macht. Bis sie gelernt haben, Selbstsicherheit, basierend auf einer korrekten Selbsteinschätzung, zu entwickeln. Wir haben ja schon diskutiert, wieso es passieren kann, dass ausgerechnet Hochbegabte oft von sich denken, dass sie zu dumm für bestimmte Fragestellungen usw. seien. „Ich muss feststellen, dass ich leider ein deutliches Defizit an ‚Alltags-Intelligenz' habe. Beispiel: Witze, die jeder versteht, verstehe ich oft einfach nicht.", schreibt einer der Hochbegabten, die zum Thema Kindheit und Jugend in dem Buch von Ida Fleiß zu Wort kommen (Fleiß, Seite 196). Viele dieser Phänomene kommen selbstverständlich auch bei anderen Menschen vor. Bei Hochbegabten wirkt sich das aber dauerhaft im Sinne einer quälenden Grübelei aus, weil es häufig nicht mit andern Erfahrungen, beispielsweise der bereits erlebten Schnelligkeit in der

Wahrnehmung übereinstimmt. Das gilt insbesondere in der Kommunikation mit Lehrern und anderen „Respektspersonen", denen von Hochbegabten bekanntermaßen und fälschlicherweise unterstellt wird, dass sie allein aufgrund der Tatsache, dass sie Lehrer sind und für sich Respekt einfordern, nur intelligente bzw. komplexe und schwierige Fragen stellen. Das geht ja bis hin zu der Tatsache, dass sich Hochbegabte aufgrund von Lehrerfragen oft gar nicht erst an der Antwort versuchen (die sie aber natürlich sofort kennen), sondern sich ernsthaft und wiederholt fragen, wieso ein Lehrer solche Fragen stellen kann, wo er doch immerhin studiert hat. Der muss solche Dinge doch wissen, wenn er als Lehrer (also als „Besserwisser") arbeiten darf! Damit ist aber die *soziale* Situation bereits derartig verkorkst, dass sie sich praktisch nur noch zum Nachteil des Hochbegabten entwickeln kann.

Ein harmloses, kurioses, aber irgendwie auch typisches Beispiel (denn dafür gibt es in meiner Jugend eine ganze Reihe) ist meine Erinnerung an eine Werbesendung, die Bauknecht-Waschmaschinen mit dem Werbe-Slogan anpries: „Bauknecht weiß, was Frauen wünschen!" Kaum jemand hatte Schwierigkeiten, diesen Spruch zu verstehen. Ich habe ihn als Kind (von vielleicht acht Jahren? Ich weiß es nicht mehr) nicht verstanden, sondern rätselte an folgendem Problem mehrere Jahre (!) lang herum. Einer meiner Versuche, von meiner Mutter (Lehrerin) zu erfahren, was das bedeuten soll, endete mit der Antwort: „Na, Bauknecht weiß eben, was Frauen wünschen!" Diese Erklärung, die nur die Frage deutlicher machte und in meinen Augen eben keine Erklärung war, zeugte vor allem von der Tatsache, dass meine Mutter mich für doof hielt und außerdem kein Interesse und/oder keine Zeit für eine Erklärung hatte. Schon weil sie wiederum mich natürlich nicht verstanden hatte, kamen wir so nicht weiter. Mit weitergehenden bohrenden Fragen hatte ich bei ihr in vielen Fällen Glück, manchmal aber auch katastrophale Reaktionen ausgelöst. Also versuchte ich es selbst weiter: Wenn die Werbung machen im Fernsehen, dann ist das teuer. Und solch eine Sendung wird von Millionen Zuschauern gesehen. Wie kann es also passieren, dass so gravierende Deutschfehler gemacht werden? Ja, ich kannte das von schlechten Reimen, die nach dem Motto „Reim dich oder ich fress dich!" massive Deutschfehler in Kauf nehmen. Der Reim klingt schaurig holprig, aber unter der Bedingung, dass es ein schlechter(!) Reim ist, machte das noch „Sinn". Aber bei der Bauknecht-Werbung? Wie kam es zu solch schrecklichem Deutsch?! Es musste doch heißen: „Bauknecht, die weiße Serie ... das ist es, was Frauen wünschen!" Oder „Die weißen

Küchengeräte von Bauknecht wollen die Frauen!" oder noch besser: „Frauen wollen die ‚Weißen' von Bauknecht!" So oder irgendwie so ähnlich, denn „weiß" konnte sich doch nur darauf beziehen, das Bauknecht „weiße" Ware produziert, also Kühlschränke, Waschmaschinen, Geschirrspüler usw.

Bauknecht baute wahrscheinlich noch alle möglichen Maschinen, na ja, und das war wohl die „Frauen-Serie". So was fand ich als Kind schon nicht in Ordnung, dass die Welt dauernd in „für Frauen" und „für Männer" aufgeteilt wurde. So hatte ich gegen den massiven Widerstand meines Vaters einen Kinderteller mit rosa Rand. Ich fand rosa einfach schöner als das „Jungen-Blau". Vielleicht baute Bauknecht ja auch noch Bohrmaschinen wie Bosch, dann wäre das die „Männer-Serie", aber ich hatte noch nie etwas von Bauknecht-Bohrmaschinen gehört. Andererseits sah ich auch nicht jede Werbung .... „Bauknecht-weiß" für die Frauen und „Bauknecht-blau" für die Männer? Bauknecht-blau, was Männer wünschen? Ich musste auf die Werbung achten. Jedes Mal wenn ich den Spot sah oder hörte, kam dieses Problem wieder hoch: „Bauknecht-‚Weiß': Das wollen die Frauen!'"? Ist es das? Aber bei dem Satz: „Bauknecht weiß, was Frauen wünschen!'"?! Im Nachhinein kann man sagen, dass ich nie versucht habe den Satz sozusagen „unmittelbar" zu verstehen, weil es einfach nicht sein konnte, dass Werbung solch einfache, nichtssagende Sätze produziert, für so viel Geld ...! Erst Jahre später, als Jugendlicher, hörte ich in irgendeiner billigen Filmkomödie jemanden sagen: „Bauknecht weiß, was Frauen wünschen, aber ich weiß, was Männer wollen ..." (oder so ähnlich); da ging der Knoten auf: Hinter diesem Satz war einfach keinerlei weitere Bedeutung! Es war auch kein versteckter Hinweis auf ein mehr oder weniger unbekanntes Insiderwissen oder auf eine unbekannte Subkultur, der ich mal wieder nicht angehörte ... oder eine andere geschickt platzierte vertrauliche „Kurzsprache" oder Ähnliches. Auch nicht war es in Mode gekommen, die Frauenfarbe (oder besser Mädchenfarbe) Rosa in Weiß zu verändern. Das war eine Zeit lang eine plausible Erklärung für mich, weil ich oft solche Modeströmungen nicht mitbekam. Außerdem hörte ich diesen schrecklichen Schlager „Ganz in Weiß ...!" Da habe ich natürlich die Theorie aufgebaut, grammatikalische Fehler gehörten endgültig zur Modesprache, denn was sollte sonst eine Frau in (!) einer Waschmaschine?! Und dazu noch mit einem Blumenstrauß? Natürlich habe ich den Schlager sofort daraufhin verstanden. Es hat aber immer noch nichts genutzt: Die Frauen waren weiß, so wie die Bauknechts es wussten ... Es war aber tatsächlich nur die plumpe Behauptung, dass Bauknecht wüsste, was Frauen wünschten. Die Erkenntnis führte – und das haben mir viele Kunden zu ganz ähnlichen Phänomenen bestätigt – neben einem durchaus von Amüsement bestimmten humorigen Lachen über mich selbst ganz schnell zu dem Gedanken: „Wie kann man so blöd sein und das jahrelang nicht merken?!" Und sofort und unmittelbar zu der drängend ernsten und grüblerischen Frage, ob dies ein Zeichen für eine Teilleistungsstörung meines Gehirns wäre (eine Frage, die die Mehrheit meiner hochbegabten Kunden jahrelang umgetrieben hat).

Peinlich berührt behalten die meisten solche Anekdoten, über die man auch herzlich lachen kann, für sich und brüten eine lange Zeit darüber weiter. Zumal so eine Anekdote eben oft nur ein Beispiel von immer wiederkehrenden „offenbaren" Teilleistungsstörungen des Gehirnes ist oder auch nur so gedeutet werden könnte.

Ein weiteres Beispiel möchte ich hier anführen, weil ich erst kürzlich durch Zufall über eine „Lösung" gestolpert bin, bzw. weil es deutlich macht, in welcher Wahrnehmungsfalle Hochbegabte stecken mögen.

Ich habe mich, seitdem ich den Begriff „Legastheniker" zum ersten Mal gehört habe, ich mag da vielleicht acht oder neun Jahre alt gewesen sein, denn es ging um einen Jungen aus unserer Schulklasse, der eben „Legastheniker" war, gefragt, wie die Erklärung, die ich dafür hörte, zustande gekommen sein mag. Ich hörte nämlich als Erklärung von meiner Mutter – wie gesagt einer Lehrerin! –, dass das eine angeborene Teilleistungsschwäche des Gehirns sei, weswegen diese Menschen Buchstabenfolgen verwechselten beispielsweise und dann beim Lesen in Schwierigkeiten kamen. Und eben auch beim Schreiben. Deswegen würde diese „Störung" eben auch „Lese-Rechtschreibschwäche" heißen. Mir geht es hier gar nicht um die genaue Definition der Legasthenie, sondern darum: Ich habe mich damals sofort gefragt, wie es denn möglich sein soll, dass beim Menschen etwas angeboren ist, das etwas betrifft (das Lesen und Schreiben), was die Menschen erst in den letzten Sekunden ihrer Entwicklung (in Bezug auf die Menschheitsgeschichte) entwickelt haben, nämlich das Lesen und Schreiben. Und dann noch so spezifisch, dass bestimmte Buchstabenfolgen, die doch bloß eine völlig willkürliche Visualisierung von gesprochener und gehörter Sprache darstellten, falsch gelesen oder geschrieben wurden. Das hätte ja bedeutet, dass der Mensch Gene ausgebildet hätte, die er erst Tausende oder Hunderttausende Jahre später für einen ganz speziellen Fehler bei einer Tätigkeit hätte „gebrauchen" können, die erst noch erfunden werden musste. Was für ein Unsinn. Ich kann mich noch erinnern, dass ich bei allen Erwachsenen, die ich dazu befragte, schlicht auf Granit gebissen habe. Meine Mutter verstand die Frage nicht, meine Lehrerin wich aus, mein Vater reagierte mit einem Satz wie: „Man muss im Leben nicht immer alles verstehen!", und ich blieb wie so oft frustriert auf meiner Frage sitzen.

Irgendwann habe ich das Ganze natürlich mehr oder weniger verdrängt und/oder vergessen. Vor Jahren fiel mir beim achtjährigen Sohn eines Freundes auf, dass er eine ganz ungewöhnlich schnelle und „scharfe" Auffassungsgabe hatte, obwohl er nach den Aussagen seiner Eltern und auch nach meinen Beobachtungen oft und lange mit sich selbst alleine war und am Gespräch der Erwachsenen selten teilnahm und dann wieder oft wie aus dem Nichts heraus extreme Wutanfälle bekam, wenn ihm etwas nicht passte. Er nahm in einem Gespräch, an dem drei Kinder und vier Erwachsene gleichzeitig und durcheinander teilnahmen, während man sich zwischen lauten Buden und Menschenmassen auf einem Stadtfest befand, winzige Details wahr und reagierte darauf. Ich habe es probiert, in dem ich ein paar alberne unlogische Bemerkungen leise einstreute, die zwar zur Grammatik und zu dem Gesamtkontext passten, aber keinen Sinn machten. Ein paar völlig absurde Gedanken: Er schaute sofort zu mir herüber und strahlte mich an, und dann wandte er sich gleich wieder mit ernstem Gesicht den anderen zu, wie nach dem Motto: Hoffentlich merkt das keiner!! In dem Moment war mir klar, dass dieser Bursche, von dem ich bisher nur wusste, dass er Legastheniker war und ganz erhebliche Schwierigkeiten in der Schule hatte, ein hochbegabter Mensch sein musste. Nach längeren Diskussionen und von meiner Seite aus vielleicht respektlosen und distanzlosen Anläufen den Eltern gegenüber (die Erziehung ihres Sohnes ist schließlich nicht mein Revier) haben sich die Eltern damit abgefunden, dass ihr Kind hochbegabt ist. Sie wussten es durch einen IQ-Test sogar schon vorher, hatten darüber aber nicht gesprochen bzw. es nicht wahrhaben wollen (Nachtigall, ick hör dir trapsen). Sie hatten sich sogar eingeredet, dass Hochbegabung ganz anders als durch einen IQ von über 130, der eindeutig vorlag, definiert sei!

Vor einigen Tagen las ich in meiner aktuellen „Lieblingslektüre", dem wunderbaren Buch von Temple Grandin „Ich sehe die Welt wie ein frohes Tier", dass eine ihrer Studentinnen – Legasthenikerin – ein so perfektes „Gehör" hat, dass sie sogar ausgeschaltete Radios hören kann. Denn jedes am Stromnetz angeschlossene Radio empfängt winzige Signale, die wir „Normalen" nur nicht „hören". Und sie erklärt, dass Autisten häufig, wie sie selbst, unter sich überlappenden Geräuschen leiden, weil sie sie nicht ausschalten können. Wie Tiere, die damit

genauso Schwierigkeiten haben. Tiere nehmen, wie offenbar Autisten, viel mehr Details wahr als Menschen. Dafür aber nicht unbedingt das große Ganze. Schon gar nicht ordnen Tiere dem Ganzen die einzelnen Eindrücke der Teile unter. Eben wie Autisten und offenbar auch teilweise Legastheniker, jedenfalls bei ihrer Studentin. So gesehen sind Autisten und in diesem Falle auch Legastheniker vor allem eines: außerordentlich wahrnehmungsbegabt! Die Störung ist also eine außerordentliche Begabung? Ich zitiere einen ganzen Abschnitt, weil er deutlich macht, wo hier der Hund begraben sein könnte:
„Dasselbe gilt auch für das Sehen. Von vielen Autisten weiß ich, dass sie das Flackern von Neonlicht sehen können. Holly (ihrer Studentin; Anmerkung des Verfassers) geht das ganz genauso. Deswegen können sie Neonlicht nicht ertragen. Unsere ganze Umgebung ist auf die Bedürfnisse und Begrenzungen normaler Menschen ausgerichtet – und das sind nicht notwendigerweise die von Tieren, Legasthenikern oder Autisten. Darunter leiden sicherlich mehr Leute, als man denkt. Ja schlimmer noch: Die meisten merken nicht einmal, dass ihre Umgebung dafür verantwortlich ist, weil sie die einzige Umgebung ist, die sie kennen." (Grandin, Temple, Seite 75)
Vermutlich ist es so, dass die meisten oder alle Menschen Radiowellen oder eben spezifische durch Radiosender erzeugte Schallwellen, oder was immer es ist, hören könnten, obwohl sie ausgeschaltet sind, nur aus irgendwelchen Gründen blenden wir das aus. Vieles spricht dafür, dass normale Menschen gar nicht hören oder sehen, was sich tatsächlich abspielt, sondern alles, was sie wahrnehmen, einem Konzept unterordnen oder einem Schema, was die Wirklichkeit stark strukturiert und auch bestimmt, mit welchen Informationen das Bewusstsein schließlich „belastet" wird.
Genau diese Überlegungen könnten aber ein Grund dafür sein, dass erstens hochbegabte Menschen so lange an sich zweifeln, wie sie ihre Umgebung als die einzig wahre oder mögliche ansehen müssen, weil sie keine andere kennen. Was außerdem die außerordentlich euphorischen Gefühle erklären würde, die viele erleben, wenn sie bemerken, dass es vollkommen andere „Umgebungen" gibt, wie z.B. eine Anhäufung ähnlicher Menschen bei Mensa-Veranstaltungen. Erst durch diese Erfahrung wird ja auf einmal schlagartig klar, dass die ganzen Schwierigkeiten gar nicht in der eigenen Person begründet liegen müssen.
Zweitens: Wie sollen normalbegabte Menschen irgendetwas verstehen, was sie überhaupt nicht wahrnehmen können?!

„Normale Menschen sehen und hören Schemata und keine Rohdaten", schreibt Grandin (Seite 77). Ich möchte hier ergänzen: Was immer Hochbegabte hören und sehen: Es sind ganz offensichtlich nicht dieselben Schemata wie andere sie nutzen. Sehr wahrscheinlich sind es mehr Rohdaten im Sinne von Grandin. Jedenfalls scheint es mir so zu sein, dass es nicht einfach etwas anderes ist, sondern vor allem: mehr. Wesentlich mehr. Und zwar ungefiltert. Und damit müssen sie dann zurechtkommen, alleine. Weil das niemand nachvollziehen kann.

Noch ein Gedanke zum Phänomen der Legasthenie. Man könnte also auch sagen: Legasthenie beinhaltet (vielleicht nur in dem einen oder anderen Fall ... ganz vorsichtig formuliert, denn ich möchte niemandem seine vertrauten Diagnose-Schemata nehmen oder vielleicht doch?) vor allem eine andere, extreme Wahrnehmungsfähigkeit. Ein richtiges „Talent" möglicherweise. Nur wozu es gut sein soll, ist vielleicht unklar. Dass es eine genetische Veranlagung gibt, mag ja sein, aber ganz bestimmt nicht zur Legasthenie, sondern zu irgendetwas, das wir noch gar nicht wirklich erfasst haben. Und seltsamerweise haben Kinder, die diese Veranlagung haben, auch Schwierigkeiten mit dem Lesen UNSERER Schrift. Und Schwierigkeiten mit der häufig angeführten „phonologischen Bewusstheit"[16] in diesem Zusammenhang. Dann wird vielleicht ein Schuh draus. Es ist vielleicht gar nicht so, dass Legastheniker eine Lese-Rechtschreibschwäche haben (z.B., weil sie „zu doof" sind, Buchstaben oder Wörter zu lernen), aber das gegenwärtige System, gesprochene Sprache zu visualisieren, passt ganz offensichtlich nicht zum Wahrnehmungsapparat der „Legastheniker". Ich bin selbstverständlich kein Legasthenie-Experte. Aber es scheint deutlich zu sein, dass wir uns hier in einem höchst sensiblen Bereich befinden, was die Etikettierung solcher Phänomene angeht. Es ist eine traurige Erfahrungstatsache, dass es viele Eltern gibt, denen es wichtiger ist, dass ihr Kind den diagnostischen Stempel einer „Störung" bekommt anstatt tatsächlich hilfreiche Unterstützung zur eigenen Entwicklung unabhängig von den Eltern-Träumen.

Vielleicht hält unser Hirn normalerweise eine ganze Batterie von Filtern in Form von Schemata und Denkkonzepten bereit, ohne die wir schlicht „verrückt" würden oder zumindest völlig überfordert.[17] Der Preis, den

---

[16] Ganz grob: Der Fähigkeit, aus Lauten ein Wort zu bilden oder z.B. Wörter in Laute zu zerlegen. Wortanfänge in Sätzen zu erkennen usw.

[17] Wie sinnvoll solche Filter sind, zeigen Fälle, in denen sie nicht funktionieren, wie z.B. beim ADS (Aufmerksamkeits-Defizit-Syndrom), welches häufig genug mit Hochbegabung verwechselt wird. Der Name ADS ist auch eher irreführend.

der Mensch für diese relative „Ruhe" zahlt, ist seine Mittelmäßigkeit. Der Preis, den hochbegabte Menschen für etwas weniger Mittelmäßigkeit möglicherweise zahlen müssen, ist, dass sie keine Ruhe finden können, weil sie nicht die „Gnade" so einer Filteranlage erleben. Der Preis jedenfalls, den jeder Hochbegabte zahlen muss, der gar nicht weiß, dass er hochbegabt ist, ist der, dass er die Rätsel um sehr unangenehme Phänomene, z.b. sich selbst für blöd zu halten, gar nicht lösen *kann*, solange er nicht getestet ist bzw. sich darüber im Klaren ist, dass er einfach anders tickt als die anderen. Ein gewichtiges Argument für einen IQ-Test, wie ich meine.

Ein Klient berichtete mir, dass er den Grund für wiederkehrende ganz bestimmte Kommunikationsschwierigkeiten der Erwachsenen darin suchte, dass er zu viel trinkt, was sich mit den andauernden Vorwürfen seiner Eltern deckte, die den Konsum von etwa einer Flasche Bier pro Woche in der freitäglichen Dorfdisco als Exzess deuteten und ihrem Sohn die schaurigsten körperlichen Schäden durch seine Alkoholexzesse prophezeiten.

Auf solchen Phänomenen – wenn sie entsprechend gehäuft auftreten und durch ergänzende abschätzige Bemerkungen wichtiger Bezugspersonen dauernd bestätig werden – basieren im Laufe der Entwicklung unter Umständen andauernde Selbstzweifel und eine ständige Unsicherheit gegenüber Gruppen von Menschen, die von sich selbst überzeugt sind und selbstverständlich Führung übernehmen, Situationen gestalten und Verantwortung tragen. Nicht gerade förderlich für das überzeugte Auftreten in einer fremden, neuen sozialen Situation, beispielsweise wenn es gilt, eine neue berufliche Herausforderung anzunehmen!

Und: Verstehen Sie mich nicht falsch: Solche Phänomene kennt jeder. Dazu braucht man keine Hochbegabung. Aber: Hochbegabte kauen daran schneller, länger und an sich selbst zweifelnder herum, und vor lauter Scham fragen sie noch seltener nach als andere, weil sie längst gelernt haben (jedenfalls, wenn es nicht gut läuft mit Eltern und sonstiger sozialer Umwelt), dass die Qualität ihrer Antworten völlig indiskutabel ist oder nur der Auftakt zu hämischem und verächtlichem, vielleicht sogar schadenfrohem Gelächter. Nicht das Grübeln, sondern die einfache, klare, offene und manchmal banal beantwortbare Frage wird mit sozialer Zuwendung belohnt.

Hier herrscht ja nicht zu wenig, sondern zu viel Aufmerksamkeit vor! Genauso wenig ist ein Professor zerstreut, sondern eher konzentriert, wenn er „zerstreut" genannt wird!

Häufig folgt daraus eben aus Sehnsucht nach sozialer Wärme/Zuwendung die Produktion von völlig unsinnigen Fragen, nur um wenigstens hier und da mal eine Antwort (Kontakt) zu bekommen. („Sag mal, der Sport, den du da betreibst, heißt doch offiziell auch ‚Rudern' oder nicht?", „Stimmt das eigentlich, dass BMW in München produziert"?, und als Erwachsener später: „Sag mal, wie geht das eigentlich mit den unplattbaren Fahrradreifen, das hat mich schon immer interessiert ...") Xenia Vosen-Pütz, genannt „Mama Xenia",[18] die ich bei der weiteren Auflistung typischer Hochbegabten-Schwierigkeiten noch öfter zitieren werde, nennt hier die M-A-A-Falle. („Mich-an-andere-Anpassen-Falle"). Es gibt unendlich viele Möglichkeiten, sich selbst zu verbiegen, sich selber unsäglichen Situationen auszusetzen, um sich schließlich selbst sozial „akzeptiert" zu sehen, aber das Gefühl nicht loszuwerden, von einem anderen Stern zu stammen. Oder wahlweise sich selbst dafür zu hassen, dass man eine solch dumme Strategie fahren muss, weil einem nichts Besseres einfällt.

(2)   Schwierigkeiten, mit Emotionen umzugehen

Dieser Punkt scheint erst einmal die Vorurteile vom „vergeistigten" Hochbegabten zu bestätigen. Schwierigkeiten, mit Emotionen umzugehen, haben natürlich alle möglichen Menschen. Manchmal im Leben oder dauerhaft. Menschen (z.B. manche Autisten) wissen gar nicht genau, was Emotionen sind, oder haben sie jedenfalls selbst nie erlebt. Sie können sie bei sich nicht entdecken, finden sie bei anderen kurios oder lächerlich. Oder sie möchten solche Zustände gerne erreichen, von denen sie glauben, sie seien schön oder jedenfalls irgendwie angenehm, haben aber keinen Zugang.
Bei Hochbegabten schnappt die Falle besonders brutal zu, wenn sie auf einem logischen „Argumentationstrip" sind, nicht merken (können?), dass sie gerade dabei sind, jemand anderen massiv zu verletzen, weil sie weder dessen Gefühle antizipieren können noch seinen Standpunkt einnehmen und damit voll in die Arroganzfalle tappen. Meine Kunden haben mir immer mal wieder Anekdoten erzählt, die nach folgendem

---

[18] „Mama Xenia" war das Pseudonym für Dr. Xenia Vosen-Pütz, die auf der Jahrestagung von Mensa in Mönchengladbach am 29.04.2006 den Vortrag „Lebensfallen für Mensaner oder – warum wir nicht ALLE reich, berühmt und erfolgreich sind" gehalten hat und mir freundlicherweise ihre Notizen zu ihrem Referat zur Verfügung gestellt hat.

Strickmuster ablaufen: „Da befindet man sich in einer Diskussion und merkt, da ist einer dabei, der völligen Schwachsinn erzählt. Dann sagst du das und stellst das richtig – ganz in neutralem Ton –, und plötzlich stehst du allein da. Die einen schauen weg, der, um den es geht, verlässt z.B. die Gesprächsrunde. Ja, aber warum denn?!"
Andere verbringen die Abende mit sich selbst und wissen nicht, wie es ihnen geht. Sie haben ein schlechtes Gefühl, aber das ist auch alles. Eine Kundin, die ein völlig normales Privat- und Berufsleben führt – jedenfalls ist da nichts, was jemand von außen unmittelbar erkennen könnte, was von der „gutnachbarschaftlichen Norm" abweichen würde –, erzählte, sie wisse oft nicht, wie es ihr geht, und grübelt dann stundenlang, findet aber nichts, was ihr weiterhelfen würde. Auf die Frage, ob sie vielleicht einfach durch den verlorenen Machtkampf im Betrieb frustriert, beleidigt oder vielleicht wütend sei, antwortete sie: „Kann sein, das weiß ich nicht, aber das würde doch keinen Sinn machen!" Nicht nur mir fiel dabei die Figur des „Mister Spok" ein, der „Vulkanier" aus der Science-Fiction-Serie „Enteprise", dessen Schicksal es ist, keinerlei Gefühle zu spüren. Auch sie selbst sagte (wie einige meiner Kunden): „Manchmal fühle ich mich wie Mister Spok!" Der Unterschied zu Mister Spok ist nur, dass er ja selbst bei sich keine Gefühle vermisst, bei anderen aber bestaunt. Hochbegabte bestaunen sich oft selbst wegen der Unklarheit: Da ist was, aber was?!
Eine andere Variante des unangemessenen „Umgangs" mit Emotionen ist es, sich selbst in extremem Masse zuzugestehen, durch ebenfalls extreme Emotionen gesteuert zu sein, und die Auswirkungen regelmäßig andere spüren zu lassen. Diese anderen reagieren womöglich genauso, aber vor allem auf die „negativen" Auswirkungen vulkanartiger emotionaler Ausbrüche mit ebensolchen. Die genauso vorhandenen positiven Aus"brüche" reichen dann aber bei Weitem nicht mehr aus, um eine irgendwie geartete Balance wiederherzustellen. Sie werden schlicht nicht mehr wahrgenommen oder mutwillig-agressiv ignoriert. Hier kommt es zu unsäglichen Aufrechnungen und anderen unfairen zuverlässigen Schlagabtausch-Systemen, die eine wirkliche Klärung erschweren bis unmöglich machen. Wer hier nicht aussteigt, hat verloren. Der Hochbegabte zieht hier oft die doppelte rote Karte. Erstens wegen seiner Ausbrüche und zweitens wegen der oft explizit oder wenigstens implizit deutlich gemachten Forderung, wer so intelligent sei, müsse solche Situationen doch regeln können. Wenn diese Forderung noch gerade von dem kommt, der die Situation in den Augen des Hochbegabten provoziert hat, gerät der Hochbegabte in eine perfekte Hirnklemme, was nach

außen wieder ausgesprochen „dämlich" wirkt und außerdem wie ein Schuldeingeständnis.

(3)   Schwierigkeiten mit der eigenen Außenwirkung

Hier spielt die oft arrogante Wirkung Hochbegabter eine wichtige Rolle. Diejenigen, die hochbegabte Menschen als arrogant erleben, haben ja kein Problem. Arrogant ist eben arrogant. Und wir alle können schließlich Besserwisser nicht gut ertragen. Wir haben dafür Schimpfwörter wie z.b. „Oberlehrerverhalten" parat. Der Oberlehrer im Gegenzug ist völlig genervt, weil er in seiner logischen und exakten und eben oft genug „richtigen" Argumentation nicht ernst genommen wird. Er sieht die Situation u. U. so: Der andere soll nicht so kleinlich sein. Der ist ja sofort angegriffen, dabei habe ich ihm doch nur deutlich gemacht, dass er unrecht hatte. Rein fachlich begründet! Nach solchem Muster entstand kürzlich die Situation bei einer gemeinsamen Besprechung von Kandidat und Prüfern nach einer zu beurteilenden Unterrichtsstunde: Der Coachee (der Kandidat!) berichtete in völlig normalem Ton über die katastrophal gelaufene Beurteilung, deren Ergebnisse er noch nicht kannte, aber nach verschiedenen Äußerungen konnte man problemlos schließen, dass diese Stunde nicht im Sinne der Prüfer verlaufen war. Einer der Prüfer soll beispielsweise den Satz gesagt haben: „Ich habe noch nie in meinem Leben eine so schlechte Unterrichtsstunde erlebt!" Da braucht man nicht lange zu rätseln! Mein Coachee erzählte dann auch noch in einem Ton, der die Geschichte fast als belanglos erscheinen ließ, er habe doch nur den Prüfer auf wiederholte logische Ungereimtheiten in seiner Argumentation aufmerksam gemacht!
Natürlich hatte die ganze Situation eine längere, „unglückliche" Vorgeschichte. Leider bin ich auch als Coach viel zu spät engagiert worden! Es gab schon lange Interessen-Kollisionen, Machtkämpfe unter den beteiligten Lehrern und Prüfern. Man könnte also durchaus auch auf die Idee kommen, dass hier echte Systemfehler vorliegen. Von diesen aber einmal abgesehen nahm die Geschichte, beschleunigt durch die „Arroganzfalle", ihren verheerenden Lauf. Solche Situationen kann man nicht so einfach entwirren und für die Zukunft verhindern, weil natürlich solche Äußerungen meist unbewusst getan werden. Man muss sie erst einmal in ihrer Wirkung erkennen, um sie verhindern zu können. Und man muss, ausgestattet mit einer gewissen Fähigkeit zur Empathie auch unsympathischen Rollenträgern gegenüber, die Entstehung von gefähr-

lichen Reaktionen verstehen können. Dazu muss man das Entstehen von Gefühlen beim Gegenüber akzeptieren können, auch wenn sie vielleicht für einen selbst nicht gelten mögen. Hier gibt es viel zu lernen, um von einem Szenario der rein fachlichen entweder/oder-Aspekte zu einer Berücksichtung der potenziellen Wirkungen komplizierter, eher unscharfer sozialer Interaktionen zu gelangen. Hier muss der Hochbegabte z.b. lernen zu akzeptieren, dass im Normalfall ein fachliches, logisches Argument nicht im Mindesten dazu geeignet ist, eine offene emotionale Frage zu klären. Dass die Geschichte dann doch noch gut verlaufen ist, ist auf gänzlich andere Entwicklungen zurückzuführen, die weder der Coach wusste oder hätte beeinflussen können, noch der Coachee in der Hand hatte.

Im Studium lernte ich eine Frau kennen, kurz bevor ich nach Italien reisen wollte, um einen Freund zu besuchen, der damals in Florenz in der Psychiatrie arbeitete. Sie sagte zu mir, als ich von der bevorstehenden Reise berichtete, begeistert: „Ach das ist ja toll: drei Wochen? Dann kannst du ja hinterher fließend Italienisch! Beneidenswert!" Ich hatte nicht richtig verstanden ... Sie präzisierte ihre Bemerkung: „Ja, also ich brauche nie länger, um eine Sprache für den Hausgebrauch zu sprechen ..." Ich muss zugeben, dass ich das ziemlich arrogant fand, obwohl es mit ganz großer Sicherheit nicht so gemeint war. Ganz im Gegenteil. Heute rechne ich das eher mit ein, denn heute weiß ich: Was normal ist, bestimmt zunächst die Erfahrungswelt des Einzelnen, und nach dem munteren Schluss von sich selbst auf andere wundert man sich eben, wenn etwas bei anderen nicht so ist wie bei einem selbst. Eine offene Frage kann hier nur noch sein: Warum hat z.B. eine erwachsene Frau von ca. 25 Jahren immer noch nicht gelernt, dass sie mit ihren Bemerkungen andere verletzen kann? Dazu sage ich ganz einfach: Sie hat es noch nicht oft genug erlebt UND auf sich bzw. ihre Äußerung bezogen.

(4)   Schwierigkeiten mit der Konzentration oder Fokussierung

Das Bild vom zerstreuten Professor legt wie gesagt eigentlich nahe, dass der Professor seine Aufmerksamkeit zerstreut, also verteilt. Gemeint ist aber eher, dass er sich gerade auf etwas konzentriert, was ihn bewegt, aber er die Situation, in der er sich gerade befindet (an der Essensausgabe der Mensa, und diesmal ist wirklich die Kantine der Studenten gemeint), absolut gar nicht beachtet, weil seine Aufmerksamkeit gefesselt ist von einem anderen Thema, sodass es zu teilweise humoresken Szenen kommt.

Hochbegabte dagegen sind oft tatsächlich zerstreut. Unfähig, sich auf ein bestimmtes Thema zu konzentrieren, laufen im Kopf mehrere Filme gleichzeitig ab. Oft stört das gar nicht, im Gegenteil: Hochbegabte Menschen brauchen mehrere Themen, um ausgelastet zu sein. Wenn ihnen jemand sagt: „Nun mal sachte: Eins nach dem anderen!", dann werden sie eher zappelig und nervös, als dass sie zurück- oder umschalten könnten.

Diese teilweise Unfähigkeit führt oft dazu, dass sie in unzusammenhängenden Sätzen nicht das ausdrücken können, was sie möchten, sondern vom Hölzchen aufs Stöckchen ein Kommunikationsverhalten anderen gegenüber an den Tag legen, das in kurzer Zeit für andere absolut unerträglich wird. Schlimmer noch: das eher an die stammelnd geäußerten sprachlichen Kommunikationsversuche eher extrem wenig begabter Mitmenschen erinnert oder einfach an Sprachstörungen.

Es führt aber auch dazu, dass für einzelne Themen scheinbar ewig Zeit investiert wird, zu keinem wirklichen Ende gekommen werden kann usw. Die Außenwirkung bleibt zerstreut, unzuverlässig, unhöflich, unkonzentriert, wenig partnerorientiert, ja unfähig. Auch dies ist ein Grund für Abbrüche bei Ausbildungen und Studiengängen.

Es kommt ein Effekt hinzu, der die Unkonzentriertheit verstärkt: Kaum ist ein Thema auch nur annähernd durchdrungen, wird es auch schon langweilig, und das nächste wird angegangen. Das führt oft dazu, dass Themen allenfalls oberflächlich bearbeitet werden. Das wiederum erhöht die Wahrscheinlichkeit von fundamentalen Fehlern erheblich. Und das scheint dann ein Beweis zu werden für die Überflüssigkeit der Anstrengung, die nichts verbessert. Und dies verstärkt bei oft wiederholter ähnlicher Erfahrung den bleibenden Eindruck, alles sei an sich irgendwie sinnlos. In solch einem Zustand erinnert ein Hochbegabter eher an einen Menschen auf dem direkten Weg in die Depression. Solche Gedanken äußern Kunden von mir zuweilen. Früher habe ich gedacht, das sei eine faule Ausrede. Heute weiß ich, dass es bei vielen offenbar ein Teufelskreis ist, der typisch für Hochbegabte mit besonders geringer Konzentrationsfähigkeit und geringem Durchhaltevermögen ist.

„Mama Xenia" nennt das die Vielseitigkeitsfalle, die sich natürlich auch in erheblichen Schwierigkeiten bei der Berufswahl äußert. So ist die Aussage des Arbeitsamtsmitarbeiters nach einem Testdurchlauf auch nicht gerade hilfreich: „Sie können eigentlich alles werden!" Der

Ausflug in eine Buchhandlung wird ein Ausflug in ein großes Abenteuerland – mit ungewissem Ausgang. Bei meinen Kunden ist es fast üblich, mehrere Ausbildungen und/oder Studiengänge mehrere Jahre lang ausprobiert zu haben, aber nichts zu Ende zu bringen. Eine Variante der Vielseitigkeitsfalle, die Vosen-Pütz die „Verzettelungsfalle" nennt. Die Entscheidung wird nicht wirklich getroffen, es wird alles gleichzeitig gemacht, natürlich nichts zu Ende, weil Hochbegabte sich gerne mit großen Entwürfen und neuen Ideen beschäftigen, aber nicht mit alltäglicher Kleinarbeit. So werden mehrere Projekte gleichzeitig begonnen und keines zu Ende geführt. Lieber wird ein weiteres – neues – Projekt begonnen.

Eine weitere Variante der Vielseitigkeitsfalle ist die „Dilettantenfalle", eine Falle, die selbst für Hochbegabte schwer zu ertragen ist, wenn sie das Opfer eines derartig brillierenden Dilettanten werden! Es ist eben grundsätzlich etwas anderes, einen 800-Seiten-Roman an einem Wochenende zu lesen und vielleicht auch grundsätzlich zu verstehen, als einen solchen zu schreiben! Unter dem folgenden Punkt (5) gehe ich näher darauf ein, denn die Dilettantenfalle hat viel mit Selbstüberschätzung zu tun.

(5)   Schwierigkeiten durch Selbstüber- und -unterschätzung

Fehler durch Selbstüberschätzung kommen beispielsweise zustande, weil Hochbegabte gewohnt sind, Kommunikation, Inhalte von Büchern oder Seminaren sehr viel schneller und differenzierter als andere wahrzunehmen und glauben, diese eindeutig vorhandene Fertigkeit nun eins zu eins als Kompetenz in die Produktion ähnlicher Inhalte investieren zu können. Die Dilettantenfalle schnappt zu, weil der typische hochbegabte Leser, der plötzlich anfängt, seine zweifellos vorhandene extreme Wahrnehmungsfähigkeit mit dem Vorhandensein eines besonderen Schreibtalents zu verwechseln, besonders „gruselige" Texte hervorbringt. Er dilettiert dann sozusagen auf hohem, trotzdem unerträglichem Niveau. Es ist eben ganz etwas anderes, die Buddenbrooks zu verstehen, als auch nur eine einzige Kurzgeschichte zu schreiben, die den Leser wirklich emotional anrührt.

Es gehört häufig eben gerade nicht zu den Talenten der Hochbegabten, hartnäckig an einem Thema dranzubleiben, bis sie fachlich unangreifbar ein Gebiet sozusagen „vertreten" können.

Auch hier gilt wieder: Natürlich findet man unter bekannten Schriftstellern, Künstlern oder Musikern eine Reihe Hochbegabter, aber

Hochbegabung macht einen noch lange nicht zu einem Künstler. So kommt es häufig zur Produktion von geradezu genialen Ideen, aber zu miserablen, geradezu stümperhaften Ausführungen. Und dann interessiert auch die noch so gute Idee schnell niemanden mehr.

Die andere Seite der eigenen Fehleinschätzung, die Unterschätzung, haben wir an anderer Stelle bereits aus verschiedenen Perspektiven betrachtet.

An dieser Stelle sei noch ergänzt, dass das Gefühl der Unterforderung auch im fortgeschrittenen Berufsleben für alle Beteiligten nervtötende Auswirkungen haben kann. Besprechungen mit mehreren oder allen Mitarbeitern einer Gruppe, eines Teams oder einer Abteilung gehören glücklicherweise bei immer mehr Unternehmen inzwischen zum Standard. Nur so lässt sich der oft beklagte schlechte Informationsfluss in alle Richtungen beschleunigen und optimieren! Nun geraten die anwesenden Personen natürlich genauso wie Jugendliche aufgrund ihrer Persönlichkeit, der relativen individuellen Zeitnot, der individuellen Wahrnehmungsgeschwindigkeit usw. in Konflikte quasi wie in der Schule: Der eine ist überfordert, der andere ausgelastet oder sehr interessiert, der dritte neugierig und der vierte (unser Hochbegabter) gelangweilt. Er kann es kaum ertragen, wenn jemand seine Argumente oder überhaupt irgendetwas wiederholt, und dann noch mehrfach. Es reicht doch, wenn man etwas einmal erwähnt, dann weiß man es, und weiter im Text! Hier tapsen Hochbegabte beispielsweise häufig in die Arroganz-Falle. Oder sie erläutern selbst einen Sachverhalt und kommen vom Hölzchen aufs Stöckchen und wollen gar nicht aufhören zu reden, weil sie immer mehr und andere Aspekte mit in ihre Argumentation hineinbringen. Zum Leidwesen der anderen, die nach kurzer Zeit nicht mehr wissen, worauf es dem Hochbegabten ankommt. Dieser ist aber entsetzt, wie es überhaupt angehen kann, dass die anderen sich für die doch so wichtigen Themen überhaupt nicht interessieren! Irgendwann sehen „beide Seiten" die drohende Gefahr für die Besprechung, für die anwesenden Personen und für das Unternehmen ... Einer bilderbuchhaften Eskalation steht nichts mehr im Wege. Eine hochbegabte Bekannte von mir berichtete minutenlang immer wieder über die zahllosen Unzulänglichkeiten ihrer bisherigen Chefs. Menschen, die unlogisch argumentieren, Wichtiges übersehen, Unwichtiges kultivieren, Kundenwünsche nicht erkennen, dafür auf unsinnigen Regelungen beharren usw. Eine tragische Geschichte, die für unsere Hochbegabte schließlich in die Kündigung und die anschließende Selbstständigkeit führte und für ihre diversen verschlissenen Chefs vermutlich erstens in die Verzweiflung und zweitens zu keinem besonders guten Image von Frauen im Management, denn sie hatte sich nicht als Hochbegabte geoutet. Und das hätte in diesem Falle vermutlich auch nichts genutzt ...

Eine angemessene Einschätzung der eigenen Fähigkeiten und Fertigkeiten hilft aber in jedem Falle, die eigenen Ressourcen zu nutzen und relativ entspannt an der eigenen Entwicklung und der eigenen sozialen Kompetenz zu arbeiten.

Eine besondere Variante der Selbstunterschätzung ist die Unterschätzung der eigenen Führungsrolle in sozialen Beziehungen zu eigenen Ungunsten.

Oft denken Hochbegabte, eine Beziehung sei keine gute Beziehung, weil sie selbst viel mehr Initiative zeigen müssen, um diese Beziehung aufrechtzuerhalten, als ihre jeweiligen Beziehungspartner. „Ich habe die Beziehung abgebrochen, denn wenn ich nichts gemacht habe, ist nichts mehr passiert!" ist eine der häufigen „Beschwerden" über Freunde und Freundinnen. „Meine Freundin hat sich nie mehr von sich aus gemeldet!"

Hier, glaube ich heute, ist eine gewaltige Fehleinschätzung der Lage an der Tagesordnung.

Hochbegabte erwarten eben viel zu oft von anderen, dass sie sich genauso zu benehmen haben wie sie selbst. Wird die eigene Aktivität als Norm gesehen, schnappt die Falle schon zu: Wir erleben uns nicht mehr im Vergleich zur absoluten Mehrheit der Bevölkerung als zu schnell, zu komplex denkend, zu viele Dinge zugleich bedenkend, als dass es jemand nachvollziehen könnte, sondern wir erleben die anderen als zu langsam, zu desinteressiert. „Die will nichts mehr von mir! Sie mag mich nicht", ist dann der hilflose Schluss einer traurigen Exfreundin. Auf die Gefahr hin, dass ich falsch verstanden werde, stelle ich folgende These auf:

Wir interpretieren Freundschafts- und andere Beziehungen deswegen oft falsch, weil wir natürlich mit einem Führungsanspruch nichts zu tun haben wollen, aber auch mit der Erwartung nicht, die andere diesbezüglich an uns zuweilen herantragen:

Wir Hochbegabten müssen immer mehr in Beziehungen investieren gegenüber Nichthochbegabten, weil wir durch unser Benehmen oft offenbar unbewusst eine Führungsposition in Freundschaften einnehmen (wir haben mehr Ideen, sind schneller, bestimmen eher, wo es langgeht usw., usw.), d.h. es wird von uns nach kurzer Zeit auch Führung *erwartet*. Dazu gehört auch, dass wir öfter initiativ werden als die anderen (wenn wir nicht die Sorte Hochbegabte sind, die als Eierköpfe 24 Stunden. am Tag mit sich und ihrem PC alleine und zufrieden sind!), die das gar nicht als schlimm empfinden, sondern darauf warten. Das kann nun zwei Konsequenzen haben. Wir machen das so und akzeptieren das und gestalten dadurch letztendlich eine spannende, bunte Beziehung. Oder wir leiden darunter und versuchen, die anderen umzuerziehen. Manchmal macht das Spaß, und manchmal haben die anderen vielleicht sogar etwas davon (z.B. mehr Selbstbewusstsein?), meist aber werden wir diese (!) anderen eher in Erwartungsstress, in schlichte Überforderung versetzen. Und das kann nicht gut sein. Denn kennengelernt haben wir uns ja ganz anders. Und vielleicht mögen oder gar lieben gelernt! Und Umerziehungsversuche sind in JEDER Beziehung auf LANGE Sicht IMMER zum Scheitern verurteilt.

(6) Die Komplexitätsfalle

Die Komplexitätsfalle hat Dr. Xenia Vosen-Pütz zum Katalog „beigesteuert". Das Leben an sich ist nicht einfach, es ist auch nicht sehr komplex. Es kommt darauf an, welche Aspekte man wie betrachtet. Die meisten Menschen sehen die Welt eigentlich ziemlich einfach, vielleicht einmal von sich selbst abgesehen. Wird es schwierig, kann man wegschauen oder die Schwierigkeit ignorieren. Aber wir Hochbegabte?
Da entscheiden wir uns einmal, zum Bäcker zu gehen und zwei Brötchen zu kaufen. Bei Bäcker Meierdiercks sind sie besonderes günstig. Aber warum sind sie bei Bäcker Meierdiercks besonders günstig? Schwitzen da illegale Bäckereifachgehilfinnen aus dem ehemaligen Ostblock, den Philippinen oder Thailand in Bäcker Meierdiercks Backstube? Verarbeitet er radioaktiv verseuchtes Mehl aus Tschernobyl-Giftmüll-Deponien? Ist es einfach eine Strategie, bei der Bäcker Meierdiercks noch draufzahlt, um uns von Bäcker Otten abzuwerben? Und wenn Letzteres der Fall ist, wie lang wird Heinrich Meierdiercks das aushalten, und was passiert, wenn Otten zumachen muss und Meierdiercks das Monopol erhält? Oder er schafft es nicht, und es wird umgekehrt Bäcker Otten das Monopol bekommen mit seinen überhöhten Preisen? Seine Frau kauft dann noch einen Pelzmantel, der aus Zuchtnerz hergestellt wird, die im Norden von Russland illegal und nicht artgerecht gehalten werden ...
Hochbegabte sehen das Problem im Problem im Problem im Problem... und kommen ohne Brötchen wieder nach Hause.

(7) Die Verästelungsfalle

Auch eine von Dr. Xenia Vosen-Pütz übernommene Bezeichnung. Wir haben uns kurzfristig entschlossen, doch gleich zu Bäcker Otten zu gehen. Antizyklisch sozusagen. Wenn er sowieso bald das Monopol kriegt. Bei Bäcker Otten stehen zwei Verkäuferinnen hinter der Theke. Diese kleine Schwarzhaarige, die so lieb und fröhlich gucken kann, und die füllige Vierzigerin, die so etwas Mütterlich-Dominantes an sich hat. Wir wollten zwei einfache Brötchen, Semmeln, Schrippen, Weckle ... was auch immer. Jetzt sehen wir die Auslagen und geraten mit unserem Vorhaben ins Schwanken. Die Füllige wird unruhig. „Die Mehrkornwecken sind auch sehr lecker. Und haben weniger Kalorien!" Warum macht sie uns auf die Kalorien aufmerksam? Mache ich so einen fetten Eindruck? Oder will sie einfach nur eine Kundenbindung aufbauen? Hat sie an einem Seminar „Wie steigere ich die Kundenzufriedenheit im Verkauf" teilgenommen? Oder mag sie die Brötchen selbst gern? Oder überträgt sie ihre eigenen Gewichtsprobleme auf mich? Aber ich will doch heute gar nicht abnehmen – ich will ein saugutes fettes Leberwurstbrötchen essen, bzw. zwei.
„Ich mag lieber die Laugenweckle" sagt die kleine Schwarze. „Was du magst, ist hier nicht wichtig – es kommt drauf an, was der Kunde mag", motzt die Ältere. Haben die beiden einen Konflikt miteinander? Warum duzen sie sich überhaupt? Ist das ein kollegiales oder ein freundschaftliches „Du" oder eher ein herrschaftliches, wo nur die Ältere die Jüngere duzt? Was aber wäre, wenn die Jüngere eine examinierte Bäckerei-Fachverkäuferin wäre und die Ältere nur eine Aushilfe, allerdings mit viel längerer Erfahrung? Gibt es das überhaupt – Bäckerei-Fachverkäuferin? Und wer wird das überhaupt noch? Welcher Bäcker bezahlt den Lohn für Examinierte statt für billige Aushilfen? Was für einen Umsatz macht so ein Bäcker überhaupt? Und kann eigentlich jeder diese komischen Öfen bedienen? Wie oft müssen die überhaupt geputzt werden? Oh Gott, wahrscheinlich sind lauter Reinigerreste im Ofen, weil die nicht richtig gewartet werden ...
Und vielleicht geht es ja gar nicht um mich oder die beiden – sondern sie kriegen ihre Mehrkornwecken nicht los, weil sie heute zu viel bestellt hatten. Oder die einfachen Brötchen schmecken heute nicht. Ich bestelle erst einmal einen Kaffee und mache in aller Ruhe eine Skizze von der gesamten Problematik ... Verwandt mit Komplexitäts- und Verästelungsfalle ist die wunderbar von Vosen-Pütz beschriebene „SB-Falle":

„Die Sprech-Blockade-Falle: Eigentlich ist es überhaupt keine Blockade, aber es wirkt so und der Protagonist zudem äußerst bescheuert.
Gemeint ist folgender Sachverhalt: Der Mensaner sitzt in fröhlicher Runde oder im sachlichen Gespräch und soll sich zu irgendeinem Sachverhalt äußern ...
'Was meinst du dazu?' – eine sehr simpel gemeinte Frage, auf die der Mensaner an sich allerdings nicht simpel antworten kann. Denn für den klassischen Mensaner gibt es keine simplen Fragen. Jede, aber auch wirklich jede Frage kann man mindestens unter $n+1$ Gesichtspunkten sehen, alle diese Gesichtspunkte gehen dem Mensaner bei dieser so harmlos scheinenden Aufforderung 'Was meinst du dazu?' durch den Kopf. Und neben einem gewissen Unmut über die undifferenzierte Fragestellung ist er jetzt noch mit der Herausforderung, angemessen und umfassend seine Meinung äußern zu sollen, konfrontiert.
Der Mensaner zeigt zunächst über seine Körpersprache gewissen Unmut und Zögern, was von der Umgebung als Hilflosigkeit und Unwissen gedeutet wird. Es folgen unsichere oder abwehrende Lautäußerungen, wie 'Nun ... äh ... also', während derer im Kopf des Mensaners ein geniales Antwortsystem generiert wird. Die Umgebung klopft jedoch ungeduldig mit den Fingern auf den Tisch und interpretiert den Mensaner schlichtweg als dämlich. (Vosen-Pütz in ihren Notizen zum Referat).
Vosen-Pütz beschreibt schließlich sozusagen als ultimative Falle die „Schwarze-Loch-Falle", in die der nunmehr gänzlich unbeweglich gewordene Hochbegabte gerät, wenn er nicht rechtzeitig aus der Verästelungs- oder der Komplexitätsfalle wieder herausfindet. Er hängt hilflos im Netz seiner selbst gemachten Verästelungen oder ist in der Komplexität seiner eigenen Gedanken untergegangen. So etwas einem Außenstehenden zu erklären ... da wird jeder Versuch system-stabilisierend: Man kann es nur noch schlimmer machen!

(8) Schwierigkeiten aus Angst vor der vermeintlich großen sozialen Kompetenz anderer

Durch die teilweise permanent erlebte Unsicherheit in sozialen Situationen entsteht oft eine illusionäre Zuschreibung hoher sozialer Kompetenzen bei anderen, die häufig zu einer quasi vorauseilenden Kapitulation führt und bewirkt, dass beispielsweise die eigenen Interessen nicht angemessen vertreten werden können.

Das Gefühl des Ausgeschlossenseins von der Belegschaft der Filiale eines Unternehmens, deren Leitung sie gerade übernommen hatte, führte bei einer meiner Kundinnen dazu, dass sie in ihrer Führungsetage saß, sich die kompliziertesten und belastendsten Gedanken über dringend notwendige Veränderungen im Unternehmen und deren Folgen für die Mitarbeiter machte. Darüber reden konnte und – das stellte sich erst im Laufe des Coachingprozesses heraus – wollte sie mit der Belegschaft aber nicht, weil sie fürchtete, von den Menschen nicht ernst genommen, nicht verstanden zu werden. Sie erlebte die Belegschaft landsmannschaftlich, funktional und insgesamt sozial von sich selbst als vollkommen getrennt und nicht kompatibel. Sich selbst traute sie kaum die nötige Kompetenz zu, vor „versammelter Mannschaft" eine grundlegende Rede über die anstehenden Veränderungen zu halten. In ihrer subjektiven Wahrnehmung waren die Menschen in der Belegschaft mit einer durch lange gemeinsame Arbeit, durch persönliche Verbandelung, durch die gemeinsamen gesellschaftlichen Hintergründe usw. entstandenen „sozialen Kompetenz" ausgestattet. Sie selbst hatte davon als „Außenstehende" logischerweise(!) nichts abbekommen. Deswegen setzte sie jetzt „logischerweise" darauf, durch eine perfekte Lösung sämtlicher mit der Umstrukturierung verbundener Fragen alle möglichen Gegenargumente, Widerstände und ähnliche vermutete Gegenreaktionen auf einmal entkräften zu können. Am liebsten hätte sie tatsächlich sämtliche Informationen als schriftliche Anweisung ans Schwarze Brett gehängt oder jedem Mitarbeiter per Hauspost zugeschickt. In der Annahme, dass die perfekte Lösung tatsächlich von allen verstanden und nachvollzogen, also auch getragen („verstehen heißt einverstanden sein!" – „Oder?!") werden müsste, ging sie sogar davon aus, dass diejenigen, die sie entlassen oder versetzen musste, ihre eigene Entlassung oder Versetzung in eine Filiale in einem anderen Bundesland gerne und ohne jede andere Emotion entgegennehmen würden. Nach einigen „Verhandlungen" während des Coachings ging alles „noch einmal gut". Sie wandte sich so „unperfekt", wie sie sich in ihrem eigenen Auftreten erlebte, persönlich an die Belegschaft und ging sogar mit einigen teilweise aggressiv vorgebrachten Reaktionen verständnisvoll und letztlich konstruktiv um. Sie wäre trotzdem fast am Peter-Prinzip gescheitert. Das „Peter-Prinzip" besagt, dass in pyramidalen Hierarchien Menschen bis zur Stufe der eigenen Unfähigkeit befördert werden (wenn man nicht aufpasst), weil sie wegen fachlicher Expertise befördert, auf Aufgaben stoßen, die völlig anderer Natur sind. Somit für die Tätigkeit, die sie auf der nun erreichten Ebene ausführen sollten, völlig ungeeignet sind. Ihr Mut, sich unperfekt nach „vorne" zu begeben, hatte sie endlich authentisch, also glaubwürdig wirken lassen.

Das passiert natürlich auch nichthochbegabten Menschen unter bestimmten Voraussetzungen, aber die Tendenz, die eigene soziale Kompetenz massiv zu unter- und die der anderen zu überschätzen, macht es Hochbegabten in diesem Falle eher schwieriger. Oder zumindest entgegen aller Erwartungen ebenso schwierig wie anderen. Aufgrund positiver oder negativer Vorurteile über die Fähigkeiten Hochbegabter, die eben auch Hochbegabte selbst pflegen können, kommt es hier völlig unnötigerweise aber zu geradezu überraschend absurden sozialen Handlungen, die eine eigene Charakteristik und Dynamik aufweisen. Hier wäre z.B. die Reaktion eines Coaches: „Ihre Probleme möchte ich haben!", entsetzlich destruktiv. Von Erzählungen meiner Kunden weiß ich aber, dass Coaches, besonders Psychotherapeuten, u. U. so reagieren. Aus Sicht eines Coaches, der vielleicht auch noch aus seiner Sicht unter erschwerten Bedingungen büffeln musste, um sein Diplom zu erwerben, und ohne Erfahrungen mit der Wahrnehmung der Hochbegabten ist solch eine Reaktion zwar verständlich, aber nicht tragbar. So etwas sollte in der gesamten Therapie- und Beratungs- und Coaching-Szene überhaupt nicht vorkommen, aber: „Nobody is perfect!"

Und in meiner subjektiven „Statistik" der von Kunden, Freunden und Bekannten gelieferten Berichte über Reaktionen von beratenden Bezugspersonen, seien es Therapeuten, Coaches, Lehrer, Pastoren oder Eltern, kommen solche Äußerungen eben erschreckend häufig vor.

(9) Schwierigkeiten durch Intoleranz, mangelnde Nachsicht, Ungeduld und eigene Rigorosität = Rechthaberei

Ein besonderes Problem scheint oft zu sein, dass Hochbegabte auf einer einmal gefassten Meinung oder Position auf geradezu „unerträglich kleinkarierte" Art und Weise beharren, wie es ein Kunde einmal ausdrückte.

Dass intolerante Menschen durch ihr Verhalten oft unerträglich werden, kennen wir, und das ist beileibe kein spezifisches Problem von Hochbegabten. In unserem Zusammenhang bekommt das Problem aber eine besondere Note:

Hochbegabte haben unter Umständen tatsächlich oft recht gehabt in ihrem Leben, aber das wurde nicht anerkannt, weil nicht sein kann, was nicht sein darf. Vielleicht ist es ihnen auch gelegentlich gelungen, sich mit einem als richtig erkannten Sachverhalt nach hartnäckigem Beharren schließlich durchzusetzen. Die Hochbegabten häufig innewohnende Ungeduld, gepaart mit der subjektiven Überzeugung, wieder einmal die Situation richtig einzuschätzen, lässt je nach Kontext keine anderen „Meinungen" mehr zu, weil die objektiven Tatsachen doch so offensichtlich sind. Es resultiert ein von niemandem mehr nachvollziehbarer „Auftritt" der Rechthaberei, der abstoßend und isolierend wirkt. Da nützt es denn auch nichts, wenn sich im Nachhinein herausstellt, dass eine Entscheidung nicht nur im Alleingang durchgesetzt wurde, sondern auch noch richtig war.

Ein wunderbares Beispiel für diese sozial gefährliche Situation ist eine Diskussion, die ich kürzlich beobachten konnte, zum sogenannten „Potsdamer Toleranzedikt", einer Broschüre, die die Stadt Potsdam nach diversen Image schädigenden ausländerfeindlichen Übergriffen z.B. neben die Bibel in die Schubladen der Hotels legen ließ, wo sie mein Kollege und Kotrainer auf einem Führungskräftetraining fand. Das Toleranzedikt war eine Zeit lang auch im Netz zu bewundern (http://www.potsdamer-toleranzedikt.de).

„Potsdamer Toleranzedikt" klingt ja zunächst gut. Toll. Da wird eine Stadt initiativ, und das ist doch gut, oder? Sie lehnt sich auch noch an das historische Edikt von Potsdam von 1685 an. Es wird viel vom toleranten Potsdam gesprochen in der Einleitung, was das Edikt bewirken soll, wie es zu Solidarität mit Minderheiten usw. führen soll. Ja, das ist gut. Wir wissen alle (oder nicht?), was gemeint ist. Und trotzdem enthielt die Broschüre einen vielleicht nur durch schlampigen Sprachgebrauch entstandenen echten Lapsus. Auf Seite 12 dieser Broschüre, dieses Ediktes für „Toleranz" ist ein ganzseitiges Foto zu sehen mit einem der Potsdamer Stadttore, von dem ein riesiges Banner herunterhängt, und auf grünem Grund ist die Schrift zu sehen „Nazis, nein danke!" und eine Mülltonne, in die ein Hakenkreuz fällt. Hier offenbart sich das ganze Dilemma: Dieses Banner zeugt nicht von Toleranz, sondern vom Gegenteil. Toleranz schließt Intoleranz aus. Toleranz meint Duldsamkeit, hier ist aber Intoleranz gemeint, nämlich die Definition dessen, was NICHT geduldet, also nicht toleriert wird. Aber: „Potsdamer Intoleranzedikt" klingt eben nicht so gut, oder? Im Text der Broschüre ist beispielsweise von „Gegnerschaft zum Nochtolerierbaren" die Rede, eine durchaus kriegerische, „intolerante" Formulierung.

Ich weiß nicht, lieber Leser, was Sie gerade denken, werden Sie wütend? Sind Sie getroffen? Denken Sie vielleicht: „Das ist doch klar, was das heißen soll, Neonazis raus, die stören unsere Demokratie, das geht so nicht …!"

Im Seminar entstand eine sehr schwierige Diskussion: starke Betroffenheit, teilweise regelrechte Aggression. Alle waren sich einig: Wir wollen keine Neonazis, und deswegen ist die Idee der Stadt Potsdam eine gute Idee, und damit basta. Jede weitere Bemerkung meines Kotrainers oder meinerseits, das Thema der „Toleranz" wieder aufzugreifen, fiel eine Zeit lang den heftigen Einwürfen der Teilnehmer zum Opfer. Die Teilnehmer verteidigten so sehr ihre vermeintliche „Toleranz", dass nicht nur das sprachliche, sondern auch das andere Dilemma deutlich wurde: Sie waren so „tolerant", dass sie nicht einmal mehr hören wollten, was mein Kollege zum Thema zu sagen hatte! Dies ist eine typische Situation, in der ein *hochbegabter* Mensch regelrecht verzweifeln kann.

a) Die Neonazis will keiner. Die tolerieren wir *nicht*. O.K.
b) Also sind wir nicht tolerant. Was ist aber daran schlimm?
c) Wir können aber nicht sagen: Wir sind tolerant, aber die tolerieren wir nicht, denn damit machen wir uns unglaubwürdig, denn dann sind wir gleichzeitig tolerant und intolerant, und das tolerieren wir schon gar nicht.

Was spricht eigentlich dagegen, eine differenzierte Sprache auch präzise zu benutzen? Und auf das Wort Toleranz einfach zu verzichten? Weil es so schön ist? Oder weil wir alle gerne tolerant wären? Oder vielleicht sogar, weil wir glauben, es bereits zu sein?
Man könnte nun sagen: „Na ja, da ist das Wort eben nicht ganz sauber benutzt worden…" Ja eben, und deswegen ist die Bedeutung der ganzen Geschichte schon ad absurdum geführt. „Wir sind eben im Prinzip tolerant, und dann gibt es Ausnahmen." Juliane Werding sang das unsägliche Lied von „ein bisschen Frieden". Jeder weiß: „Ein bisschen schwanger geht nicht!" Aber ein bisschen tolerant ist offenbar kein Problem?
Übrigens: Auf der letzten Seite wird dem Leser das Paradox des überstrapazierten Toleranzbegriffes deutlich gemacht. Anhand eines Zitats des Philosophen Karl H. Popper: „Weniger bekannt ist das Paradox der Toleranz: Uneingeschränkte Toleranz führt mit Notwendigkeit zum Verschwinden von Toleranz. Denn wenn wir die unbeschränkte Toleranz sogar auf die Intoleranten ausdehnen, wenn wir nicht bereit sind, eine tolerante Gesellschaftsordnung gegen die Angriffe der Intoleranz zu verteidigen, dann werden die Toleranten vernichtet werden und die Toleranz mit ihnen." (Potsdamer Toleranzedikt, Seite 101)

Eine Demokratie, eine Diktatur, eine Monarchie, völlig egal, welche Regierungsform und den dazugehörigen Staat wir betrachten: Alle erlassen Gesetze, die das Zusammenleben regeln sollen, beschäftigen sich mit Bedingungen, die akzeptiert werden oder eben gerade nicht. Und Gesetze, die etwas verbieten, sind dazu gemacht, gezielt intolerant gegen Menschen und deren Handlungen zu sein. Und zwar weil sich eine Gemeinschaft oder ein Herrscher dazu entschlossen hat zu definieren, was sie/er duldet und was nicht. Das ist doch eine völlig vernünftige Art und Weise, mit den Problemen des Zusammenlebens umzugehen. Der Unterschied zwischen Regime oder Regierungsform und daraus resultierenden Gesellschaften ist lediglich der Prozess, wie es zu neuen Gesetzen und deren Um- und Durchsetzung kommt. Der Zweck ist aber überall gleich: gezielt und konsequent Intoleranz zu zeigen und Nichttolerierbares auszugrenzen.

Vielleicht ist dies für Sie ein völlig irrelevantes Thema, vielleicht klingt es nach Haarspalterei. Schwierig wird es hier nur, um ein Beispiel zu nennen, wenn sich das Ganze im Kreis dreht: Dem Hochbegabten ist es wichtig, z.B. in diesem Falle die verschiedenen Betrachtungsebenen zu trennen (und dabei hat er außerdem eine Meinung gegenüber Neonazis), weil er hier einen logischen Fehler entdeckt hat, der nicht wegzudiskutieren ist. Dem anderen Gesprächspartner, der sowieso nicht fassen kann, warum der Hochbegabte sich plötzlich so engagiert (er glaubt schnell: für die Neonazis!), ist es aber eine Herzensangelegenheit, sich über Neonazis, und zwar gegen sie, auszulassen, und wie gut es ist, dass die Stadt Potsdam hier Stellung bezieht. Dem ist es gar nicht wichtig, jetzt eine andere Betrachtungsebene einzunehmen, die in der negativen Bewertung von Neonazis nur stört. Während der Hochbegabte nun aber darauf bestehen muss, den logischen Fehler aufzudecken. Und zwar NICHT um des Prinzips willen oder um der Rechthaberei willen, sondern weil dieser logische Fehler, den der andere gar nicht entdeckt und akzeptiert, aber den Sinn der Botschaft „wir tolerieren keine Neonazis" kaputt macht. Dazu kommt vielleicht sogar noch das heftige Bedenken, dass – während man noch den logischen Fehler aufdecken möchte – der andere denkt, man würde Stellung für die Neonazis beziehen, die man ja genauso ablehnt wie der andere. Und dann steht man auch noch in einem falschen Licht da!

Ich nehme es Ihnen nicht übel, wenn Sie längst abgeschaltet haben, was ein Teil des Problems ist: Denn das Problem an sich besteht weiter. Und Hochbegabte können oft nicht begreifen, dass man ein Problem durch „Beschluss" beseitigen kann, und nicht nur durch eine Lösung. Hier sind eigentlich die Hochbegabten gefragt, Nachsicht zu zeigen und die Diskussion auf eine kompatible Ebene zurückzuholen. Das gelingt aber nur dem Hochbegabten, der die Situation überhaupt erkennt.

Eine Variante dieser Schwierigkeit beschreibt Vosen-Pütz mit ihrer „A-M-A-Falle" („Andere-an-mich-anpassen-Falle"):

„Alle Menschen gehen in ihren Sozialkontakten zunächst egozentrisch vor: Wir suchen Menschen mit gewissen Gemeinsamkeiten mit uns selbst und glauben dann, auch der Rest stimme überein. Das heißt, wir sind ganz natürlich, machen uns laut unsere Gedanken und gehen davon aus, dass die anderen uns verstehen. Das ist aber sehr oft nicht der Fall.

Ich bringe einen ausgezeichneten, hervorragend durchdachten und kurz und bündig dargestellten Vorschlag ein – und kein Mensch springt drauf an. ‚Die haben was gegen mich!', ist meine Interpretation. Denn gegen meinen Vorschlag können sie nichts haben – der ist viel zu gut ...

AMA-Falle bedeutet: Die anderen haben abgeblockt. Sie sind mit der Komplexität unseres Vorschlags überfordert. Sie haben nicht verstanden, warum dieser Vorschlag so wichtig ist. Sie sehen die Notwendigkeit, etwas Neues zu beginnen, nicht – und deshalb nicht ein.

Oder wir gehen davon aus, dass andere ohne Probleme mit unserer eigenen Denk-, Lese-, Arbeitsgeschwindigkeit mithalten können. ‚Lies dir das doch mal eben durch!' Eine solche Aufforderung empfindet der andere als Lachnummer, weil er es sich eben NICHT mal EBEN durchlesen kann, sondern gründlich STUDIEREN muss ...

Die AMA-Falle ist gefährlich im Berufsleben – ebenso wie im Privatleben. Ich hatte oft 'Freundschaften', wo Menschen mich faszinierend fanden – und dann zu anstrengend. Ich hatte davon nichts gemerkt, war davon ausgegangen, der/die andere fühlt sich genauso wohl wie ich. Für einige dieser Kontakte war es einfach auch nur ein Sich-selber-ausprobieren, wie weit sie mithalten konnten. Wenn sie dann merkten, sie waren an ihrer Grenze angelangt, machten sie 'stopp' und ich fiel aus allen Wolken." (aus den Notizen von Dr. Vosen-Pütz zum Vortrag: Lebensfallen für Mensaner)

Diese Variante ist auch nach meiner eigenen Erfahrung eine immer wieder „gern genommene" Variation desselben Themas. Ich selbst habe das jahrelang bei einem Kollegen erlebt: Ich war ganz offenbar für ihn faszinierend und bedrohlich zugleich. Meine Ideen konnte er immer gut gebrauchen, nur wenn es ihm zu komplex wurde, weil ich mich in irgendeinem Zusammenhang wirklich erklären wollte oder noch schlimmer: etwas infrage stellen wollte, von dem er glaubte, es sei bereits als Tatsache „verabschiedet" worden (er sagte dann: ich würde „zu langatmig" sein und nicht aufhören zu reden oder zu grübeln. Er dachte wohl „selbstverliebt", und ich habe um Formulierungen gerungen, um ihn klarzumachen, was ich dachte), dann kam die barsche, knappe, auch unfreundliche, fast feindliche, abwertende Ablehnung jedes weiteren Kontakts bzgl. dieses Themas. Hatte ich zu irgendeinem Thema eine Idee, die unsere Dienstleistungen in meinen Augen besser machte als im Moment möglich, sagte er seit Jahren voller Furcht, er müsste in dieses Thema wieder Energie stecken: „Man muss das Rad ja nicht dauernd neu erfinden! Was letztes Jahr gut war, kann doch heute nicht schlecht sein!" Doch, eben doch! Weil es jetzt etwas Besseres gibt. Das Bessere ist bekanntlich der Feind des Guten!

Diese Beziehung hat erstaunlich lange gehalten, bis ich es nicht mehr ausgehalten habe. Jetzt ist er ein Exkollege. Wir hatten die Grenze der für mich tolerierbaren Ablehnung meiner Person in einer Beziehung erreicht. Wenn ich es geschafft hätte, mich früher zu artikulieren, wäre es vielleicht nicht so weit gekommen, aber klar ist natürlich auch, dass die Beziehung nicht nur durch mich gestaltet wurde, und vielleicht hätte er mich trotz aller Erklärung nicht verstanden oder akzeptiert.

Allein die kultivierte Ungeduld kann in Form der von Vosen-Pütz beschriebenen A-W-A-Falle („Anderen-das-Wort-Abschneiden") auf direktem Wege ins soziale Aus führen. Hochbegabte werden auch nicht gerne beim Denken unterbrochen, muten genau das aber gerne anderen zu, die ihnen viel zu „langsam" daherkommen. Vosen-Pütz: „Wie oft wissen wir schon, wie der Krimi ausgehen wird. Wie oft wissen wir schon, was die Pointe dieses Witzes sein wird. Gut, wir sind still und sagen nichts ...

Aber wenn wir jetzt zeitgleich die Geburt eines Gedankens bei einem für uns (!) Langsam-Denker mit all den Wehen und Geburtsschwierigkeiten miterleben dürfen – das hältst du doch im Kopf nicht aus ...!

Nicht nur, dass wir schon wissen, was da geboren werden soll, wir kriegen auch noch ein paar zusätzliche Ideen, und die wollen wir schließlich nicht vergessen, deshalb mal schnell eine Bemerkung dazwischengeworfen – was bei unserem Gegenüber zur Fehlgeburt und den entsprechenden Reaktionen führt.

Auweia! Still zu sein, halten wir im Kopf nicht aus. Dazwischenreden bringt Gemecker und katapultiert uns letztlich ins soziale Aus" (ebenfalls aus den Notizen zum Vortrag).

(10) Schwierigkeiten, Entscheidungen zu treffen oder wenigstens klare, nachvollziehbare Standpunkte einzunehmen

Ein Hochbegabte stark behinderndes Phänomen ist die bis zur Erstarrung entwickelte Unfähigkeit, Entscheidungen zu treffen oder Standpunkte einzunehmen. Wohl auch eine Variante der Vielseitigkeitsfalle.

So zum Beispiel Studenten, die auch nach sieben oder acht Jahren ihre Doktorarbeit nicht beenden können, weil ihr Perfektionismus-Anspruch einen „Abschluss" verhindert. Es könnten ja noch neuere Erkenntnisse auf dem Markt erscheinen, die dann nicht verarbeitet würden.

Menschen, die sich von Vorgesetzten, Partnern und „Freunden" herumschubsen lassen, weil sie unfähig sind, einen eigenen Standpunkt zu vertreten.

Menschen, die sich nicht trauen einzuschreiten, auch bei sehr belastenden Aktionen anderer, weil es ja immer sein könnte, dass der andere doch „recht hat", doch „richtiger" liegt mit seiner Einschätzung, dass er mehr Informationen hat als man selbst oder dass man wieder einmal irgendetwas nicht verstanden hat, was man aber eigentlich berücksichtigen müsste ...

Es kommt zu skurrilen Entwicklungen, bei denen auf der einen Bühne grandiose Erfolge gefeiert werden können (z.B. beruflich), auf der anderen aber das totale Versagen droht, weil privat niemand mit jemandem lange zusammen sein kann, der nie irgendeine Meinung wirklich vertritt und sich selbst und seine Bedürfnisse immer hintenan stellt. Oder der seine Umwelt damit terrorisiert, dass er ständig seine Meinung, seine Pläne und auch die Umsetzungsversuche derselben ohne Vorwarnung verändert.

In bestimmten kreativen Prozessen, auch in Therapie- oder Beratungssituationen kann das von Vorteil sein. Da z.B., wo mancher bereits vom Verständnis her überfordert ist, beispielsweise der Argumentation mancher radikal konstruktivistischer Texte (von Glasersfeld, Heinz von Förster oder ähnlichen Theoretikern) auch nur annähernd zu folgen, kann das helfen. So kann man als Hochbegabter seinen Coaching-Kunden gegenüber beispielsweise problemloser eine Haltung entwickeln, die frei ist von belehrenden Inhalten, moralisierenden Reden oder pädagogischen Zeigefingern, die doch nur zur Unselbstständigkeit der Kunden führen, aber nicht zu tatsächlich geleisteter Hilfe und vollzogener Entwicklung. Andererseits aber kann es sein, dass ein hochbegabter Coach im Coaching-Prozess, aber auch sonst, sich in ein bis zur Unkenntlichkeit verkompliziertes Netzwerk von Perspektiven und Überlegungen hineinsteigert, sodass für alle Beteiligten eine ebenso nötige Orientierung schließlich vollends verloren geht. Im letzteren Falle hat der geschwätzige Coach dann höchstens noch die Funktion eines Orakels, welches es drauf angelegt hat, dass niemand wirklich versteht, was es – aus der Quelle lesend – ausdrücken möchte. Abgesehen davon dass das manchmal durchaus hilfreich sein kann, ist es aber meist sinnlos bis dem Coaching-Prozess schädlich, wenn der (hochbegabte) Kunde mit einem solchen orakelnden „Geschwätz" nichts mehr anzufangen weiß, außer dass er am Verstand seines Coaches zu zweifeln beginnt. Die Einstellung: „Na, da ist der Kunde eben zu blöd!" als Selbstverteidigungsmuster des wiederum in seiner Berufsehre gekränkten Coach ist für beide Seiten wenig hilfreich. Der auch bei nichthochbegabten Therapeuten beliebte Fachausdruck dafür ist „therapieresistent" und sagt selbstverständlich mehr über den hilflosen Coach als seinen Kunden!

Die positive Seite dieser Entscheidungsschwierigkeiten soll aber nicht unerwähnt bleiben! Diese manchmal bis zur Unfähigkeit, überhaupt Entscheidungen zu treffen, gesteigerte Neugier, gepaart mit der Überzeugung, dass Kriterien, die für oder gegen eine Entscheidung über- bzw. unterschritten werden müssen, grundsätzlich Ergebnis menschlicher (Meta-)Kommunikation sind, schützen den Hochbegabten auch vor vorschnellen Urteilen, vor Leichtgläubigkeit und davor, allzu schnell als Antwort auf unbequeme oder zu komplizierte Fragen einfach irgendeinen Glauben einzusetzen. David Hume, ein schottischer Philosoph des 18. Jahrhunderts, hat in seiner „Untersuchung über den menschlichen Verstand" (An Enquiry Concerning Human Understanding) von 1748 wunderbar den Charakter von Wunder und Glauben dargelegt, bzw. warum man als denkender, vernunftbegabter Mensch – solange man bei klarem Verstand ist – nicht an Wunder glauben KANN. Der Charakter des Wunders selbst – nämlich das Durchbrechen aller bekannten Naturgesetze, bezeugt durch Menschen, deren Glaubwürdigkeit, Menge und Umstände des Zeugnisses ausreichen, um das „Wunder", welches an sich völlig unwahrscheinlich sein muss, als wahrscheinlich zu belegen, ist in dem Moment praktisch kein Wunder mehr, da es dann wahrscheinlicher ist als sein Gegenbeweis. Also als grundlegender Beweis einer Religion z.B. untauglich. Die Beweis- führung ist denkbar einfach und elegant: Wir vergleichen als alltägliche empirische Wissenschaftler die jeweilige Qualität unserer wahrge- nommenen Daten und vergleichen die Wahrscheinlichkeiten einzelner Ereignisse, die wir durch beobachtete Ereignisse berechnen. Und den „Knoten", den manche bei dem Gedanken im Kopf bekommen, dass wir nur glauben dürften, was wir erleben oder glaubwürdig berichtet bekommen, wobei die Glaubwürdigkeit kleiner sein muss als der eigene Gegenbeweis, den Knoten bekommen wir nicht, sondern wir schließen daraus, dass es kein Wunder geben kann. Andere setzen dann einen Gott dafür ein. Oder eben ein Wunder (dass es nicht geben kann). Wer sich näher dafür interessiert, sei auf David Hume verwiesen (z.B. als Reclam-Ausgabe, Seite 141 ff.).

Hochbegabte können offenbar besser als andere mit offenen Fragen leben. Sicherlich gibt es auch klassisch religiös eingestellte oder faszinierte Hochbegabte. Insgesamt scheint aber anstatt religiöser Sicherheit eher das Anfreunden mit offenen letzten Fragen an der Tagesordnung zu sein frei nach Woody Allen: „Das absolute Nichts ist schon o.k., wenn man ein paar Socken zum Wechseln dabeihat!"

Hochbegabte entdecken offenbar schneller als andere das „Prinzip" hinter bestimmten Phänomenen. Das Gemeinsame der Religionen, das Gemeinsame der Argumentation von Politikern und/oder anderen politischen Führern weltweit, wenn sie in den Krieg ziehen wollen (oder besser, ihr eigenes Volk in diesen schicken) oder ein totales Versagen als Erfolg deklarieren, um nur zwei Beispiele zu nennen. Viele meiner Kunden leiden unter der ewigen Wiederholung der Argumentationen bestimmter Meinungsträger bis zur exakten Vorhersagbarkeit einer öffentlichen Diskussion. Wobei man eben schnell erkennt, dass das Vorhersehbare nichts Gutes bedeuten wird. Dass da das Entsetzen manchmal nicht weit ist, dass ausgerechnet solch vorhersehbare Personen die Macht haben, ein Land zu regieren, kann man nur verstehen, wenn man die quälende Langeweile nachvollziehen kann, die einen Hochbegabten zuweilen angesichts einer politischen Diskussion überfällt, die andere Zuhörer geradezu aufwühlt. Allerdings: Es selber besser zu machen als die langweiligen Politiker ist leider nicht nur sehr viel schwieriger, sondern auch gar nicht im Interesse des gelangweilten Hochbegabten, weil er in der Regel davon ausgeht, dass er alleine nichts ausrichten kann, oder die Auseinandersetzung satt hat. Was er dann deutlich zum Ausdruck bringt, und was natürlich nicht gerade zur Pflege seines Ansehens beiträgt.

Die offenbar einem gewissen Konsens entsprechende Unterscheidung von Tier und Mensch, dass ein Mensch nämlich zu geplanten Handlungen in der Lage sei, das Tier aber lediglich zu (reflexartigem) Verhalten, ist kürzlich ganz erheblich erschüttert worden. Es ging im März 2009 durch die Presse, dass ein Affe namens Santino in einem schwedischen Zoo (z.B. SPIEGEL ONLINE, 30.03.2009) seit Jahren

Stunden damit verbrachte, kleine Steine zu sammeln, nicht ohne sie auf ihre Wurftauglichkeit zu prüfen, sogar zu bearbeiten, bis sie wurftauglich waren, und diese dann an einem geheimen Ort zu horten, wo er sie eine Zeit lang nicht mehr beachtete. Spontan öffnete er dann jeweils eines der Munitionslager (über 50 Stück hatten die Pfleger im Laufe der Jahre zum Schutz der Besucher „ausgehoben"). Mittags nahm er dann diese Steine und schleuderte diese gezielt gegen Besucher des Zoos. Wenn das keine geplante Handlung ist!

Bei mehreren kurzen Diskussionen über diesen „Vorfall" konnte man neben der spontan geäußerten Sympathie für den Affen interessante unterschiedliche Strategien beobachten, wie Menschen mit dieser Nachricht umgehen. Mitbekommen hatten das erstaunlich viele – es stand bundesweit wohl in jeder Tageszeitung –, und irgendwie hatten auch ganz viele Menschen ganz schnell eine sehr deutliche Meinung dazu. Einer meiner Kunden war ganz begeistert, dass ich diese Meldung erwähnt hatte, weil es ihn in seiner Haltung gegenüber Tieren „getroffen" hatte. Eine andere Kundin sagte, nun müsse wohl komplett neu nachgedacht werden, wo man eine Grenze zwischen Mensch und Tier ziehen müsste. Nicht wenige Hochbegabte, die nicht mehrheitlich, aber auffällig oft Vegetarier sind, haben sich ihre Gedanken gemacht. Ein Trainer, der selber in einem Seminar diese klassische Trennlinie erwähnt hatte, im zweiten Seminarteil von einem Teilnehmer darauf angesprochen, hörte die Bemerkung des Teilnehmers zunächst überhaupt nicht. Als dieser die Bemerkung etwas lauter wiederholte, sagte er: „Nun, selbst wenn das wahr wäre, so ein einzelner Fall kann auch etwas ganz anderes bedeuten!"

Lassen wir es bei diesen Beispielen. Prinzipiell gibt es bei solch einer Nachricht mindestens folgende Reaktionsmöglichkeiten von Menschen, die diese ursprüngliche Definition der Unterscheidung zwischen Mensch und Tier vertreten:

a) Man kann die Nachricht ignorieren oder
b) deren Wahrheitsgehalt leugnen oder die Glaubwürdigkeit des Überbringers der Nachricht
c) Man kann sofort die Definition der Unterscheidung von Mensch und Tier infrage stellen. Andernfalls müsste man bei dem Affen eigentlich von einem verkleideten Menschen ausgehen oder von einer massiven „Störung", die ihm immerhin menschenähnliches Bewusstsein verschaffen konnte

d) Infolgedessen könnte man auch bei der wertenden Unterscheidung zwischen Tier und Mensch bleiben, nur nach einem neuen Kriterium suchen, dass ein Affe keinesfalls erfüllen kann, z.b. einem hohen IQ (was macht man aber dann mit den offensichtlich der Gruppe der Menschen angehörigen Individuen, wenn sie diesen IQ nicht erreichen?)

e) Man könnte annehmen, dass dieser spezielle Affe eine Mutation ist, der durch eine „Laune der Natur" die Grenze zwischen Mensch und Tier übersprungen hat

f) Man verschiebt die Grenze und sagt zu dem Affen: „Welcome to the club!"

g) Man kann sein Weltbild (Tiere und Menschen unterscheiden sich durch die Möglichkeit geplanter Handlungen) dadurch verteidigen, dass man eine völlig andere Ebene diskutiert, die mit der Frage „Mensch oder Tier?" eigentlich nichts zu tun hat. Z.B. ob Menschen verantwortungsbewusst Tieren gegenüber handeln müssen oder nicht, weil sie intellektuell besser ausgestattet sind, weil sie also mehr begreifen als Tiere, was eine Diskussion der neuen Erkenntnis völlig unmöglich macht, weil laufend moralische Fragen aufgeworfen werden, die beantwortet werden sollen, aber mit dem ursprünglichen Problem nichts zu tun haben. Beantwortet man sie als „Gegner" der Grenzdefinition nicht, sondern versucht, auf das ursprüngliche Problem zurückzukommen, gilt man selbst als unmoralisch. Ein rhetorischer Trick also, der erstens vielleicht meist unbewusst eingesetzt wird und zweitens, von den meisten Menschen zumal, sofort durchschaut wird.

Bei solchen Gesprächen konnte man alles erleben, was man sich als Reaktionsmuster vorstellen kann. Aber kaum eine emotionslose Behandlung der zugrundeliegenden Frage.

Etwas ganz Ähnliches kann man erleben, wenn man die Ergebnisse jüngster Hirnforschung diskutiert, die u.a. auf den ersten Blick einen Beleg dafür zu liefern scheinen, dass der Mensch keinerlei freien Willen hat, seit nachgewiesen wurde, dass bereits Bruchteile von Sekunden vor der Entscheidung, den rechten Arm zu bewegen beispielsweise, das Gehirn den Befehl, dies zu tun, längst auf den Weg geschickt hat (ursprünglich bereits vor 30 Jahren von Benjamin Libet durchgeführte

Experimente sind mit modernsten Methoden mithilfe der Kernspin-tomografie von einer Forschergruppe um John-Dylan Haynes des Max-Planck-Instituts für Kognitions- und Neurowissenschaften in Leipzig quasi verifiziert worden; vgl. z.B. stern.de, 14.04.2008).

Die Idee, dass der Mensch in diesem Sinne keinen freien Willen haben könnte, scheint so bedrohlich für die meisten Menschen zu sein, dass sie sofort auf ideologische Weise beginnen zu argumentieren. Dabei hat diese Erkenntnis auf den Alltag zunächst sowieso keinerlei Auswirkung. Zu einer Diskussion der Auswirkungen auf unser Strafrechtssystem kommt es meist gar nicht mehr. Aber das wäre wirklich interessant. Vermutlich weil alle ahnen, *was* für Konsequenzen das hätte, oder weil es einfach als zu abwegig gilt, darüber nachzudenken, wird das Gespräch hier ganz schnell abgebrochen. Mit solchen scheinbaren oder tatsächlichen Widersprüchen können Hochbegabte vermutlich besser umgehen, oder anders ausgedrückt: mit dem Streit darum entspannter warten, bis mehr Fragen wirklich geklärt worden sind, auch wenn das einige Jahrzehnte dauern kann. Die Frage des freien Willens ist ja bekanntlich schon seit ein paar Jahrhunderten hier und da „beantwortet" worden und bis heute ungeklärt geblieben.

Die Frage nach dem freien Willen ist für Hochbegabte dabei vermutlich *prinzipiell* genauso interessant wie für andere. Vielleicht sogar interessanter, weil sie wertfreier gestellt und diskutiert werden kann. Die Bewertung der Frage der Unterscheidung von Mensch und Tier scheint da eher verzichtbar. Die Frage selbst bleibt aber eher eine sportliche Herausforderung. Die Erfahrung, dass Hochbegabte, wenn solche Diskussionen von ihnen gesucht werden, zuweilen von nicht hochbe-gabten Menschen geradezu ruppig und „endgültig" abgebrochen werden, hat wohl jeder Hochbegabte in seiner Vergangenheit von Kindheit an öfter gemacht. Mein Fazit aus meiner Erfahrung mit Hochbegabten: Hochbegabte sind KEINE besseren Menschen, können aber leichter als andere mit offenen Situationen umgehen, haben weniger den Drang, offene Fragen *irgendwie* zu beantworten, damit sie nicht mehr störend sind und nicht mehr diskutiert werden können, sondern sind eher länger und hartnäckiger dabei, der Sache letztlich wirklich auf den Grund zu gehen, um irgendwann eine Lösung zu finden, die „tatsächlich" irgendetwas erklärt. Egal wie lange das dauert. Mit Erklärungen ist es ja nicht ganz so einfach! Die „Tatsache", dass etwas aus irgendetwas „anderem" besteht (z.B. das bei seiner Entdeckung angeblich „kleinste Teil", das Atom, welches natürlich wieder aus mehreren anderen Teilchen, z.B. Neutronen besteht, man muss sie nur erst mal entdeckt haben), ist ja keine Erklärung für dessen Existenz! Höchsten eine vorläufige Beschreibung eines Phänomens! Dass man durch hartnäckige Forschung oft nur auf eine Beschreibungsebene „tiefer" gelangt, die auch wieder einer Erklärung bedarf, wird gerne erst viel später diskutiert. Und ist immer wieder der Punkt, wo Menschen, die gerne mit einem Gott leben möchten, diesen wieder einsetzen können.

Das hat zwei Konsequenzen: Erstens können Hochbegabte dadurch leicht in eine Entscheidungslosigkeit geraten, die Situationen, die Entscheidungen erfordern, letztlich erheblich „verschlimmbessern" können (und sie wirken dabei dann beispielsweise in Krisensituationen „feige"), und zweitens geraten sie an solchen Punkten fast automatisch in Streit mit anderen Menschen, die die „Wahrheit" längst kennen und dadurch überhaupt keine Schwierigkeiten haben, die Diskussion notfalls auch offensiv oder sogar gewaltsam zu beenden und Entscheidungen trotz prinzipiell offener Fragen mit erheblichen Konsequenzen für die Betroffenen zu fällen. Diese wirken dann oft „mutig".

(11) Anhaltende Schwierigkeiten durch eine belastende Kindheit und Jugend

Ob das nun schön ist oder nicht, hilfreich oder nicht: Manche Menschen neigen dazu, einmal in der Kindheit/Jugend erlebte Unbill ein Leben lang zu pflegen. Statt zu überwinden, was einst nicht hilfreich war, wird ein Leben lang die vermeintlich aus einer miesen Kindheit und Jugend resultierende Opferrolle kultiviert. Für alles und jedes gibt es eine Begründung, die in der Vergangenheit gründet, und mit irgendeiner hergeholten pädagogischen oder psychologischen Theorie untermauert, die dafür herhalten muss, sich nicht wirklich an die eigene Nase fassen zu müssen. Geht es darum, einem Thema auf unsicherem Terrain zu begegnen, wird eben ein Nebenkriegsschauplatz aufgemacht und theoretisch abgehandelt. Dabei sind die vorgebrachten Argumente gut ausgebaut, durch Zitate und oberflächliche, aber zumindest Laien überzeugende „Kenntnisse" untermauert, durch einzelne psychologische Theorien oder küchenpsychologische Banalitäten „belegt".

Auf diese Tour mit der eigenen Opferhaltung beschäftigt, wirkt eine Lösung sogar bedrohlich, weil ich als Betroffener meine geliebte Expertenrolle des „Opfer-Anwalts" meiner selbst verlassen und mich auf eher unsicheres Terrain begeben muss, um mich weiterzuentwickeln.

(12) Der Dwiz-Faktor („Dir werd ich´s zeigen!")

Mit einem gut vorgebrachten Angriff auf die Kompetenz des Gegenübers kann ein Hochbegabter schließlich jeden Berater oder potenziellen rhetorischen Gegner „sturmreif schießen", bevor der überhaupt für ihn selbst bedrohlich werden könnte. Vielleicht manchmal auch einfach nur, weil es Spaß macht! Manchmal wundert man sich, was das soll, denn gekommen ist solch ein Kunde, der so eine Beziehung (z.B. zum Trainer in einem Seminar oder zu seinem Coach) doch freiwillig eingegangen ist und, weil er Probleme hat, zu denen er sich Unterstützung holen möchte. Hier betrachten wir die Gruppe der Schwierigkeiten mit dem „Dir werd ich´s zeigen"-Faktor.

Diese Gruppe von Schwierigkeiten scheint in der eher grundsätzlichen Haltung vieler Hochbegabter zu gründen, so gut wie jede soziale Situation, wo andere, fremde Personen vermeintlich mächtiger sein könnten als man selbst, im überschäumenden sportlichen Ehrgeiz als Turnierplatz für Hirnjogging, für einen Vergleich, für ein kleines Scharmützel also zu nutzen. Die Welt als Hirntraining, als Sudoku-Problem oder als Spielkonsole? Das ist ja alles schön und gut, nur: Beispielsweise im Kontakt mit Beratern oder Vorgesetzten kann es denen das Leben zur Hölle machen, eine Therapie völlig wirkungslos werden lassen, die kleine schnelle Freude über den „Triumph" über einen vermeintlichen „Besserwisser" zur Unfähigkeit führen, die eigenen Anteile bei irgendeinem Problem zu erkennen.

Bei nagenden Eheproblemen, bei einer zerrütteten Beziehung zwischen Mitarbeiter und Chef, bei drohender oder vollzogener Entlassung, Scheidung, eingetretener finanzieller Katastrophe kann es nicht im ersten diesbezüglichen Beratungsgespräch primär darum gehen, wer bei nächster Gelegenheit einen intellektuellen Schlagabtausch gewinnt oder verliert. Diese sicheres Terrain souverän bestätigende Zocker-Mentalität und beliebte Ausweichmethode verhindert oft den leichten Zugang zu den eigenen Anteilen an irgendwelchen zwischenmenschlichen Problemen und damit eine tragfähige „Lösung" des Problems. Lieber siege ich auf einem Gebiet, auf dem fast nur ich sicher bin, denn das ist selten genug, als dass ich an mir selbst arbeite, sprich: mich verändern muss.

Daher akzeptieren Hochbegabte oft ihren eigenen nichthochbegabten Coach, Vorgesetzten, Berater, Therapeuten oder gut meinenden Freund nicht wirklich als helfende Instanz oder gar als Anstoß für eigene Entwicklungsbemühungen. Auch hier unterscheidet sich der Hochbegabte nicht wirklich prinzipiell von allen anderen. Bei Hochbegabten kommt aber meiner Meinung nach häufig alles zusammen: ein unbändiger Spieltrieb, gepaart mit der Lust am intellektuellen Scharmützel, und die rücksichtslos egoistisch ausgelebte Freude am kurzfristigen Sieg über einen beliebigen Partner bei völliger Ignoranz der Folgen auf sozialem Gebiet, weil sie nicht gesehen werden und/oder unlogisch scheinen. Hier ähneln die Hochbegabten dem frühen Mister Spock, der als emotions-loser Vulkanier in der Welt der Menschen bestehen muss (Science-Fiction „Enterprise"). Hier gibt es erfolgreiche Hochbegabte in den Führungsetagen, die offensichtlich längere Zeit persönliche Betroffenheit und zwischenmenschliche Nähe und Wärme als Ergebnis intellektueller Leistung simulieren können. Deren Halbwertzeit als erfolgreiche Führer ohne gewaltsame Machterhaltung ist allerdings deutlich kürzer als bei denen, die das nicht müssen, weil sie echte Emotionen empfinden. Auch hier der Unterschied: Hochbegabte halten so etwas länger durch, nachdem sie es schneller verstanden und gelernt haben. Tragisch für die, die irgendwann merken, dass sie es nie gefühlt haben, oder die irgendwann allein gelassen werden, weil ihre Freunde sich betrogen fühlten. Der Absturz ist hier für Hochbegabte tiefer als für andere, die schneller scheitern und schneller nachlernen können.

Eher aktive und aggressiv gestimmte Hochbegabte legen sich gerne mit allen Menschen an, die sie auch nur potenziell als „mächtiger" – und sei es nur in der gegenwärtigen Funktion oder Rolle – erleben.

Der „Dir werd ich's zeigen"-Faktor ist ein besonders nerviger Verhaltensstil von Hochbegabten. Er bezieht sich auf eine Haltung, die Autoritäten (Vorgesetzten), aber auch Beratern, Therapeuten und sogar Freunden und Verwandten gegenüber kultiviert wird, solange noch Freunde da sind. Menschen in solchen Funktionen können Hochbegabte schier zur Weißglut treiben! Dass die Hochbegabten häufig damit nur sich selbst verhindern, merken sie tragischerweise oft nicht einmal. Hier wird schon mal zugunsten einer brillanten Pointe der beste Freund verraten. Und hinterher ist das Elend groß, weil der Autor der vernichtenden Pointe nicht verstehen kann, dass sich überhaupt jemand wegen eines rhetorisch begründeten „Scherzes" angegriffen fühlen kann.

Den Anfang aller „Dwiz"-Fallen-Variationen macht die von Vosen-Pütz beschriebene IdmC-Falle = Ich-durchschaue-meinen-Chef-Falle, die es auch in der Variation: Ich-durchschaue-meinen-Lehrer … meinen Therapeuten usw. gibt.

Hier gibt es noch nicht die aggressive, angriffslustige Komponente, sondern eher das hilflose Sichwiederfinden in der Situation des „Opfers", das z.B. völlig sinnlose, durchschaubare Modeerscheinungen wie bestimmte Managementmethoden o. ä. im Unternehmen sofort erkennt, aber nichts dagegen unternehmen kann, weil der Chef der Mächtigere in dieser Beziehung ist, auch wenn er gerade mal wieder 120.000,00 Euro zum Fenster hinauswirft.

Hier wird also der Besserwisser im Hochbegabten zum „Opfer", wenn er es tatsächlich ist und öfter schon die Erfahrung gemacht hat. Niemandem ist geholfen, der Hochbegabte wird für blöde gehalten oder bestenfalls für einen Quertreiber, der Chef ist der Dumme, darf aber darauf von niemandem angesprochen werden und kann so nichts lernen. Der Hochbegabte selbst hat so nie die Chance, seine Ideen an der Wirklichkeit zu testen, und wird so möglicherweise auf seine Art auf lange Sicht zu einem unerträglichen „Neunmalklugen", für den ihn sowieso alle Kollegen schon lange halten. Aus meiner Angestellten-Zeit bei einer großen deutschen Versicherung könnte ich solche Geschichten erzählen, aber es soll kein Buch über mich werden.

Eine kuriose, aber unter Umständen sehr tragische Falle ist auch die, die ich am besten durch ein Beispiel erläutere. Viele meiner Kunden erzählen, dass sie bereits diverse Psychotherapeuten „verschlissen" haben. Nun kommen sie zu mir und haben natürlich hohe Erwartungen, weil ich ja angeblich auf Hochbegabte spezialisiert sei und deswegen gefälligst erst einmal beweisen muss, dass das auch so ist. Das drücken sie freilich anders aus. Wenn ich nicht seit Jahren tatsächlich im Umgang mit Hochbegabten geübt wäre, könnte ich für bestimmte Handlungsweisen auch kein Verständnis, sondern nur Irritation und vielleicht sogar Wut aufbringen. Für mich einer der Hinweise darauf, dass „normale" Psychologen, vielleicht oft tatsächlich einfach überfordert mit der geballten Kraft der Arroganz der Hochbegabten, in die aggressive Defensive gehen und damit dem Spielchen des Hochbegabten „auf den Leim".

Ein Beispiel: Ein Kunde, den ich schon von zwei Begegnungen kannte (hyperaktiv und hypersensibel), hatte sich bei mir zu einem IQ-Test angemeldet. Er hatte sich lange überlegt, bei Mensa einen zu machen, konnte sich aber nicht durchringen, mit mehreren anderen und fremden Menschen zusammen in einem Raum solch einen Test zu absolvieren. Außerdem hatte er kein Geld. Ich coache eine bestimmte Anzahl von Hochbegabten, die tatsächlich kein Geld haben, umsonst, also machten wir einen Termin aus. Ich hielt mir den Morgen frei und wartete vergebens auf meinen Kunden. Er kam nicht. Er kam den ganzen Tag nicht, und ich bekam auch keinen Anruf und keine Mail, gar nichts. Er kam einfach nicht. Ich machte mir Sorgen von „Tag verwechselt" bis

„Unfall" und plante um. Ich hatte ziemlichen Stress zwischen zwei Seminarvorbereitungen. Am zweiten Tag nach dem Termin schrieb ich ihm eine Mail, dass ich davon ausginge, er hätte wohl seine Gründe, und ich würde einfach auf Nachricht von ihm warten. Einen halben Tag später bekam ich eine Mail, die in gewisser Weise typisch ist für Hochbegabte.

Er entschuldigte sich in keiner Weise, sondern beschrieb mir in langatmiger Prosa, warum er weder kommen konnte, noch sich dafür entschuldigen. Ca. 35 Zeilen Selbstanalyse mussten herhalten, von frühen Kindheitserlebnissen bis zur verkorksten Gegenwart. Bedingungen, denen er ausgesetzt war, unter denen er sich weder melden noch entschuldigen konnte. Nur eins stand praktisch fest: Ihn träfe keinerlei Schuld, und so sei eben das Leben.

Er leitete die Entschuldigungsorgie, die keine war und keine sein sollte, mit den Worten ein:

„Du bist Diplompsychologe – ich hoffe, dass du daher meine Erklärung nachvollziehen kannst."

Er selbst braucht zum Studieren kein Abi, mit so etwas kann er sich nicht aufhalten, er braucht auch keine Freunde, kein Zuhause und sonst niemanden auf der Welt, er wollte zu dieser Zeit praktisch drei Berufe gleichzeitig anfangen, und das sollte ihm gefälligst finanziert werden. Und dazu sollte der Psychologe vermitteln!

Ich bin mir sicher, dass er überhaupt nicht nachvollziehen kann, dass solch ein Verhalten extrem beleidigend wirken kann und dass wohl fast jeder, der das nicht gewohnt ist, auf aggressive Selbstverteidigung schaltet und zurück-„schießt", verletzend, endgültig.

Ein kurzes weiteres Beispiel: Eine Frau schreibt mir einen ganzen Forderungskatalog an Fragen, die ich ihr alle um Himmels willen beantworten soll, und sie hoffe so sehr auf eine Antwort von mir. Und zwar schnell, es gehe ihr ganz furchtbar schlecht. Sie bräuchte unbedingt meine Hilfe und sei so froh, dass sie meine Webpage gelesen habe und jetzt Hoffnung schöpft, dass ich ihr helfen kann. Vorher schreibt sie noch voller Entsetzen, wie das denn sein könne, das jemand, der Psychologe sei und doch helfen wolle, dafür auch noch Geld verlangen könne!

Wie gesagt, hier schreiben Erwachsene, keine 13-jährigen pubertierenden Kinder!

Diese Beispiele kann man einigen verschiedenen „Lebensfallen" zuordnen. Ich will es auch bei diesen Beispielen belassen, denn ich möchte mich weiß Gott nicht über meine Kunden amüsieren. Denn sie können (das kann man leider anders nicht sagen) nichts dafür. Sie bemerken gar nicht, was für ein Sprengstoff in solchen Äußerungen liegt.

Natürlich passiert das auch anderen, aber auch hier besonders leicht und dann besonders intensiv Hochbegabten!

(13) Überforderung durch magische Ansprüche

Häufig sehen sich Hochbegabte mit gezielt verletzenden wie eigentlich irrelevanten („If you are so smart, why aren´t you rich?!") Ansprüchen konfrontiert. Ein Appel an ihre angeblich wundersame geistige Potenz, die Ihnen gleichzeitig angedichtet wird und – mit einer resultierenden unmöglichen Forderung verknüpft – das Scheitern des angeblich so klugen Menschen demonstrieren soll. Vielleicht ist das die „Rache" für besonders geschickte Angriffe Hochbegabter auf „Muggles", wie eine meiner Kundinnen dies bezeichnete. Hochbegabte haben Grenzen wie alle anderen Menschen auch. Hochbegabung ist trotzdem für viele nicht hochbegabte Menschen dermaßen exotisch, dass aus einer zunächst positiv übersteigerten Erwartungshaltung ein Leistungsdruck entsteht, dem niemand, auch kein Hochbegabter, auf die Dauer standhalten kann. Die oft offen oder versteckt vorgebrachte verletzende Forderung: Wenn du so schlau bist, dann kannst du das doch (alleine)!, braucht ursprünglich gar nicht verletzend gemeint zu sein. Sie kann einen als Hochbegabten sogar in wohlwollender Absicht verrückt machen!

Das trägt ebenso wenig zur Stimmungsaufhellung bei wie der Vorwurf: Wenn du dich mal ordentlich anstrengen würdest, dann hättest du auch bessere Zensuren (einen besseren Job, mehr Einfluss, mehr Einkommen, einen größeren Wagen, mehr Freiheit, mehr Durchblick, mehr Freunde, weniger Probleme etc. pp.).

Die Eier legende Wollmilchsau als Idealbild eines nützlichen Hochbegabten kann eine dauerhaft in die innere Resignation führende zerstörerische Wirkung als unmöglich zu erfüllende Anforderung haben. Egal ob sie von anderen Menschen vorgebracht wird oder vom Hochbegabten selbst, der diese Anspruchshaltung bereits übernommen hat und die resultierende Forderung unfreiwillig andauernd an sich selbst stellt.

Dazu kommen neben illusorischen Leistungsanforderungen noch diverse andere brisante Mischungen, z.B. die Vorstellung, Hochbegabte müssten quasi „automatisch" höchste Anforderungen an Moral und Ethik erfüllen. Hochbegabte finden sich aber auch unter „Meisterdieben",

„Ausbrecherkönigen", Diktatoren, Mördern, Atombombenkonstrukteuren, Chemiewaffenentwicklern etc.

(14) Erhöhte Erregbarkeit des Nervensystems

Andrea Brackmann diskutiert in ihrem Buch „Jenseits der Norm – hochbegabt und hoch sensibel?" die möglicherweise erhöhte Erregbarkeit des Nervensystems Hochbegabter. Sie betont dabei, dass es ihr nicht um eine Neuauflage genetischer Theorien geht, die von angeborener Überlegenheit oder ähnlich verqueren Gedanken ausgehen. Denkbar ist aber immerhin, dass Hochbegabte mit einer bestimmten genetischen Prädisposition UND einer daraufhin besonders förderlichen Umwelt genau die Bedingungen vorfinden, die phänomenologisch zu einer allgemein erhöhten Erregbarkeit führen. Die Alltagsbeobachtungen bestätigen diese Idee jedenfalls. Das betrifft evtl. die Bereiche „geistige Überaktivität", „emotionale Hypersensibilität" und „sensorische Überempfindlichkeit".
Die „geistige Überaktivität" zeigt sich z.b. darin, dass Ergebnisse bei Rechenaufgaben fast unmöglich auf einem einfachen Weg kleiner Schritte, sondern vielmehr auf teils mehreren, teils eher kurios anmutenden, von normalbegabten Menschen kaum nachvollziehbaren Wegen schnell und zuverlässig „berechnet" werden. Teilweise geschieht der gesamte Rechenvorgang unbewusst. Der Hochbegabte hat dann „intuitiv" das richtige Ergebnis gefunden. Genauso ist diese Überaktivität aber eben extrem hinderlich bei einfachen Aufgaben. Dieses Phänomen führt wahrscheinlich oft zu dem häufig berichteten Phänomen, dass sich hochbegabte Menschen gerade angesichts einfacher Aufgaben wie z.B. dem kaufmännischen Rechnen im Vergleich mit anderen Menschen, die damit keinerlei Schwierigkeit haben, für „blöd" halten (dies ist natürlich ein gefundenes Fressen für diejenigen Nichthochbegabten, die darin einen Beweis zu erblicken hoffen, dass Hochbegabte im Grunde „lebensunfähig" und „zerstreut" sind).
„Emotionale Hypersensibilität" ist bei vielen, vielleicht bei den meisten Hochbegabten zu beobachten. Überschießende emotionale Reaktionen wie ausgiebige Wutanfälle z.B. angesichts einer offensichtlichen Ungerechtigkeit, eines ungerechtfertigten Angriffs lange Zeit andauernd und von außen betrachtet oft „unangemessen", sind nur ein Beispiel. Das kann man bei Kindern und Erwachsenen gleichermaßen beobachten. Wenn man bedenkt, dass emotionale Reaktionen genauso wie andere körperliche Reaktionen unter anderem von der Nervenleitge-

schwindigkeit abhängen, wäre das eigentlich kein Wunder und könnte die Begründung bzw. körperliche Grundlage für häufig überschäumende Reaktionen sein. Es würde der Beschreibung mancher Eltern auf kuriose Art und Weise recht geben, die berichten, ihre Kinder ständen ständig „unter Strom", wie Brackmann richtig bemerkt, denn die Nervenleitung funktioniert mithilfe von Strom (Seite 47).

„Sensorische Überempfindlichkeit" spielt bei Kindern, die oft extrem lärmempfindlich sind, sich vor lauten und drängeligen Menschenansammlungen fürchten und sich wegen der damit dauernd verbundenen Reizüberflutung zurückziehen, eine erhebliche Rolle. Ein Grund dafür, dass Hochbegabte häufig „mit sich selbst" zufrieden sind, bzw. eher als introvertiert denn als extravertiert gelten, könnte hier seine körperliche Grundlage haben: Die Verhaltensweise, sich zurückzuziehen, wäre dann eher eine Selbstverteidigung gegen Reizüberflutung als ein Rückzug vor sozialem Kontakt. Allerdings gegenüber einer Reizüberflutung, die Normalbegabte gar nicht empfinden. Trotzdem macht der schützende Rückzug die Einübung sozialer Kompetenz natürlich schwieriger statt einfacher.

Leider nur in einem Satz wird erwähnt, dass Zärtlichkeiten, Erotik und Sexualität oft in einer Intensität erlebt werden, „von der sich die Betroffenen fast überfordert fühlen" (Seite 52). Das wäre sicherlich ein interessantes Forschungsgebiet.

Zusammengenommen könnte das auch bedeuten, dass die neuronale Hyperaktivität zu der von mir immer wieder beobachteten Neigung Hochbegabter führt, „nachtragender" als andere zu sein (warum soll eigentlich ein Betrug durch Zeitablauf weniger schlimm für das Opfer werden (!?). Was sind eigentlich „Geschichten von gestern, über die man nicht mehr sprechen sollte!"?! Kommen alleine während der Erinnerung an negativ erlebte soziale Interaktionen dieselben, d.h. kein bisschen abgeschwächten oder relativierbaren heftigen, emotionalen „Wallungen" auf wie zum Zeitpunkt des „Ersterlebens", also des tatsächlichen Geschehens, verstärkt das, wenn solche Emotionen dann auch benannt werden, natürlich den Eindruck, der Hochbegabte sei ein nachtragendes Sensibelchen. Der Hochbegabte selbst leidet darunter, dass er die emotionalen Erinnerungen nicht loswird. Und zwar nicht wie bei Normalbegabten auch, bei besonders heftigen – gar traumatischen – Erlebnissen, sondern schon bei „Kleinigkeiten".

Zudem gibt es sogar Hinweise, dass Geschmacks-, Geruchs-, Schmerzempfinden und der Wärmesinn von erhöhter Empfindsamkeit besonders betroffen sind (Seite 53).

Ich kann hier diese Frage nicht diskutieren. Ich bin mir auch unsicher, ob es eine neue brauchbare Erkenntnis wäre. Andererseits würde es zumindest wieder eine Erklärung dafür liefern, warum es so ist, wie es ist. Denn viele Hochbegabte haben subjektiv oft genau diesen Eindruck, nachdem sie sich die Frage erst einmal gestellt haben. Außerdem würde das die mit Sicherheit vorhandene größere – auch motorische – Unruhe vieler Hochbegabter erklären. Oder die Sensibilität in jeder Hinsicht.

(15) Schwierigkeiten durch mangelnde soziale Kompetenz

Ganz allgemein geraten Hochbegabte mit einer hohen Wahrscheinlichkeit (wenn nichts dagegen unternommen wird) in eine gewisse soziale Isolation. Aus der heraus lässt sich relativ schlecht eine brauchbare Portion soziale Kompetenz erwerben. Der Zusammenhang zwischen sachlich-fachlicher Betrachtung eines Themas und der persönlichen Verstrickung eines anderen Menschen in dasselbe ist Hochbegabten oft fremd, einfach, weil sie zu wenig Gelegenheit im Leben hatten, solche Situationen zu erleben, in denen ihnen erstens die Menschen, die in der Situation vorkommen, wichtig sind und gleichzeitig der Inhalt. Den Umgang mit Gefühlen muss man aber ebenso üben wie andere Dinge – zumal im Kontakt mit anderen. So können sich Hochbegabte oft nicht einmal ansatzweise vorstellen, dass jemand sich dermaßen mit seiner Arbeit identifiziert, dass er sich persönlich betroffen fühlt, wenn sein Werk heruntergewürdigt wird. „Aber das ist nun mal echter Schwachsinn, was Sie da zusammenprogrammiert haben. Solch einen Schwachsinn habe ich echt seit 12 Jahren nicht mehr gesehen! Das kann sich doch nur einer ausdenken, der seinen Job auch nicht annähernd verstanden hat…!" Das muss man erst einmal wirken lassen… Der Hochbegabte wundert sich indes unter Umständen über die peinlich emotionale Reaktion des so kritisierten Kollegen oder Chefs, der je nachdem einen Tobsuchtsanfall bekommt oder zusammengesunken, aber mit hochrotem Kopf die Szene verlässt.

(16) Schwierigkeiten durch mangelnde Herausforderung

Dieses Phänomen ist vermutlich leicht und immer wiederkehrend von außen zu beobachten, jedenfalls berichten das Nichthochbegabte immer wieder, dass sie das im Kontakt mit Hochbegabten immer wieder am meisten ernüchtert.

Hochbegabte brauchen offenbar dauernd einen bestimmten Level an Herausforderung, was auch die große Lust Hochbegabter zu spielen erklären würde. Der Horror schlechthin für die meisten Hochbegabten ist das blanke Nichtstun: Es bringt ihnen auch keine Entspannung, weil sofort Langeweile auftaucht, und Nichtstun an sich keinerlei Entspannungsgefühle also auch keine Spannungsgefühle mit sich bringt. Vom kurzfristigen Erholen wegen totaler Erschöpfung einmal abgesehen. Bei vielen kann man beobachten, dass jede „freie Minute" mit Spielen verbracht wird, im Notfall werden Sudokus in Serie gelöst, wenn sonst gar nichts möglich ist. Das Hirn will einfach beschäftigt sein. Ansonsten werden Brettspiele rauf und runter gespielt, als Beobachter fragt man sich mehr als einmal, ob der Inhalt des Spieles überhaupt eine Rolle spielt oder nur die bloße Tatsache, dass irgendwie die Spannung aufrechterhalten werden muss. Am besten durch ungelöste Rätsel.

In diesem Zusammenhang nervt es wohl Außenstehende am meisten, wenn sie mit Hochbegabten zusammenarbeiten wollen und irgendeine Idee verfolgen. Eine Produktentwicklung, eine Idee soll weiterentwickelt werden oder ein größeres (wissenschaftliches) Problem „gelöst" werden. Das Phänomen bezieht sich aber auch auf angefangene und wieder abgebrochene Ausbildungen. Der Hochbegabte betritt unbekanntes Terrain, eignet sich in Windeseile die notwendigen Informationen an, um das gesamte Gebiet zu überblicken. In dem Moment, in dem er bemerkt, dass er die wesentlichen Züge des Problems erkannt oder das Problem gelöst hat oder einen Beruf im Prinzip begriffen hat oder eine Produktentwicklung vorangetrieben hat, verliert er schlagartig das Interesse und wendet sich ab. Das ist auch der Grund dafür, wieso es unter Hochbegabten eine erkleckliche Menge von Universal-Dilletanten gibt, die über eine oberflächliche Beschäftigung mit einem Stoff niemals hinauskommen. In den gängigen Bildungsinstitutionen wie Schule und Uni, in denen prinzipiell ergebnisorientiert Punkte gesammelt werden, ist keinerlei weitergehende Fähigkeit nötig, um mit Bravour oder wenigsten durchschnittlich die Prüfungen zu bestehen. Was zu dem bekanten Mangel vieler Hochbegabter führt, dass sie nie lernen mussten zu lernen und es infolgedessen also auch nicht zu einem Expertenstatus bringen würden. Nicht wenige Hochbegabte verzweifeln dabei und versuchen, immer mehr Lerntechniken zu konsumieren, die immer frustrierendere Ergebnisse zeigen, weil das Grundübel (die mangelnde Motivation) nicht angegangen wird.

Zum Schluss möchte ich der Vollständigkeit halber noch zwei von Vosen-Pütz beschriebene „Fallen" ergänzen: Die „12-Zylinder-Falle" und die „Das-Hirn-ist-mal-wieder-schneller-als-der-Mund-Falle". Sie sind im Grunde eng verwandt, denn die Psychomotorik kommt oft einfach nicht nach, wenn das Hirn erst einmal richtig warm gelaufen ist. Die 12-Zylinderfalle besteht generell darin, ein „12-Zylinder-Hirn" zu besitzen, aber selten Gelegenheit dazu zu haben, die PS auch auf die Straße zu bringen. Die 12 Zylinder stehen aber dauernd bereit, auch auf dem Feldweg. Und deswegen mischen sie sich dauernd ein. Diese dauernde Unterforderung überfordert uns schließlich kolossal. Abwaschen wird zur meditativen Pausengestaltung und dauert damit 20-mal länger, als wenn wir in der Lage wären, uns darauf zu konzentrieren.

Dass das Hirn oft schneller ist als der Mund, nennt Selvini-Palazzoli beispielsweise in ihrem bekannten Buch *Paradoxon und Gegenparadoxon* die „Tyrannei des sprachlichen Modells" (Seite 59). Sie bezieht sich auf Ausführungen von Gregory Bateson (in „steps to an ecology of mind" und Harley Shands („the war with words") und zeigt eindringlich, wie schwierig, ja unmöglich es ist, eine zirkuläre, analoge Welt in einer zwangsläufig linearen Sprache zu beschreiben, die beispielsweise ein „Vorher" und ein „Nachher" kennt und damit fast zwangsläufig ein Denkmodell der „Ursache-Wirkungs"-Prinzipien nahelegt, wodurch dann auch Schuld und Moralismus entstehen bzw. darauf wachsen und gedeihen. Das führt nicht nur zu Fehlern in der diagnostisch-therapeutischen Auseinandersetzung beispielweise mit Familien mit „schizophrenen Transaktionen", sondern vermutlich eben auch zur extremen Schwierigkeit, die komplexen Wahrnehmungen hochbegabter Menschen an andere nicht hochbegabte Menschen oder überhaupt an andere Menschen auf dem Wege einer linearen (digitalen) Sprache weiterzugeben. Wie alle Menschen denken Hochbegabte eher analog und zirkulär, können aber nur eines nach dem anderen sagen. Dazu kommt die ungleich höhere Geschwindigkeit des Wahrnehmens als des Sprechens, und der Eindruck des dumpfen, blöden Menschen ist perfekt: Der Hochbegabte steht mit perfekter „Hirn-Sprechklemme" auffällig dumm herum und liefert ein Bild des Jammers: Er wird völlig fehleingeschätzt (= unterschätzt), deswegen vielleicht sogar gehänselt, und das Schlimmste: Er kann sich nicht erklären, sondern muss einfach aushalten, dass ausgerechnet die, die ihn für dumm halten, selber nicht annähernd kapieren (können), was sich gerade abspielt.

Eine abschließende Bemerkung muss hier natürlich angebracht werden: Viele dieser Fallen stehen situationsabhängig jedem Menschen „zur Verfügung", um ganz tief hineinzufallen. Nur bei Hochbegabten sind viele Phänomene erstens viel wahrscheinlicher und haben zweitens viel öfter die eigene Identität bedrohende Ausmaße. Beispielsweise wegen der fast unmöglichen Selbsterklärungsmöglichkeiten, der gleichzeitig aber sehr einfachen Etikettierungsmöglichkeiten von außen. Man weiß, dass man etwas durchblickt, was erstens niemand anders wahrnimmt, über das man nicht sprechen kann und dass außerdem auch niemanden interessiert, wenn erst einmal das „Urteil gefällt" ist. Und dann weiß man gleichzeitig, dass man sehr viel mehr mitkriegt als andere und *gleichzeitig* dumm ist. Oder anders ausgedrückt: Man lernt, dass andere bestimmen, was Realität ist oder nicht. Nämlich die, die viel weniger davon mitbekommen, aber die größere soziale Macht haben.

Und noch etwas scheint mir bedeutsam zu sein: Selbst unter Hochbegabten kursieren gegenseitige Vorwürfe, doch endlich mit dem Kokettieren als „Sensibelchen" aufzuhören und sich den schönen und positiven Dingen des Lebens, dem Erfolg zu widmen. Schön, ja, damit kann man jederzeit anfangen, und das ist auch das Ziel meiner Arbeit als Coach beispielsweise. Nur glaube ich nicht mehr, dass viele Hochbegabte „kokettieren", sondern schlicht hilflos sind. Weil ihnen bestimmte Kompetenzen fehlen. Und nicht weil sie das so besonders prickelnd finden in einer besonderen Form hilflos zu sein und von anderen missachtet zu werden. Ich gebe zu, manchmal habe ich selbst den Eindruck, da genießt jemand seinen Opferstatus, aber ernsthaft glaube ich nicht mehr daran! Denn ich habe inzwischen genügend Menschen kennengelernt, die es geschafft haben, die Opferhaltung ab- und sich eine befriedigendere Haltung zuzulegen. Und damit geht es ihnen definitiv besser!

Selbst- und Fremdbild

Es gibt bestimmt weitere unterscheidbare Phänomene, die häufiger bei Hochbegabten eine Rolle spielen. Wir wollen es aber dabei bewenden lassen. Ich bin sowieso der Meinung, dass es prinzipiell unendlich viele Themen gibt, die sich aus der Beschäftigung mit dem ganz individuellen Lebenslauf eines Menschen ergeben. Und aus der Hochbegabten-Problematik ergeben sich lediglich andere Modulationen als bei anderen Menschen. Trotzdem möchte ich mithilfe eines Vierfelder-Schemas deutlich machen, welche grundsätzlichen Themen bei einem Selbst-Fremdbildvergleich im Erwachsenenalter die Lage (vermeintlich) Hochbegabter kennzeichnen:

		Subjektive Selbsteinschätzung	
		hochbegabt	**normalbegabt (oder gar „blöde")**
Subjektive Fremdeinschätzung	**Hochbegabt**	**Positive Seite der Medaille:** Förderung, Erfolg, Sicherheit, Anerkennung **Negative Seite der Medaille:** Wunderkind (Druck) Ablehnung (bedrohlich) Gemieden werden (Einsamkeit), evtl. Absturz	**Positive Seite der Medaille:** Ermutigung/Motivation Förderung **Negative Seite der Medaille:** Nicht nachvollziehbarer Leistungsdruck Überforderung Vorwürfe wegen angeblicher Faulheit
	normalbegabt (oder gar „blöde")	**„Positive" Seite der Medaille:** Die Welt ist dämlich/die meisten Menschen können mir nicht folgen/Da ich außen keine Akzeptanz finde, muss ich in mir ruhen **Negative Seite der Medaille:** Ich bin dumm Ich bin nicht o.k. Ich störe Ich verstehe die Spielregeln nicht Ich bin nicht akzeptiert Sozialer Anpassungsdruck nach unten Zurückstecken/Verstecken Arrogante Wirkung Evtl. Sonderschule als Anpassungserfolg.	**Positive Seite der Medaille:** Keine hohen Ansprüche, Versorgung, Nachsicht **Negative Seite der Medaille:** Unterordnung, Selbstbeschränkung bis hin zur Sonderschule. Alle anderen sind mächtiger. Evtl. (falsch) gefördert Solidarisierung auf Opfer-Ebene. Der Opfer-Status wird im geförderten Kontakt mit anderen zementiert und als solcher gepflegt. So wie sich die Hochbegabten zusammenfinden, um Nutzen daraus zu ziehen, finden sich die solchermaßen eingeschätzten zusammen und zelebrieren u.U. ihren gemeinsamen Opferstatus. Schließlich gleicht sich das Bild an. Der Hochbegabte hält sich für und verhält sich „blöde".

Tabelle 1: Mögliche Konsequenzen bei deckungsgleichen/nicht deckungsgleichen subjektiven Selbst-/Fremdeinschätzungen

Aufgrund bestimmter Beobachtungen kommt ein Hochbegabter zu folgender Einschätzung (Selbstbild): (1) Ich bin hochbegabt oder (2) Ich bin blöd. Die ihm wichtigen Personen (also sozusagen seine psychosoziale Heimat), signalisieren mir als subjektives Fremdbild: (a) Ich bin hochbegabt oder (b) Ich bin blöd. Mögliche Konsequenzen zeigt die Tabelle 1.

Vierter Teil: Auswege aus der Hochbegabten-Falle

Was passiert überhaupt bei einem IQ-Test?

Wer sich nicht bewegt, spürt seine Fesseln nicht

Die Erwartung, Hochbegabung bedeute Hochleistung

Mögliche Folgen eines IQ-Tests

Test gemacht: Hochbegabt und was nun?

Die sechs Phasen der späten Selbsterkenntnis

Wie breche ich aus meinem Gefängnis aus?

Müssen andere etwas davon mitbekommen?

Lohnt sich das überhaupt, oder soll ich es lieber lassen?

Umgang mit Neid und Missgunst – eine aufgezwungene Disziplin

Und was kann man dagegen tun, Neid hervorzurufen?

Hinweise für Coaches zum Thema Neid

Test gemacht, aber nicht hochbegabt – was nun?

Was passiert überhaupt bei einem IQ-Test?

Um den Gerüchten vorzubeugen, was alles Merkwürdiges bei einem IQ-Test passieren mag, möchte ich hier nüchtern beschreiben: Es gibt eine Reihe verschiedener Tests, sogenannte kulturfreie (nonverbale z.b.) oder kulturgebundene (Test u.a. mit verbalen Inhalten), die sich manchmal auch an Inhalten orientieren, die zum gewöhnlichen Schulstoff gehören, denn sie wurden ursprünglich zur Schullaufbahnberatung entwickelt. Die Tests, die uns hier interessieren und die einem Erwachsenen in Deutschland gewöhnlich zur Kenntnis seines IQ-Werts verhelfen, sind in der Regel sogenannte „paper-pencil"-Tests, d.h. der Kandidat sitzt an einem Tisch und bearbeitet mit einem Bleistift die verschiedenen Aufgabengruppen eines Tests, indem er z.b. verschiedene Antwortmöglichkeiten im „Multiple-Choice-Verfahren" prüft und dann die richtige Antwort auf eine Frage innerhalb eines bestimmten Aufgabentypus ankreuzt. Das Ganze geschieht für jede Aufgabengruppe in einem exakt vorgegebenen zeitlichen Rahmen, um exakte und damit vergleichbare Ergebnisse zu erzielen. Heraus kommt ein Wert, der sich IQ nennt. Da verschiedene Testverfahren verschiedene Werte ergeben, hat man eine mathematische Transformation erfunden, die die Werte vergleichbar macht. Auf diese rechnerische Transformation möchte ich hier nicht weiter eingehen; sie führte zu weit ins Abseits: Nur so viel: Diese Transformation bewirkt, dass verschiedene IQ-Tests vergleichbar werden. Die IQ-Werte haben dann z.B. alle einen Mittelwert von 100.
Die meisten Menschen haben einen durchschnittlichen Wert, nämlich um die 100. 96 % der Bevölkerung haben einen IQ von 70-130 und jeweils 2 % haben einen IQ von 70 oder weniger bzw. 130 und mehr. Die meisten IQ-Tests sind so konstruiert, dass sie exakt dieser Verteilung folgen, sodass sie untereinander verglichen werden können. Da die verschiedenen Tests aber verschiedene Inhalte haben, sollte man sich schon auskennen, denn die verschiedenen Inhalte bedeuten natürlich etwas Unterschiedliches. Damit man nicht Äpfel mit Birnen vergleicht, sollte man das zugrundeliegende Intelligenzkonzept genau kennen.
Ich hatte schon erwähnt, dass man z.B. für die Mitgliedschaft bei Mensa einen IQ über 130 benötigt, das einzige Eingangskriterium des Vereins. Dieser Wert entspricht einem gewissen Konsens zur Definition von „Hochbegabung". Meist wird gleichzeitig ein anderer Wert, der sogenannte Prozentrang ausgewiesen. Z.B. 98 %, was etwa dem IQ von 130 entspricht. Dieser Wert sagt eigentlich genauer, was angesagt ist: Ein Kandidat mit einem Prozentrang von 98 schneidet in einem

bestimmten IQ-Test besser als 98 % der Bevölkerung ab. So entspricht ein IQ von etwa 135 einem Prozentrang von etwa 99, d.h. der Testkandidat erledigt die Aufgaben besser als durchschnittlich 99 % der Bevölkerung. Dieser pauschale Wert wird bei einigen Testauswertungen so stehen gelassen, und das ist wissenschaftlich auch in Ordnung, so mit einem IQ-Testergebnis umzugehen. Jedenfalls bei einem Test, der von sich plausibel behaupten kann, die „generelle Intelligenz" zu messen. Man kann auch eine sogenannte Profilauswertung machen (lassen). Dabei wird die Unterschiedlichkeit in der Bewertung der unterschiedlichen Aufgabengruppen diskutiert. So ist man eben auf verschiedenen Gebieten unterschiedlich stark. Der eine liefert seine Spitzenleistungen auf analytischem Gebiet, die andere im räumlichen Vorstellungsvermögen und im Analogienbilden u.a. Ich bin deswegen immer ein bisschen vorsichtig, weil die Profilauswertungen zwar einen groben Hinweis auf Schwerpunkte oder „Talente" einer Person geben können, fast bei allen Tests aber statistisch-mathematisch wackelig begründet sind, zumal die Aufgabengruppen nie völlig unabhängig voneinander sind. Eben deswegen nimmt man ja auch einen generellen, allen Leistungen zugrunde liegenden Faktor der allgemeinen Intelligenz an, den „g-Faktor", wie er meist genannt wird. Trotzdem können die Profile interessante Ergebnisse liefern, wenn die Ergebnisse auffällig unterschiedlich von Untertest zu Untertest variieren. Und das ist in vielen Fällen so. In diesem Zusammenhang wäre eine nähere Diskussion der theoretischen Hintergründe natürlich eine glatte Überforderung des Zwecks dieses Buches und vermutlich auch des Lesers. Allerdings sollte sich jeder, der sich näher mit Testverfahren beschäftigen will, sehr genau mit den Hintergründen von Testtheorie und Testpraxis beschäftigen. Heerscharen von Personalchefs, Erziehungsberatern, Berufsberatern und ähnlichen Testanwendern würden die Ergebnisse von sogenannten Persönlichkeitsverfahren, Leistungstests und ähnlichen für die Kandidaten beispielsweise die Karriere entscheidenden Tests etwas angemessener, d.h. vorsichtiger interpretieren. Der Markt blüht nicht, weil die Verfahren so gut sind, sondern weil die Nachfrage nach Fremdeinschätzung schier unersättlich zu sein scheint, woher auch der unglaubliche jahrelang anhaltende Erfolg an sich gnadenlos langweiliger Quizsendungen resultieren mag.

Tests kann man bei niedergelassenen Psychologen machen, bei manchen Psychiatern, in Erziehungsberatungsstellen, die darauf eingestellt sind, beim TÜV oder der Agentur für Arbeit im Rahmen von Fahrtauglichkeitsprüfungen oder Berufsberatungen/Umschulungs-Beratungen oder ähnlichen Anlässen. Allerdings erfährt man bei TÜV oder der Agentur für Arbeit in der Regel die Ergebnisse nicht. Die Aussagen dazu sind in den letzten Jahren allerdings widersprüchlich geworden. Die Kosten variieren je nach eingesetzten Testverfahren und daraus resultierendem Aufwand. Da in der Regel aber ausgebildetes Fachpersonal während der ganzen Testung anwesend sein muss und die Auswertung auch noch einige Zeit in Anspruch nimmt, sollte man mit mindestens 200 bis 300 Euro rechnen; wenn man sich das Ergebnis auch noch erläutern lassen möchte, werden daraus leicht bis zu 1.000 Euro. Eine preiswerte und schnelle Alternative und zugleich zuverlässige Methode ist ein Test im Rahmen der regelmäßig stattfindenden Gruppentests der mehrfach in diesem Buch erwähnten Mensa in Deutschland e.V. Die Tests werden dezentral überall in Deutschland regelmäßig von geschulten Testleitern durchgeführt. 2009 kostete eine einfache Auswertung 49,00 €, eine zusätzliche Profilauswertung noch einmal 60,00 € inkl. USt.

Im Internet werden zahlreiche sogenannte „Spieltests" angeboten. Hier ist ein wenig Vorsicht geboten. Diese Tests, die es mittlerweile in verschiedenen Sprachen gibt, können – wenn sie diszipliniert durchgeführt werden – einen guten Hinweis auf den tatsächlich zu erwartenden Wert geben. Wenn man aber bedenkt, wie teuer und langwierig die Entwicklung eines guten Testverfahrens ist, das nur annähernd die Anforderungen, die aus testtheoretischen und statistisch-mathematischen Überlegungen zur Datenqualität, zu Fragen der Verlässlichkeit, der Gültigkeit und anderer Probleme resultieren, erfüllt, dann sollte man das Ergebnis jedenfalls großzügig bewerten. Auch auf der Homepage von Mensa gibt es einen „Spieltest". Auch dieser erlaubt nur eine sehr grobe Einschätzung.

Wer sich nicht bewegt, spürt seine Fesseln nicht

Was habe ich eigentlich als „Vielleicht-Hochbegabter" davon, mich mit diesem Thema zu beschäftigen? Warum sollte ich mich testen lassen? Warum sollte ich mich coachen lassen?
Zunächst einmal: Sie sollen sich weder testen noch coachen lassen, wenn Sie es nicht wollen. Das ist doch klar! Andererseits sprechen sehr viele Erfahrungen von spät erkannten Hochbegabten dafür, sich in einem ersten Schritt Klarheit durch einen Test zu verschaffen, damit man die daraus resultierenden Möglichkeiten beim Schopf greifen kann. Und viele fangen eben erst an, sich selbst ernst zu nehmen, wenn sie ein

„Gutachten" von außen bekommen haben, welches ihnen bestimmte intellektuelle Stärken bescheinigt. Und das betrifft bei Weitem nicht nur die „Nutzung brachliegender Intelligenz-Potenziale" vieler Hochbegabter, sondern praktisch ihr ganzes Leben, wie wir sehen werden.

Die Erwartung, Hochbegabung bedeute Hochleistung

Falls es noch nicht deutlich geworden sein sollte: Hochbegabung bedeutet nicht gleich Hochleistung und schon gar nicht Höchstverdienst. Oder auch nur eine befriedigende Arbeit. Das eine ist in gewissen Grenzen die Bedingung für das andere, aber es besteht eben kein direkter Kausalzusammenhang. Verarmen kann man auch als (ehemaliger) Firmenchef, Schlagerstar oder Professor. Reich werden kann man als durchschnittsbegabter fleißiger und sozial geschickter Handwerker, Fußballer oder Politiker und auf Hunderte von anderen Arten. Sogar als Zuhälter oder Drogendealer kann man Reichtümer erwerben, und nicht immer macht die Polizei einem einen Strich durch die Rechnung. Anders herum: Auch Fußballer und Zuhälter können hochbegabt sein und trotzdem im Beruf versagen.

Die ursächlichen Zusammenhänge zwischen Hochbegabung, Hochleistung und Höchsteinkommen werden in der Regel von anderen gesehen. Sozusagen von Nichtbetroffenen. Sie treffen so nicht zu, also sollten wir sie selbst auch nicht betonen oder gar einkalkulieren, um uns selbst zu kasteien.

Mir geht es in unserem Zusammenhang um Lebenszufriedenheit. Wir verbringen eine gewisse Zeit im Wachzustand auf der Erde. Von unserer Geburt bis zu unserem Tod. Das mag der eine für kurz halten, der andere findet es lang, unabhängig von der individuellen Lebensspanne, die ja bekanntlich objektiv immer größer wird. Da lohnt es sich, wenn man etwas tun kann, um selber zufriedener, ausgeglichener, entspannter durchs Leben zu gehen, egal wie viel Geld man verdient, wie viel man leistet oder wie intelligent man ist.

Mögliche Folgen eines IQ-Tests

Was aber wären z.B. die Konsequenzen, wenn Sie sich testen ließen? Schauen wir uns mal wieder ganz schwarz-weiß ein Vierfelder-Schema an, das uns die – zugegebenermaßen grob vereinfachten – Konsequenzen klarmacht (siehe nächste Seite).

In jedem Fall sieht die Welt hinterher unter Umständen ganz anders aus. Wer vorher aus dem einen oder anderen Grund Selbstzweifel hegte, kann plötzlich aufgrund einer realistischen Einschätzung auf die Welt und die sich ihm bietenden Möglichkeiten blicken.

Test gemacht: Hochbegabt und was nun?

Dieser Abschnitt betrifft die Fälle der im Vergleich mit einem Test eigenen Unterschätzung und der im Vergleich korrekten eigenen Einschätzung.

In seltenen Fällen kommt es zu einer fast schon schockartigen Reaktion wie kürzlich bei einem Kunden erlebt. Nachdem sich mein Coaching-Kunde, ein 34jähriger Gymnasiallehrer im Nordwesten, hatte testen lassen, um sich sicher zu sein, dass er hochbegabt sei, was er ohnehin schon ahnte, hatte er seine im selben Ort lebende Schwester, die in einem Supermarkt an der Kasse jobbte, überredet, doch auch einen Test zu machen. Diese war gar nicht von der Idee überzeugt und sich sehr sicher, höchstens durchschnittlich intelligent zu sein. Ich habe die Ergebnisse mehrere Male überprüft, denn auch ich war ziemlich verwundert: Er selbst war zwar hochbegabt, hatte im Test einen IQ von ca. 135 erreicht, aber sie hatte den Vogel abgeschossen! Wie man das Ergebnis auch drehte und wendete: Es blieb bei einem IQ von mindestens 145. Ihr IQ war so hoch, dass dieser Test keine genaue Messung mehr möglich machte. Ihre erste Reaktion zeigte deutliche aggressive Zweifel an meiner Person, meiner Qualifikation und an der Testung, schließlich wertete sie die gesamten „Diskussion über den Scheiß-IQ" vollkommen ab und vermutete, dass ich die Ergebnisse fälschen würde, um Mitglieder für Mensa zu rekrutieren. Sie verabschiedete sich danach bemüht höflich von mir und ahnte wohl, dass „ich" sie eben aus ihrem Paradies in die Welt geschubst hatte. Ihr Bruder berichtete mir dann, sie habe tagelang nichts wesentliches gesagt, sondern die Zeit fast ausschließlich damit verbracht, aus dem Fenster bzw. auf ihren leeren Schreibtisch zu starren (sie hatte Urlaub), schließlich sei sie aber wieder gesprächiger geworden und im Grunde seien dann die von mir weiter unten beschriebenen Phasen bei ihr abgelaufen. Sozusagen in einem „vorweggenommenen Schnelllauf" hat sie dafür erst einmal etwa drei Wochen gebraucht. Es deutet allerdings einiges darauf hin, dass es insgesamt noch wesentlich länger dauern wird (Möglicherweise wird dieses Phasenmodell demnächst zum Thema einer Doktorarbeit werden).

Wenn sich herausstellt, dass man hochbegabt ist, dann kann man unter Umständen durch die sich jetzt einstellenden, sich aneinanderreihenden Erklärungen für diverse erlebte Phänomene erleichtert, entspannt, aufgewühlt auf seine eigene Vergangenheit zurückblicken. Einige Hochbegabte beschreiben diese Form der Selbsterkenntnis als ganz besonderes und für sie selbst wichtiges Ereignis oder besser als Prozess, der eine Befreiung darstellte.

Ja, regelrecht einen Befreiungsschlag. Und hier muss ganz eindeutig gesagt werden: Die teilweise aufwühlenden Emotionen kommen weniger dadurch zustande, dass man sich plötzlich einer „besseren" Gruppe von Menschen zugehörig fühlt (das wird einem natürlich gerne nachgesagt), sondern die Erleichterung, die Befreiung kommt ganz anders zustande: Mit einem Mal (das Hirn wühlt und wühlt die unerklärten Ereignisse heraus aus dem Langzeitgedächtnis!) hat man Erklärungen, die nicht darauf hindeuten, dass man ein übler Störer ist, sozial unerwünscht, weil aus lauter Trotteligkeit nur Ärger produzierend, oder darauf, dass man doof ist, sondern im Gegenteil! Lassen Sie es mich so ausdrücken: Es ist auch eine Form der Genugtuung dabei, dass andere unrecht hatten mit ihren dauernden Vorwürfen, man sei wohl hierzu und dazu nicht in der Lage (dies trifft wohl vor allem Eltern und Lehrer). Jetzt weiß man, man wäre durchaus in der Lage gewesen ... Man schaut sich um: Alles sieht anders aus: Die eigene Vergangenheit, die eigene Zukunft scheint plötzlich gestaltbarer als je zuvor. Viele sind jetzt plötzlich (wieder) motiviert, etwas zu lernen. Eine neue Sprache vielleicht, neue Methoden, eine ganz andere Berufsausbildung vielleicht?!

Ja, und jetzt kommt der zweite Hauptteil der inneren Erlebnisse nach einem überraschenden Testergebnis: Man wird ziemlich nachdenklich, einige werden wohl auch richtig wütend, weil sie merken, was ihnen alles entgangen ist oder entgangen sein könnte.

Wütend auf sich, auf andere, darauf, dass sie 40 oder 50 Jahre gebraucht haben, um (sich an)zu()erkennen ... um bei sich anzukommen. Es folgt mitunter der dritte Schub von Emotionen: Jetzt erst recht! Jetzt mache ich was draus. Die meisten Menschen suchen Kontakt zu anderen Hochbegabten z.B. über Vereine wie „Mensa" und erleben dort, was sie sich kaum vorstellen konnten und andere kaum nachvollziehen können: eine prinzipielle und irgendwie „radikale" Akzeptanz der ganzen eigenen Person, ohne jede Vorbedingung. Und das ganz bewusst und oft zum ersten Mal (!) im Leben.

Selbsteinschätzung		
	Hochbegabt	**Nichthochbegabt**
hochbegabt	**O.k., jetzt weiß ich es genau: Was mache ich jetzt draus?!** Ergebnis evtl.: Diverse Merkwürdigkeiten sind besser zu erklären, vorhandene Selbstzweifel schwinden, eine realistische Selbsteinschätzung hilft bei der Nutzung aller vorhandenen Ressourcen	**Das hätte ich jetzt nicht gedacht! Überraschung! Na, so was!** Ergebnis evtl.: Diverse Merkwürdigkeiten sind besser zu erklären, vorhandene Selbstzweifel schwinden, eine realistische Selbsteinschätzung hilft bei der Nutzung aller vorhandenen Ressourcen
nicht hochbegabt	**Enttäuschung = Ent-Täuschung** Eine genaue Profil-Analyse meiner Stärken und Schwächen kann mir helfen, evtl. zusammen mit einem Coach, meine vorhandenen Ressourcen besser zu nutzen. Die korrekte Einschätzung hilft gegen Unter- und Überforderungen. Das kann mich erfolgreicher, vor allem aber zufriedener machen.	**Bestätigung** Eine genaue Profil-Analyse meiner Stärken und Schwächen kann mir helfen, evtl. zusammen mit einem Coach, meine vorhandenen Ressourcen besser zu nutzen. Die korrekte Einschätzung hilft gegen Unter- und Überforderungen. Das kann mich erfolgreicher, vor allem aber zufriedener machen.

(Zeilenbeschriftung: Testergebnis)

Tabelle 2: Mögliche Konsequenzen eines IQ-Tests bei bestimmten subjektiven Selbsteinschätzungen und deckungsgleichen oder widersprechenden Testergebnissen

Dass bei derselben Veranstaltung im Goldenen Saal der Stadt Augsburg direkt neben einem Herrn im Smoking ein Punk, mit Ketten behängt, steht, jemand in Jeans und Pulli, offenbar in einen anderen „Jeans und Pulli"-Typ schwer verliebt, neben einem 17-Jährigen, der – vielleicht farbenblind, so wie er gekleidet ist – jemanden im Rollstuhl schiebt, während jemand auf einem Flügel, den wiederum jemand anderes gerade in einem Nebenraum „gefunden hat", einen Vorgeschmack auf ein abendliches Konzert gibt – und alle hören interessiert und gebannt zu: Und das anlässlich eines Empfanges des Bürgermeisters: Das muss man erlebt haben, um es zu glauben. So etwas mögen die meisten Hochbegabten: eine richtig bunte Welt. Man fragt sich nicht nur einmal: Warum konnte ich das nicht früher haben? Aber das Erstaunen darüber, dass das überhaupt möglich ist, ist größer und lässt keine negativen Gedanken mehr zu. Und außerhalb des Goldenen Saals der Stadt Augsburg erlebt man das schließlich auch, wenn man will. Bei Treffen mit anderen Hochbegabten, bei Vorträgen, Stadtbesichtigungen und tausend „gewöhnlichen" Dingen, die man sonst auch schon gemacht hat. Jetzt haben alle diese Dinge erst einmal eine ganz neue Qualität. Man darf spitze Bemerkungen machen. Sie werden verstanden. Auch mit „abwegigen" Interpretationen dessen, was man wahrnimmt, ist man nicht alleine, und wenn, werden sie doch wenigstens nachvollzogen, wenn auch nicht gleich übernommen, so doch akzeptiert, manchmal hinterfragt, ergänzt und kommentiert! Und das gibt Motivation ohne Ende, sich in Zukunft besser um sich selbst zu kümmern, das Ruder in die eigene Hand zu nehmen, sich mit dem Stoff zu versorgen, der einen immer schon interessiert hat, der einem aber so lange so sehr gefehlt hat. Sich mit den Menschen zusammenzuschließen, die einem auf besondere Weise helfen, den eigenen „Akku zu laden".

Die sechs Phasen der späten Selbsterkenntnis

Menschen, die erst spät im Leben erkennen, dass sie hochbegabt und nicht etwa „dumm" sind, gehen meiner Erfahrung nach oft durch die folgenden sechs Phasen:

(1) Überraschung (und Verleugnung der Tatsache)
(2) Euphorie
(3) Ernüchterung
(4) Aggression
(5) Trauer
(6) Versöhnung

(1) Überraschung (und Verleugnung der Tatsache)

Die Überraschung ist unmittelbar nachvollziehbar, wenn z.B. eine 45-jährige Frau, die während ihres bisherigen Lebens immer wieder dachte, sie sei zu „blöd", um ihre Eltern, dann ihre Lehrer und schließlich hier und da ihre Kollegen zu verstehen. Die aus Scheu, durch jede Prüfung zu fallen, gar nicht erst anfing zu studieren oder während der gesamten Schulzeit etwas neidisch auf andere geschiel hat, weil die alles besser konnten als sie selbst, weil sie beliebter waren, die besseren Zensuren bekamen, bei den Lehrern und Eltern lieber gesehen wurden als sie selber ...

Für viele ist die Überraschung so groß und der Schock so tief, dass das Ergebnis des Tests schlicht geleugnet oder verdrängt wird. „Der Test taugt nichts", „Das war Zufall", „Der Gutachter hat einen Fehler gemacht!" usw. sind häufig die ersten Gedanken.

(2) Euphorie

Schließlich akzeptiert man das Ergebnis. Viele geraten kurzfristig in Euphorie. Sie fühlen sich toll, sie überlegen, was sie alles mit ihren neu entdeckten Ressourcen anfangen könnten, und sagen sich immer wieder: „Ausgerechnet ich?!" – „Na, das ist ja n Ding! Das ist ja toll." Bei dem einen oder bei der anderen mischt sich ein wenig genüssliche rache-ähnliche Stimmung unter: „Na, dem werde ich zeigen, wer hier der Erfolgreichere ist!", mag man dem großen Bruder gegenüber bei-spielsweise denken. Diese Phase hält aber nicht allzu lange an ...

(3) Ernüchterung

Schnell schleichen sich Gedanken ein wie „Warum habe ich das nicht gewusst? Wieso hat mir das keiner gesagt? Wenn ich so schlau bin, wieso habe ich das nicht gemerkt? Warum bin ich arbeitslos? Warum habe ich so einen nervtötenden Job? Warum komme ich mit meinem Chef nicht zurecht? Hätte ich nicht mehr aus meinem Leben machen können, wenn ich das vorher gewusst hätte? Warum habe ich nicht mal die Schule zu Ende gekriegt? Und das, wo doch der IQ-Test ein Schullaufbahnberatungsinstrument sein sollte. Da bin ich hochbegabt, und dann so etwas ...? Was habe ich nur aus meinem Leben gemacht? Nichts!" usw.

(4) Aggression

Oft schlägt die Ernüchterung in blanke Aggression um: Wut richtet sich gegen alle, die vermeintlich oder tatsächlich in der Vergangenheit dazu beigetragen haben, dass der IQ nicht bekannt war oder dass man nicht gefördert wurde, in dem Glauben gelassen wurde, man sei klein und dumm. Das Problem ist hier, dass es durchaus möglich ist, Personen zu „entdecken", die einen nicht aufgeklärt haben, die einen mit unsinnigen Forderungen nach Leistung oder dem Gegenteil belagert haben usw. Und natürlich richten sich aggressive Gedanken auch gegen einen selbst! „Vielleicht bin ich eben doch zu blöd?!" Oder wie eine Kundin sich ausdrückte: „Ich bin ja sogar so bescheuert, dass ich meine Hochbegabung nicht einsetzen kann!"

Diese Phase ist besonders hart für diejenigen, die sich mit den meisten Personen nicht mehr auseinandersetzen können, weil sie bereits verstorben sind.

(5) Trauer

Hier setzt – ähnlich wie bei Trennungsprozessen – eine Trauerphase ein, die – wenn auch noch so sehr auf illusionären Konjunktiv-Konstruktionen aufbauend (wenn es anders gewesen wäre, als es war) – durchlebt werden muss, um schließlich in eine Art Integrations- oder Versöhnungsphase zu gelangen. Diese Phase ähnelt durchaus der Trauerphase, die man erlebt, hat man einen wichtigen Menschen verloren. Man verabschiedet sich regelrecht von einem Stück seiner eigenen Vergangenheit. Das geht manchmal schnell, will man doch die Vergangenheit gar nicht so gerne mit sich herumtragen. Einige Hochbegabte beschreiben diese Phase aber wie die Trauer um die eigene „Vertreibung aus dem Paradies" (so eine Kundin). Es gibt nach der späten Erkenntnis der eigenen Hochbegabung keinen Weg zurück in die davon „unbelastete" Vergangenheit mehr. Es gilt nun, mit den Tatsachen, die in einem teilweise völlig anderen Licht dastehen als vorher, „zurechtzukommen". Der mögliche und sehr wahrscheinliche Gewinn wird noch nicht gesehen.

(6) Versöhnung

Die Versöhnungsphase schließlich erlaubt, die Energie wieder in die Zukunft und zur nüchternen Frage zu lenken: Was mache ich denn nun mit meinen Ressourcen? Eine Frage, die sich jeder irgendwann stellt und die an dieser Stelle zu erheblichen Veränderungen eines Lebenslaufes führen kann wie bei einer meiner Kundinnen, die nach 22 Jahren Ehe ihr Studium exakt an der Stelle wieder aufgenommen hat, an der sie es unterbrochen hatte, um eine Familie zu gründen, die sich allerdings als einsame Versorgungsstelle eines selbstherrlichen und faulen Ehemannes entpuppte. Diese Emanzipation wäre sicher auch so überfällig gewesen. Die Erkenntnis der Hochbegabung führte hier aber als Katalysator zur rasanten Beschleunigung des aufregenden und sehr zufrieden machenden Prozesses. Und wir beide waren uns im Coaching einig, dass das ein guter und willkommener Effekt der späten Erkenntnis war.

In der Versöhnungsphase ist es auch möglich, sich wieder anderen wichtigen Dingen im Leben zu widmen, an dem Gesamtkunstwerk des eigenen Lebens zu arbeiten. Das Bild zu vervollständigen. Endlich. Denn die meisten hatten bis zur Erkenntnis der eigenen Hochbegabung das anstrengende Gefühl, dass ihnen irgendetwas das ganze bisherige Leben über gefehlt hat. Bei einigen geht freilich danach erst die richtige „Arbeit" los! Neusortieren des Freundes- und Bekanntenkreises, Änderung des Verhältnisses zu Verwandten und anderen wichtigen Bezugspersonen, berufliche Veränderungen, Aufbau neuer „Freizeit-beschäftigungen".

Für jedes Lebensjahrzehnt ein Jahr Veränderungsarbeit? Ich weiß nicht mehr genau, wo ich das gelesen habe, es entspricht jedenfalls auch meiner Erfahrung mit meinen Kunden und mit anderen Hochbegabten. Es scheint eine gültige Daumenregel zu sein, dass man zur endgültigen Bewältigung der Erkenntnis, vereinfacht gesagt: nicht dumm, sondern hochbegabt zu sein, für jedes Lebensjahrzehnt, das man in Unkenntnis dieser Tatsache verbracht hat, etwa ein Jahr braucht, um schließlich wieder „integriert" zu sein und endgültig „normal" damit umgehen zu können, eine neue Ausrichtung, ein neues Selbstbewusstsein gefunden zu haben. Es mag sicherlich auch schneller gehen, aber wie bei jedem Trennungs- und Trauerprozess muss es eben einige Zeit dauern, weil es das Selbstbild, die gesamte Persönlichkeit betrifft, und das geht eben kaum von heute auf morgen. Und die Zweifel nagen halt lange …

Wie breche ich aus meinem Gefängnis aus?

Viele spät entdeckte Hochbegabte kommen sich vor wie in einem Gefängnis, oder sagen wir: kurz vor der Entlassung. Einige wähnen sich vor der Entscheidung, auszubrechen oder nicht, weil keiner die Tür aufschließt, obwohl sich doch nun herausgestellt hat, dass sie „unschuldig" sind.

Zunächst müsste geklärt werden, welcher Art das Gefängnis überhaupt war: innerlich oder äußerlich? Geht es darum, still für mich alleine die

Erkenntnis zu wälzen, dass ich zu den Hochbegabten gehöre, aber sonst alles beim Alten lasse? Geht es um Konsequenzen für meinen – auch beruflichen – Alltag? Soll ich doch noch studieren, obwohl mir immer alle eingeredet haben einschließlich ich selbst, dass das bestimmt nicht klappen kann, so doof wie ich bin? Wie schaffe ich es, mich so zu verändern, dass ich endlich dem entspreche, was ich eigentlich bin? Kann ich das alleine, oder brauche ich andere dazu?

All diese Fragen kann man sich alleine zu beantworten versuchen. Ohne dass sich äußerlich etwas verändert, verändert sich allerdings auch innerlich nicht viel, andersherum: Ändert sich innerlich das gesamte Selbstbild, geht das kaum ohne äußerliche Änderungen. Bevor sich hier jemand im Kreis dreht und schließlich wieder im Stillstand verharrt, sollte er über ein kurzes Coaching zum Thema nachdenken oder sich anderen Hochbegabten anschließen oder beides. Ich habe erlebt und berichtet bekommen, dass der Entschluss, diesen Anschluss zu suchen, manchmal Jahre lang reifen muss, dann aber umgesetzt wird und zu ähnlichen Befreiungsgefühlen geführt hat. Ich habe auch festgestellt, dass es viele Jahre nach der „Entdeckung" noch zu großer Erleichterung und Freude führen kann, sein Schneckenhaus zu verlassen und sich der Welt zu stellen.

Sicherlich gibt es auch viele Wege, nicht gleich ganz und/oder überstürzt sein Schneckenhaus zu verlassen. Nicht jeder taugt zu euphorischen Gefühlsausbrüchen. Rauszufinden, welches der beste Weg ist, damit umzugehen, kann als ganz bewusster persönlicher Entwicklungsprozess gestaltet und genossen werden. Nur wer mit sich selbst und den ihn umgebenden Kontextbedingungen vollkommen zufrieden ist, kann eine Weile auf Entwicklungsschritte verzichten!

Solche bewussten Schritte – von der Selbsteinschätzung über die Verifizierung mithilfe eines Tests bis hin zur korrekten Selbsteinschätzung, Entdeckung und Nutzung der eigenen Ressourcen – sind kein Diplom-Jodel-Kurs à la Loriot, sondern vielleicht eines der letzten Abenteuer der Menschheit. Und zwar für jeden, ob nun hochbegabt oder nicht.

Müssen andere etwas davon mitbekommen?

Vorsicht ist beim Thema Kommunikation nach außen angesagt. Man könnte auch sagen: Nachsicht! Weil nicht alle Freunde und Bekannten gleichermaßen davon begeistert sind, „plötzlich" einen hochbegabten „Besserwisser" (oder was auch immer aktuell und individuell befürchtet wird) so nah zu wissen. Der Mann, der bei Gottschalk die 137ste Wurzel aus einer 1000-stelligen Zahl zieht, der wird bewundert, aber was tun, wenn so einer die eigene Familie ziert?! (Keine Angst: Das kommt so selten vor, das erleben Sie nicht!) Da sollte man als „frischgebackener" Hochbegabter abwägen, ob man Lust und Kraft hat, auch mit womöglich sehr hässlichen Bemerkungen und Kommentaren umzugehen. Natürlich läuft man Gefahr, zu leichtfertig zu sein, weil man es am liebsten in die Welt hinausbrüllen möchte, aber das ist nicht immer klug. Und so sollte man vielleicht ein paar kleinere Versuche machen, bevor es zum „Coming-out" kommt, oder zum „Getting-out", wie vom Scheidt das nennt (*Das Drama der Hochbegabten*, z.B. Seite 52). Gerade diese Frage ist ein gutes Thema für ein Coaching, denn man will ja nicht gleich wieder anecken! Die Frage lässt sich nur ganz individuell klären. Die Medaille hat mal wieder mehrere Seiten. Andererseits: Den Rest seines Lebens immer peinlich berührt darauf zu achten, dass es keiner merkt, ist ziemlich anstrengend. Es gibt leider eine Menge Hochbegabte, die einen Großteil ihrer Energie darauf verwenden, dass sich nichts ändert, dass es keiner merkt und dass z.B. Vereinsaktivitäten in einem Hochbegabten-Club unbemerkt bleiben. Schade, denn das ist eine Befreiung in Ketten. Mir jedenfalls war mein Leben dazu zu kurz, um mich mit Tarnung zu beschäftigen.

Lohnt sich das überhaupt, oder soll ich es lieber lassen?

Das ist überhaupt keine Frage! Es lohnt sich, egal wie spät im Leben und unter welchen Umständen: Es lohnt sich schon deshalb, weil es einen der Antwort auf die lebenslange Frage: „Wer oder was bin ich eigentlich?", ein Stück näherbringen kann. Weil man tolle neue Menschen kennenlernen kann, die nicht automatisch, aber mit hoher Wahrscheinlichkeit gut zu einem passen, weil man Gemeinschaften findet, in denen man sich nicht mehr zurückhalten oder verstellen muss. Weil man problemlos und ohne jeden Hintergedanken sagen kann: „Dazu bin ich einfach zu blöd!", wenn man z.B. eines der bei Hochbegabten beliebten Rätsel einfach nicht hinbekommt.
Ohne übertreiben zu wollen: Es lohnt sich immer, weil die Stimmigkeit, die man plötzlich erlebt, Energie frei macht für Dinge, die man vielleicht schon ewig einmal anpacken wollte. Jetzt geht es vielleicht auf einmal ganz leicht ... Auch der berühmte Weltmeister-Kopfrechner Dr. Gert Mittring gibt im Buch von Ida Fleiß zu Protokoll: „... Meine Ergebnisse lagen fast durchweg über 99 % oder 100 % (Prozentrang, Anmerkung des Verfassers). Mein IQ liegt somit über 150, vielleicht auch bei 160.

Diese Nachricht war für mich der Wendepunkt. Hatte ich mich vorher für nicht besonders intelligent gehalten, weil ich mit meinen Altersgenossen kaum zurechtkam, so wurde es mir jetzt schlagartig klar, warum. Ich war nicht dumm, sondern weitaus klüger als die anderen, deshalb das Nicht-Verstehen." (Fleiß, Seite 171) Und einige Zeilen weiter das Entscheidende: „Was mir die Schule abgewöhnt hat – die Leistungsmotivation, die Freude am Lernen –, ist plötzlich wieder da!" (Fleiß, Seite 172)

Unser Lernverhalten ist so stark von Motivation, von innerer Haltung, vom angepeilten Ziel, von der Überzeugung, nur schwer oder sehr leicht lernen zu können, beeinflusst, dass wir nach etlichen Teufelskreisen jetzt ein paar Engelskreise ausprobieren könnten: Ich schaff das, weil ich das brauche, weil es mir Spaß macht. Ich will das! Weil ich es kann!

Deswegen brauchen wir nicht die 137. Wurzel ziehen zu können, wir brauchen uns auch gar nicht mit Gert Mittring zu vergleichen (das ist ohnehin völlig witzlos), aber dieses Prinzip der gelösten Handbremse bestätigen auch einige meiner Interviewpartner, vor allem Olaf. Natürlich muss man überhaupt nicht so euphorisch reagieren, und manchmal liegen Jahre zwischen Erkenntnis und Nutzen. Und dann gibt es noch die, bei denen die Erkenntnis nicht unmittelbar und verbunden mit Euphorie zu einem spürbaren Nutzen geführt hat. Aber die hohe Wahrscheinlichkeit reicht aus, es zu versuchen. Die Chance ist da. Und vielleicht wächst sie eben, wenn man die Erkenntnis nicht einfach so im Raum stehen lässt, sondern diesen Punkt im Leben dazu nutzt, systematisch nachzuschauen: Was mach ich jetzt damit?! Mit einem Coach, alleine oder mit einem Vertrauten. Dazu kommen wir später noch.

Aber wie gesagt: Eine deutliche Warnung sei ausgesprochen, und die gilt für alle Menschen, die etwas ändern wollen in ihrem Leben. Vor allem wenn es darum geht, etwas zu eigenen Gunsten zu verändern: Es wird hier und da Schwierigkeiten mit andern geben, denen das gar nicht gefällt, und man wird einiges wegstecken müssen an dummen Bemerkungen, an Beleidigungen, Abwertungsversuchen und anderen Dingen.[19] Soziale Erpressung („Wenn du nicht so bist wie wir, dann stoßen wir dich aus!") ist hier so beliebt wie in vielen anderen Fällen – in

---

[19] Auf das Thema Selbstmanagement von Diabetes bezogen, habe ich die sozialen Interaktionen, die es zu meistern gilt, ausführlich beschrieben, wenn sich jemand anschickt, sich selbst zu verändern, und nicht das Risiko laufen will, wieder zurück in alte Verhaltensmuster gedrängt zu werden: Scheer, Heinz-Detlef: *Raus aus der Diabetes-Falle*, BoD, 2005, z.B. Seite 110 ff.

vielen Ehen, Familien und Gruppen jeder Art – in denen eine Mehrheitsgruppe mit Minderheiten umgeht. Oftmals brutal, rücksichtslos, schamlos und schadenfroh verletzend. Dazu kommt die breite Masse an Menschen, die es gar nicht bemerken, dass sie von einem Fettnäpfchen ins andere laufen. Die können zwar nichts dafür, verletzend ist es aber manchmal trotzdem, so etwas immer wieder zu erleben. Wir als Hochbegabte müssen einfach mit einkalkulieren, dass es (viele) Menschen gibt, die nicht hochbegabt sind UND sich überhaupt nicht dafür interessieren. Trotzdem wird JEDER (vermeintliche!) Versuch von anderen, irgendetwas zu sagen oder zu tun, was darauf hindeuten könnte, dass sie meinen, etwas Besseres zu sein als andere, gegen die eigene Person uminterpretiert, als Angriff verstanden, und sofort wird daraufhin eine (zuweilen aggressive und verletzende) Verteidigung eingeleitet. Da sind mehrere Fehler enthalten: Erstens versucht die überwiegende Mehrheit der Hochbegabten kaum jemals dazu beizutragen, dass sie als etwas Besonderes, Besseres betrachtet werden, zweitens beziehen sich Hochbegabte in den seltensten Fällen laufend auf andere, und drittens ist die gefühlte Zeit Hochbegabter meistens viel zu kurz, um Zeit in solche kindischen Streitereien zu investieren! Es lohnt sich nicht, dagegen anzugehen. Es ist wie mit dem Wetter oder mit Stress. Man kann das nicht verhindern, kann aber lernen, damit so umzugehen, dass es nicht zum eigenen Schaden gereicht.

Die positiven Erlebnisse werden aber allemal überwiegen, auch wenn wir Skeptiker das zuerst überhaupt nicht glauben wollen. Alte Freunde, neue Freunde, neue Perspektiven, neue Themen, neue Akzeptanz, unvorhergesehene Reaktionen im Verwandten- und Bekanntenkreis, alles trägt zur Veränderung unseres Lebens bei. Dabei kann es vorkommen, dass man sich von bestimmten Menschen trennen muss. Und das ist manchmal bitter. Aber das Leben ist zu kurz, um sich immer wieder dieselben Vorwürfe oder Sticheleien anzuhören von Menschen, die damit nicht aufhören können, weil sie sich sonst offenbar nicht genügend spüren und nur auf Kosten anderer existieren können. Dafür lernt man andere kennen und hat bald neue faszinierende Freunde, oder die alten haben sich auf ungeahnte Weise bewährt und sind umso wertvoller und liebenswerter geworden. Fazit: Es wäre unterlassene Hilfeleistung an der eigenen Person, sich dieses Erleben nicht zu erlauben.

Umgang mit Neid und Missgunst – eine aufgezwungene Disziplin

Neid und Missgunst spielen offenbar in Deutschland eine wichtige Rolle. Neben interessant-kreativen, aber relativ sinnfreien Begriffen wie Sozialneid, Bildungsneid, Technikneid, Familienneid und anderen angeblich unterschiedlichen Neidsorten gibt es in Isny in Bayern sogar ein Neidhammel-Denkmal, welches zwei „Baulöwen-Brüder" jüngst aufstellten, weil sie zwar die vom Ort nicht mehr zu finanzierende Schule des Ortes sponsern durften, aber dafür ihrer Meinung nach zu wenig gewürdigt wurden. Wegen des Neids der restlichen Bevölkerung des Ortes, wie sie meinten. Laut Fernsehbericht stimmt das wohl tatsächlich. Der Europaabgeordnete Hans-Christian Ströbele von den Grünen gibt in derselben Sendung öffentlich und unumwunden zu, dass er „den Reichen" ihr wachsendes Vermögen nicht gönnt, solange es immer mehr „Arme" gibt. Um nur einige Beispiele zu nennen. Und nicht gönnen heißt neiden.

Die beiden Beispiele stammen aus einer Sendung der ARD über Neidgefühle in Deutschland, gesendet am Mittwoch, 17.01.2007, um 23.00 Uhr.

Ob der Neid in Deutschland nun wirklich ausgeprägter ist als anderswo? Ein Problem und fast allgegenwärtig ist er allemal.

Natürlich gibt es auch viel Neid und Missgunst Hochbegabten gegenüber. Vielleicht auch ein Grund für die unzureichende Förderung von Elite unter dem „Schutzschild" historisch belegter Missbräuche in der jüngeren deutschen Vergangenheit.

Manchmal kommt er als offene Aggression daher, manchmal eher versteckt, manchmal bekommt man ihn zunächst kaum mit. Auch der neidische Mensch selbst nicht.

Gefasst sein sollte man allemal darauf, wenn man sich als hochbegabt geoutet hat. Die einen zweifeln sofort die Qualität der Tests an oder wittern sofort „Betrug". Die anderen konfrontieren einen umgehend mit ihren eigenen völlig unnötigen Minderwertigkeitsgefühlen, noch andere wissen, dass hochbegabte Menschen im Grunde am Rande des Wahnsinns leben müssen, noch andere fassen ihre ganze Lebensweisheit mit neidverzerrtem Gesicht in einem Satz zusammen: „If you´re so smart, why aren´t you rich?!"

Eine Exfreundin des Autors war erst zufrieden, als sie auf die Frage: „Wie hast du es denn geschafft, Mensa beizutreten?", die Antwort hörte: „Nun ja, ich habe doch Psychologie studiert, und da hatten wir ja auch Testtheorie und Testpraxis, da haben wir reihenweise Tests gemacht, auch IQ-Tests, um sie kennenzulernen ..." Sie wollte den Rest gar nicht mehr hören, der da hätte lauten sollen: „... da war mir zum ersten Mal aufgefallen, dass mein IQ besonders hoch ist ..." Sie hatte wohl bereits „gehört": „Seitdem weiß ich, wie man IQ-Tests fälscht ...", und damit war sie dann zufrieden oder wenigstens beruhigt. Müßig, ihr zu erklären, dass man IQ-Tests eigentlich nur „fälschen" kann, wenn man intelligent genug dazu ist ... und ein weiterer Hinweis, wozu der IQ überall herhalten muss.

Man muss sich als Hochbegabter fragen, worauf der Neid eigentlich beruht? Auf einem unsinnigen Vorurteil? Auf Teilwahrheiten? Auf objektiven Daten?

Worauf ist man eigentlich neidisch? Darauf, dass hochbegabte Kinder eine große Chance haben, in der Sonderschule zu versauern, weil sie nur stören? Oder falsch „diagnostiziert" und, mit Tranquillizern vollgestopft und von den eigenen Eltern im Stich gelassen, ruhig gestellt werden?

Oder gibt es Neid auf die dauernd als störend empfundene Dissonanz vieler erwachsener Hochbegabter zwischen theoretischer Kapazität und wirklicher Herausforderung?

Oder zielt der Neid auf Karriere, Geld und Macht? Dann befinden wir uns in guter Gesellschaft, weil Geld, Macht, Einfluss, Karriere erreichbar sind – vor allem auch ohne Hochbegabung. Dazu braucht man nämlich Ausdauer, soziale Kompetenz, exzellente Qualifikation (das Einzige, wo Hochbegabung sicher wenigstens hilfreich sein kann), gute Beziehungen, extrem hohe Frustrationstoleranz, extreme Eigeninitiative, Selbstständigkeit, Selbst-Bewusstsein, Selbst-Sicherheit, Glück und ein paar andere Umstände vielleicht auch noch.

Der Neid besteht also – wie immer, wie ich behaupten möchte – in Bezug auf eine angenommene Korrelation zwischen Hochbegabung und scheinbarem persönlichen Glück, das im jeweiligen Falle Einfluss, Macht, Geld usw. zugeschrieben wird, ohne im Einzelfall zu überprüfen, ob diese Dinge nun mit Hochbegabung tatsächlich einhergehen (oder gar mit Glück!). Worin diese hartnäckige Zuschreibung überhaupt begründet ist, wird vielleicht für immer ein Rätsel bleiben, andererseits hilft sie natürlich dem Neider bei der Begründung der erlebten Ungerechtigkeit bzgl. der eigenen (Un)Möglichkeiten, manchmal vielleicht sogar der eigenen Trägheit. Und wenn ich es nicht haben kann, dann kann ich es wenigstens dem anderen missgönnen.

Die Quintessenz ist hier dieselbe wie sonst auch: Der Neid frisst den Neidischen auf, nicht das Objekt des Neids. Der Neid hilft ihm nicht, im Gegenteil, er schadet ihm, weil er blind macht. Weil er die Energien von der eigenen Person ablenkt und auf „die anderen" umlenkt. Weil er die Neidischen an Lösungen hindert und sie weiter in das Problem des von vornherein „ungerecht Behandelten", ja sogar schon „benachteiligt auf die Welt Gekommenen" hineintreibt. Das Opfer kultiviert seine eigene vermeintliche Regieanweisung und perfektioniert den scheinbar aufgezwungenen Opferstatus selbst.

Aber manchmal schadet der Neid nicht nur dem Neider selbst, sondern auch dem Beneideten. Dann nämlich, wenn er, mit entsprechend vernichtenden Werturteilen gekoppelt, öffentlich zu Markte getragen wird. Verblendet von der offensichtlichen selbstbildbezogenen und Minderwertigkeitsgefühlen geschuldeten sozialen Bankrott-Erklärung des Neidischen, die aber für ihn selber als Ausbruch gerechten Zorns daherkommt und nur vermeintlich die eigene Balance wiederherstellt, geht der Neider zum Angriff über – und verliert zwangsläufig, auch wenn er dem Beneideten einen kleineren Schaden zufügen konnte.

Ich glaube nicht, dass man Hochbegabte beneiden muss, zumal sie ja gar nichts dafür können, hochbegabt zu sein. Eigentlich handelt es sich nur um eine Laune der Natur und ist nicht auf persönliche Leistung zurückzuführen. Gäbe es hier einen messbaren Zusammenhang zwischen Anstrengung und Intelligenzquotient, dann wäre ja in der hierzulande üblichen Begründung von Neid und Missgunst der Neid nicht mehr begründbar, weil das Ergebnis der Anstrengung „verdient" wäre. So oder so bleibt es unsinnig, auf hochbegabte Menschen neidisch zu sein. Nur wissen das die Neidischen nicht.

Der Neider selbst ist da wohl nicht wählerisch, er biegt sich ja sowieso, leider zu seinen Ungunsten, die Welt zurecht. Denn was soll man dagegen als Beneideter machen? Geld und Macht könnte man dem Neidischen ja abgeben, wenn man wollte, aber Intelligenz?

Weil er das weiß, wird sein Neid kaum durch argumentative Bemühungen unsererseits verblassen. Heute ist es unmodern geworden, Hexen zu verbrennen, nur weil sie keiner versteht. Vielleicht waren das ja auch nur Hochbegabte. Einiges spricht wohl tatsächlich dafür, dass bestimmte frühe „Berufe" mit Hochbegabung einhergingen, beispielsweise werden die Schamanen, Seher oder „Zauberer" häufig zu ihnen gezählt (vgl. beispielsweise vom Scheidt, Seite 108). Und so manche Kräuterhexe in Europa hätte man wohl auch dazuzählen und von ihrem Wissen profitieren können, anstatt sie zu verbrennen. Die Unfähigkeit der sich ergebenden Lager der „normalen" Bürger und der „geheimnisvollen Mächte der Hexe", miteinander zu kommunizieren, wohl vor allem ein Mangel an Verständnis und Toleranz auf der einen Seite, spricht nicht gerade dagegen. Also kann sich der Neidische auch kaum mehr in gesellschaftlich konformer Gemeinschaftswut des Objekts seiner Begierde durch den Scheiterhaufen entledigen.

Entweder lernen wir also, ohne uns allzu sehr zu verbiegen, mit dem Neider zu leben, bis er, vor Neid erschöpft, zusammenbricht, oder bis sein Neid von alleine verblasst (oder durch mutwilliges gutes Zusammenleben eine Freundschaft entsteht, die erstens trägt und zweitens Neid verunmöglicht), oder wir sollten uns überlegen, die entsprechenden Beziehungen zu beenden. Warum sollten wir uns auch einer solchen zusätzlichen Dauerbelastung aussetzen? Einer meiner Kunden hat sich dazu entschlossen, diejenigen Neider unter seinen Kollegen, die seine Leistungen regelmäßig mit einem abschätzigen „Glück gehabt" quittierten, einfach zu ignorieren. Daher sein im Interview geäußerter Rat: „Ich würde nie einem Kollegen erzählen, dass ich hochbegabt bin. Ich habe einfach keine Lust mehr, mit diesen hilflos aggressiv-neidischen Reaktionen umzugehen!"

Was uns aber nicht erspart bleibt, ist die innere Vorbereitung auf Neid-Reaktionen, denn es ist eine sehr hässliche Erfahrung, erleben zu müssen, dass das, was einen selber gerade nach langer Zeit der Frustrationen extrem euphorisch macht, andere offenbar so sehr bedroht, dass sie uns mit ihrer aggressiven Verteidigung auf einen vermeintlichen Angriff hin die Freude an unserer Entdeckung und an unseren inneren Befreiungsbemühungen unter Aufbietung aller moralinsaurer Rhetorik zu verderben suchen.

Das sollte jeder vor seinem „Getting-out" bedenken. Auch, dass die meisten wohl eher gar nichts sagen, sich aber trotzdem (und dann für den Betroffenen unerklärlich) zurückziehen. Es sollte ihn aber nicht abhalten, weil der Gewinn allemal größer ist als der kleine Verlust von neidischen Wölfen in der Rolle vermeintlich befreundeter Schafe.

Auch in diesem Zusammenhang kann es hilfreich sein, sich mit anderen Betroffenen auszutauschen. Ein riesiger Vorteil von Vereinen wie Mensa ist der, dass dort – wie bereits beschrieben – Auseinandersetzungen über unzählige Themen zwischen völlig unterschiedlichen Menschen aller Geschlechter und Altersgruppen im Gange sind. Sicher gibt es auch dort leider unrühmliche Ausnahmen: „Eitle Spinner", „arrogante Zicken", „rechthaberische Buchhaltertypen" und Menschen mir der einzig wahren wissenschaftlichen Qualifikation weltweit. Insgesamt aber gibt es dort vor allem prinzipielles Verständnis, weil die Erfahrungswelten Hochbegabter offenbar relativ ähnliche Erlebnisse hervorbringen und deswegen eine besondere Art prinzipieller Akzeptanz und Respekt voreinander kultiviert wird. Und das weitgehend ohne erwartete Gegenleistung in Form von irgendwelchen Unterwürfigkeitsritualen. Das hilft immer, das baut auf, das unterstützt, das macht leichter!!

Und was kann man dagegen tun, Neid hervorzurufen?!

Eine nicht so ganz einfache Frage. Aber doch leicht zu beantworten. Wie oben bereits erwähnt, könnte man einen Versuch zusammenzuleben so lange durchhalten, bis der Neider den Neid aufgeben kann, weil er uns genug kennt. Es ist eine schwierige Frage, denn als derjenige, der scheinbar ursächlich Neidgefühle auslöst, kennt man in der Regel kaum die individuellen Versagensängste, die Minderwertigkeitsgefühle oder die zig anderen denkbaren Faktoren, die beim Gegenüber tatsächlich ursächlich Neid auslösen konnten. Dazu kommt, dass man sich als Hochbegabter fragen muss, warum man sich eigentlich dazu berufen fühlen sollte, ausgerechnet denen zu helfen, die einem das Leben mit ihren Neidgefühlen schwer machen. Zumal der Neid im Kopf des Neiders entsteht und eben nicht bei uns.

Die Antwort auf diese Frage ist wiederum einfach: Weil es uns das Leben einfacher macht, weil wir – umgeben von Neidern – mehr und mehr in eine unerträgliche, manchmal sogar gefährliche Situation geraten würden, die wir vermeiden können, indem wir den Neidern helfen, aus ihrem emotionalen Schützengraben zu klettern.

Was wir machen können, ist: Wir können mit ihnen Kontakt pflegen und ihnen dabei helfen, uns kennenzulernen. Wir können ihnen vielleicht sogar dazu verhelfen, unsere und ihre eigenen Ressourcen angemessen einzusetzen. Wer mit sich selbst zufrieden ist, wer eine Balance zwischen eigenen Möglichkeiten und eigenem (erfolgreichen) Verhalten erreicht hat, der braucht nicht auf andere zu schielen und sich in Missgunst zu üben.

Aber: Setzen wir unsere eigenen Maßstäbe nicht zu hoch an! Nicht jeder ist ein geborener Coach oder gar Therapeut und in der Lage, seine Mitmenschen von neidischen Fieslingen in gönnende Freunde zu verwandeln! Aber einen Versuch ist es allemal wert, denn er könnte in die Kategorie der Schritte fallen, die uns allen helfen: wieder ein kleiner Schritt zur Verbesserung der Welt!

Und seien wir ehrlich: Waren wir nicht auch hier und da neidisch auf diese unkomplizierte Welt der „normal" begabten Mitmenschen, die mit allen möglichen Dingen wunderbar leben (können), sie sogar genießen können, die uns aber in tiefe Abgründe der selbstzerstörerischen Grübelei schicken?! Also bauen wir doch gegenseitig etwas Neid ab.

„Vitus" ist ein Film nach einer wahren Begebenheit und teilweise mit den tatsächlich lebenden Menschen und unter anderem mit Bruno Ganz als Großvater vom 12-jährigen Protagonisten Vitus gedreht. Wunderbar gemacht erlaubt er dem Zuschauer das seltsame Erlebnis, sich mit dem 12-Jährigen zu identifizieren, ohne überhaupt wirklich zu bemerken, dass dieser noch ein Kind ist. Es geht um einen extrem hochbegabten Jungen, dessen Leiden an der Erwachsenen-Welt (sein unnachahmlicher Großvater, um den wir ihn alle beneiden, mal ausgenommen) und seinen wunderbar inszenierten Befreiungsschlag. Die vier Damen, die nach der Vorstellung, die ich besuchte, laut schimpfend das Kino verließen („Welch ein unrealistischer Unsinn, so ein Quatsch!"), hatten nicht einmal die Chance, die unzähligen witzigen Szenen mit leisem Humor mitzubekommen. Sie waren einfach nur wütend, weil sie den Inhalt des Films einfach nicht nachvollziehen konnten, und deswegen fanden sie ihn unsinnig. Unrealistisch und einfach „eine Frechheit!". Schade. Sie hätten etwas lernen können, aber sie waren wohl einfach zu weit weg.

Vitus macht es uns vor, wie nervenaufreibend und gleichzeitig deprimierend es sein kann, sich danach zu sehnen, „normal" zu sein. Er macht uns aber auch vor, wie schön Fliegen sein kann, wenn man es nur selber will und frei entscheiden kann, wann und wo und bei wem man z.B. Klavierstunden nimmt. Wir können alle Vitus das Wasser nicht reichen, aber wir können ihm etwas abschauen. Und es braucht uns als erwachsenen Hochbegabten ja nicht peinlich zu sein, dass Vitus so jung ist. Wir kennen seine Geschichte – jeder von uns ist ihm in einem anderen Teil seines Lebens bereits begegnet.

Hinweis für Coaches zum Thema Neid

Genauso wie hochbegabte Erwachsene mit Neidausbrüchen ihrer Mitmenschen rechnen müssen, sollten Coaches, ob nun selber hochbegabt oder nicht, diese Gefühle und deren Bedeutung für den hochbegabten Coachee mit einkalkulieren. Vor allem sollten sie, wie Coaches überhaupt, aber in diesem Fall mit einem speziellen Fokus, die eigenen Gefühle im Coaching-Prozess beobachten und deren Auswirkungen auf den Beratungsprozess berücksichtigen können.

Der hochbegabte Coach wird kaum von Neidgefühlen wegen der Hochbegabung seines Klienten umgetrieben, aber hier gilt der Aspekt, dass der gute, aber durchschnittlich verdienende Coach sich hüten sollte, Neidgefühle gegenüber seinem problembeladenen, aber beispielsweise wirtschaftlich deutlich erfolgreicheren Coachee – im Vergleich zur eigenen Person – zu entwickeln.

Für den selbst nicht hochbegabten Coach gilt selbstverständlich: Achtung vor Neidgefühlen hinsichtlich der Hochbegabung des Kunden. Gedanken wie: „Deine Probleme möchte ich haben!" oder auch „Was soll *ich* dir wohl beibringen?" sind kontraproduktiv und leisten keinen positiven Beitrag zu einem erfolgreichen Ergebnis des Coachings!!

Im Zweifelsfall sollte ein Coach in diesem Fall seinen Supervisor bemühen und/oder seinen Coachee an einen kompetenten und vielleicht seinerseits hochbegabten Coach vermitteln.

Das wäre im Übrigen auch das richtige Vorgehen, wenn ein Coach vor lauter Neid vor seinem Coachee in die Knie geht, weil sein Kunde das Zehnfache verdient wie er selbst. Damit Neid eine Arbeitsbeziehung kaputt machen kann, muss keiner der Beteiligten hochbegabt sein ...

Test gemacht, aber nicht hochbegabt – was nun?

Zunächst ein paar Überlegungen für die Menschen, die erwartet hatten, einen extrem hohen IQ bescheinigt zu bekommen. Die machen einen Test in der Hoffnung, dieses Selbstbild bestätigt zu bekommen. Warum auch immer.

Es soll ja vorkommen, dass Menschen einen IQ-Test machen, und dann stellt sich heraus, sie haben einen IQ von sagen wir 126. Was bedeutet das? Durchgefallen, niedriger IQ, Frustrationen ohne Ende?

Nein, ein IQ von 126 ist sehr, sehr hoch, weit überdurchschnittlich, und er entspricht einem Prozentrang von etwa 4. D.h. solch ein Mensch macht einen IQ-Test besser als ca. 96 % der Bevölkerung.

Mit so einem IQ kann man eine ganz Menge anfangen. Die Themen/Probleme, die einem ein Leben lang begegnet sind, dürften ganz ähnliche sein; die Handbremse, so sie denn da war, zu lösen, kann genauso viel Sinn machen wie bei 130, 132 oder 145. Die Frage kann doch auch hier nur sein, wie bekomme ich das hin, dass ich zu meinen Gunsten meine Ressourcen optimal nutze? Wie erreiche ich eine gewisse Zufriedenheit im Leben? Die Fragen sind doch weitestgehend dieselben.

Und deswegen lohnt es sich auch hier, auf eine Abenteuerreise alleine, mit Freunden und/oder mit einem Coach zu gehen. Dass man nicht bei Mensa aufgenommen wird, ist kein Beinbruch, ich werde ja auch nicht bei einem Frauen-Karnevals-Verein aufgenommen, nur weil ich ein

Mann bin. Außerdem gibt es andere Hochbegabten-Clubs, die z.B. das 3 %-Kriterium haben oder sogar das 5 %-Kriterium.

Aus meiner Erfahrung als Coach weiß ich, dass eine (r)evolutionäre Entwicklung in diesem Falle immer möglich ist und der Verzicht darauf einen Verzicht auf Lebensqualität bedeutet. Was gibt es Befriedigenderes, als dass die Anforderungen, die man sucht und die einem gestellt werden, einigermaßen oder sogar optimal zu den Kompetenzen passen, die man anzubieten hat? Die Passung ist wichtig, nicht so deren absolute Größe, Höhe oder ein vermeintlich damit assoziierter „Wert".

Ja, und was ist mit denen, die einen Test machen, kein hohes Ergebnis erwarten und auch kein hohes Ergebnis bekommen?

Für die hat sich eigentlich nicht viel geändert, mit der Ausnahme, dass sie es jetzt genau wissen. Vielleicht ergibt sich aus dem speziellen Ergebnis aber der eine oder andere Hinweis auf spezielle Stärken, die noch gar nicht so aufgefallen waren bisher und die man vielleicht nutzen könnte.

Denn im Prinzip ist es ja genau dasselbe: Ich werde mir bewusster, was ich besser kann und was nicht so gut, und daraus kann ich Konsequenzen ziehen in Richtung eines befriedigenderen Alltags. Und das ist doch der Mühe wert, oder?

Eine meiner Kundinnen war nach dem Test entsetzt, denn sie war sicher, dass sie hochbegabt sei. Ich muss zugeben, dass ich das auch dachte. Das Testergebnis kam dann wie ein Schock: IQ = 89! Ich bin zwar überzeugt, dass der wahre Wert wesentlich höher liegen muss, da sie aufgeregt und unkonzentriert war, zudem gerade in einer extrem stressigen Lebenssituation gefangen war. Aber selbst wenn sie einen IQ von 100 oder 105 in diesem Test gehabt hätte, wäre das auch nicht gerade ein Zeichen für Hochbegabung gewesen. Ich litt mit ihr, weil ihre Erwartungen sehr enttäuscht wurden. Aber hier zeigte sich schließlich die positive Macht der Ent-Täuschung, wenn man das Wort nur richtig versteht: Die Täuschung war weg und sie den Stress los. Denn sie lebte in einem erheblichen Erwartungsstress, mit einem extremen Perfektionismus-Anspruch an sich selbst und umgeben von Menschen, die ständig Hochleistung von ihr verlangten, und sie hatte viel zu lange unter fast unmenschlicher Anstrengung versucht, es allen recht zu machen. Nun war sie den Stress los, konnte sich ihrem Kind, das sie gerade geboren hatte, widmen und ihrem Freund, der von einem eher unzuverlässigen Partner zu einem echten Freund und selbstständigen Unterstützer „mutierte". Sie ist heute total mit sich, ihrer Familie und ihrem Leben zufrieden. Und sie schafft es jetzt, ihre Mutter aus ihrem Leben fernzuhalten, deren Aufgabe es bisher offenbar lediglich gewesen war, ihre Tochter mit immer neuen Vorwürfen und Beleidigungen zu überschütten. Was will man da noch mehr verlangen?

Glücklich die, die sich nicht unter- oder überfordern müssen, weil sie wissen, was sie können!!

Fünfter Teil: Coaching durch einen professionellen Coach

Coaching oder Therapie?

Muss es einem erst richtig schlecht gehen, um einen Coach in Anspruch zu nehmen?

Die spezielle Situation beim Coaching Hochbegabter

Ein kleiner Ausflug ins Branchenspezifische

Die Dwiz-Falle für den Coach

Dich durchschau ich!

Nur eine neue Folge der Serie „Mir kann keiner helfen!"?

Coaching auf Augenhöhe

Was konkret passiert beim Coaching?

Kosten

Wie finde ich einen guten Coach?

Coaching oder Therapie?

Es gibt zahlreiche Versuche, Therapie und Coaching voneinander abzugrenzen und gleichzeitig zu betonen, wie viele Überlappungen es gibt und wie schwierig es ist, diese Abgrenzung glaubhaft zu betreiben. Ich möchte diese akademische Disziplin hier nicht strapazieren. Es muss Unterschiede geben, sonst würden mich Therapeuten nicht empfehlen und nicht von Therapeuten genervte Hochbegabte bei mir anrufen. Ich habe schon in den Achtzigern des letzten Jahrhunderts Kongresse besucht, auf denen diese Abgrenzung fast der wichtigste Tagesordnungspunkt überhaupt war. Bei vielen der Auseinandersetzungen hatte ich das Gefühl, dass die einen rechtfertigen wollten, warum sie als Coach arbeiten, obwohl sie nicht einmal Psychologie studiert oder eine andere angemessene Qualifikation hatten. Bei den anderen ging es wohl mehr um die Verteilung eines kaum vorhandenen, aber imaginär mächtigen zukünftigen Kuchens. Ich kann mich an eine Fast-Einigung auf einer Veranstaltung erinnern. Da war davon die Rede, dass Therapie personenorientiert sei und Coaching berufsbezogen. Da dieser Gedanke das Thema aber nur teilweise zu streifen in der Lage ist, war es eben nur fast eine Einigung. Wenn man sich den Sinngehalt dieser „Gegenüberstellung" der Begriffe näher anschaut, ist das auch gut so.
Vielleicht ist es auch sinnvoller, nicht mit einer Abgrenzung zu beginnen, sondern mit der Darstellung, was Coaching denn nun eigentlich sei. Hier ist die Literatur genauso bunt und unübersichtlich. Wer sich näher dafür interessiert, sei auf die Literatur verwiesen, bevor ich zu den mir wirklich wichtigen Punkten komme.
König und Volmer haben ihrem Buch „Systemisches Coaching" ein recht kurzes, aber verständliches Einleitungskapitel zur Herkunft des Begriffs und zu den Merkmalen von Coaching gewidmet. Dabei beziehen sie sich u.a. auf Christopher Rauen, den Herausgeber des Buches „Handbuch Coaching", das in einigen Kapiteln und Abschnitten den Themen nachgeht, wo nur Wein in alten Schläuchen zu finden ist, wie die Definition von Coaching seiner Meinung nach zu sein hat und anhand welcher Merkmale aus einer gut durchdachten Merkmalsliste Coaching zu erkennen ist. Die Abgrenzungsbemühungen zur Therapie sucht man in den letzten Jahren in der entsprechenden Literatur oft vergebens. Es scheint hier also entweder einen Konsens zu geben, dieses Thema nicht zum soundsovielten Male zu behandeln, oder man hat aufgegeben, immer neue Versuche zu starten, weil sich immer wieder herausstellt, dass die Grenzen manchmal fließend scheinen. Im stark

praxisorientierten Buch von Roland Jäger fand ich eine meines Erachtens gute Definition, die ich hier gerne zitieren möchte:

„Coaching ist ein zeitlich begrenzter, ziel- und ressourcenorientierter Beratungsprozess zur individuellen Unterstützung von Menschen im beruflichen Kontext. Er beruht auf Freiwilligkeit, gegenseitiger Akzeptanz und bedient sich des persönlichen Kontaktes und der Unabhängigkeit des Coaches. Dabei setzt der Coach unterschiedliche Interventionstechniken ein." (Roland Jäger: *Praxisbuch Coaching*, Seite 11)

Wer sich für eine umfassendere Diskussion von Coaching im historischen Kontext, zu Zielgruppen, Methoden, Anforderungen an den Coach, Rollen, Settings usw. im Zusammenhang mit verschiedenen Ansätzen aus Theorien zum Phänomen „Führung" interessiert, sei auf das Buch von Astrid Schreyögg „Coaching für die neu ernannte Führungskraft" verwiesen.

Natürlich hat sich auch Friedemann Schulz von Thun zum Thema geäußert: Sehr zu empfehlen das von seiner langjährigen Kollegin und Kotrainerin Maren Fischer-Epe geschriebene Buch „Coaching: Miteinander Ziele erreichen" und dessen Einleitungs-Kapitel, das er in unnachahmlicher pragmatischer Art selbst geschrieben hat.

Für meine Arbeit und für die Zwecke dieses Buches möge eine Definition in Anlehnung an die beiden chilenischen Biochemiker Maturana und Varela ausreichen, deren Erkenntnistheorie als eine der Grundlagen meiner Arbeit an anderer Stelle noch gewürdigt wird.

„Coaching ist die zeitlich begrenzte strukturelle Koppelung zweier jeweils strukturdeterminierter autopoietischer Systeme, mit dem Ziel einer angemessenen Perturbation mit der Folge einer konstruktiven Systemveränderung des Coachee-Systems, ausgelöst, aber nicht determiniert, durch den Coach." Was hier so technisch intellektualisiert klingt, könnte im Alltagsdeutsch etwa Folgendes heißen:

„Coaching ist eine Beziehung auf Zeit von zwei souveränen und gleichwertigen Menschen, die jeder ihre eigene Geschichte und damit verbunden eine je individuelle Ausrichtungs- und Veränderungsfähigkeit besitzen und sich ihre Ziele selber stecken und sie dann auch verfolgen. Zum Coaching wird diese Beziehung durch den jeweils selbstständig entwickelten, aber gemeinsam erklärten Zweck dieser Beziehung, dass nämlich das System, welches den Coachee ausmacht, in einem Maße „verstört" (perturbiert) wird, dass neue Denk-, Gefühls- und Handlungsalternativen entwickelt werden können und somit eine Erweiterung seiner Möglichkeiten bedeuten. Diese Veränderungen können durch den Coach ausgelöst, aber deren Ergebnis nicht instruiert werden."

Der Coach ist Impulsgeber, Anschieber, Katalysator usw. für den souveränen Kunden, aber nicht Oberlehrer, „Therapeut" des klassischen medizinischen Modells (der eine Diagnose stellt, eine Methode anwendet und alleine den Erfolg der Therapie feststellt, wenn das Verhalten des Patienten seinen Kriterien entspricht).

Die beiden nun folgenden Kapitel sind dazu geeignet, unter verschiedenen Perspektiven zu beleuchten, was diese „Definition" von Coaching für mich und meine Kunden bedeutet.

Muss es einem erst richtig schlecht gehen, um einen Coach in Anspruch zu nehmen?

Nein, Coaching darf man auch in Anspruch nehmen, wenn es einem zu gut geht, gut geht, sehr gut geht. Voraussetzung für den Erfolg eines Coachings ist, dass man sich verändern/entwickeln will. Zum Besseren, zu einem zufriedeneren, ausgefüllten Leben. Auf dem Weg zur eigenen Mission, zum eigenen Lebensthema. Vielleicht ist das die Crux unserer vielen Glaubenssätze, die unsere Gesellschaft zwar zusammenhalten, aber dem Einzelnen manchmal die Luft zum Atmen nehmen: Man darf sich nur helfen lassen, wenn es gar nicht mehr anders geht? Solche Botschaften haben die meisten von uns geprägt. Hochbegabten geht das nicht anders! Ich sage: Man darf sich auch helfen lassen, wenn man „höher weiter schneller" mag. So wie das jeder normale Sportler tut. Jeder Musiker, jeder Manager und manche Künstler. Warum also nicht auch hochbegabte Menschen?

Die spezielle Situation beim Coaching Hochbegabter

Dieser Abschnitt wird kurz, denn einerseits gibt es spezielle Phänomene, die unbedingt beachtet werden sollten beim Coaching Hochbegabter, andererseits sind diese relativ schnell beschrieben, will man nicht in ganz spezielle Einzelbetrachtungen abrutschen.

Was soll nun an einem Coaching für Hochbegabte das Besondere sein? Die Probleme der Hochbegabten sind doch wohl so ziemlich dieselben wie die von anderen Menschen – oder sind die Hochbegabten am Ende doch etwas „Besseres", das einer besonderen „Behandlung" bedarf?

Diese Frage lässt sich leider nicht in einem freundlichen Schwarz-Weiß beantworten. Ich versuche es trotzdem (bunt, mit einigen grauen Schattierungen):

Hochbegabte, dabei bleibe ich, sind nichts Besseres, es sind genau solche Menschen wie andere, was ihre Träume, ihre Frustrationen, Visionen und persönlichen Niederlagen angeht. Sie können mit Stress umgehen oder nicht, sie sind sympathisch oder unsympathisch, ehrgeizig oder faul. Aufdringlich oder distanziert. Aber sie ticken *anders als andere*, was ihre Informationsverarbeitung angeht, wie wir ja schon ausführlich gesehen haben.

Dabei handelt es sich um quantitative und qualitative Unterschiede (Wahrnehmung und analytisches Denken *schneller*, dauernd *komplexere* Zusammenhänge als andere berücksichtigend, *höherer Anspruch* an den Coach und seine beraterischen Fähigkeiten, schnelleres Entdecken/ Identifikation einzelner „Techniken" des Coaches, schnellere Umsetzung gemeinsamer Ideen im Coaching, Entdecken einer „*sportlichen Herausforderung*" in fast jedem Problem usw.). Diese Unterschiede bewirken aber meiner Überzeugung nach vor allem einen qualitativen Unterschied, was die Beziehung zu einem Coach angeht. Gemischt mit den diversen speziellen Phänomenen während ihrer Sozialisation, kommen dabei Dinge heraus, die man als Coach erst einmal verstehen *können* muss.

Häufig scheint es eben so zu sein – das berichten mir meine häufig von „normalen" Therapeuten und „Beratern" schwer enttäuschten Kunden –, dass „normale" Berater nicht nachvollziehen können, was Hochbegabte erleben. Aus den Berichten und den Hilfegesuchen Hochbegabter wird häufig der Schluss gezogen, dass Hochbegabte in einer Grundhaltung des Sich-selbst-Bedauerns auch die Therapie nur nutzen wollen, um sich in den Mittelpunkt zu stellen. Und zweitens gibt der Therapeut dann diese Einschätzung gerne in vernichtender Art und Weise an seinen „Patienten" weiter. Ob man es nun schön findet oder nicht, ob man es nun glaubt oder nicht, so geht es vielen – zu vielen Hochbegabten, die auf der Suche nach Unterstützung sind, weil sie mit irgendeinem Thema selbst und alleine nicht mehr zurechtkommen.

Andrea Brackmann fordert in ihrem Buch *Jenseits der Norm – hochbegabt und hochsensibel?* im Zusammenhang mit der Therapie von Hochbegabten eine profunde Kenntnis der Phänomene, die Hochbegabte erleben, weil es sonst beispielsweise „zu schwerwiegenden Fehldiagnosen kommen [kann]". (Seite 184) So könne beispielsweise der Perfektionismus vieler Hochbegabter leicht als „Zwangsstörung" fehldiagnostiziert werden. Abgesehen davon dass natürlich auch Hochbegabte eine Zwangsstörung entwickeln können. Die zweite große Gefahr sieht auch sie in den von vielen Hochbegabten berichteten aggressiven, abkehrenden, diffamierenden Reaktionen hilfloser Therapeuten, die mit platten Hinweisen auf ihre angebliche fachliche Kompetenz kritische Bemerkungen der hochbegabten Klienten parierten. Nicht eben therapeutisch wirksam, sondern für viele Hochbegabte eine Katastrophe nach dem Strickmuster: „Mehr desselben." Denn das haben sie ja schon oft genug erlebt. Die unmittelbare Gefahr: Bestätigung der Unmöglichkeit, Hilfe zu bekommen, Verfestigung der Störungsbilder usw.

Nun verfolgen wir keine Therapie, die Phänomene könnten aber verwandt sein. Es empfiehlt sich wohl, als Coach ein gerüttelt Maß an Kenntnissen bezüglich des Lebens und Erlebens Hochbegabter zu besitzen. Wie soll auch sonst so etwas wie Resonanz entstehen, wie soll der Berater echte Empathie empfinden, wenn er im Grunde über die „Zicken" seiner Kunden lachen muss, weil er sie nicht verstehen kann? „Wenn Sie so schlau sind, warum helfen Sie sich dann nicht selbst?!" oder „Ihre Probleme möchte ich haben" sind tatsächlich von meinen Kunden berichtete, von ihren Therapeuten tatsächlich geäußerte Bemerkungen, wenn die Hochbegabten nicht sofort auf „Schnellschussdiagnosen" oder blankes Desinteresse positiv reagierten und nicht anfingen, sofort devot „mitzuspielen". Ich bitte höflich die Zunft der psychologischen Therapeuten, dies nicht als Generalangriff oder gar Nestbeschmutzung zu verstehen, aber warum sollten ausgerechnet meine Kunden lügen? Und warum sollte man so ein menschenverachtendes Verhalten vornehm übergehen? Ein Verlag hat dieses Buch übrigens nach angeblich ganz großem Interesse so nicht annehmen wollen, weil zu viel Kollegenschelte darin sei. Es ist keine generelle Kollegenschelte. Alle Vertreter der großen Gruppe der hervorragenden Therapeuten in diesem Lande können sich entspannt zurücklehnen. Sie sind nicht gemeint. Die anderen sollten sich schämen und gescholten fühlen.

Nun kann man wieder sagen: „Na ja, dann wäre es doch besser für die Hochbegabten, wenn sie einfach lernen, wie die Mehrheit tickt, dann finden sie sich besser zurecht. Dann brauchen sie auch keine Therapeuten!" (Original-Zitat eines meiner Trainer-Kollegen). Dieser Satz bleibt in diesem Buch unkommentiert stehen, und ich gebe zu, es handelt sich in einem anderen Zusammenhang um meine Meinung zum Thema Schulen für Hochbegabte, in denen die Hochbegabten zwar aktuell keine Probleme mit „normalen" Menschen bekommen, hinterher dann aber unter Umständen umso mehr.

Einerseits könnte man sagen, wenn es um Coaching geht, dann muss ein professioneller Coach, egal wie hochbegabt er selber ist, einen erfolgreichen Coaching-Prozess gestalten können. Das ist auch der von vielen Kollegen vertretene generelle Anspruch an einen professionellen Coach. Einige Kollegen vertreten trotzig den Anspruch, dass es vollkommen unerheblich sei, ob der Coach die Branche des Coachee kenne. Also übersetzt in diesen Kontext, dass es unerblich sei, ob der Coach hochbegabt ist oder nicht. Ein guter Coach müsse immer eine professionelle Beziehung herstellen können. Auch zu Hochbegabten.

Man könnte auch auf die Idee kommen, dass hier ein selbst hochbegabter Coach mehr Erfolg haben würde. Ich bin inzwischen der Meinung, dass dies so ist, weil er die Erlebniswelt des Coachees besser nachvollziehen kann. Die Geschichten meiner Kunden zeigen, dass es leider offenbar so ist, dass Therapeuten oft wenig Verständnis aufbringen und sich eher zu herablassenden Äußerungen hinreißen lassen als professionelle Hilfe anzubieten. Das Für und Wider ist wohl nicht eindeutig klärbar. Es ist wie sonst im Leben von Coaches und Beratern, Trainern usw.: Eine gewisse „Branchenkenntnis" hilft, aber sie ist bei Weitem keine ursächliche Bedingung für eine gute Beratungsleistung, denn manchmal kann es gerade sinnvoll sein, von der Branche des Kunden überhaupt nichts zu verstehen.

Wer oder was ist nun die „Branche"?

Ein kleiner Ausflug ins Branchenspezifische

Viele Menschen glauben ja, dass sich verschiedene Branchen dramatisch unterscheiden. Was ja fachlich auch stimmt. Deswegen werden von Beratern häufig „branchenspezifische" Lösungen angeboten. Derjenige kann sich als Berater am besten verkaufen, der ein gerüttelt Maß an Branchenkenntnissen nachweisen kann. Das gilt schon als Gemeingut. Deswegen versuchen externe Berater häufig, sich auf teilweise abstruse Art und Weise und am Rande der platten Lüge den Anschein von vorhandenen Branchenkenntnissen zu geben. Auch hier meine ich wieder nur die schwarzen Schafe der „Szene". Aber die meine ich eben tatsächlich. Eine mir bekannte Trainerin hat aus einem tatsächlich besuchten Wochenendeinführungsworkshop in „systemische Beratungsmethoden" aufgrund einer Auftragsausschreibung eine „systemische Ausbildung" und „jahrelange Zusammenarbeit mit einer systemischen

Beratergruppe" gemacht. Ich wette, sie hat den Job bekommen. Wie kommt das eigentlich? Damit im Einklang jedenfalls befinden sich die Berichte meiner Kunden über ihre bisherigen Kontakte zu Coaches, Psychotherapeuten oder verwandten Dienstleistern. Ein Maurer würde wegen eines Problems mit einer Mauer eben nicht zum Elektriker gehen, um den nach einer Lösung zu fragen. Ist doch klar.

Deswegen fragt der Leiter eines Unternehmens, das Textilien herstellt, auch keinen Berater, der sich in der Metallindustrie auskennt. Wenn es um Produktionsmaschinen geht, geht das ja auch noch klar. Aber wenn es um Führungsprobleme geht? Um Zusammenarbeit im Team? Um die Kundenorientierung des Unternehmens und seiner Mitarbeiter?!

Dass wiederum Hochbegabte in der Rüstungsindustrie völlig anderen Phänomenen *bzgl. ihrer Hochbegabung* begegnen als in der Finanz-Dienstleistung, erscheint mir absurd.

Deswegen beschränke ich mich auch auf die Phänomene im Berufs- und Privatleben, die ich am besten kenne, und das sind eben die Probleme der persönlichen Entfaltung, der Zusammenarbeit, der Führung, der Teamarbeit, der Konfliktbewältigung, der (persönlichen) Karriere usw.

Meine *Branche* als Coach Hochbegabter ist nicht die Metallindustrie oder die Textilindustrie, sondern die zwischenmenschlichen und innermenschlichen Probleme und Herausforderungen in der Wirtschaft, im Beruf, und die damit verbundenen Themen im Privatleben, die Lebens- und Arbeitszufriedenheit, Lebens- und Berufsplanung, Karriere-entscheidungen, oder – anders ausgedrückt – die berühmte Life-Work-Balance meiner Kunden.

Das alte Spiel vom „therapieresistenten" Patienten möchte ich einfach nicht mitspielen. (Ich habe da oft den Verdacht, dass der Therapeut einfach nicht weiterweiß. Und das ist nicht schlimm und kein Versagen, sondern das ist eben einfach so. Jeder Mensch weiß irgendwann einmal nicht weiter. Das ist ja schließlich der Grund, sich z.B. an einen Coach oder an einen Therapeuten zu wenden!) Das kann nur auf Kosten des Kunden gehen. Und das finde ich nicht in Ordnung. Dass es vermutlich eine ganze Reihe von Therapeuten gibt, die ganz wunderbar mit Hochbegabten umzugehen in der Lage sind, bestreite ich ja gar nicht.

Es gibt ein paar spezifische Phänomene, die man beim Coaching Hochbegabter vorfindet, die es neben der Schnelligkeit, der enorm hohen Anspruchs- und Erwartungshaltung, der Ungeduld und des teilweise sehr monokulturell gepflegten, „übersteigerten" logischen Denkens noch zu beachten gilt. Und diese Phänomene führen nach den überwiegenden Erfahrungen meiner hochbegabten Coaching-Kunden dazu, dass sie oft schon einen oder zwei Therapeuten „verschlissen" haben, die damit nicht umgehen konnten und stattdessen reichlich dumme Bemerkungen machten, wie z.b. „Wenn Sie so schlau sind, dann helfen Sie sich doch selbst!".

Branchenkenntnis (in diesem Falle selbst hochbegabt zu sein oder sich mit der Erlebniswelt hochbegabter neugierig und offen auseinandersetzen zu können, viel Erfahrung im Umgang mit Hochbegabten zu haben) schadet also auch hier dem Coach nicht wirklich. Und hilft dem Coachee offenbar sehr, sich verständlich zu machen.

Die Dwiz-Falle für den Coach

Wie bereits erwähnt, neigen einige Hochbegabte dazu, jedwede soziale Situation mit einem Spielewettbewerb zu verwechseln: Mit der Haltung „Dir werd ich's zeigen" kommen sie zuweilen gut gelaunt und gut vorbereitet in die erste Sitzung oder ein Seminar zum Thema Coaching und fangen ohne Wenn und Aber – auch ohne Begrüßung – an, ein Referat über beraterische Konzepte oder therapeutische Schulmeinungen zu halten. In kürzester Zeit zerlegen sie den Beratungsansatz des Coaches, nach dem sie sich vorher selbstverständlich erkundigt haben, als unsinnig und nutzlos. Nun braucht man als Coach oder Trainer ein verdammt gutes Standing, um nicht in eine kontraproduktive und aggressive Verteidigungshaltung zu geraten.

Kürzlich bekam ich eine E-Mail von einem Interessenten an meinem Angebot des Hochbegabten-Coachings. Die Mail fing mit massiven Beschimpfungen unfähiger Psychologen an, die – wenn weiblich – nur mit einem ins Bett wollten und – wenn männlich – völlig unsinniges „Zeug" vor sich „hinbrabbeln" würden. Der Interessent hatte sich angesichts seines Wunsches, ein Coaching zu beginnen oder immerhin deswegen Kontakt mit mir aufzunehmen, so in Rage gedacht, dass er keines klaren Gedankens mehr fähig war. Er führte unter anderem an, dass er es für vollkommenen Unfug halten würde, dass ich angeblich ein Vertreter des „radikalen Existenzialismus" sei. In der Tat wäre das Unsinn, er hatte in seiner Aufregung über mein lächerliches Angebot die Begriffe verwechselt. Ich arbeite auf der Grundlage des radikalen Konstruktivismus, nicht des Existenzialismus, was einen Teil seiner ca. drei Seiten langen Beschimpfungen unsinnig machte, denn die bauten darauf auf, dass ich angeblich Existenzialist sei. Nach seitenlangen Ausführungen, in denen er ein Teammodell entwarf – diesen Eindruck hatte ich nach mehrfachem Lesen wenigstens –, obwohl das mit unserem potenziellen Coaching absolut nichts zu tun hatte, kam er schließlich zu dem Schluss, dass er sich angesichts der im Allgemeinen schlechten Leistungen von Coaches wohl selbst helfen müsste. Er bedankte sich dann dafür, dass ich ihm diese Gedanken ermöglicht hätte.

Wenn das nicht so traurig wäre – denn die Lage des E-Mailschreibers war alles andere als rosig, eher in vielerlei Hinsicht als katastrophal zu bezeichnen –, könnte man herzlich darüber lachen. Steve De Shazer, der amerikanische Familientherapeut, würde vermutlich gesagt haben: „Na ja, wenn es ihm geholfen hat, dann ist es ja gut!" Mein alter Prof. Dr. Uwe Grau würde vielleicht sagen: „Schade nur, dass man dafür keine Rechnung stellen kann!", und ich denke mir: „Der arme Kerl, der ist völlig hilflos, bräuchte dringend Hilfe und spielt noch den Clint Eastwood, und das auch noch ohne Herrn Eastwood zu kennen. Auch, wenn er das sehr überzeugend macht." „Hochbegabt und voll daneben?!" wäre auch fast ein Buchtitel geworden, ist aber den viel zu traurigen „Stories" meiner Kunden zum Opfer gefallen. Manchmal ist es schwer, auch Bösartigkeiten einfach so wegzustecken, aber eigentlich spricht ja auch aus diesen die pure Hilflosigkeit und stellt letztendlich ein Kooperationsangebot dar. Eine tatsächliche Kundin rief mich eines Freitagabends gegen 21.00 Uhr an und fuhr mich ohne jede Einleitung an: Sie hätte den Mensa-Intelligenz-Test jetzt gemacht. Es wäre eine einzige Enttäuschung gewesen. Das sei ja wohl mehr etwas für Kinder und andere minderbemittelte Menschen. Von einem Verein, in dem lauter solche unintelligenten Typen säßen, hätte sie ja eh rein gar nichts zu erwarten. Was ich ihr denn da geraten hätte? Bingo! Ich selbst wollte eigentlich gerade einen Krimi im Fernsehen anschauen ...

Eine andere potenzielle Kundin schrieb mir plötzlich, nachdem wir uns per E-Mail auf ein Coaching geeinigt und auch bereits einen Termin vereinbart hatten, dass sie in einer meiner Mails einen unguten Gedanken entdeckt hätte. Sie wüsste zwar nicht welchen, könne mir auch nichts dazu aufschreiben, aber das sei ganz sicher. Vier weitere Tage später sagte sie das Coaching ab, nicht ohne ein paar Seitenhiebe auf die Zunft der Coaches im Allgemeinen und mich im Besonderen. Denn von einem Profi wie mir hätte sie ein ganz anderes Verhalten erwartet. Ich hätte immer nur fragen sollen, dass hätte sie weitergebracht. Ich hätte aber irgendwie interpretiert, und das wäre so etwas wie ein Kunstfehler, das hätten alle anderen Idioten auch schon getan. Und das angesichts der Tatsache, dass es sich bis dato lediglich um vorbereitende Fragen handelte, die ich jedem Kunden in irgendeiner Art und Weise stelle, und zwar noch vor dem eigentlichen Coaching. Auch nach mehrfachem

Lesen hat sich mir in der Korrespondenz nicht erschlossen, was sie gestört haben könnte. Und sie hat es mir nicht verraten. Wahrscheinlich dachte sie: Das soll der doch selber rausfinden, der Idiot! Steve De Shazer würde sagen: „O.K., sie brauchte einen Triumph über einen Coach!" Und wahrscheinlich ist dies völlig unabhängig von der Tatsache der Hochbegabung. In diesem speziellen Fall denke ich allerdings: Hier schlägt die für Hochbegabte typische extreme Hypersensibilität, gepaart mit einer Kette von miserablen Erfahrungen mit anderen Menschen, gefährliche Kapriolen. Wenn ich nicht wüsste, welch geballte Ladung von Hilflosigkeit aus ihren Zeilen sprach, hätte ich denken müssen: Was für eine dämliche Zicke!

Einerseits verlangen viele Hochbegabte, dass man sie nicht beachtet, nur weil sie hochbegabt sind. Wenn man das aber befolgt, fordern sie zänkisch, aggressiv und verletzend, im Fokus dauernder Aufmerksamkeit zu stehen, weil sie schließlich hochbegabt seien und umgekehrt. So etwa, als wenn sich ein Punker stundenlang Mühe gibt, um sich so geben zu können, dass er garantiert jedem auffällt und möglichst alle Menschen, denen er begegnet, provoziert, um dann zu verlangen, dass man ihn gefälligst wie einen völlig unauffälligen Menschen behandeln solle. Dass das eine schreckliche Situation ist, ein kaum zu ertragendes Gefühlsgemenge, versteht sich von selbst. Es wundert aber auch nicht, dass viele Hochbegabte eher eingeschränkten bis im Extremfall gar keinen sozialen Kontakt pflegen (können). Daran sind allerdings oft tragischerweise ausschließlich die anderen „schuld". Eine teuflische Logik: Man nimmt die eigene Hochbegabung, für die man naturgemäß nicht verantwortlich ist, als persönliches Schicksal gerne an und wirft anderen vor, die ebenfalls für ihre IQ-Ausstattung nichts tun konnten, dass sie einen behindern und ausbremsen, weil sie nur deswegen mutwillig und vorsätzlich „doof" sind, um einen Hochbegabten systematisch zu verletzen. Egozentrischer und hilfloser geht es nicht mehr.

Unter solch einem Feuer mögen wohl selbst hartgesottene Therapeuten in die Knie gehen. Was die lange Kette enttäuschender Coaching- und Therapeutenkontakte einiger Hochbegabter erklären mag. Ich habe einmal ein Wochenend-Seminar zum Thema Coaching-Methoden für Hochbegabte durchgeführt. Der Frontal-Angriff auf die meiner Arbeit zugrunde liegenden Gedanken des systemischen Denkens und des „radikalen Konstruktivismus" kam noch vor dem eigentlichen Seminarbeginn von einem TN beim Abendessen mit den Worten: „Ach ja, was ich noch sagen wollte, diese ganze unsägliche Scheiße mit dem systemischen Denken und dem Konstruktivismus von diesen Blabla-

Typen, die ist ja nun glücklicherweise von vorgestern und wird von keinem ernsthaften Theoretiker mehr ernst genommen! Na, ich bin mal gespannt, was du uns da noch erzählen willst! Das Tragische ist ja gerade die Wirkungslosigkeit...!" Tja, was ich auf dem Seminar „erzählen" wollte, war genau das: Die „ganze Scheiße mit dem radikalen Konstruktivismus", halte ich für eine sehr gute Grundlage für teilweise spektakulären Beratungserfolg. Nachdem ich mich selbst damit seit mindestens 25 Jahren beschäftige, bin ich allerdings tatsächlich der Überzeugung, dass kaum ein anderer Ansatz in diesem Kontext so gute Dienste leistet: auf mehr oder weniger nondirektive Weise (sofern das überhaupt geht) Anstöße und Verstörungen zu liefern, die den sogenannten Ratsuchenden tatsächlich in Eigenregie weiterbringen können. Diejenigen, die sozusagen auf den Messias warten oder auf einen guten Prinzen, der ihnen endlich sagt, wo es langgeht und ihnen damit die gesamte Verantwortung abnimmt, die können damit natürlich wenig anfangen, denn bei diesem Beratungsansatz müssen sie selber denken und richtig *arbeiten*, bis sie eine Lösungsstrategie für die jeweils problematische Situation gefunden haben, die wirklich für ihr Leben taugt. Kein Onkel Doktor sagt hier: „Dreimal täglich!" Hier wird höchstens gefragt: „Und wie würde sich die Situation für Sie verändern, wenn Sie dreimal täglich ...?" Der systemisch-konstruktivistische Ansatz ist ein schwieriger Ansatz, der sehr leicht sein kann, wenn man ihn begriffen hat oder/und wenn er zum Weltbild passt, manchmal widersprüchlich sein kann, manchmal so viel Spaß macht, dass Coach und Coachee gemeinsam herzlich und laut lachen. Es ist ein Ansatz, bei dem zwei oder mehrere erwachsene Menschen auf gleicher Augenhöhe über alter-native Denk- und Handlungsweisen nachdenken und eine Welt konstruieren, in der es sich eher lohnt zu leben als in der vorher beklagten.
Übrigens: Auch diese Erlebnisse mit Kunden mögen eine Warnung an die vielen Wochenend-Coaches sein, zu leichtfertig ein Schild an der eigenen Tür anzubringen: „Coaching"! Denn mit solchen Reaktionen seiner Kunden muss man rechnen und umgehen können. Idealerweise natürlich ohne sie zu beschimpfen und als „therapieresistent" bezeichnen zu müssen!
Der Reaktion meines Seminarteilnehmers lag ein typischer Hochbegabten-Fehler zugrunde: Der TN hatte zwar die Grundzüge des systemischen Denkens verstanden und auch die des „radikalen Konstruktivismus", nur: Was das für die Beratungsarbeit bedeuten kann, das hatte er nicht begriffen, weil das seinem sonstigen Weltbild, das hauptsächlich in die logischen Kategorien „richtig" oder „falsch"

eingeteilt war, eben nicht entsprach (und damit auch nicht dem radikal-konstruktivistischen Denken). Dass diese Kategorien für einen Coaching-Prozess öfter destruktiv und kontraproduktiv wirken und dass „Unschärfe" hier Sinn macht, das stand wohl nicht in den Texten, die er irgendwo gelesen haben musste (und wer schreibt nicht „systemisch" heutzutage, ob er davon wirklich etwas versteht oder nicht). So brachte ihm das Wochenende absolut kein neues Wissen, aber neue Einsichten UND eine Idee von bisher unbekannten Beratungsfertigkeiten. Eine Stammtisch-Diskussion bis in die frühen Morgenstunden auf dem besagten Seminar hatte schließlich den Teilnehmer überzeugen können, dass nicht alles „scheiße" ist, was er nicht sofort versteht, und dass es vielleicht wirklich nach zwei oder drei Überblicksartikeln nicht ganz durchdrungen sein könnte, was dahintersteckt und woran andere durchaus intelligente Menschen seit mehreren Jahrzehnten als Theoretiker und Praktiker arbeiten und forschen. Und so wurde er einer der konstruktivsten Teilnehmer des Wochenendes. Glück gehabt. Und wieder was gelernt: So intensiv hatte ich mich tatsächlich kaum jemals mit den Vorzügen, diese Art Beratung zu treiben, beschäftigt! Und er hat mich gezwungen, deutlich und präzise zu argumentieren. Aber so etwas kann einem das ganze Wochenende auch verleiden!

Dich durchschau ich!

Möglicherweise den traditionell besserwisserischen, pädagogisch geprägten Beratungsansätzen geschuldet, versucht der hochbegabte Coachee oft sofort, dem Coach „auf die Schliche zu kommen". Er hat berechtigter Weise Angst vor der Botschaft: „Du musst dich ändern, und zwar genau, wie ich es dir gleich sage, obwohl ich von deinen Problemen gar nichts verstehe." Er hat häufig auch Erfahrungen mit destruktiven, demotivierenden Beratungssitzungen, in denen ihm immer wieder signalisiert wurde, dass er sich anpassen müsse, wenn er nicht weiter Schwierigkeiten haben wollte. Und er hat Spaß am Rätsellösen. Gepaart mit einer gewissen Rücksichtslosigkeit dem Coach gegenüber (der wird schließlich dafür bezahlt! „Das muss der aushalten!"), versucht er, die „versteckten Botschaften" hinter den scheinbar wohlwollenden „Phrasen" des Coaches zu entlarven.

Wird hier nicht zu Beginn erfolgreich die Spielregel verändert, sodass der Coachee unmittelbar einen Nutzen für sich erkennen kann, erreicht das Coaching nichts, außer dass nach ein paar Sitzungen einer gewinnt, der andere verliert. Der Coachee ist jedenfalls keinen Schritt weitergekommen. Im Besonderen nicht, wenn er den Machtkampf gewonnen hat. Was in der Regel so sein wird, wenn der Coach ein bisschen Berufserfahrung hat. Der hochbegabte Ratsuchende geht wieder leer aus und frustriert nach Hause.

Nur eine neue Folge der Serie „Mir kann keiner helfen!"?

Man sollte sich, gerade bei der von mir angepeilten Gruppe von Coachees, mit deren Vergangenheit beschäftigen und dafür Empathie entwickeln können, dass man als Gestalter einer Coaching-Situation in der Lage ist, aus dieser Empathie heraus einen Machtkampf auf konstruktive Art abzulehnen und effektive Coaching-Arbeit zu leisten. Das dürfte einem Coach, der die Problematik aus eigener Anschauung kennt, in der Regel besser und schneller gelingen als einem anderen. Selbstverständlich hat auch dies seine Grenzen. Man kann eben nicht alles. Nicht als Coach und nicht als hochbegabter Coach.

Die Reihe der Enttäuschungen, der nutzlosen Versuche, etwas zu ändern, muss aber durchbrochen werden, wenn wirklich geholfen werden soll. In einem solchen Falle sollte ohne weitere Verhandlungen über das Wenn und Aber oder das Warum eine Empfehlung für eine andere Coaching- oder eine therapeutische Beziehung ausgesprochen werden.

Coaching auf Augenhöhe

Natürlich kann das auch ein sehr guter professioneller Coach aus einer gewissen professionellen Distanz heraus erledigen, der nicht selbst hochbegabt ist. Dieser sollte aber sehr viel Erfahrung mit Hochbegabten und deren Denkschemata und speziellen Problemen haben, und zwar ohne die oft durchscheinende Botschaft: „Deine Probleme möchte ich haben!", ohne Neid oder andere wenig zielführende Gefühle.

Der hochbegabte Coach wiederum, das muss wohl kaum erwähnt werden, muss natürlich seine Art der professionellen Distanz kultivieren, um nicht in Mitleid zu verfallen, welches bekanntlich zwar gesellschaftlich positiv sanktioniert ist, aber in Beratungskontexten absolut kontraproduktiv wirken kann. Beide Coaches gehören selbstverständlich unter Supervision.

Trotzdem bleibe ich inzwischen bei der Meinung, dass ein hochbegabter Coach, der sich der Problematik bewusst ist, in einer solchen Situation der bessere, effektivere, anerkanntere Gesprächspartner für den Coachee sein wird.

Was konkret passiert beim Coaching?

Um auch hier die Fantasien zu zügeln: In der Regel handelt es sich beim Coaching um einen Dialog zwischen Coach und Coachee. Beide zusammen bilden also ein Beratungssystem, das sich durch einen Auftrag des einen an den anderen definiert. Hinzu kommt die Eigen-Definition des einen als Coach, des anderen als Coachee. In der Regel besteht dieses System so lange, wie offene Fragen des einen an den anderen bestehen. Viele Coaches neigen allerdings leider dazu – ich führte dies bereits aus –, Coaching im Paket soundso vieler Sitzungen zu verkaufen. Das liegt an den unterschiedlichen Definitionen der Coachingsituation. Wohl auch an den wirtschaftlichen Notwendigkeiten des Coaches. Wenn ich davon ausgehe, dass Coaching ein persönlich-keitsverändernder Prozess ist, und gleichzeitig, dass es schwierig und hochkomplex von der Aufgabe her ist, eine Persönlichkeit zu verändern, dann ist (oder besser wird) Coaching natürlich ein lang andauernder, schwieriger und anstrengender Prozess.

Ich persönlich gehe davon aus, dass Coaching im Wesentlichen ein zwischen zwei Erwachsenen auf gleicher Augenhöhe ablaufendes Gespräch über ein tatsächlich aus Sicht des Coachees existierendes Problem darstellt. Das bedeutet im Wesentlichen, dass dieses Beratungssystem sich über die Rollendefinition und die Problemdefinition konstituiert und wieder zerfällt, wenn das Problem gelöst (= aufgelöst) ist.

Und das bedeutet: Ich treffe mich mit meinen Coachees immer genau dann, wenn es ein „Problem" zu bearbeiten gilt oder Veränderungen zu besprechen, die beunruhigen, oder manchmal schließlich auch Erfolge, die es zu feiern gibt.

Die Treffen können an verschiedenen Orten ablaufen, an denen ruhiges, konzentriertes Arbeiten möglich ist. Das wird wiederum von den örtlichen Gegebenheiten abhängig sein. Dass man dazu einen Raum von bestimmter Beschaffenheit benötigt, der dann womöglich noch vollge-stopft mit Lieblingsmetaphern des *Coaches* ist, wage ich zu bezweifeln. So etwas funktioniert bei Roman-Helden wie Harry Potter und im sagenumwobenen Direktionszimmer des Direktors von Hogwarts Albus Dumbledore, aber im richtigen Leben lenkt es zu sehr vom Thema des Coachee ab.

Meine Coachings dauern in der Regel 2 bis 3 Stunden. Manchmal 4 bis 5 Stunden. Ich komme einfach mit 50 Minuten nicht zurecht, und viel mehr als fünf Stunden kann man auch einem hochbegabten Menschen kaum zumuten, wenn man einigermaßen klaren Kopfes bleiben will.

Meistens wird zwischen Coaching-Treffen irgendetwas in der Praxis des Coachees ausprobiert. Wenn der Coachee anfängt, in seiner eigenen Welt als Experimentator die Regie zu übernehmen, haben wir schon viel erreicht. Die Treffen dienen dann zum Teil dazu, die Ergebnisse aufzuarbeiten und neue Ziele bei neuen „Problemen" festzulegen.

In der Interaktion zwischen meinen *hochbegabten* Kunden und mir hat sich mittlerweile ein bestimmtes Vorgehen etabliert:

Wir nehmen per Telefon oder E-Mail Kontakt auf. Hier geht es nur einmal um die grundsätzliche Möglichkeit zusammenzuarbeiten. Wenn wir uns entschließen, zusammenzuarbeiten, verabreden wir folgendes Vorgehen:

Im ersten Monat bleiben wir nach einem ausführlichen Telefonat per E-Mail im Kontakt. Das sieht im Minimal-Falle so aus: Mein Kunde schreibt mir auf einer DIN-A4-Seite, worum es ihm geht und in welcher Lage er sich befindet. Daraus generiere ich einen Fragenkatalog von etwa 10 bis 12 Fragen, die sich auf seine Situation und sein Ziel beziehen und die er in beliebiger Komplexität und Länge bearbeitet/beantwortet. Wir schicken uns die Mails, mehrfach kommentiert und mit weiterführenden Fragen versehen, hin und her, bis wir das Bedürfnis haben, uns zu sehen, weil wir die Dinge nicht mehr so leicht ausdrücken und „verhandeln" können in der schriftlichen Form der E-Mails.

Meist im zweiten oder dritten Monat unserer Beziehung treffen wir uns einmal 3 bis 4 Stunden lang. So ein Treffen kann wie gesagt auch durchaus 5 bis 6 Stunden dauern, dann sind aber beide Partner in der Regel so erschöpft, dass nichts mehr geht.

Aus diesem Treffen resultieren Vornahmen, „soziale Experimente" (mein Kunde versucht, sich selbst in einem bestimmten Punkt zu verändern, auszuprobieren usw. Oder er versucht, Verhältnisse zu verändern, ein bestimmtes (Zwischen)-Ziel zu erreichen). Dazu bleiben wir telefonisch und per Mail in Kontakt. Weiterhin bekommt mein Kunde von mir weitere Fragen zugeschickt, manchmal auch Bücher, Metaphern usw. Dieses geschieht schwerpunktmäßig im dritten Monat unserer Coaching-Beziehung. Danach gilt die Beziehung als beendet, es sei denn, mein Kunde wünscht ein weiteres Treffen. Das kommt allerdings relativ selten vor. Für diese „Standard-Coaching-Beziehung" berechne ich eine Pauschale, für die evtl. Folgetreffen berechne ich erheblich reduzierte Preise. Damit kommen wir zu dem leidigen Punkt der Kosten.

Kosten

Herauszufinden, was Coaches ihren Kunden tatsächlich in Rechnung stellen, ist wegen der den meisten aus irgendwelchen Gründen liebgewonnenen Geheimhaltung nicht die einfachste Disziplin. Britt A. Wrede hat in ihrem Buch „So finden Sie den richtigen Coach" im Jahre 2000 eine Zusammenfassung gegeben, die noch auf DM-Basis einen „normalen Rahmen von 200 bis 2000 DM pro Coachingkontakt angab. Ausreißer gab sie mit bis zu DM 10.000 DM pro Treffen an. Das würde ca. 100 € bis 1.000 € bzw. etwa 5.000 € entsprechen. Christopher Rauen gibt in seinem „Coaching Report" 200 bis 600 € für ein 1-2-stündiges Treffen an bzw. Pauschalregelungen von 2.500 bis 10.000 € für eine Vereinbarung über zehn Treffen innerhalb eines halben Jahres. Bei aller Unsicherheit der Angabe von Coaches in Befragungen oder im Kollegenkreis steht eins fest: Die Kosten variieren ganz erheblich. Ich kenne allerdings keine(n) einzige (n) Kollegen oder Kollegin, die so etwas macht und tatsächlich davon lebt. Es gibt KollegInnen, die als Therapeuten so einen Tag bewältigen, und da ist dann auch mal so etwas wie ein Coaching dabei. Von einer konzentrierten Betreuung und Konzentration auf ein Thema kann hier nicht die Rede sein. So etwas geht dann nur mit 20 oder 30 Treffen. Ein Rechenexempel also. Es ist wie so oft: Meist sind die Billigen die Teuren. Manche Coaches, die den ganzen Tag ausschließlich diese Art von Tätigkeit verfolgen, orientieren sich an Krankenkassensätzen von zwischen 60 bis 120 € die Stunde, manche nehmen Treffenpauschalen, die sich an Vor- und vermuteter Nachbereitung oder/und am Reiseaufwand orientieren. Und das geht dann von 200 bis 400 € mindestens bis zu mehreren Tausend Euro pro Treffen. Meine persönliche subjektive Statistik glaubwürdiger Quellen sagt mir, dass ein seriöses Coaching im Bereich von mindestens ca. 200 bis 400 € pro Treffen bis zu 6.000 € liegen kann.

Wer von Ihnen jetzt gerade kalte Füße oder einen mittleren Wutanfall bekommt, bedenke bitte, was bei einem gelernten deutschen Handwerker, der angemessen bezahlt wird, eine Werkstattstunde oder bei einem IT-Spezialisten eine bezahlte Stunde plus Anfahrt usw. kostet. Bis Sie eine so komplexe Maschine wie Ihren Wagen in eine Werkstatt fahren und sicher sein können, ihn noch am selben Tag korrekt repariert wieder abholen zu können, muss Ihre Werkstatt in mehrere Aus- und Weiterbildungen, in Maschinen, Werkzeuge und Gebäude, in Diagnostik-Computer usw. und vor allem in Menschen investiert haben. Genau wie ein wirklich gut qualifizierter Coach in der Regel eine gute Ausbildung braucht und viel Erfahrung.

Coaching ist im Gegensatz zur landläufigen Meinung vieler Menschen und auch einiger express-ausgebildeter Coaches kein Kaffee-und-Kuchen-Gespräch, als dass es manchmal von denen gesehen wird, die Coaching zu teuer finden, weil sie nicht einschätzen können, worauf eine gute Dienstleistung in einem solchen Fall überhaupt beruht. Coaching ist eine ganz normale, aber hoch qualifizierte Arbeit. Sollten Sie sich während der ersten Sitzung mit einem Coach in einer Situation wiederfinden, die Sie an den letzten Besuch Ihrer Tante Amalie erinnert, sollten Sie abbrechen und sich einen Profi besorgen. Es sei denn, Ihre Tante Amalie ist eine hervorragend ausgebildete professionelle Beraterin.

Nehmen Sie die Kosten, die Ihr Auto (kaufmännisch gerechnet, also mit Amortisation) pro Jahr verschlingt. Diese Summe sollten Sie sich eigentlich selbst Wert sein, meinen Sie nicht?

An dieser Stelle sei eine kleine, aber ernst gemeinte Warnung ausgesprochen: Es gibt immer wieder „Kollegen", die bieten Coaching tatsächlich für 50 Euro und weniger an, wollen auch nichts anderes tun als coachen. In der Regel echauffieren sich diese KollegInnen über Menschen, die mehr für ihre Dienste verlangen. Sie können sicher sein, lieber Leser, liebe Leserin, dass diese Anbieter nicht rechnen können oder nicht rechnen können müssen, weil sie jemand finanziert: der Ehegatte oder eine Behörde, ein Mäzen, falls es so etwas gibt. In wenigen Einzelfällen mag es Ihnen gelingen, auf diese Weise einen Coach zu finden, der gut ist und Ihnen wirklich helfen kann. In der Regel aber leiden diese Anbieter vermutlich an derartig starkem Realitätsverlust, dass sie kaum in der Lage sein dürften, jemanden ein Stück auf dem Weg in dessen Realität zu begleiten. Häufig kommt hinzu, dass diese Anbieter weder kostenträchtige Weiterbildung betreiben noch jemals professionelle Supervision in Anspruch nehmen oder sich im regelmäßigen Austausch mit Kollegen befinden. Es sei denn, alles das findet ohne jede Kosten am selben Ort statt, in dem der Kollege wohnt. Denn dann fallen auch keine Reisekosten an. Außerdem ist es bei dieser Preisgestaltung kaum möglich, ein Coaching-Treffen aufwendig vor- oder nachzubereiten. Bei einem Telefonat oder bei mehrere Stunden in Anspruch nehmendem E-Mail-Verkehr müssten diese Kollegen schon in die Klemme kommen. Allein die Buchhaltung könnte zu einem teuren Abenteuer werden, von eigener Altersversorgung ganz zu schweigen. Es gibt genügend Angebote von Lebens- und Erziehungsberatungsstellen, die gute Beratung anbieten, und das meist kostenlos. Bei denen kann man sich auch nach Beratern und Coaches und deren Preisen in der Region erkundigen.

Nun werden Sie vielleicht sagen: Ja, aber an anderer Stelle sagten Sie doch, Herr Scheer: „Wer vom Coaching leben muss, ist ein lebender Kunstfehler!" Wie geht das denn zusammen?

Das geht zusammen: Wer auf einen einzelnen Coachingkontakt nicht wirtschaftlich verzichten kann, also nicht frei in der Entscheidung ist, ob er coacht oder nicht, der wird in seiner Freiheit nicht gefördert, indem er auf 50 Euro erst recht nicht mehr verzichten kann. Wirtschaftlich unabhängig heißt hier nicht, vom Partner oder der Partnerin finanziert zu werden. Das würde in unserem Sinne, die wir diesen Spruch einmal geprägt haben, durchaus als eine fatale Form finanzieller Abhängigkeit gesehen werden müssen. Was erschwerend dazu kommt, sind Phänomene, die in einer solchen Partnerschaft begründet sind, die die Lage nicht eben leichter machen: Coacht hier nur jemand, um seinem Partner etwas zu beweisen? Ist der Kunde hier der Unterhaltungsclown für eine langweilige Beziehung? Oder ist hier Coaching einfach nur besser als das immer gleiche Kaffeekränzchen?

Abgesehen davon dass ein hoher Preis keine Garantie für ein gutes Coaching sein kann, bedenken Sie wenigstens das Geschriebene, bevor Sie eine Coaching-Beziehung eingehen. Und noch eins: Vergleichen Sie einen Coach bitte nicht mit Ihrem Friseur! Friseure gehören in Deutschland zu den am perfidesten ausgebeuteten Menschen (neben in Callcentern Beschäftigten) überhaupt. Man muss froh sein, dass nicht laufend Kunden von ihren verzweifelten Friseuren überfallen oder wenigstens bestohlen werden oder im Affekt noch auf dem Frisierstuhl getötet, während sie darüber lamentieren, dass alles teurer wird, während der Haarschnitt samt Föhnen ganze 14 Euro kostet, aber selbstverständlich von einer begeisterten, empathischen, schlanken und gut aussehenden, perfekt geschminkten jungen Dame in Designerklamotten breit lächelnd vorgenommen werden soll. Derselbe Kunde könnte dann auch über seinen Urlaub an der Müritz erzählen, wo der Friseur nur die Hälfte kostet und noch weniger verdient.

Übrigens, Tipp für Sparfüchse: Das Orakel von Delphi ist ebenso kostenlos wie die einzige andere kostenlose Lösung: überhaupt nichts zu unternehmen.

Wie finde ich einen guten Coach?

Das ist die Gretchenfrage, die leider bis heute nicht so leicht zu beantworten ist! Als Faustregel mag gelten: Ob Sie einen Coach in den Gelben Seiten finden, durch Empfehlung oder über einen Berufsverband oder durch Ihre Personalabteilung. Immer gilt: Prüfen Sie in einem ersten Treffen selbstkritisch und kritisch dem Coach gegenüber, ob Sie zusammenpassen. Ob Sie in der Lage sind, über einen gewissen Zeitraum eine Nutzen bringende Beziehung mit diesem Coach aufzunehmen und zu pflegen. Fragen Sie ihn/sie aus: nach ihrer Ausbildung, ihrem Lebenshintergrund, ihren sonstigen Tätigkeiten und wie Sie sich das Coaching bei diesem Coach ganz konkret vorzustellen haben. Entscheiden Sie dann bewusst so, wie Sie es können, aus dem Bauch heraus und aufgrund der Informationen, die Sie haben. Sie brauchen nicht selbst Psychologe oder Coach zu sein, um sich einen Coach aussuchen zu können, aber Sie sollten den Mut haben, Ihre Entscheidung bewusst zu treffen.

Erst wenn Sie darauf für Sie befriedigende Antworten bekommen haben, machen Sie weiter. Und: Seien Sie nicht sauer, wenn der Coach bereits für dieses Gespräch eine Rechnung stellt!! Häufig ist nämlich ein Thema/ein Problem nach dem ersten Kontakt bereits besprochen und erledigt.

Sechster Teil: Mein Anspruch an ein gutes Coaching

Grundsatz

Hintergrund eines Coaches

Erfolgreiches Coaching

Der Veränderungsanspruch

Mögliche Ziele des Coachings

Mein eigener Coaching-Anspruch: die Hexenmetapher

Der Coach als freundliche, helfende Hexe in den Gärten der Möglichkeiten

Der Coach zeigt dem Kunden Wege, neue Möglichkeiten zu (er)finden

Lösungsorientiertes Coaching

Die Rolle der guten Hexe

Coach und Kunde erkunden gemeinsam unbekannte „merkwürdige" Ereignisse

Das Ziel von Coaching ist, dass der Kunde nützliche, bisher aber unbekannte Möglichkeiten in sein Leben integrieren kann

Die Arbeit mit Metaphern

Grundsatz

Ein Coach sollte jemandem, der eine bestimmte Situation oder eine Interaktion mit anderen Menschen oder ähnliche Phänomene selber als störend oder belastend definiert, mithilfe bestimmter Frage- und anderer Coaching-„techniken" dazu verhelfen können, nach dem Coaching eine andere, alternative Sichtweise mit daraus resultierenden neuen oder anderen Handlungsweisen zu entwickeln, die ihm insgesamt mehr und mit hoher Wahrscheinlichkeit angenehmere Möglichkeiten bieten, als er vorher hatte. Der Coachee bleibt dabei während des gesamten Coaching-Prozesses souverän. Der Coach sollte ein hochkarätiger, exzellenter und gut bezahlter Dienstleister für den Entwicklungsprozess des Coachees im Auftrag des Coachees sein. Nicht weniger, aber auch nicht mehr. Diejenigen von Ihnen, die sich mit dem radikalen Konstruktivismus auskennen, werden es gemerkt haben: Ich lehne mich hier sehr eng an den „ethischen Imperativ" von Heinz von Foerster an: „Handle stets so, dass die Anzahl der Möglichkeiten wächst!" (Foerster, Heinz von, in: Pörksen, Bernhard, Seite 38)

Im Executive-Coaching-Quality-Kompetenzzentrum der Dorothee Echter Unternehmensberatung, München (ECQ), dem ich seit Beginn angehöre, halten wir seit etwa 1999 die Qualitätsdiskussion zum Thema Coaching aufrecht. Wir haben die folgenden Grundsätze formuliert, die ich zum Thema Coaching für Hochbegabte für mich inhaltlich sinnvoll angepasst habe und die den Rahmen meiner Arbeit bilden:[20]

Zielgruppenaffinität

Nur wer selbst hochbegabt ist oder jahrelange intensive Erfahrungen mit den speziellen Bedürfnissen, Erfahrungen dieser Zielgruppe hat, bringt genügend Verständnis und die notwendige Fähigkeit zum Perspektiven-wechsel zugunsten der Cochees mit.

Supervision

Nur wer seine Arbeit freiwillig ständig überprüfen lässt, bleibt unabhängig und vermeidet Größenwahn.

---

[20] Original-Formulierung z.B. auf www.dorotheeechter.de

Unabhängigkeit:

Nur ein finanziell und persönlich unabhängiger Coach kann authentisch beraten und Unbequemes aussprechen, statt Bedürfnisse zu bedienen.

Keine Psychotherapie:

Unser Ansatz ist ressourcen-, lösungs-, nicht defizit-orientiert. Er fokussiert die Professionalisierung und Lebensfreude der Beratenen und ist zeitlich eng begrenzt.

Methodenkompetenz:

Nur wer über eine Vielzahl von wissenschaftlich begründeten Methoden verfügt, kann die passende Methode wählen und seine Wahl begründen.

Wertetransparenz:

Seine persönlichen Werte spricht der Coach offen aus und schafft damit die Vertrauensbasis. Ohne Wertetransparenz ist Beratung reine Technik, wirkt nur kurzfristig.

Exklusivität:

Ein Coach berät nur eine Person, aber niemanden sonst in dessen Umfeld, um „Geheimwissen" und Abhängigkeiten zu vermeiden.

Zweckreduktion:

Meine Kunden und Kundinnen sind ausschließlich Kunden und Kundinnen.

Spielregeln:

Mit dem Kunden vereinbarte Spielregeln halte ich unbedingt ein.

Nachsatz:

Nach einigen Jahren Beschäftigung mit der Frage der Coaching-Qualität bin ich persönlich – was die Methodenkompetenz angeht – zu

Folgendem Schluss gekommen: Der Coach selbst ist seine (beste) Methode. Und was auf den ersten Blick paradox klingt: Ohne die (theoriegeleitete) Beschäftigung mit den vielfältigen Möglichkeiten verschiedenster Methoden kommt man schwerlich zu der Unabhängigkeit von Methoden, die die eigentliche Souveränität der eigenen Coaching-Persönlichkeit ausmacht. Solange ich in einer gewissen Unsicherheit und gleichsam Naivität gefangen bin, es müsste doch eine passende Methode geben, DIE das Problem des Coachees in den Griff bekommt, fahre ich den falschen Dampfer. Methoden alleine bewirken nichts. Methoden bedürfen der Tragfähigkeit einer guten Beziehung zwischen einer souveränen Coachee-Persönlichkeit und einer souveränen Coaching-Persönlichkeit, um eine ihnen möglicherweise innewohnende Wirkung aus der Theorie in die Praxis des Coachees zu verhelfen. Ohne Methodenkenntnisse und fundierte Ausbildung auf Seiten des Coaches ist aber die beste Beziehung eines Coaches zu seinem Coachee eher mit dem Kaffeekränzchen bei Tante Marta zu vergleichen als mit einem professionellen Coaching. Prof. Dr. Uwe Grau vertrat den Standpunkt, dass Professionalisierung des Coachingprozesses immer auch bedeutet, sich vom Szenario des Stammtischgespräches zu entfernen, was die Bedeutung eines Stammtischgesprächs oder des Kaffeekränzchens mit Tante Marta nicht schmälert. Nur: Die eine Szene ist geeignet, um Trost, Solidarität, allgemeine menschliche Unterstützung, Akzeptanz auch in schwierigen Zeiten usw. zu liefern, und das ist so wichtig, dass einem Menschen leidtun können, die dazu keine Möglichkeit haben. Professionelles Coaching, lösungs- bzw. ergebnisorientiert, zielt aber auf die systematische (Auf-)Lösung von Problemen, und das geht weit über den Anspruch eines Kaffeekränzchens hinaus. Die empirische Forschung zum Thema Therapieerfolg oder Coachingerfolg scheint immer wieder eher ernüchternd für die Freunde klar abgrenzbarer „Schulen" und „Modelle" oder „Methoden" zu sein. Viel wichtiger erscheint immer wieder das „Gesamtkunstwerk" einer Coaching-Beziehung (ich komme weiter unten darauf noch einmal zu sprechen). Und trotzdem braucht der Coach natürlich eine gewisse theoretische Basis, um sein eigenes Handeln theoriegeleitet bewusst steuern und selbstkritisch hinterfragen zu können.

Hintergrund eines Coaches

Auf die spezielle Situation beim Coaching Hochbegabter kam ich bereits zu sprechen. Ganz offensichtlich ist es förderlich für eine gute Coaching-Beziehung zu einem hochbegabten Coachee, wenn er sich mit Hochbegabung auskennt. Trotz der gerade erwähnten ernüchternden Forschungsergebnisse zum Thema Therapieerfolg ist es wohl kaum beliebig, wie eine Coaching-Beziehung gestaltet wird und was der Coach gelernt hat und über Therapie und Coaching weiß. Hier zunächst meine Ansprüche an qualitativ gutes Coaching, das zwangsläufig an die Qualität der Ausbildung und an persönliche Qualitäten des Coaches gebunden ist. Ich bin mir dabei bewusst, dass es theoretisch unendlich schwierig ist, die Qualität eines Coaches festzulegen oder zu messen. Ich selbst habe früher endlose Stunden in diversen Arbeitskreisen, auf Kongressen usw. gemeinsam mit hoch qualifizierten Menschen verbracht, um Kriterien zu finden und überprüfbar zu machen. Das ist lange her. Inzwischen bin ich der Überzeugung, dass man sich nur sehr subjektiv der Qualität eines Coaches nähern kann (und muss!). Fast jedes gefundene Kriterium ist lediglich ein Indiz, wenn man es genauer betrachtet. Beschreiben kann man einen guten Coach aber trotzdem:

(1) Was die Entwicklung guten Coachingverhaltens fördert:

o   Ein Studium der Psychologie
o   Ein Studium der Sozialwissenschaften oder der Pädagogik oder der Philosophie
o   Eine weitreichende ausführliche Weiterbildung in Beratungstechnik
o   Verschiedene Seminare zu verschiedenen Techniken aus Therapie, Beratung und Kommunikation
o   Ein gerüttelt Maß an Lebenserfahrung in *verschiedenen* Kontexten
o   Intensive Beschäftigung mit Erkenntnistheorie und Philosophie
o   Die Grundhaltung eines Menschenfreundes
o   Eine starke Affinität zum Kontext des Kunden

(2) Was zumindest meiner Überzeugung nach schaden *kann*:

o   Kein Menschenfreund, sondern selbstverliebt zu sein

o   Die Kenntnis von wenigen Techniken vielleicht noch ohne weiteren Hintergrund mit deren Beherrschung zu verwechseln

o   Die Möglichkeiten einer einzigen Methode mit den potenziellen Möglichkeiten des Kunden zu verwechseln

o   Nicht tabulos mit dem Kunden sprechen zu können

o   Sich selbst nicht zu kennen

o   Nicht die Ebenen des Wahrnehmens, Bewertens und Wünschens auseinanderhalten zu können

Ich bin also tatsächlich der Meinung, dass eine qualifizierte Aus- und Weiterbildung dazugehört, wenn man sich aufmacht, anderen Menschen zur Veränderung zu verhelfen, denn darum geht es ja schließlich. Oder wie Schulz von Thun es mal wieder auf den Punkt bringt: „Um ein solches Coaching leisten zu können, reicht es nicht, das Herz auf dem richtigen Fleck zu haben – obwohl auch dies eine wichtige und weithin unterschätzte Schlüsselqualifikation darstellt." (in seiner Einführung zu Maren Fischer-Epe: *Coaching*, Seite 11).

Was ein persönliches Killerkriterium für mich ist, ist die Tatsache, dass jemand sich im Grunde nicht für andere Menschen interessiert, und das ist auch unter „Coaches" nicht unbedingt selten. Herr Narziss steht hier Pate für eine grandiose Fehlbesetzung in beratenden und therapeutischen Berufen überhaupt. Da ändern auch die wild wuchernden Zertifikate und „Diplome" nichts.

Manchmal fällt es schwer, gänzlich ohne „Kollegenschelte" auszukommen, die einem natürlich schnell vorgeworfen wird, wenn man auf Missstände hinweist. Da sind Psychologen, Coaches, Ärzte nicht besonders unterschiedlich unterwegs.

Andererseits zeigen Berichte von Betroffenen gerade im Zusammenhang mit dem Besuch eines Therapeuten (in diesem Fall meine ich die psychologischen TherapeutInnen) manchmal ein gemeinsames, gefährliches und in meinen Augen auch im Sinne des therapeutischen Prozesses grob fahrlässiges Verhaltensmuster. Und da muss man einfach deutlich werden. Kommt es im Verlauf von Therapien oder Beratungen von Schulkindern wie von Erwachsenen zum Thema Hochbegabung, wenden sich viele Therapeuten immer noch ab oder leugnen die Notwendigkeit, sich diesem Thema zu widmen. Einige weigern sich trotz mehrfachen Wunsches der Klienten, Tests durchzuführen (was ja durchaus im Sinne des Therapeuten Klärung bringen könnte). Ein Fall wurde mir kürzlich berichtet, in dem die offenbar völlig überforderte Therapeutin wegen der Diskussion der in der Familie zu 100 % verbreiteten Hochbegabung (beide Eltern, beide Kinder, beide Großelternpaare) immer neue Probleme aus dem Hut zauberte, die allesamt mit Hochbegabung nichts zu tun hatten, aber die Familie durch und durch problematisierten. Dabei waren eigentlich die vielfältigen Schwierigkeiten aller Beteiligten Thema, die alle mit ihrer Hochbegabung zu tun hatten. Der Vater, der zunächst an den Sitzungen interessiert teilnahm, langweilte sich zu Tode und schob geschäftliche Argumente vor, nicht mehr teilnehmen zu können. Was alle anderen Familienmitglieder mit viel Verständnis (vielleicht sogar ein bisschen neidisch) zur Kenntnis nahmen. Als die Therapeutin daraufhin versuchte, unter Abwesenheit des Vaters mit der Restfamilie Ehestreitigkeiten zwischen den Eltern zu konstruieren, für deren Vorhandensein angeblich die Abwesenheit des Vaters sprach und wahrscheinlich der Vater verantwortlich sei, rückten alle Familienmitglieder gemeinsam das Bild zurecht und hörten mit der Therapie auf.

Besonders schade sind solche Geschichten solcherart gescheiterter Therapien, weil sie zweierlei negative Aspekte beinhalten: Viele Hochbegabte, wenn nicht die meisten, sind sehr neugierig und sehr therapiefreudig. Allein schon, weil sie so neugierig sind und sowieso im Leben dazu neigen, so viel wie eben nur möglich an Erfahrungen zu machen. Also eigentlich die Klienten, die sich Therapeuten nur wünschen könnten: problembewusst, neugierig, motiviert. Wenn sie dann aber so etwas erleben, wie eben geschildert, haben sie meist genug von den „naiven" und „hilflosen" Psychologen, mit denen sie keinen Schritt weiterkommen. So die Berichte vieler meiner Kunden. Und die deswegen auch nicht in der Lage sind, „neue Aspekte" zu denen hinzuzufügen, die man sich selber schon gedacht hat. Schade!

Schade, weil es schlicht einen Markt kaputt macht, auf dem sehr, sehr sinnvolle Arbeit geleistet werden könnte. Aber eben nicht von Therapeuten, die offenbar nicht damit umgehen können, dass ihre Klienten intelligenter sind als sie selbst. Abgesehen von einem Image-Schaden, der einem durchaus ehrbaren Berufsstand durch solche Mitglieder immer von Neuem wieder zugefügt wird. Außerdem aber gefährlich, nämlich für die Klienten. Denn die haben schon viel zu oft im Leben erleben müssen, dass sie nicht verstanden und (deshalb) abgelehnt werden. Wenn jetzt auch noch Psychologen sich benehmen, als wenn die angebliche Hochbegabung doch nur eine Persönlichkeitsstörung darstellt oder als ob hochbegabte Menschen keine Probleme haben KÖNNEN wegen ihrer

Hochbegabung („Wenn Sie so schlau sind, dann helfen Sie sich doch selbst!"), ist das sicherlich kaum zuträglich für ein stabiles Selbstbild, für dringend benötigtes Selbstbewusstsein und Selbstsicherheit!

Natürlich gibt es Eltern, die nichts lieber tun würden, als um jeden Preis aus einem normalbegabten Kind ein fernsehtaugliches Wunderkind zu machen, und das ist selbstverständlich aufs Schärfste zu verurteilen! Aber das kann ja nicht heißen, dass ich deswegen bei jedem Kunden genau diese Selbstsucht unterstelle, nur weil er vermutet, eins seiner Kinder sei hochbegabt. Und das auf Kosten des Klienten! Für mich ist das ein unverzeihlicher Kunstfehler. Wenn ich mit meinem Klienten nicht zurechtkomme, habe ich schließlich immer noch die Möglichkeit, Kollegen einzuspannen und mich selbst zurückzuziehen. Das wäre allemal professioneller als der wohl eher traditionelle Ausweg, die eigene Unfähigkeit mit einem neuen Label für den Ratsuchenden zu kaschieren: „therapieresistent"! (Anmerkung des Autors: Auch in diesem Zusammenhang habe ich das Buch nicht geschrieben, um Kollegen „fertig zu machen"! Es gibt viele tolle Therapeuten, aber die anderen gibt es leider auch.)

Aber es gibt bei der Suche nach einem guten Coach noch weitere subjektive Kriterien, die sich im Laufe der Jahre bei mir festgesetzt haben.

(3)   Für ungeeignet halte ich z.B. folgende Coaches:

o   Die, die auf Fragen nach dem Warum einer Methode Nebel werfen, anstatt zu antworten

o   Die, die mehr als dreimal pro Minute das Wort „wissenschaftlich" benutzen, ohne irgendetwas Weitergehendes dazu beitragen zu können

o   Die, die auf Fragen nach der eigenen Ausbildung ausweichend mit Lebenserfahrung antworten

o   Die, die meinen, sie müssten sich nicht mit Erkenntnistheorie beschäftigen, weil sie nur „Anwender" seien

o   Die, die Wochenend-Zertifikate mit einem „Diplom" an einer deutschen Hochschule verwechseln

o   Die, die laufend betonen, dass sie vom Wissenschaftsbetrieb an deutschen Unis nichts halten, sich aber sonst nicht zu einer eigenen Ausbildung äußern wollen

- o Die, die nicht konkret auf die Frage nach der eigenen Supervision antworten können
- o Die, die ihren eigenen Wert über die Hierarchie-Stufen ihrer Kunden definieren
- o Die, die zwar Hunderte von Experten-Namen und deren Schulrichtungen aufsagen können, aber auf einfache Fragen nicht souverän eingehen (können)
- o Die, die immer noch meinen, es besser zu wissen als ihre Kunden, wie es denselben geht oder zu gehen hat
- o Die, die ohne jede Diskussion bzw. ohne zuzuhören, anstatt ihrer Coachees und für ihre Coachees Ziele formulieren und zu verfolgen suchen

Bevor Sie, lieber Leser, immer nervöser und hilfloser werden: Trennen Sie sich lieber von solch einem Coach (oder von einem Helfer, egal wie er sich nennt), wenn er Sie mit solchen Verhaltensweisen irritiert, anstatt hilfreich zu wirken.

Es gibt einzelne Ausnahmen, die keinerlei Ausbildung haben, aber so viele Weiterbildungen, dass sie jeden Psychologen oder Sozialwissenschaftler in die Tasche stecken können. Ich kenne solche Menschen, und ich schätze sie sehr. Und es gibt Leute, die ohne jede Ausbildung gute Berater sind. Irgendwo und irgendwann. Aber die kann ich als potenzieller Kunde eben kaum von den vielen anderen Beratern unterscheiden, die nichts gelernt haben UND nichts können, aber die größeren Messingschilder an der Tür haben.

Also: Fragen kostet nichts, außer vielleicht eine sinnlose, teure und möglicherweise irritierende Beziehung zu einem unnützen „Experten" gar nicht erst zu beginnen.

Wer als Coach auf solche Fragen nichts zu sagen hat, hat in meinen Augen schon verloren. Gehen Sie zum nächsten. Es gibt genug. Irgendwann finden auch Sie den richtigen.

Erfolgreiches Coaching

Offenbar hat es in den letzten 25 Jahren zwar etliche Versuche gegeben, das Phänomen „Coaching" in seiner Wirkweise näher zu erfassen, offenbar hat das aber noch lange nicht zu einer wirklich greifbaren Lösung der offenen Fragen beigetragen. Vermutlich liegt es an der sehr bunten und daher kaum zu erfassenden Szene des Coachings und der Coaches (vor Jahren fuhr ich hinter einem Lieferwagen in München mit der Aufschrift „Ihr Sanitär-Coach", womit allerdings in völliger Begriffsverwirrung der Klempner gemeint war) und an einer weitgehend nicht koordinierten Forschung, die immer wieder Mosaiksteinchen herausgreift, die dann zusammengesetzt zu einem großen Gesamtbild nicht immer Sinn machen können. Dazu ist eine Coaching-Beziehung offenbar viel zu komplex und schwer in wissenschaftlichen Kategorien erfass- bzw. beschreibbar. Siegfried Greif hat kürzlich ein sehr umfassendes Buch zum Thema „Coaching und ergebnisorientierte Selbstreflexion" veröffentlicht. Darin wird zu Recht der inflationäre und unpräzise Gebrauch des Begriffs Coaching beklagt. Die wenigen Untersuchungen, die sich auf einem hohen oder auch nur brauchbaren Niveau den Erfolgsfaktoren von Coaching widmen, reichen bei Weitem nicht aus, um echte greifbare Erfolgsfaktoren zu formulieren. Greif fasst in einem Kapitel die bisher identifizierten wahrscheinlichen Wirk- oder Erfolgsfaktoren zusammen, die allerdings nicht nur hoch plausibel sind, sondern die vollkommen meiner subjektiven Sicht und meiner subjektiven Erfahrung der Dinge entsprechen. Obwohl sie keine objektive Erfassung erlauben, bieten sie eine erste grobe Orientierung. Und es gibt keinen Grund anzunehmen, dass sich das beim Coaching von Hochbegabten anders verhält.

Danach sind grob zusammengefasst auf Seiten des Coaches seine fachliche Glaubwürdigkeit, seine Zielklärung, auf Seiten des Coachees die Veränderungsbereitschaft, die Reflexivität und eine gewisse Beharrlichkeit entscheidende Voraussetzungen für ein erfolgreiches Coaching. Als Erfolgsfaktoren wurden identifiziert vor allem die Wertschätzung und Unterstützung sowie die Zielklärung des Coachings, die laufenden Möglichkeiten zur Anpassung der Methodik und zur Evaluation. Die Förderung der ergebnisorientierten Problem- bzw. Selbstreflexion des Coaches, die Ressourcenaktualisierung und die Umsetzungsunterstützung. Angestrebte Ergebniskriterien sind dann Problemklarheit, eine Zunahme der Selbstreflexion, Leistungsverbesserungen, Verbesserung der Einschätzung sozialer Kompetenzen, der Offenheit für neue Erfahrungen usw. und eine Zunahme der Selbststeuerung, der Problembewältigung, der Beharrlichkeit, speziell der Selbstwirksamkeit. Untersucht wurden ferner als vorrangige allgemein anwendbare Ergebnisse/Kriterien: der Zielerreichungsgrad, die Zufriedenheit der Klienten, die Verbesserung des Affekts, allgemeines Wohlbefinden. Vereinzelt auch: „Allgemeines Wohlbefinden" und „Potenzialentwicklung, Selbstentwicklung" (Greif, Seite 263 ff.). In der Befragung von Führungskräften ergab sich danach im Übrigen nachvollziehbarerweise die folgende Forderung an eine gute Coaching-Beziehung: dass „die Chemie stimmen muss" und dass Coaches eigene Erfahrungen im beruflichen Kontext der Coachees haben sollten. In einem zusammenfassenden Artikel über seine Metaanalyse der Therapieforschung der letzten Jahre betont Erik de Haan („Die zehn Gebote: Was ein Coach von der Therapie-Forschung lernen kann") die Wichtigkeit der Beziehung zwischen Coach und Coachee als bestimmenden Faktor bzgl. des Coaching-Erfolges. Die Ergebnisse der Therapieforschung seien gleichzeitig ernüchternd und aufschlussreich, denn der Schwerpunkt sollte wesentlich mehr auf der Beziehung zwischen Coach und Coachee liegen als auf bestimmten Methoden oder Persönlichkeitsmerkmalen des Coaches (Seite 37/38).

Der Veränderungsanspruch

Auch wenn der Einleitungssatz wieder wie Kollegenschelte aussieht: Ein schier unausrottbares Anliegen unter Beratern scheint der Anspruch zu sein, die eigenen Kunden/Klienten – einige sprechen sogar von Patienten (!) – nach einem bestimmten Bild zu verändern (oft ist es sogar das eigene, unreflektierte!). Gewisse Aus- und Weiterbildungsinhalte legen das allerdings auch nahe. Es muss doch ... und es wäre doch so schön einfach, wenn es ein ideales Bild gäbe und man könnte an Menschen so lange herumschrauben, bis sie dem idealen Bild – und wenn es das eigene Bild ist – entsprechen. Ich möchte dieses hässliche Bild sofort wieder verlassen, aber darauf hinweisen, dass es noch genügend Berater/Therapeuten/Coaches gibt, die solcherart Wahrheit mit großen Esslöffeln zu sich genommen haben und es überhaupt nicht für nötig halten, darüber nachzudenken. Ich gebe allerdings zu, dass das nach meiner eigenen Erfahrung vor allem bei einer Reihe von „Coaches" vorkommt, die weder eine psychologische, erkenntnistheoretische Beschäftigung nennenswerten Ausmaßes hinter sich gebracht haben, noch mit besonders viel Lebenserfahrung aufwarten können. Es finden sich heute solche allerdings kaum mehr unter Diplom-Psychologen und ausgebildeten Therapeuten. Die Szene hat sich in den letzten zwei Jahrzehnten – meine ich – sehr gewandelt. Umso verwunderlicher, dass meine Kunden aktuell immer noch solche Geschichten erzählen.
Ich übernehme weitgehend die Sicht Erik de Haans: „Meine Sicht des Coachings ist heute, dass es überwiegend eine Übung in Selbsterkenntnis und Selbstveränderung aufseiten des Coachee darstellt. (...) Coachees machen die eigentliche Arbeit ganz allein, und das Coaching

kann lediglich dazu beitragen, dass sie ihre natürlichen. eigenen Fähigkeiten finden und aktivieren." (Seite 38). Was für ein schönes Ziel! Meinen eigenen Veränderungsanspruch als Coach an den Coachee orientiere ich an den Möglichkeiten und vor allem den Zielen meiner Kunden. Dabei muss ich mir die Freiheit lassen, aus dem Prozess auszusteigen (also auch kein Geld mehr mit diesem Kunden zu verdienen!), wenn ich das Ziel beispielsweise nicht akzeptieren kann. Wie sollte ich auch ein Ziel erfolgreich zu verfolgen helfen, wenn ich es selbst ablehnen müsste? Einige meiner Kollegen halten das für ein Zeichen von Professionalität, wenn sie sich selbst auferlegen, dass das in ihrer Praxis keinerlei Rolle spielen dürfe. Ich selbst müsste mich der Dummheit und Anmaßung beschuldigen. Ich bin nicht in der Lage, jemandem zur Erreichung von Zielen zu verhelfen, die ich selbst kategorisch ablehnen muss. Es wäre keine Dienstleitung, für die ich eine Rechnung schreiben dürfte.

Prof. Dr. Uwe Grau (dem ich den späten, aber heftigen Zugang zur wundersamen und wunderbaren Welt des systemischen Konstruktivismus verdanke) und ich haben uns anlässlich einer gemeinsam durchgeführten Beratung einmal sinngemäß zu dem Satz verstiegen: „Wer vom Coaching leben muss, ist sein eigener lebender Kunstfehler, der vielleicht auch noch sein schlimmster ist!" Zu diesem Satz stehe ich immer noch. Jede Form der finanziellen Abhängigkeit kann eine Beratungsbeziehung, ein Beratungssystem korrumpieren. Wie ich versuche, mich nicht korrumpieren zu lassen, und welche Metapher mir persönlich immer noch am besten dazu verhilft, die Freiheit im Kopf zu behalten, die meine Kunden verdient haben, beschreibe ich im Folgenden.

Mögliche Ziele des Coachings

Was sind also die Ziele eines Coachings? Wie bereits angedeutet, können meiner Überzeugung nach die Ziele *von Coaching* nur die vom Kunden definierten und angestrebten sein. Der Coach hat hier höchstens die Funktion oder Aufgabe, dem Kunden, wenn ihm dies selbst gar nicht oder nur unvollständig gelingt, bei der Zielfindung und -formulierung zu helfen. Und die Grundlage der Zielfindung zu reflektieren, um eine profunde Grundlage für diesen Prozess zu schaffen. Keinesfalls kann es die Aufgabe des Coaches sein, dem Kunden einen Zielkatalog zum Auswählen anzubieten oder ihm gar nach einer sogenannten „Diagnostik" ein Ziel aus dem Katalog seiner persönlichen Missionen vorzugeben. Die immer mal wieder genannten „höheren Interessen im Sinne des Gemeinwohls" oder ähnliche Argumente gehören in die Diskussion des Strafrechts oder gerichtlich angeordneter Zwangsmaßnahmen, aber nicht in die Diskussion zum Coaching.

Um Ihnen, lieber Leser, hier eine Orientierung zu geben, seien ein paar Beispiele genannt. Vorher aber noch eine eher allgemeinere Betrachtung von Zielen, die sich gerade beim Coaching Hochbegabter ergeben können.

Man könnte es vielleicht so formulieren:

Das generelle Ziel des Coachings Hochbegabter ist es, den Hochbegabten in die Lage zu versetzen, seine vorhandenen evtl. latenten Ressourcen unter Berücksichtigung seiner Neigungen und Vorlieben so zu nutzen, dass ein maximaler Grad an persönlicher Lebenszufriedenheit resultieren kann. Und zwar besonders, was den beruflichen Kontext angeht – unter Berücksichtung eines völlig überbürokratisierten und damit Möglichkeiten behindernden Systems der Zuordnung von Personen zu Arbeitsplätzen und umgekehrt.

Das Entscheidende wird also oft sein, trotz der Inkompatibilität des Lebenslaufes mancher Hochbegabter („falsche" Ausbildung, fehlende Abschlüsse trotz profunden Wissens, mehrere Ausbildungen ohne jeden Abschluss usw.) mit dem Bildungs- und Berufswahlsystem Deutschlands eine Beschäftigung zu finden, die insgesamt im Sinne von Life-Work-Balance eine solche Balance herstellt zwischen ungenutzten Möglichkeiten und Machbarem. Und das geht weit über eine „Berufsberatung" hinaus.

Es ist eben nicht angezeigt, eine maximale Leistung, maximale Ausnutzung der Ressourcen oder maximalen Nutzen für jemanden „mal eben so" herauszuholen, sondern zu helfen, den ganz individuellen Lebensentwurf des Betroffenen zu gestalten, vielleicht auch erst zu entwerfen. Unter inhaltlicher Regie des Coachees, aber eben nicht eines besserwissenden Coaches, der aufgrund seiner Ideen zu einem Strohfeuer beitragen kann, aber nicht zu tragfähigen Lösungen!

Wenn man einen Wandlungsprozess, wie ihn z.B. ein Coaching unterstützen kann, einmal als Heldenreise (wie z.B. vom Scheidt) beschreibt, dann kann man das Ziel von Coaching noch allgemeiner fassen:

Das Ziel von Coaching ist es, die Heldenreise des Coachees zu ermöglichen, zu fördern und den Abschluss der Heldenreise mit einem gelungenen, zugunsten des Coachees sich entwickelnden Getting-out und einem erfolgreichen Eintritt in genau *das* bürgerliche Leben nach der

Heldenreise zu krönen, das ein Maximum an Entfaltung und Befriedigung verspricht.

Das Getting-out als Hochbegabter so zu gestalten, dass es zu einem Me(e)(h)r von Möglichkeiten führt und nicht zu einem Bumerang wiederholter und verstärkter Zurückweisung wird, lässt sich als Aufgabe hier direkt ableiten.

Typische Ziele, die sich ergeben und die sich gut im Rahmen eines Coachings verfolgen lassen (Beispiele):

o   Unterstützung bei Entscheidungsproblematiken
o   Karrierethemen
o   Schwierigkeiten mit Ausbildern oder anderen wichtigen Menschen
o   Beziehungsproblematiken beruflich und privat
o   Life-Work-Balance-Themen
o   Lebenszielplanungsprobleme
o   Schwierigkeiten mit der Führung von Menschen
o   Schwierigkeiten in der Zusammenarbeit mit Kollegen
o   Gefährdung der eigenen Position durch permanenten Arroganz-Vorwurf
o   Entwirrung einer mittelbar durch die genannten Phänomene entstandenen Orientierungslosigkeit bzw. Verwirrung
o   Und alle weiteren im Zusammenhang mit den im zweiten Teil aufgeführten Phänomenen auftretenden Probleme privater und beruflicher Natur

Und immer wieder sei betont: Das Ziel ist erst erreicht, wenn es in Bezug auf und im Einklang mit dem spezifischen Kontext des Hochbegabten Sinn für ihn selbst macht. Ein kleines Kunststück, welches sich lohnt, verfolgt und gelernt zu werden. Der Mensch ist kein Satellit in einem leeren Universum, deswegen „in Bezug auf". Der Mensch, der sich abhängig entwickelt, weil er es (allen) recht machen oder nur dem Coach imponieren will, tauscht nur das Horrorszenario, das ihn jahrelang ausgebremst hat, gegen ein neues aus.

Mein eigener Coaching-Anspruch: die Hexenmetapher

Den Anspruch an meine Arbeit möchte ich mithilfe der „Hexen-metapher", die ich vor Jahren in Anlehnung an einige Gedanken Klaus Mückes (Mücke, 2001) für meine Arbeit adaptiert habe, verdeutlichen. Die ursprüngliche Idee der Hexenposition ist auch unter dem Begriff Tetralemma bekannt geworden und unter anderem von Fritz B. Simon ausführlich beschrieben worden (z.b. in Simon, Fritz B., Clement, Ulrich & Stierlin, Helm, 1999). Ursprünglich bezeichnet wurde damit wohl die neutrale Position des Therapeuten (Position des weder [IST] noch [SOLL]), die Allparteilichkeit (sowohl [IST] als auch [SOLL]); die Felder „entweder" und „oder" sind nicht die Felder der therapeutischen Hexenposition (nach Mücke, Klaus: *Probleme sind Lösungen*. Klaus Mücke Ökosysteme Verlag, zweite Auflage, 2001). Sie diente ursprünglich lediglich als unterstützende Grafik anlässlich eines Kongressbeitrags, ist aber seitdem als grundlegendes längst verinner-lichtes Selbstdisziplinierungsinstrument aus meiner Coaching-Praxis (das heißt aus meinem Kopf) nicht mehr wegzudenken:

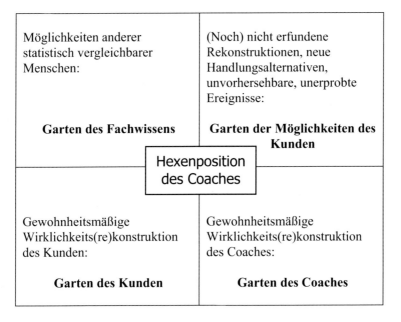

Möglichkeiten anderer statistisch vergleichbarer Menschen: **Garten des Fachwissens**	(Noch) nicht erfundene Rekonstruktionen, neue Handlungsalternativen, unvorhersehbare, unerprobte Ereignisse: **Garten der Möglichkeiten des Kunden**
Gewohnheitsmäßige Wirklichkeits(re)konstruktion des Kunden: **Garten des Kunden**	Gewohnheitsmäßige Wirklichkeits(re)konstruktion des Coaches: **Garten des Coaches**

Tabelle 3: Die Hexenposition des Coaches

Die Hexenposition bezeichnet die beraterisch wirksame Position des Coaches zwischen allen Welten. Es ist also meine Position des Wanderers zwischen den Welten. Die Hexe (ursprünglich von dem Wort „Hag" abstammend, das im Althochdeutschen „hagazussa" hieß, was so viel bedeutet, wie „die, die auf dem Hag, der Hecke, dem Zaun saß, der hinter den Gärten verlief und das Dorf von der Wildnis abgrenzte" (Dürr, 1985; nach Mücke, 2001).

Die Hexenmetapher als Grundlage meines Coachingansatzes steht für Folgendes:

Der Coach als freundliche, helfende Hexe in den Gärten der Möglichkeiten

Der Coach balanciert dabei auf der Grenze zwischen seiner eigenen Erfahrungswelt, der Welt des „Fachwissens", und der des Kunden, die er im Gespräch rekonstruiert. Diese Position kann man „Hexenposition" nennen. Man stelle sich also mehrere Gärten vor, die durch Hecken getrennt sind.

(1) Der eine Garten ist der Garten, in dem die Wirklichkeit des Kunden herrscht, seine gewohnte Wirklichkeitskonstruktion. Hier gibt es offenbar nicht genügend oder nur unbefriedigende Möglichkeiten.

(2) In einem anderen Garten befinden sich alternative Gewächse und „Landschaften", z.B. Traumvorstellungen, Verhalten oder Ziele von anderen, scheinbar vergleichbaren Menschen, statistische und empirische „Menschen", das gesammelte Wissen des Coaches über idealtypische Lebensentwürfe, die Vorstellungen des Coachees von idealen „Typen" und „Zielen" usw.

(3) In einem weiteren Garten gibt es eine ganze Menge mehr Möglichkeiten, die man aber eben (noch) nicht beschreiben kann, weil sie erst noch er- oder gefunden werden müssen.

(4) Schließlich der Garten des Coaches, der Ort also, wo dieser sich persönlich zu Hause fühlt, der seiner Wirklichkeitskonstruktion entspricht, wo er seine eigenen Möglichkeiten züchtet.

Der Coach – in diesem Falle als helfende Hexe – sitzt aber auf der Hecke, sozusagen auf einer höheren Warte, zwischen den Welten also.

Der Coach zeigt dem Kunden Wege, neue Möglichkeiten zu (er)finden

Die Aufgabe der Hexe oder des Coaches ist jetzt einfach zu beschreiben: Dem Kunden durch Coaching passendere Möglichkeiten zu eröffnen, als er sie vor dem Coaching hatte. Was liegt also näher, als ihm einfach den Weg in den „richtigen" Garten zu zeigen und ihn hinzuführen? Oder notfalls hineinzuziehen? Denn der Coach weiß doch: Hier wachsen die richtigen Blumen! – „Ich kann es doch besser als mein Kunde!" – „Ich kenne doch meinen Garten!"

Neben einigen allgemeinen Gedanken zum Menschenbild sprechen praktische Gründe dagegen:

1. Der Coach kann nie endgültig wissen, welche Lösung für seinen Kunden die passende ist, denn dann müsste er nicht nur Gedanken lesen können, sondern auch prophetisch begabt sein! Er sollte deshalb nicht so tun, als kenne er sie, denn

2. damit wäre ein Misserfolg bei einem unvorhergesehenen Ereignis bereits vorprogrammiert und könnte nicht mehr neugierig und konstruktiv wahrgenommen werden.

Die Aufgabe des Coaches ist es also eher, dem Kunden verschiedene Wege aus seinem Garten zu ermöglichen, indem er ihn anregt, mit alternativen Handlungsentwürfen zunächst gedanklich zu spielen, um sie später umsetzen zu können. Man könnte auch sagen, den Weg in den Garten der Möglichkeiten überhaupt erst zu ermöglichen.
Das Verhältnis von Tatsächlichkeit und Möglichkeit steht hierbei im Vordergrund. Sprache ist *das* Medium des Coachings, das ja einen Dialog darstellt, einen Dialog über Dialoge usw. Nutzen wir die Sprache also als wirklichkeitsschaffendes Instrument! Tatsächlichkeiten wohnen Möglichkeiten inne. Wittgenstein wird die Frage zugeschrieben: „Kann es eine Möglichkeit geben, ohne dass es eine ihr entsprechende Wirklichkeit gibt?" (nach Bernd Schumacher: *Die Balance der Unterscheidung*, Seite 144 ff.). Für meine Auffassung von Coaching bedeutet das:

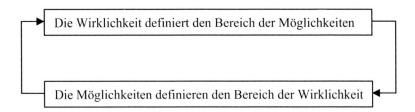

Abb. 1: Wirklichkeit und Möglichkeit als zirkulärer Prozess biografischer Konstruktion (aus Schumacher, Bernd: „Balance der Unterscheidung").

Man könnte in diesem Rahmen auch sagen: Wir sind nicht Geschöpfe unserer Umstände, sondern Schöpfer unserer Umstände.

Dies beinhaltet auch die gelegentliche Umschreibung bzw. Neufassung der eigenen Biografie im Sinne des Buchtitels von Ben Furman „Es ist nie zu spät, eine glückliche Kindheit zu haben". Ein Kunde drückte es vor Kurzem so aus: „Es ist nie zu spät, die eigene Biografie zu schreiben (solange der Kleber noch nicht hart ist)!" So kann man sogar im Nachhinein die eigenen Möglichkeiten erweitern oder absichern, denn was viele Menschen als belastende Erlebnisse aus der Vergangenheit mit sich herumtragen, ist bei näherer Betrachtung durchaus geeignet, als besondere Ressource in der Zukunft zu dienen. Und die Frage, ob ich meine eigene Vergangenheit als Verhinderung meiner Zukunft oder als Klotz am Bein ansehe oder als Energiequelle, ist bearbeitbar und mutwillig entscheidbar. „Warum wir so sind, wie wir sind, ist ein Mysterium, aber wie wir uns verändern können, keines" (Ben Furman). Genau so wie die Opferhaltung in unserem Kopf entsteht, können wir eine Täterhaltung (Regiehaltung) bei uns im Kopf entwickeln, auch wenn es manchmal schwerfällt, dies einzusehen. Gerade wenn die „Umstände" doch so schlecht sind, wie sie scheinbar sind.

Alles zielt immer wieder auf das eine allgemeine Ziel, mehr Möglichkeiten zu haben als vor dem Coaching. Innerhalb diesen „Rahmens" ist ein Aus-dem-Rahmen-Fallen des Coachees nicht nur geduldet, sondern erwünscht, bis er seinem eigenen, individuellen Ziel ein Stück näher gekommen ist oder es erreicht hat.

Hierbei ist aber meiner Meinung nach unerlässlich – und das kann man gar nicht oft genug betonen –, dass das Ziel möglichst sauber formuliert ist. Auch wenn ein Ziel bei einer nächsten, anderen Sitzung, zu einem anderen Zeitpunkt, ein anderes sein kann, es muss das Ziel des Kunden sein und nicht das Ziel des Coaches, und es muss glasklar erkennbar sein. Das Ziel des Coaches kann nur sein, dem Kunden zu seinem Ziel zu verhelfen.

Hier herrscht aus gutem Grund Übereinstimmung in der Coaching-Szene vor: Ein Ziel sollte, wenn es irgendwie möglich erscheint, auf der Handlungsebene, auf der Verhaltensebene formuliert werden können. Dies erhöht dramatisch die Wahrscheinlichkeit, dass ein Ziel überhaupt verfolgt, in jedem Falle aber auch erreicht werden kann.

Oft habe ich als Coach den Eindruck, dass ein gefundenes und korrekt erfasstes Ziel schon fast den Durchbruch darstellt. Sehr empfehlenswert zu diesem Thema: das kurze Kapitel zum Thema „Ziel, Ziele" im einmaligen Büchlein von Jürgen Hargens „Systemische Therapie … und gut" sowie die Kommentare von Hägar im selben Band.

In der Arbeit mit kreativen Hochbegabten ist es immer eine besondere Freude, an diese Arbeit gehen zu können. Hochbegabte begreifen schnell, dass es Möglichkeiten gibt, die Tatsächlichkeiten werden können, wenn man sie erst einmal benennen kann. Und gleichzeitig ist gerade dies für viele Hochbegabten eine schier unmöglich zu überwindende Hürde, erscheint doch jede Entscheidung für ein Ziel als Ablehnung aller anderen Möglichkeiten, was für einen Hochbegabten offenbar eine noch viel größere Bedrohung bzw. Einengung darstellen kann als oft schon für „Normalbegabte".

Lösungsorientiertes Coaching

Die Bemühungen des Coaches können sich prinzipiell auf die Suche nach den Gründen für ein Problem und nach den Auswegen aus einem Problem beziehen. Meiner Arbeit steht als Prinzip voran, die Lösungsorientierung meiner Kunden zu fördern. Wer sein Problem kennt und benennen kann, der kennt auch schon die Lösung (nähere Erläuterung dazu auch im sechsten Teil: „Selbstcoaching?"). Es geht hier prinzipiell darum, nach positiven Ausnahmen aus dem „Problemleben" des Kunden zu suchen, diese Ausnahmen könnten Teil der neuen Wirklichkeits(re)konstruktion sein, die den neuen Garten der Möglichkeiten ausmacht, den Coach und Coachee gemeinsam (er)finden. Die Frage, wie erhöhe ich die Wahrscheinlichkeit des Auftretens von (positiven) Ausnahmen zu meinen Gunsten, steht dabei zunächst im Vordergrund. Schließlich geht es darum, wie man die „Türen zu den Lösungen aufstößt". Die Grundannahmen der Lösungsorientierung sind auch für jeden, der sich selbst „beraten" möchte, von Nutzen. Ich nenne hier 11 von 12 Grundannahmen, die Walter/Peller in ihrem Buch „Lösungsorientierte Kurztherapie" formuliert haben. Die 12. bezieht sich auf das Setting der Gruppentherapie und ist in unserem Zusammenhang irrelevant:

1. Ein positiver Fokus hat Vorteile (die problemorientierte Sicht führt weiter in das Problem hinein und von der Lösung weg)
2. Ausnahmen verweisen auf Lösungen (Ausnahmen können entdeckt und konstruiert werden)
3. Nichts ist immer dasselbe (Änderung tritt immer auf)
4. Kleine Änderungen ziehen die großen nach sich
5. Kooperation ist unvermeidlich (KlientInnen sind immer kooperativ. Sie sind beispielsweise nicht „widerspenstig", sondern sie zeigen, was sie bewusst oder unbewusst als optimale Handlung momentan verwirklichen können
6. Menschen haben Ressourcen (alles, was sie brauchen, um ihr Problem zu lösen)
7. Bedeutung und Erfahrung sind interaktional konstruiert (und damit auch umkonstruierbar)
8. Rekursivität (Handlungen und Bedeutungen sind zirkulär). Einfaches Beispiel: Die Beschreibung eines jugendlichen Verhaltens als „böse" erfordert eher Strafe als Lösung. Die Beschreibung als „experimentierender Jugendlicher" erlaubt andere Reaktionen
9. Die Bedeutung liegt in der Reaktion (Die Bedeutung einer Botschaft ist die Antwort, die Sie erhalten)
10. Die Klientin selbst ist die Expertin (und entscheidet, was sie tut)
11. Ganzheitlichkeit (Jede Änderung an einem beliebigen Punkt ändert alle folgenden Prozesse und Interaktionen, ein zirkulärer Prozess ohne Anfang und ohne Ende)

Dazu gehört meiner Meinung nach durchaus eine gewisse „Respektlosigkeit", wie sie von Gianfranco Cecchin in seinem gleichnamigen Buch beschrieben wird. Respektlosigkeit dem Problem gegenüber sozusagen, bestimmten einengenden Verhaltensmustern gegenüber oder Glaubenssätzen, die in ihrer Konsequenz den Kunden am Handeln bzw. Sich-Entwickeln hindern. Das „Problem" will sich vielleicht immer wieder (aus Gewohnheit) in den Vordergrund schieben und die Lösungsfindung damit massiv behindern. Oft ist das ja gerade die Krux: Das Problem ist mittlerweile vertrauter als die potenzielle Lösung und gehört damit paradoxerweise zur „Komfortzone" des Kunden, der doch eigentlich sein Problem loswerden möchte.

So sind mir lange Diskussionen mit sich selbst als „Underachiever" bezeichnenden hochbegabten Menschen in Erinnerung, die ausschließlich (!) davon zu sprechen wissen, warum sie dies und jenes nicht können, ja gar nicht versuchen sollten, es zu lernen. Sie sind exzellente Experten für ihr Problem geworden. Sie können komplexeste Begründungen dafür liefern, warum einfachste Handlungen nicht funktionieren. Und weil sie eben nicht dumm sind, beherrschen die meisten auch die entsprechende „erklärende" Literatur, z.B. ein gewisses psychologisches „1x1", zumindest aus der populären Literatur, meist darüber hinaus. Und jeder Mensch hält sich schließlich gerne damit und darin auf, was er am besten beherrscht! Jetzt gilt es in die „feindliche Welt" der Lösung aufzubrechen (wenn sie es denn wollen). Und es fehlt offenbar oft der Reiz der Überzeugung, dass es dann besser wird, die schließlich paradoxerweise den problematischen Zustand attraktiver erscheinen lässt als eine (Los)lösung von demselben. Vermutlich nicht zufällig hält sich unter sich selbst als „Underachiever" bezeichnenden Hochbegabten (zu Deutsch etwa: „Minderleister" = „unter seinen Möglichkeiten Leistender") hartnäckig die im mitteleuropäischen Bewusstsein fest verankerte Gleichung: „Jugend verpfuscht" = „als Erwachsener chancenlos". Sie beruht auf der nie bewiesenen, dafür schon unzählige Male widerlegten und nicht nur in meinen Augen unsinnigen Ursache-Wirkungs-Verknüpfung der totalen Determination des Erwachsenen durch seine Jugend(traumata).

Dass ich deswegen in Coachingdialogen Gesprächsbeiträge liefere, die ein geschulter Beobachter unschwer als „provokative Intervention", bezeichnen würde, verwandt durchaus mit „paradoxen Interventionen", ist fast unausweichlich. Auf der Grundlage einer liebevollen Beziehung und distanziert im Sinne von Respektlosigkeit einer Lösung verhindernden Faktoren gegenüber und gefördert von gezielter Provokation *kann* ein Coachinggespräch auf Grundlage einer Provokation dann der Königsweg auf die Lösungsschiene sein. (Für Interessierte z.B.: Farelly/Brandsma: „Provokative Therapie", oder der Klassiker von Palazzoli u.a.: „Paradoxon und Gegenparadoxon")

Die Rolle der guten Hexe

Ich bin mir im Klaren darüber, dass die Rolle der guten Hexe, die eben nicht plötzlich ins oberlehrerhafte verfällt und ihren Kunden damit überfällt, nur durchgehalten werden kann, wenn ich mir als Coach sehr bewusst bleibe, dass ich selbst mein wichtigstes und letztlich bestes Werkzeug bin. Ich (als Person und mein Verhalten) als Coach bestimme weitgehend, wohin die Reise im Coaching gehen soll (ob ich da ankomme, ist eine ganz andere Frage).

Ich möchte von meinem hochbegabten Kunden prinzipiell anerkannt werden als Coach. Durchaus auch als führende Kraft in dieser Beziehung, aber eben nicht mehr. Die Frage ist: Kann ich meine eigenen Regeln immer einhalten? Dazu bedarf es Disziplin, Supervision und gewisser Grundüberzeugungen, die das alltägliche Handeln auch als Coach steuern. Ich habe beispielsweise der Rolle des besserwissenden Pädagogen noch im Studium abgeschworen und versuche, dauernd darauf zu achten, nicht in die Rolle des eher platten Ratgeberautomaten zu verfallen.

Ich glaube zwar, dass ich diese Haltung inzwischen so verinnerlicht habe, dass ich sie gar nicht mehr bewusst ausfüllen muss, aber trotzdem reizt es auch mich ab und zu, einmal richtig zu sagen, „wo es denn lang-geht". Das heißt also nicht, dass meine Kunden nicht oft von mir viele Ideen oder Impulse bekommen. Nur: Ihren gesamten Weg zu ihrem Ziel erfinde ich nur gemeinsam mit ihnen und ohne, dass ich quasi Reiseführer im Land des Kunden werde! Und schon gar nicht Oberlehrer!

Insofern neige ich dazu, meinen Kunden möglichst bald zu Beginn unserer Coaching-Beziehung zuzumuten, die entsprechende „Ent-Täuschung" zu erleben, die sie letztlich erst zum Handelnden werden lässt: Sie werden von mir keine Patent-Rezepte bekommen, keine Gebrauchsanweisungen für ihr Leben, sondern Hilfe zur Selbsthilfe. Ich unterstütze sie in ihrem eigenen Veränderungsprozess. Ich beschleunige, ich liefere Stoff, ich leiste Beihilfe, aber ich führe nur das Coachinggespräch, nicht direkt den Coachee. Das tut er von Anfang an selber.

Der systemisch-konstruktivistische Ansatz mag besonders geeignet für das Coaching von Hochbegabten sein: Er wird manchmal von Kritikern als sehr „kopfig" bezeichnet. Ich halte das zwar für Unsinn. Allerdings ist der erste Anknüpfungspunkt immer kopfgesteuert, und die meisten Dinge lassen sich auch nur „kopfig" „verhandeln", wenn man es so ausdrücken will. Die Emotionen sind immer dabei und werden auch immer deutlich. Der Ansatz mag kopflastig erscheinen, was allerdings keinen hochbegabten Kunden bedingt. Was aber kann einem Hochbegabten, der sich evtl. in der Welt der Logik und der – allgemein gesprochen – „wissenschaftlichen Denke" zu Hause fühlt, und eben nicht so in der Welt der Gefühle und der zwischen- und innermenschlichen Eigenarten, eigentlich Besseres passieren? Ich achte drauf, dass die Gefühlswelt nicht zu kurz kommt, und ich arbeite sehr viel mit Gefühlen, aber das muss ja nicht in riesigen Lettern an der Tür stehen! (vgl. dazu auch das Kapitel Gefühle in Jürgen Hargens Büchlein „Lösungsorientierte Therapie… was hilft, wenn nichts mehr hilft…").

Coach und Kunde erkunden gemeinsam unbekannte „merkwürdige" Ereignisse

Dass auch der Coach beim Erkunden des Möglichkeitsgartens lernt, ist unvermeidlich, trotzdem wird er nie so viel lernen, dass er stellvertretend für den Kunden valide, also gültige Entscheidungen treffen kann. Also Entscheidungen, die für den Kunden die gleiche Gültigkeit haben wie für den Coach. Dazu müsste er – wie gesagt – einen direkten Zugang zu fremdem Erleben finden, und das scheint nach heutigem Erkenntnisstand unmöglich.

Beide bilden stattdessen sozusagen ein *Forscherteam*, welches die entdeckten Möglichkeiten jeweils daraufhin untersucht, ob sie im Sinne einer erfreulichen Entwicklung als nächster Schritt für den Kunden taugen. Die Forschungsreise kann natürlich erst beginnen, wenn die Ziele des Coachings klar sind. Und hier gilt wie sonst im Coaching: Die Zielklärung ist ein wesentlicher Bestandteil des Coachings und gleichzeitig seine Voraussetzung. Wird hier gepfuscht, ist der Rest oftmals kaum etwas wert. Im Gegenteil: Enttäuschungen sind vorprogrammiert.

Um ein gemeinsames Forscherteam zum Erfolg zu führen, ist wiederum eine Partnerschaft auf gleicher Augenhöhe zu wünschen, durchaus mit dem methodischen Führungsanspruch des einen (Coach) und dem inhaltlichen Führungsanspruch des anderen (Coachee). Auch hier spricht zwar nichts zwingend gegen einen Coach, der selber nicht hochbegabt ist, aber es spricht wiederum einiges für einen hochbegabten. Natürlich läuft auch der selbst hochbegabte Coach ständig Gefahr, die eigene Geschichte (der Hochbegabung) mit ins Spiel zu bringen und damit unprofessionell zu werden, weil er die Distanz zu seinem Kunden verlieren könnte. Selbstverständlich gelten prinzipiell auch alle anderen Kunstfehler-Gefahren für den hochbegabten Coach. Sei es drum: Die Entscheidung muss jeder Coach und jeder Coachee für sich selbst treffen. Beides kann Sinn machen, beides birgt Risiken. Hier gibt es kein

Rezept, aber immerhin den abschließenden Rat für den Coachee, den Coach zu wechseln, wenn er merkt, dass er in seiner Person nicht genug gewürdigt wird. Vor allem wenn er in dieselbe Falle gerät, aus der er eigentlich so schnell wie möglich hinaus will: gerade weil er hochbegabt ist, nicht ernst genommen zu werden. Auch wenn es schwerfällt. Wie es immer schwerfällt, eine Beziehung zu beenden oder zu verändern, gerade auch wenn man sie eben erst hoffnungsvoll begonnen hat.

Das Ziel von Coaching ist, dass der Kunde nützliche, bisher aber unbekannte Möglichkeiten in sein Leben integrieren kann

„Handle stets so, dass die Zahl der Möglichkeiten wächst!" Das ist der Heinz von Foerster zugeschriebene ethische Imperativ (beispielsweise in „Wahrheit ist die Erfindung eines Lügners", Seite 36 ff.).
Der Coach ist ein wichtiger und zielführender Partner in diesem Prozess, da er unbefriedigende Kurzschlüsse zwischen Problem und Lösung weitestgehend verhindern kann, zur Beschleunigung und zum Erfolg des gesamten Problemlöseprozesses beiträgt. Seine Aufgabe sehe ich auch darin, dem Kunden dazu zu verhelfen, diesen Prozess möglichst bald ohne den Coach in Eigenregie weiterzuentwickeln. Getreu dem Motto: Das Ziel von Coaching ist es, es zu beenden. Denn ich möchte ja selbstständige, autonome Kunden haben!
Ein Coach sollte also, wenn man es so ausdrücken will, die Fähigkeit besitzen, sich neugierig und tolerant auf die Entwicklung seines Kunden einzulassen. Dabei darf er sich weder im Garten seines Kunden verlaufen, noch ihm allzu vereinfachende Lösungswege zeigen und ihn gleichsam in seinen eigenen Garten hineinzwingen.
Diese früher sehr verbreitete Art und Weise der oberlehrerhaften Beratung muss für Hochbegabte besonders abschreckend, weil extrem anmaßend und einengend wirken. Außerdem:
Das althergebrachte „Input-Output"- oder das „Ursache-Wirkungs"-Paradigma (genau dieser Rat führt zu diesem Ergebnis) macht *Scheitern* möglich, weil es *letztlich ein als objektiv richtige Maßnahme verkanntes Versuch-und-Irrtum-Experiment* darstellt. Dort gibt es nur Erfolg oder Misserfolg! Das gesetzte Ziel der Vorhersagbarkeit wird oft nicht erreicht und gleichgesetzt mit Versagen!
Aus der Hexenposition heraus existiert dieses Problem gar nicht: Hier – im systemisch-konstruktivistischen Paradigma – wird dieses Problem selbst obsolet. Hier gibt es kein *Richtig* oder *Falsch,* sondern nur

verschiedene Möglichkeiten, die auf ihre Tauglichkeit geprüft werden müssen.

Und Tauglichkeit heißt hier: Ein belastender und gewohnter Zustand wird konstruktiv irritiert. Im Sinne eines Entwicklungsanstoßes für den Kunden. Dabei bestimmt aber der Kunde, in welche Richtung und wie weit es gehen soll. Denn *er* ist der Kundige.

Es ergibt sich hier also ein hervorragendes Experimentierfeld für Coach und Coachee: Mit viel Tempo und Kreativität konstruieren beide zusammen eine neue Welt für den Coachee, sie sorgen für einen Weg in den Garten der Möglichkeiten, in dem sich der Coachee auf eine maximal erreichbare Art und Weise entfalten kann! Und: Auf dem Weg kann man beim Experimentieren viel Spaß haben, denn Entwicklung macht Raum für neue Möglichkeiten, und das ist ein großartiges Erfolgserlebnis für den Coachee! Übrigens kommt diese Art, neue Wege zu erfinden, dem eigenständigen Spieltrieb, der hohen Kreativität und dem Drang nach schnellen Veränderungen mancher Hochbegabter auf wunderbare Weise entgegen.

Zum Schluss möchte ich einen mir hilfreichen Satz verraten:

„Dein Kunde möchte seinen Garten neu gestalten. Verdirb es ihm nicht, in dem du ihm deinen alten Liegestuhl schenkst! (den mit DEINEM Lieblingsmuster ...)!"

Die Arbeit mit Metaphern

In gewisser Weise ist übrigens auch die Arbeit mit Metaphern und Geschichten ein Kennzeichen meiner Arbeit.

Ich entwickle gemeinsam mit meinen Kunden laufend neue Metaphern. Wichtig ist hier nur, dass die Metaphern zur Erlebniswelt des Kunden passen. Der Kunde muss damit spielen, experimentieren können. So bekommt er mehr unbewusst als bewusst – über den Umweg über die Metaphern-Arbeit – einen Zugang zu Aspekten seiner problematischen Erlebnis-Welten, die ihm sonst eher verborgen bleiben würden. So kann man mit sehr technisch orientierten Menschen zwar u. U. von Anfang an wenig über Gefühle und andere sehr persönliche Dinge reden, sehr wohl aber über Dampfkessel, angezogene Handbremsen, schlecht gewartete Motoren, Inspektionen, Reifenwechsel oder Zwischenlandungen. Und das macht nichts, wenn wir auf diesem Weg z.B. Zugang zu den Gefühlen bekommen und diese dann problemlos mit einbeziehen.

Man kann Metaphern aufgreifen, die einem vom Coachee angeboten werden („Ich fühle mich wie eine alte Maschine ...!"), man kann sie anbieten („Haben Sie Lust, eine Weile mithilfe eines Bildes aus der Theaterwelt über Ihre Themen zu sprechen?!") oder man kann sie gemeinsam erfinden. („Was meinen Sie, welchem bekannten Film kommt Ihre Geschichte am nächsten?!")

Man kann Metaphern aufzeichnen („Warten Sie, ich zeichne mal eben Ihr Zufriedenheitsthermometer auf ... so, was zeigt es denn an?!")

Manchmal erzähle ich Geschichten, die mein Leben schrieb, das eines Freundes oder Bekannten, und manchmal erfinde ich Geschichten, die Zusammenhänge verdeutlichen oder liebevoll provozieren sollen. Vor Kurzem habe ich mehr oder weniger das letzte Drittel einer Sitzung quasi mit der Kundin gemeinsam in Harry-Potter-Sprache über den mehr oder weniger wirksamen Einsatz von Zaubersprüchen gegen ihre mobbenden Kollegen im Betrieb verhandelt. Am folgenden Tag bereits hatte sie mit dem „Ridikulus-Fluch" Erfolg, am „Patronus-Zauber" musste sie eigenen Angaben zufolge noch üben, bis er funktionierte. Aber auch er tat es nach etwa vierzehn Tagen. Warum auch nicht?

Meine Arbeit ist meist recht kreativ. Meine Kunden müssen (können) damit rechnen, dass sie zwischen den Sitzungen, die durchaus im Abstand mehrerer Wochen stattfinden, E-Mails bekommen oder Briefe, kleine Päckchen usw. Neben der Dokumentation und einigen weitergehenden Gedanken zum Gespräch befinden sich darin evtl. hilfreiche Metaphern und Hausaufgaben. Manchmal komme ich auch spontan auf die Idee zu telefonieren. Und wenn meine Kunden etwas umtreibt, wo ein kurzes Telefonat hilfreich sein könnte, dann telefonieren wir auch. Ich habe die Erfahrung gemacht, dass sich meine Kunden selbstständig machen, wenn die Zeit reif ist, und das geht manchmal sehr schnell. Das liegt einerseits daran, dass ich Beratungs-ansätze im Kopf habe, die sich an kurzzeittherapeutischen Ansätzen von z.B. Steve De Shazer und anderen orientieren, das liegt aber auch daran, dass ich immer nur tätig bin, wenn es tatsächlich aktuelle Themen gibt. Ich will meinen Kunden nicht abhängig, sondern unabhängig machen.

Im Coaching gilt wie im Training: Ich als Coach bringe die Werkzeuge mit. Ich begleite meine Coachees, ich stelle die hoffentlich richtigen Fragen, ich biete Metaphern an, ich provoziere manchmal auch liebevoll, aber ich bestimme weder die Geschwindigkeit, den Inhalt oder die Richtung noch die Ziele unserer gemeinsamen Arbeit. Ich weiß, ich bin nicht perfekt, und so werde ich manchmal schon Geschwindigkeit, Richtung und Ziele beeinflussen, ohne dass ich es bemerken würde. Aber ich mache es nicht absichtlich und aus „pädagogischen" Gründen. Der Regisseur in diesem Sinne ist und bleibt der jeweilige Kunde! Getreu den meisten systemisch-konstruktivistischen Ansätzen vertraue ich darauf, dass ich die Impulse setze, die das System dazu befähigt, Veränderungen zu eigenen Gunsten unter gegebenen zu berücksichtigenden Bedingungen selbst zu initiieren und zu Ende zu führen. Ich gehe mit dem Coachee ein Beratungssystem ein, das sich alsbald wieder auflöst in die beiden getrennten und autopoietischen (sich selbst Ziele und Richtgrößen schaffende und sich selbst steuernde und regelnde Systeme) Systeme „Coach" und „Coachee".

Meine Beratung verfolgt damit einen hohen Anspruch an die Qualität der Arbeit des Coaches und gleichzeitig einen eher bescheidenen Ansatz, was die Überzeugung angeht, es könnten Veränderungsprozesse per fachlicher oder persönlicher allmachtsähnlicher Fähigkeiten der Coaches quasi im direkten Ursache-Wirkungs-Zusammenhang entstehen oder gar wie beim Zahnarzt durchgezogen werden.

Möglicherweise bringe ich meinen Coachees auch Selbsthilfemethoden bei, wie eine systematische Selbstbefragung nach bestimmten Aspekten des Selbstbildes oder nach Handlungsalternativen in Krisen oder eine Teamcoachingmethode, wenn es sich anbietet à la Reflecting-Team-Arbeit, wie z.B. in meinem Buch „Erfolgreiche Strategien für starke Teams" beschrieben, was viele Konflikte im alltäglichen Berufsleben lösen hilft.

Für mich als Coach ist es jedenfalls immer wieder interessant und herausfordernd, mich von meinen Kunden in spannende Diskussionen verwickeln zu lassen, die auf ganz alltäglicher Ebene das Leben meiner Kunden ganz offenbar in ihrem eigenen Sinne verändern. Zu ihren Gunsten.

Während ich beispielsweise gerade auf einem relativ hohen Abstraktionsniveau nach Lösungen Ausschau halte, erklären mir meine Kunden selbst deren Lösungsalternativen. Und zwar auf ihrem Niveau bzw. in ihrem Kontext und zu demselben als Veränderungsimpuls passend. Die Erdung durch die Kunden ist nötig, die Kunden dürfen und müssen sich erden, weil ich daraus lernen kann und sie dazu ermuntere. Und sie nur so für sich gültige Lösungen finden. Meine Kunden bringen mich wiederum dazu, auf theoretisch-abstrakter Ebene neue Entwürfe entstehen zu lassen, die ich ihnen anbieten kann. Die alte Idee, dass es nichts Praktischeres als eine gute Theorie gibt, stammt von Prof. Dr. Uwe Grau, ich habe sie ihm abgeschaut und in mein Denken und Handeln als Coach integriert. Ich lernte Uwe Grau nämlich kennen, als er an der Universität Kiel systemisch-konstruktivistisches Denken und Handeln als Denksportaufgabe im Rahmen eines „Praxis-Theorie-

Projektes" als Professor für pädagogische Psychologie (!) einführte. Bei dem Projekt handelte es sich um das ausgesprochen praxisbezogene Projekt der Beratung des Trainers des Handballbundesligisten THW Kiel (Johann Ingki Gunnarson), der sich mit seiner Mannschaft in einer beispiellosen Aufstiegsrunde auf dem Weg vom Tabellenletzten bis immerhin zum deutschen Vizemeister befand.

Der möglicherweise befürchtete Konflikt zwischen hochtrabender bzw. abstrahierender, vielleicht auch die Dinge komplizierender Theorie und tauglichem Alltagshandeln wird beispielsweise in Bernhard Pörksens „Abschied vom Absoluten. Gespräche zum Konstruktivismus" in einem Interview des kritischen, ursprünglich psychoanalytisch ausgerichteten, heute eher systemisch-konstruktivistisch orientierten Therapeuten und Philosophen Helm Stierlin durch ebenfalls Bernhard Pörksen wunderbar nachvollziehbar beschrieben (Pörksen, 2001, Seite 199 ff., das Interview selbst: Seite 189-210). Ich habe den Verdacht, dass dieser „Konflikt", dessen Lösungen typische scheinbar widersprüchliche Einsichten systemischer Konstruktivisten enthält, eine andere Strophe des Liedes sein könnte, welches ich einmal „Aufwärts- bzw. Abwärtskompatibilität" der Erfahrungswelten Hochbegabter und Nichthochbegabter genannt habe:

Olaf (Seite 28) hat es sehr gut ausgedrückt: Nach seiner Beschäftigung mit ZEN, nach seinem Testergebnis und der Beschäftigung mit seiner sozialen Umgebung ist er schließlich (nach langer Zeit!) zu dem befreienden Schluss gekommen, dass er es akzeptieren kann, sich nicht mehr unbedingt mit anderen auseinandersetzen zu müssen, um sich verständlich zu machen. Oder die anderen „irgendwo hinzubringen, wo sie gar nicht hinwollen". Er hat erkannt, dass es eine Grenze gibt, die man nicht überschreiten muss. Zumal die Überschreitung wohl zu neuem Ärger führen würde, also auch noch sinnlose Aufregung hervorruft.

In der Diskussion mit einem nicht hochbegabten Kollegen kam ich darauf: Man kann eine schöne Analogie zur Kompatibilität von PC-Programmen nutzen: Manche Programme sind aufwärts-, aber nicht abwärtskompatibel. Eine gute Gelegenheit, die Möglichkeiten der eigenen Toleranz und Akzeptanz von Andersartigem auszuloten, ist es, genau darüber nachzudenken. Kurz: Erfahrungen sind eben doch nicht oder nur sehr eingeschränkt übertragbar! Und nur ohne wertenden Zensor im eigenen Hinterkopf versteht man die Aufwärts- und Abwärtskompatibilität:

Beispiel: Ein Vorstandvorsitzender hat mit an Sicherheit grenzender Wahrscheinlichkeit Erfahrungen (wenn vielleicht auch nur wenige) aus der Zeit, in der er kein Vorstandvorsitzender, sondern etwas anderes war, nämlich Schüler, Student, Sachbearbeiter, Assistent, mittlerer Manager. Ein Sachbearbeiter hat aber in der Regel keinerlei Erfahrungen aus der Zeit, in der er Vorstandsvorsitzender war. So ist denn das theoretische Potenzial an gegenseitigem Verständnis ab einem bestimmten Zeitpunkt zweier oder mehrerer Lebensläufe sehr ungleich verteilt und ein weiterer Grund dafür, dieses besondere Ende der Fahnenstange zu akzeptieren, das Olaf beschreibt: „Ich muss mich nicht, nein, ich KANN mich nicht jedermann verständlich machen. Ich sollte evtl. gar kein Verständnis erwarten, sondern hilfsweise versuchen, die Perspektive zu wechseln, was ich aufgrund meiner eigenen Erfahrung ja kann: Wie würde ich aus der Sicht des Sachbearbeiters reagieren, denken, fühlen?!" Entweder gelingt mir das oder eben nicht.

Für den einen oder anderen könnten diesen Gedanken wieder einmal und ganz in unserem Sinne der häufigen Fehlinterpretation das Geschmäckle von elitärem Denken anhaften, weil sie ja wieder mit „oben" und „unten" daherkommen. Deswegen noch ein anderer Annäherungsversuch an dieses Problem: Man könnte Anleihen machen bei der systemischen Erkenntnistheorie Varelas und Maturanas oder/und bei Luhmanns Systemtheorie: Jedes im Prinzip autopoietische und damit auch selbstreferenzielle und geschlossene psychische oder soziale System funktioniert nach eigenen Gesetzen und Regeln, kann die Umwelt nur selektiv wahrnehmen, d.h. es werden die Dinge erkannt, die zu den inneren Gesetzen des eigenen Systems gehören, die systemerhaltend sind usw.

So ist es dann kein Wunder, dass ein Teil des einen Systems sich „im" anderen System nicht zurechtfindet, ja scheitern muss. Ich bin zwar mittlerweile überzeugt, dass es „Wanderer zwischen den Welten gibt", die gewissermaßen die Software beider Systeme beherrschen. Sie kennen beide Codes, aber dabei dürfte es sich um eine extrem seltene Spezies handeln und der Code des fremden Systems immer noch so etwas wie eine – wenn auch manchmal gut beherrschte – Fremdsprache darstellen.

Dass allerdings alle Wanderer zwangsläufig das Schicksal des lebenslang eingekerkerten Quadrats in Edwin A. Abbotts wunderbarer Geschichte „Flachland – Eine fantastische Geschichte in vielen Dimensionen" erleiden, halte ich für die depressiv-pessimistische Grundhaltung resignierter, innerlich gekündigter Menschen (erzählt z.B. in Watzlawick: *Wie wirklich ist die Wirklichkeit*). Das Quadrat hatte nach einem Ausflug in eine offensichtlich „dreidimensionale" Welt von seltsamen Gebilden namens „Kugel" beispielsweise berichtet und war daraufhin von den Autoritäten des „Flachlands" für „verrückt" erklärt und eingesperrt worden, weil das System Flachland die „Bedrohung" seiner eigenen Existenz allein durch eine neue widersprechende Information nicht verkraften konnte.

Für einen Hochbegabten gerät als Wanderer zwischen den Hauptcodes verschiedener Systeme in diesem Zusammenhang vielleicht eine Entwicklung wie bei privaten Universitäten o.ä. zu einer ehtisch-moralischen (und persönlichen!) Katastrophe. Beispielsweise wenn ihm klar wird, dass eine private Uni ein wirtschaftlicher Betrieb ist, der an den Studentenzahlen verdient und nicht unmittelbar an der Qualität der Lehre. Damit die Uni attraktiv für die zahlenden Studenten bleibt, steigt vielleicht auf „wundersame" Weise das Zensurenniveau. Da dieser Trend aber einer inflationären Zensurenpolititk im Dienste des Umsatzes der Uni gehorcht, wird die Uni wirtschaftlich erfolgreicher, aber inhaltlich uninteressanter. Jedenfalls für den Hochbegabten, der besonders viel lernen will. Er steht dann womöglich mit denselben weltschmerz-ähnlichen Gefühlen vor dieser Uni wie der gescheiterte hochbegabte Karrierist vor dem für ihn fremden „Hauptcode" der Führungsetagen des Konzerns, in dem er seiner Meinung nach aufgrund seiner Fachexpertise bis in die Spitze hätte aufsteigen müssen.

Kurz zurück zum Hochbegabten, der darunter leidet, dass er sich selbst nicht allen relevanten oder auch nicht relevanten Menschen seiner Umgebung gleichermaßen verständlich machen kann, was er aber doch so gerne möchte: Wenn dieser „an seiner Persönlichkeit arbeitet", unabhängiger wird, dann braucht er die Bestätigung von außen und damit seine nach außen gerichtete diesbezügliche Aufmerksamkeit um jeden Preis irgendwann nicht mehr. Dann ruht er vielleicht irgendwann in sich selbst. Ein Zustand, von dem viele Hochbegabte Jahrzehnte lang träumen. Und das Ergebnis ist dasselbe wie bei allen Menschen: eine zufriedene, friedliche Haltung, die die Welt ein bisschen besser machen könnte.

Zum Schluss dieser Überlegungen möchte ich noch einen Einwand diskutieren, der nicht zuletzt bei einer ausführlichen Diskussion dieser Thematik mit einem der Top-Coaches deutscher Vorstände entstand. Natürlich sieht der Vorstandsvorsitzende seine Erlebnisse als Sachbearbeiter (wenn er denn überhaupt welche hat) durch seine eigene Brille. Und diese eigene Brille ist eine, die die ganze Welt grundsätzlich anders sieht, als es ein Sachbearbeiter tut. Es ist bereits die Brille, die ihn schließlich zum Job als Vorstandsvorsitzender getrieben hat. Das unterscheidet den Vorstandsvorsitzenden, der mit 42 Jahren einen internationalen Konzern leitet, von dem, der als Sachbearbeiter mit 58 in den Vorruhestand geht. Und in der Tat spricht einiges, wenn nicht alles dafür, dass es da grundsätzliche Unterschiede in der Informationsverarbeitung, im Denkstil und im Handlungsstil von Personen gibt. Und diese Stile prädestinieren oder besser befähigen den einen eher dazu, Leitungs- und Steuerungsaufgaben zu übernehmen, Macht zu organisieren und einzusetzen, und den anderen eher dazu, auszuführen, was man ihm aufträgt, oder eine ganz andere Form der Beschäftigung zu suchen.

Ein Sachbearbeiter kann noch so lange als Sachbearbeiter arbeiten: Dabei wird er die Erfahrungswelt eines Vorstandsvorsitzenden nie – weder aus eigener Brille noch aus der des Vorstandsvorsitzenden – kennenlernen. Der Vorstandsvorsitzende hätte auf dem Weg in den Vorstand wenigstens eine theoretische und manchmal eben auch praktische Chance, aus der Erfahrungswelt eines Sachbearbeiters oder wenigstens Gruppenleiters zu schöpfen, der Sachbearbeiter aber umgekehrt nicht. Die Geschichten von Top-Managern, die „ihre Vergangenheit nicht leugnen" oder „nie vergessen haben", sind durchaus Legende. In der Regel wird so etwas von der Belegschaft ausgesprochen honoriert, was nicht heißt, dass so ein Manager als „verlängerter Betriebsrat" auftreten muss. Ob der Vorstandsvorsitzende es schafft, trotz der eigenen Brille die Perspektive des Sachbearbeiters einzunehmen, ist eine ganz andere Frage, ob er es überhaupt will, eine wichtige weitere. Die theoretisch resultierende Forderung, dass derjenige, der mehr Überblick hat, die Verantwortung zu übernehmen hat, für die anderen etwas zu tun, zu deren Gunsten die Welt zu verbessern usw., entsteht auf einer wiederum völlig anderen Bühne, nämlich der ethisch-moralischer Vereinbarungen im Zuge einer Metadiskussion von Verantwortung übernehmenden Mitgliedern einer menschlichen Gesellschaft. Außerdem hat diese Forderung einen komplexen Hintergrund von anzunehmenden Axiomen über das Zusammenleben von Menschen schlechthin (z.B. die offenbar beantwortete Frage, ob die Mehrheit derer, die nicht so viel Überblick haben, diese Hilfe überhaupt wünscht, bzw. wer unter welchen Umständen „bestimmt", wer etwas wünscht oder wünschen „muss" usw.), ohne die die Forderung unsinnig bleibt usw.

Wir sind hier mitten in *der* grundsätzlichen Problematik gelandet, bei der es darum geht, wie Menschen miteinander umgehen, oder wie diese miteinander umzugehen haben, wenn eine Teilgruppe von irgendetwas wesentlich mehr hat als eine andere Teilgruppe: Macht, Wissen, Geld, Rohstoffe, Erfahrung, Energie, Wasser, Zugang zum Meer, Transportmittel, Waffen, „Zugang" zu einem bestimmten Gott, etc. pp. oder eben: Intelligenz

Aber eine Tatsache bleibt: Von jemandem, der eine bestimmte Erfahrung gar nicht haben kann – egal aus welcher Brille er sie hätte betrachten können –, kann man nicht verlangen, dass er sie nutzen möge. Es sei denn, man setzte dies als Grundbaustein für die Regeln über das Zusammenleben fest. Dass das vor dem Hintergrund der meisten Zivilisationen bzw. Kulturen unsinnig ist, braucht wohl kaum diskutiert zu werden, obwohl es nicht nur theoretisch möglich ist.

Die Forderungen vieler Hochbegabter, dass die ANDEREN sich mehr anstrengen müssten, um mitzuhalten oder sie zu verstehen, läuft also ohnehin seltsam und einsam ins Leere. Möglicherweise genau wie die Forderung, Nichthochbegabte sollten gefälligst den Standpunkt der Hochbegabten einnehmen und mehr Verständnis für deren Ungeduld aufbringen. Vielleicht ist hier einfach nur Akzeptanz und gegenseitiger Respekt zielführend. Vermutlich ist es wie in jeder Partnerschaft: Es macht wenig Sinn, vom anderen als Vorbedingung einer funktionierenden Partnerschaft zu verlangen, er möge sich zu eigenen Gunsten wesentlich verändern. Genau das kommt aber laufend in Partnerschaften vor.

Hier wäre die auf beiden Seiten ausgeprägte Fähigkeit gefragt, etwas zu akzeptieren, auch wenn man es nicht vollkommen nachvollziehen kann, es aber auch nicht zum eigenen Hoheitsgebiet gehört. Ein schönes Stück zwischenmenschlicher Freiheiten und damit verbundener Entspannung wäre erreicht, vollkommen egal, ob es sich um Hochbegabung oder irgendein anderes Thema handelt. Die einzige Voraussetzung ist, dass nicht vor jeden einzelnen Gedanken eine „Gerechtigkeitsschranke" geschaltet wird, die schließlich von allen Beteiligten Unmögliches verlangt wie in unserem Falle die Angabe oder spontane Entwicklung von Intelligenz, um der aktuellen „Forderung" eines Gesprächspartners gerecht zu werden.

Noch ein Wort zu der Idee, Menschen, die sozusagen spielend, oder auch nach 30 Jahren harter Arbeit im Vorstand eines Konzerns landen, seien grundsätzlich „anders gestrickt" als Sachbearbeiter oder lebten irgendwie in einer völlig anderen Welt. Natürlich haben auch diese Menschen ihre Entwicklung. Mir geht es hier nicht um die Diskussion, ein wie hoher Anteil an innerem Antrieb oder welche Art von Denk- und Verhaltensstilen angeboren und/oder angelernt sind. Genauso wenig, wie ich die Diskussion, die wohl vor allem von Prof. vom Scheidt angestoßen wurde, ob es sich bei Hochbegabten nicht um „Mutationen" handeln würde (vielleicht sind Hochbegabte ja irgendwie „mutierte Affen in einem Zoo der Nichthochbegabten", dann müsste man aber damit rechnen, dass sie „Waffenlager einrichteten"!), hier weiterverfolgen möchte. Mir geht es an diesem Punkt darum, dass Menschen *in einem bestimmten Lebensalter oder* besser: *Stadium* ihres Lebens bestimmte Denk-, Verhaltens- und auch Gefühlsmuster besitzen, die das gesamte Navigationssystem darstellen, mit dem sie durch ihr Leben und, vor allem auch im sozialen Kontakt mit vielen verschiedenen Menschen mehr oder weniger erfolgreich, durch die Gesellschaft navigieren. Das gilt für andere Menschen aus und in anderen Gruppierungen genau so: Politiker, Schlagersänger, Fußballstars, Moderatoren, Schauspieler, Lehrer, Sozialarbeiter. Hier geht es einfach nicht um eine ehtisch-moralische oder gar volkswirtschaftlich ambitionierte Gesamtbewertung als Mensch, sondern um bestimmte individuelle Voraussetzungen für den Erfolg auf bestimmten offensichtlich unterscheidbaren und vorhandenen Handlungsfeldern. Und – Sie werden es schon ahnen, lieber Leser, es geht natürlich auch darum, sich als individuellen Menschen möglichst unabhängig auf die Reise zu sich selbst zu begeben – mit einem individuellen Code, nämlich dem, der letztlich nur für einen selbst gilt. Und den man vielleicht ein ganzes Leben lang entwickeln muss. Nennen Sie es Selbstverwirklichung, wenn Sie wollen!

Siebter Teil: Selbstcoaching?

… und fragen Sie Ihren Arzt oder Apotheker

Plädoyer für eine harmlose, aber wichtige Selbstliebe und Neugier

Selbstcoaching – was soll das heißen? In sich gehen?

Phasenmodell einer systematischen Selbstbefragung zu einem Problem

Ein kleiner Exkurs zum Thema Gefühle

Einige systemisch-konstruktivistische Kunstgriffe zum Selbstcoaching

In jedem Problem steckt auch die Lösung

Die radikalste Form der Lösung: Drei Grundsätze sind genug!

Die Suche nach Ausnahmen

Reframing: Was man so sehen kann, kann man auch anders sehen

So tun, als ob die Lösung bereits umgesetzt wäre

Die Beratung der eigenen Person aus der Zukunftsperspektive heraus

Es gibt andere Techniken

Positive Wendungen

... und fragen Sie Ihren Arzt oder Apotheker!

Die von mir im Folgenden formulierten Voraussetzungen dafür, sich selbst coachen zu können, wirken auf Sie vielleicht eher kurios. Es gibt Kollegen, die alleine die Idee des Selbstcoachings völlig ablehnen. Ich halte das inzwischen für eine Unterschätzung der Menschen. Menschen coachen sich sowieso jeden Tag selbst, sie nennen es nur nicht so. Wir treffen jeden Tag mehr oder weniger wichtige Entscheidungen. Wenn wir uns gezielt selbst coachen, gehen wir mit den Entscheidungen eben etwas gezielter und systematischer um. Es gibt mit Sicherheit Menschen, die sich selbst nicht gut helfen können oder die in einer Situation sind, in der es nötig ist, einen unbeteiligten Blick zu bekommen und manchmal auch hartnäckige Hilfe, die an Themen dranbleibt, die man selbst vielleicht nicht so gerne behandeln möchte, oder die Fragen stellt, die man sich selbst lieber nicht stellt, die aber trotzdem hilfreich sein könnten. Andererseits halte ich es mit dem Prinzip: Wer sein Problem nennen kann, der kennt auch (theoretisch) schon dessen Lösung (siehe weiter unten).

Außerdem scheint einiges dafür zu sprechen, dass ein Coaching durch einen Coach nicht ohne gleichzeitiges Selbstcoaching des Coachee auskommen kann.

Vielleicht ist es wie so oft eine Frage der benutzten Begriffe? Es spricht nichts dagegen, bevor ich einen professionellen Coach aufsuche, mir selber Gedanken zu machen. Es spricht aber auch nichts dafür, mir selber bis zum Sanktnimmerleinstag Gedanken zu machen, die dann schließlich in selbstzerstörerisches Grübeln münden, weil ich meine, unbedingt ohne einen Coach ein Problem in den Griff bekommen zu müssen.

Es sei hier eine kleine Warnung ausgesprochen, die verhindern soll, den Eindruck zu vermitteln, jeder könne sich schon selbst coachen, hielte er nur ein paar Spielregeln ein. Das ist auf keinen Fall so, und oft braucht man einen professionellen Berater, einen Coach, manchmal sollte man einen Therapeuten aufsuchen, zu dem auch ein Coach sinnvollerweise ab und zu raten können (!) sollte.

Aber viele der Dinge, die uns nerven, die uns an unserer Entfaltung hindern, die uns alltäglich ausbremsen, bekommen wir möglicherweise selber in den Griff, wenn wir uns die richtigen Fragen stellen und diszipliniert beantworten.

Im folgenden Teil gebe ich zunächst die von mir als Voraussetzungen empfundenen Bedingungen zu Protokoll, die herrschen sollten, bevor jemand anfängt, sich selbst zu coachen. Voraussetzungen, die meiner

Ansicht nach notwendig sind, damit Selbstcoaching ein alltägliches Gespräch mit dem inneren Schweinehund qualitativ überragt. Ich bin sicher, dass man sich nicht selbst coachen kann, wenn man sich selbst nicht ernst genug nimmt. Wer sich ernst nehmen möchte, sollte sich selbst mögen, deswegen fange ich dieses Kapitel mit einem Plädoyer für Selbstliebe an, die auch nur ein erster Flirt sein kann, ohne die es weder Sinn macht, mit Selbstcoaching zu beginnen, noch auf ein bestimmtes Ergebnis zu hoffen.

Später dann stelle ich einen möglichen Ablaufplan, ein „Phasenmodell" des Selbstcoaching dar, das hilfreich sein kann, alltägliche Probleme in den Griff zu bekommen oder z.b. ein professionelles Coaching bei einem Coach vorzubereiten.

Wenn sie damit nicht unmittelbar Fortschritte erzielen, wenden Sie sich bitte an einen Coach.

Plädoyer für eine harmlose, aber wichtige Selbstliebe und Neugier

„Wer nicht genießt, ist ungenießbar!", schrieb und sang einst Konstantin Wecker und setzte damit die Meßlatte für eine, wenn nicht die wichtigste Voraussetzung erfolgreichen sozialen Austausches ziemlich hoch. Aber: Es gibt keine soziale Kompetenz, die den Menschen zu befriedigenden Außenbeziehungen befähigt, wenn der Mensch sich selbst nicht mag. Denn es ist wohl so, dass man bei anderen Menschen immer irgendwie dieselben Eigenschaften oder dieselben Gewohnheiten vermutet (und meist auch entdeckt) wie bei sich selbst, zumindest wenn man ungeübt im sozialen Umgang ist. Wer sich aber selbst nicht mag, der erwartet auch von Fremden nichts Gutes.

Die Hochbegabten, die in diesem Buch gemeint sind, sind, wenn sie ihre eigene Hochbegabung entdecken und akzeptieren, oft schon ein halbes Leben lang mit Situationen konfrontiert worden, die sie eher die eigene Unvollkommenheit, (vermeintlich) unangemessenes Verhalten usw. als Etiketten erleben ließen. Und sie haben sie schließlich mehr oder weniger übernommen, d.h. in ihr Selbstbild integriert. Oder sie hadern mit der Widersprüchlichkeit in ihrem Kopf: Irgendwie sind sie richtig und gleichzeitig falsch. Wir haben das an anderer Stelle bereits erläutert. Was hochbegabte Erwachsene deswegen häufig im Überfluss haben, sind Selbstzweifel aller Art und damit einhergehend ein völlig unterentwickeltes Selbstbewusstsein. Kein Wunder, wenn man jahrelang als Kind z.B. immer wieder hört, man würde stören, sei dumm und frech und solle sich zurücknehmen, weil man ja doch nichts verstehe. Oder sie zeigen ein nach außen gekehrtes, übertriebenes und unecht wirkendes Selbstbewusstsein, was allzu oft ein recht herrisches und arrogant wirkendes Verhalten hervorruft und entsprechend abstoßend auf andere wirkt. Wer sich seiner selbst aber nicht wirklich bewusst ist, der lernt sich selbst nicht kennen. Wer sich nicht kennt, der kann sich kaum mögen, geschweige denn ein Vertrauensverhältnis zu sich selbst aufbauen. Er bleibt sich vielleicht ein ganzes Leben lang fremd, vielleicht sogar unheimlich. Ich habe in meinem Leben viele Kunden gehabt, deren Lebensproblem Nr. 1 sich ohne Weiteres folgendermaßen beschreiben lässt: Sie kommen in ihrem eigenen Leben gar nicht vor! Irgendwie ist das Leben voller „anderer", die entscheiden, deren Forderungen sie erfüllen müssen, die ihnen sagen, was richtig und was falsch ist, die ihnen sagen, wie sie zu leben haben, und die ihnen schließlich auch noch sagen, wie es ihnen geht. Es hat sich manchmal offenbar so langsam, aber so sicher eine Ohnmacht gegenüber fast allen sozialen Situationen entwickelt, in denen die jeweilige Person – wenn überhaupt dabei – erduldet, erträgt, mitmacht, erleidet, vielleicht sogar sich freut an dem, was andere tun oder lassen. Als Urheber von Ideen, als Regisseur aber kommt sie selber nicht vor. Darauf angesprochen, bekomme ich manchmal zu hören, was vor Generationen ausgestorben schien: „Das gehört sich nicht!" oder „Das steht mir nicht zu!" Nur klingt diese Botschaft heute ganz anders: „Da habe ich keine Kompetenz!" oder „Es hat doch gar keinen Sinn, da erst noch einen Machtkampf anzuzetteln, da ziehe ich ja doch nur den Kürzeren!" oder „Ich hab da mal früher interveniert ... ja, ja, ich weiß, was Sie meinen, aber das hatte solche negativen Konsequenzen, dass ich das nie wieder versucht habe! Und ich will das auch nicht mehr …!" Womit nichts anderes als die eigene Kapitulation gemeint ist und der Rückzug auf die Opferhaltung, die immerhin den scheinbaren Vorteil in sich trägt, auf andere mit dem Finger zeigen zu können: „Die sind schuld!" Dass die dauerhafte eigene Ohnmacht auf Dauer ein viel zu hoher Preis ist, wird erst einmal verdrängt. „Um des lieben Friedens willen", wie es kürzlich eine Frau mit knapp 35 Jahren ausdrückte, die unter den herrschsüchtigen Planungen ihres Mannes litt. „Aber man kann ja auch nicht gleich ausziehen, wenn man einmal Verantwortung übernommen hat!" (Wenn es so weit ist, sollte man sich professionelle Hilfe holen).

Die meisten hochbegabten Menschen haben das wohl im Laufe der Jahrzehnte irgendwie rationalisiert, wenn sie es NICHT zu befriedigenden sozialen Kontakten geschafft haben. „Ich brauche eben weniger Kontakte!", „Ich bin mir selbst genug!", „Ich komme schon allein zurecht, ich brauche keine anderen Menschen!", usw. Dies sind aber keine wirklich guten Einsichten in die Welt der lebensnotwendigen sozialen Kontakte oder gar funktionierenden Bewältigungsstrategien! Soziale Auseinandersetzungen, soziale Geborgenheit oder auch nur eine erfolgreiche Selbstbehauptung im anerkannten sozialen Umfeld bleiben außerhalb der Erlebniswelt. Und wo sollte man sich selbst behaupten, erkennen und lieben lernen, wenn nicht wenigstens teilweise im sozialen Kontext? Das ist wohl das Problem schlechthin: Das eine geht ohne das andere nicht. Und so bleibt häufig ein wesentlicher Teil menschlicher Erlebenswelten völlig unerforscht. Schließlich glaubt der hochbegabte Erwachsene, die Welt müsse wohl genauso sein, wie er sie eben hauptsächlich erlebt hat. Und darin findet er sich selbst irgendwie isoliert, was sicher nicht als angenehm, aber wohl als „normal" oder als „zwingend" registriert wird. Ein echtes soziales Netzwerk ist kaum möglich zu knüpfen, wenn man extreme Schwierigkeiten hat, zu anderen Kontakt aufzunehmen. Die Vorteile, die ein Netzwerk bringt, werden oft als „Vitamin B will ich nicht, habe ich nicht nötig!" abgetan.

Das eigene Schneckenhaus ist aber nur schön, wenn man wegen vieler bunter Kontakte, vielleicht wegen einer gewissen Reizüberflutung durch an sich positiv erlebte, soziale Kontakte diesen Rückzugsort zu genießen weiß. Nicht weil es der einzig mögliche Aufenthaltsort geworden ist!

Wie finde ich denn nun einen Weg aus meinem Schneckenhaus heraus?

Ich könnte abwarten – bis ein Märchenprinz oder eine entsprechende Prinzessin vorbeireitet und mich überredet, meine Welt zugunsten eines großen Schlosses, Mengen von Geld, Macht usw. zu verlassen. Aber halt: Das haben wir uns ja bereits verboten! Denn das bringt ja nichts! Der Märchenprinz hat eine zu deutliche Ähnlichkeit mit dem Messias bzw. mit Godot: Auch er kommt nicht mehr. Auch die stolzen intellektuell tapezierten Wände machen unsere Einsiedelei nicht zu einem kommunikativen Ort!

Also runter vom Sofa oder besser: Weg vom Schreibtisch und raus in die Welt! Aber wie?

Man könnte z.B. anfangen – evtl. mit Unterstützung seines Coaches –, langsam, aber sicher, also Schritt für Schritt, das Abenteuer zu beginnen. Ziel: in einer Welt leben zu können, die allein wegen der Konstellation von Menschen und anstehenden Ereignissen, der gewählten Örtlichkeit usw. positiv reizvoll ist. Eine Welt, in der einen die zu erwartenden Ereignisse wach und mit anderen Menschen in dauerndem Austausch halten. Am Anfang heißt das wohl: sich selbst zu Kontakten „zwingen", um es deutlich auszudrücken. Durch Verabredungen, Terminpläne,

Ereignisse: Aber so, dass es kein Spießrutenlaufen wird, sondern so, dass ich Kontakte bekomme, die das eigene Leben bereichern und erweitern oder die ich unkompliziert und schnell wieder beenden kann. Da kann man nun wirklich sagen: Wozu habe ich meine Hochbegabung?! Ich könnte sie hier beispielsweise zur Planung einsetzen.

Hier kann der Coach, der man selbst sein kann (beispielsweise, indem man sich selbst die richtigen Fragen stellt, von denen ich weiter unten noch eine kleine Sammlung vorstellen werde), unterstützen, indem er die neuen Kontakte, die Ausbruchsversuche, die Neukonstruktion eines auf soziale Beziehungen, eines auf ein tragfähiges soziales Netzwerk ausgelegten Lebens unterstützt und immer wieder hilft, neue Wege zu (er)finden, um zu den ersehnten Kontakten zu kommen.

„Mach deine Welt so bunt wie möglich!", könnte man also etwas vereinfachend sagen, man könnte sich aber auch hier an den Zen-Meister Suzuki halten, dessen bekanntestes Buch den Titel trägt „Zen-Geist ist Anfänger-Geist" und damit, wie so oft, den Inhalt vorausnehmend, sagt, was wirklich wichtig ist: Ein neugieriger Anfänger zu bleiben oder zu werden!

Bezogen auf unser Thema heißt das, dass wir als spät erkannte und sozial vielleicht eher unbeholfene hochbegabte Erwachsene unsere Neugier wiederfinden oder neu erfinden müssen. Und zwar die Neugier auf Menschen und menschliche Regungen, auf Emotionen, auf Unvollkommenheiten, auf Anderssein, auf unvorhersehbare Entwicklungen im Freundeskreis, vielleicht auch im beruflichen Kontext. Solange wir in diesem Sinne Neugier entwickeln oder erhalten können, befinden wir uns auf dem Erfolgspfad. Für die Umsetzung allerdings in (all)tägliches Handeln brauchen wir dann vielleicht wieder Unterstützung, weil unser innerer Schweinehund schon wieder um die Ecke schaut. Dazu könnte dann wieder der Coach dienlich sein. Oder ein kollegialer Coach, also ein Freund, der wirklich einer ist und sich nicht nur für die schönen Seiten des Lebens zuständig fühlt, sondern hartnäckig bleibt, wenn er einen freundschaftlichen Coaching-"Auftrag" angenommen hat.

An dieser Stelle sei mir ein kleiner Erfahrungsbericht erlaubt: Ich habe mich Zeit meines Lebens eher als unreligiös, als atheistisch bezeichnet, und ich bin es wohl auch tatsächlich. Auch ich war – sozusagen als Mitglied der zweiten und nicht mehr ganz echten 68er-Generation – stolz darauf, und damit mehr als einverstanden, dass meine Eltern schon keinen Wert mehr auf bestimmte christliche oder familiäre Rituale legten. Dies bescherte mir im Gegensatz zu vielen Altersgenossen eine grandiose, von Verboten und inhaltsleeren Kirchgängen beispielsweise weitgehend freie Kindheit und Jugend, die eine Menge Vorteile hatte und die ich nicht missen möchte. Meine Eltern machten es mir beispielsweise leicht, den Konfirmanden-Unterricht mitzumachen, aber die Konfirmation zu verweigern, weil ich das ganze Ritual als völlig verlogen erlebt hatte. Und dennoch, im Laufe der Jahre und Jahrzehnte habe ich festgestellt, dass mir ausgerechnet Vertreter verschiedener Religionen Dinge vormachen können, die ich ansonsten in unserer Gesellschaft inzwischen schmerzlich vermisse.

Ob es sich dabei um die „Achtsamkeit" der Buddhisten und deren sprichwörtliche Toleranz allem Andersartigen gegenüber handelt (ich weiß: Es gibt auch Buddhisten, die NICHT tolerant sind, und der Streit unter den Buddhisten über die Form oder Berechtigung von Toleranz, die Benutzung des Begriffs und deren Konsequenzen ist eine durchaus lebendige Diskussion und ähnelt meiner eigenen Diskussion des „Potsdamer Toleranzedikts" weiter oben), die Schönheit und Ruhe mancher „kirchlicher" bzw. religiöser Gebäude, die nicht nach meiner Religionszugehörigkeit fragen und dennoch einen Platz zur inneren Einkehr bieten. So finde ich die für meine Begriffe vollkommen ungewöhnliche Kirche der Herz-Jesu-Gemeinde in München eher einem Wohn- oder Bürogebäude von Walter Gropius ähnlich als einer katholischen Kirche, aber gerade wegen ihrer wunderbar unverschnör-kelten und klaren Gestalt geeignet, zu sich zu kommen, und das soll doch wohl ein Zweck solch eines Gebäudes sein. So bin ich überrascht (hauptsächlich, weil ich keine Ahnung von Mönchen habe), dass die aktuell meiner Meinung nach treffendste Analyse des ganzen gelebten Elends in Deutschland ausgerechnet einem Benediktiner-Mönch, nämlich dem Abtprimas Notker Wolf zu verdanken ist (Abtprimas Notker Wolf: *Worauf warten wir? Ketzerische Gedanken zu Deutschland*, rororo, 2006). In einer unnachahmlich heilsamen und brillanten Polemik gegen den „Wartesaal Deutschland", in dessen Bahnhof der Reisende als Erstes das Schild „Betreten des Bahnsteigs verboten!" entdeckt, hält er dem bis zur Erschöpfung Prinzipien reitenden deutschen Michel den Spiegel vor.

Eigentlich schade, dass man Menschen nicht zum Denken und Lesen zwingen kann. Meine Frau, die eine Buchhandlung betreibt, hatte vor einiger Zeit eine wunderbare Werbung vom Fischer-Verlag in ihrem Fenster: „Lesen gefährdet die Dummheit!", als Banderole um Taschenbücher wie die Warnung auf Zigaretten-Packungen vor Lungen-krebs. Der Benediktiner hält unserem, seine Bürger überbehütenden,

Staat das Prinzip der Eigenverantwortlichkeit entgegen wie Professor van Helsing Graf Dracula eine Knolle Knoblauch oder das Kreuz, das ihn vernichtet. Nur: Vernichten tun WIR uns wohl selbst, in all unserer jammervollen und von uns selbst bejammerten Pracht, die uns gierigen und nimmersatten Konsumenten immer noch nicht ausreicht. Wegen naiver und teilweise gefährlicher Selbstherrlichkeit.

Ab und zu ein Blick nach außen. Das hat auch einem Hochbegabten noch nicht wirklich geschadet.

Bei meinen Coaching-Kunden stelle ich häufig fest, dass das Verhältnis zu sich selbst einem alten Ehepaar gleicht, das zwar irgendwann geheiratet, den Grund dafür aber längst vergessen hat. Man orientiert sich eben schon seit vielen Jahren einfach irgendwie anders – an anderen. Die Ehe selbst ist oft zur Zweckgemeinschaft geworden, um eine Ausgangsbasis für ein alltägliches Leben und eine kontinuierliche Versorgung zu haben. Bei manchen Menschen scheint das ähnlich im Verhältnis zu sich selbst zu sein. Sich selbst fremd, den eigenen Körper und seine verschiedenen Macken eher ertragend (und ab und zu zum Arzt gebracht, wenn er offensichtlich nicht mehr richtig funktioniert) als liebend, wird die eigene (körperliche) Existenz als notwendiges Übel empfunden. Als Vehikel, um von der eigenen Geburt bis zum eigenen Tod zu gelangen. So wie man sonst die Straßenbahn nimmt oder ein Taxi. Warum sollte man da eigentlich in Beziehungen zu anderen Vehikeln investieren? Zu erwarten hat man da ja doch nichts ...

Vielleicht ist es eine der Hauptaufgaben im Coaching (vielleicht sowieso im Leben), das Verhältnis zu sich selbst zu einer lebens- und liebenswerten Lebensgemeinschaft zu entwickeln, um dann umso besser Kompetenzen aufbauen zu können, um (beispielsweise in unserem Falle) mit anderen Menschen in befriedigenden Kontakt zu kommen. Allgemeine soziale Kompetenz als Ausgangspunkt für ein tragfähiges soziales Netzwerk, auf Grundlage einer ausgebauten Selbstsicherheit, die sich aus Selbstliebe nährt, das wäre doch etwas, womit man den Herausforderungen eines Menschenlebens tatsächlich begegnen könnte. Ohne jede Religion, ohne ideologisches Dogma, ohne Literatur- und Philosophiestudium (es stört ja nicht, aber ersetzt eben kein eigenes Erleben!) im rein klassischen Sinne, aber mit einer handfesten Basis aus philosophischen Erkenntnissen, aus lustvoller Beschäftigung mit diesen und zusätzlichen *eigenen* Erfahrungen. Und schließlich wird man selbst souverän und unangreifbar. Auch wenn dabei dasselbe oder Vergleichbares herauskommen sollte wie bei David Hume, Leibniz oder Kant.

Ein liebens- und lebenswertes Leben, weitgehend unabhängig von der Meinung anderer und der staatstragenden öffentlichen Regulierung, nur treu den individuellen Überzeugungen. Weil das Prinzip nicht heißt: Gleichheit und Gerechtigkeit, sondern Toleranz und Akzeptanz. Möglicherweise kann man mit solchen Ideen den Vorwurf der Utopie, der unweigerlich vor allem von denen kommen muss, die sich normalerweise nicht einmal dafür interessieren, in der Regel sogar Angst davor haben, überhaupt alternative Entwürfe zu denken, nicht völlig entkräften. Aber dann ist es genau die Utopie, die den meisten Menschen heute fehlt. Wer auf dem täglichen, immer gleichen und langweiligen Weg von der Tiefkühltruhe zur Mikrowelle nicht einmal mehr zu Tagträumen fähig ist, kann einem eigentlich nur leidtun!

Aber wie gesagt, zuerst kommen wir selbst, und deswegen sei der Appell an dieser Stelle erhört: Da nichts dagegen spricht außer der „Gefahr", auf andere ansteckend zu wirken, begeben wir uns auf eine kleine Kennenlernreise und lernen uns selbst lieben. Mit all unseren Fehlern. Mit allen unseren Macken. So wie wir das eben auch mit einem anderen Menschen machen würden, in den wir uns spontan und dann längerfristig verlieben ... Das wäre doch was, oder?

Selbstcoaching – was soll das heißen? In sich gehen?

„Selbstcoaching" ist für meine Begriffe nichts anderes als der systematische Versuch, die eigenen Gedanken neu zu sortieren, wenn es z.B. um wichtige Entscheidungen geht oder um Umstände, die einen behindern, stören, ausbremsen usw. Wer achtsam ist, der geht mit sich selbst vorsichtig um, der beobachtet sich selbst und seine Reaktionen in verschiedenen Kontexten und/oder Reaktionen anderer Menschen auf sich selbst und seine Aktionen, Reaktionen. Der stellt sich selbst zur richtigen Zeit die richtigen Fragen – auch wenn er dabei vollkommen stumm ist, auch wenn er scheinbar nie die richtigen Antworten bekommt. Auf jeden Fall hilft eine gut gemachte Selbstbefragung auch im Falle eines Fremdcoachings, den Prozess zu beschleunigen und effektiver zu machen. Er führt dann vielleicht direkter auf den Weg in eine größere Selbstständigkeit und in ein besser entwickeltes Selbst-Bewusstsein und eine daraus resultierende Selbst-Sicherheit. Wer sich selbst kennt und mag, wer sich seiner selbst bewusst und schließlich auch sicher ist, der kann sich selbst verantworten. Was ja nichts anderes bedeutet, als Antwort geben zu können auf Fragen nach seinem eigenen Tun und Lassen und dessen Begründung.

Ich bin überzeugt davon, dass man sich mit sich selbst über diese Fragen ab und zu auseinandersetzen sollte, um seinen Standpunkt zu hinterfragen, zu erneuern oder zu festigen.

Viele Menschen verharren viel zu lange in Situationen, die sie belasten, und grübeln viel zu viel darüber, wie es dazu kommen konnte, anstatt sich mit der Konstruktion von Lösungswegen (= Auswegen) zu beschäftigen.

Diese Fragen und die damit verbundene Sinn-Frage überhaupt ist nicht eben leicht zu beantworten, aber vermutlich gehört sie zu den zentralen Dingen, die einen Menschen unter Umständen viele Jahre umtreiben, bis er seine „Bestimmung" gefunden hat. Mir als Coach ist es dabei völlig einerlei, ob das entstehende Gesamtkunstwerk des eigenen Lebenslaufs mit einem „irdischen Auftrag" religiös oder per Philosophie begründet ist oder irgendwie anders entstanden sein mag.

Glücklich sind die, die wissen, was sie hier wollen, bis sie sich wieder verabschieden (müssen). Unglücklich müssen die leben, die zwar unzufrieden sind, aber diese Unzufriedenheit immer nur mit neuer Betriebsamkeit auf einem jeweils neuen Gebiet bekämpfen können. Manche bis zur völligen Erschöpfung und sinnentleert.

Irgendwann kommt man in ein Alter, wo man solche Fragen beantwortet haben will, und dann ist man gut beraten, selber eine Antwort zu finden oder jemanden bemühen zu können, der einem nicht – so reizvoll das sein mag, diese Lücke zu schließen – seine Antwort überstülpt, sondern einem dazu verhilft, selber eine Antwort zu finden. Genau dazu kann einem beispielsweise ein Coach verhelfen. Aber zunächst kann man es durchaus alleine versuchen. Letztlich muss man es sowieso alleine klären. Aber wenn das nicht geht, braucht es einem nicht peinlich zu sein, einen Coach zu bemühen. Ein Pastor oder ein Sportarzt ist den meisten Menschen ja auch nicht peinlich. Die Frage also, ob ich mich selbst coachen kann oder soll oder mich besser an einen Coach wende, möchte ich gar nicht mit einem einfachen Ja oder Nein beantworten. Es kommt eben darauf an. In vielen Fällen wird es auf eine gegenseitige Ergänzung hinauslaufen. In anderen Fällen komme ich mit einer disziplinierten und konzentrierten Selbstbefragung alleine weiter, und in einigen Fällen schließlich ist es besser, einen Coach zu haben, der von außen kommt, der einen neutraleren Blick auf mich hat als ich selber, der vielleicht die besseren Fragen kennt oder sie hartnäckiger stellt, um dann einerseits im Dialog Möglichkeiten zu entwickeln und andererseits eine Art Selbstcoaching im Sinne eines In-sich-Gehens zu betreiben, ohne die eine Weiterentwicklung ja kaum möglich ist.

In diesem Sinne kann sich jeder jederzeit selbst coachen. Wem das zu unsicher ist oder zu verwirrend, der sollte lieber von vornherein einen anderen Coach als sich selbst aufsuchen. Das gilt auch für diejenigen, die sich selbst im Moment nicht die Selbstdisziplin zutrauen, die für Erfolge im Selbstcoaching tatsächlich Voraussetzung ist.

Auch das Selbstcoaching ist in diesem Falle ja dazu gedacht, sozusagen virtuell aus dem Häuschen zu kommen, und manchmal ist es dazu notwendig, eine Außenperspektive durch einen externen Coach zu bekommen. Also lassen Sie das Selbstcoaching besser sein, wenn Sie eigentlich eine echte aufrüttelnde Außenperspektive benötigen.

Wenn Sie während des Selbstcoachings merken, dass Sie der innere Schweinehund mal wieder übermannt hat und Sie auf das Sofa anstatt an die Coaching-Arbeit treibt, dann hören Sie sofort damit auf und wenden Sie sich an einen externen Coach.

Wie Sie überhaupt beim kleinsten Gedanken daran, das könnte keine gute Idee sein, davon ablassen sollten (wie im Übrigen bei den meisten Lebensideen auch).

Für alle anderen sei hier ein einfaches Prozessmodell der systematischen Selbstbefragung erläutert, dass sich in der Vergangenheit häufig bewährt hat (obwohl nie auf seine Brauchbarkeit empirisch untersucht) und dessen Bearbeitung einem selbst deutlicher macht, worum es eigentlich im jeweiligen Falle geht. Oder uns im besten Fall sogar eine Lösung für den jeweiligen Umtrieb beschert.

Da gerade Hochbegabte mit der Tatsache, dass es immer prinzipiell unendlich viele Möglichkeiten gibt, öfter Schwierigkeiten als andere Menschen haben, empfehle ich Ihnen dringend, sollten Sie es versuchen wollen, sich beim ersten Denken darüber exakt an den Ablaufplan zu halten und erst hinterher eine eigene, bessere Methode zu entwickeln. Sonst habe ich das alles umsonst aufgeschrieben ... ☺ Nein im Ernst: Jede Methode, die funktioniert, ist hier besser als bloßes Abwarten. Der Kreativität sind keine Grenzen gesetzt, denn ich meine: „Form follows function!" Oder besser: „Form *does* have to follow function!"

Aber bitte: mit Bedacht und erst nach dem Denken gestalten.

Phasenmodell einer systematischen Selbstbefragung zu einem Problem

Dieses Phasenmodell ist natürlich nicht alleine meinem Kopf entsprungen, vielmehr in Anlehnung an diverse andere Coaching- oder Problemlöseprozessmodelle entstanden, z.B. das von Steve De Shazer (De

Shazer, Steve: *Wege der erfolgreichen Kurzzeittherapie*, Klett-Cotta, 1989) oder das sogenannte „Kieler Beratungsmodell" (Prof. Dr. Uwe Grau) oder Ideen von Mücke (Mücke, Klaus: *Probleme sind Lösungen*, Klaus Mücke Öko-Systeme Verlag, 2001).

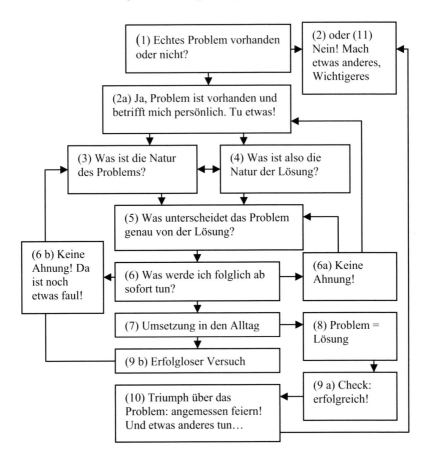

Abb. 2: Phasenmodell einer systematischen Selbstbefragung zu einem Problem

(1) Echtes Problem vorhanden oder nicht?

Als Erstes kommt die erste Runde der sozialen Kosten-Nutzen-Analyse: Soll ich überhaupt etwas tun? Habe ich wirklich ein „Problem"? Vor dieser Frage scheuen die meisten Menschen zurück, wenn es ihnen schlecht geht oder sie ein „Problem" haben. Diese Frage ist aber mehr als berechtigt, denn es ist doch völlig unökonomisch und letztlich frustrierend, an einem „Problem" herumzudoktern, wenn ich dann irgendwann feststellen muss, dass ich zwar eine Lösung habe, aber die ist womöglich schlimmer als das Problem, oder wenn ich irgendwann merke: Die Energie hätte ich mir sparen können: Das ist gar kein Problem, sondern eine Art „Grundrauschen", mit dem ich ganz gut leben kann. Verwende ich meine Energie doch lieber auf etwas Schöneres! Nun könnte man meinen, dass das eben auch eine Problemlösung sei, und genau so ist es. Es bedeutet nicht, sich selbst nicht ernst zu nehmen mit seinen Problemen, sondern es bedeutet schlicht: Muss ich etwas Wesentliches verändern, oder reicht es einfach, mit dem „Problem" anders umzugehen? Das sollte man sich durchaus im Selbstbefragungsprozess an der einen oder anderen Stelle immer wieder fragen. Es kürzt manchen Prozess ab und lässt einen vielleicht nachsichtiger mit sich selbst umgehen. Wer die eine oder andere Macke an sich akzeptieren lernt, ist auf dem besten Weg zur gesunden Selbstliebe.
Die folgenden Fragen sollte man sich tatsächlich beantworten. Man könnte auch sagen: Diese Fragen stellt der Coach irgendwann sowieso. Man kann sie vor allem auch bearbeiten als Vorbereitung für ein Fremdcoaching!

Hilfreiche Fragen zur Klärung: „Echtes Problem vorhanden?"

- Wenn ich dieses Problem, das ich erkannt habe, erfolgreich bearbeitet haben werde, wird mein Nutzen der Folgende sein:
- Was passiert, wenn ich überhaupt nicht eingreife/bzw. initiativ werde?
- Ist das schlimm?
- Wenn nein, sofort aufhören mit dem Grübeln, dem Selbstcoaching und allen anderen Maßnahmen zur Lösung des Problems: Es ist verschenkte Energie, die man anders besser einsetzen könnte.

(2) Nein! Mach was anderes, Wichtigeres!

Wir haben in der Regel Wichtigeres zu tun, als in Projekte zu investieren, die offenbar nichts bringen oder gar nicht vorhanden sind. Und wir wollen ja nicht in das Problem investieren, weil wir uns langweilen! Wir wollen ja das Problem loswerden!

Achtung Falle! Viele geraten hier in eine wirklich tückische Falle: Wir fangen hier an, uns unter Umständen dauerhaft mit dem Problem, anstatt mit potenziellen Lösungen zu beschäftigen. Dann kommt es vor, dass wir uns richtig gut in diesem Problem einrichten können, weil das einen gewissen Gewinn einbringt (man nennt das in der Fachsprache: den „sekundären Krankheitsgewinn"!): Andere kümmern sich, man darf sich schonen, man hat vielleicht Begünstigungen. Das geht so weit, dass unsere Partner, unsere Familie sich langsam, aber sicher auf unser „Problem" einschwingen und unsere Freunde schließlich auch. Niemand provoziert uns angemessen, damit wir uns unserer Lage klar werden. Die meisten Menschen sind peinlich berührt und sagen nichts „Verletzendes". Probleme, ja Krankheiten sind immer noch ein 1a Erpressungsgrund, mit dem man jede Art von wirklicher Hilfe unterdrücken und sich vor Veränderungen schützen kann. „Der kann ja nichts dafür, der hat aber auch Probleme ..." Und schon geht die Aufrechterhaltung des Problems im Kollektiv los.

In dieser Situation braucht man Freunde – Busenfreunde hieß das früher –, die man sich schnappen kann und die sich als wirklich kollegialer Coach aufmachen, uns aus unserem Häuschen zu holen und zu helfen, wieder auf zwei Beinen zu gehen. Denn eigentlich will man ja raus in die Welt!

Wenn wir also gleich zu Beginn der Problembehandlung, des Selbstcoachings, feststellen sollten, dass wir gar kein Problem haben, dann sollten wir einfach etwas anderes machen. Und das Problem ganz schnell vergessen. Es kommt ohne uns zurecht, zumal es ja gar nicht existiert.

(2a) Ja, das Problem ist echt und betrifft mich persönlich: Tu etwas!

Jetzt habe ich Handlungsbedarf unzweifelhaft festgestellt und kann mich auf die Suche machen nach einer Lösung. Das ergibt aber oft einen Kurzschluss, wenn ich nicht sauber feststelle, um was es denn eigentlich geht, was ich hier (auf)lösen will. Beim „Problem": Meine Nachbarn nerven mich andauernd", könnte dabei die „Lösung" herauskommen, die Nachbarn umzuziehen. Nicht gerade ein erfolgversprechendes Ziel!

Auch hier geht es um saubere Zieldefinitionen. Wenn ich hier an dieser Stelle nicht erforsche, was denn mein Ziel ist, habe ich verloren. Ich kann nur noch bestenfalls durch Zufall eine Lösung finden. Ich erforsche also im Folgenden die Natur des Problems und damit die Natur der Lösung, also des Ziels.

(3) Was ist die Natur des Problems?

Um was geht es also genau (was ist die Natur des Problems)?

Hilfreiche Fragen:

- Wie würde ich als investigativer Journalist die Story in einer Schlagzeile benennen?
- Was genau ist passiert?
- Was genau davon betrifft mich persönlich?
- Was genau daran möchte ich ändern?
- Warum?
- Was genau ist mein Ziel?
- Welche Personen sind beteiligt?
- Was geht die jeweils mein Problem an?
- War es schon immer so?
- Wird es schlimmer?
- Wenn ja: Wann wird es nicht mehr erträglich sein?
- Warum taucht das Problem gerade jetzt auf?
- Was habe ich persönlich von der Lösung des Problems? Was ist der konkrete Nutzen?
- Wofür kann ich dem Problem dankbar sein?

(4) Was ist deshalb also die Natur der Lösung?

Problem und Lösung sind so eng verwandt, dass wir es oft gar nicht merken. Zunächst ein zugegebenermaßen sehr plattes Beispiel: Wenn mein Problem ist, dass die Lage meiner Wohnung mich in den Wahnsinn treibt, dann ist die Lösung ganz einfach: Wohnung wechseln! Ja, ja, aber wie? Makler anrufen. Ja, ja, aber das kostet. Anzeige in die Zeitung! Kostet auch! Anzeigen ankucken! Keine Zeit! Aber Zeit zum Ärgern?! ... So ist das zu einfach, meinen Sie? Nein: So einfach ist das! Die Frage ist doch nur: Wollen wir das vertreten? Können wir das verantworten?

Können wir das vor uns selbst also begründen? Oder wohnen wir gar in dieser schrecklichen Wohnung, weil wir uns irgendjemandem verpflichtet fühlen? Weil unser Vater (der vor 25 Jahren gestorben ist, als es hier noch keine Autobahn gab) das Haus selber gebaut hat (vor 60 Jahren …)? Haben wir dafür genug Geld? Was sagen die Nachbarn dazu? Und die Kinder? Und die Kollegen? Und und und ...

Es *bleibt* aber so einfach, und die Fragen, die es uns so kompliziert machen, die machen uns den Weg zur Lösung schwer, aber die Lösung haben wir trotzdem schon parat.

Aber: Vielleicht habe ich ja ein ganz anderes Problem? Wenn ich merke, dass die offensichtlichen Lösungen, die mir praktisch das Problem freundlicherweise mit ins Haus liefert, nicht bei mir ankommen und ich mir immer neue Ausreden einfallen lassen muss, warum eine bestimmte Lösungsstrategie nicht funktionieren kann: Dann ist das unter Umständen ein dramatischer Hinweis darauf, dass das gar nicht mein Problem ist, sondern dass diese spezifische Problemrekonstruktion lediglich Pate steht für etwas anderes. Denn sonst könnte ich das Problem (also die Lösung) akzeptieren. Bin ich mit meiner Wohnung unzufrieden, will aber nicht aus ihr raus, dann kann das beispielsweise heißen: So wie ich lebe, will ich nicht mehr leben. Vielleicht weiß ich im Innersten meiner Selbst, dass ich meinen Beruf oder mindestens meine Beschäftigung ändern müsste, um wieder einigermaßen ausbalanciert zu sein. Im Job stoße ich vielleicht auf die Situation, dass angesichts der Millionen von Arbeitslosen kaum eine Chance besteht, die Stelle zu wechseln, geschweige denn meinen Beruf.

Wenn ich meinen Partner hasse, ihn aber nicht verlassen kann, könnte das bedeuten, dass ich auf ihn angewiesen bin. Allerdings könnte es eventuell jeder beliebige Partner sein. Vielleicht habe ich nur Angst vor dem Alleinsein, weil ich nie gelernt habe, das zu managen. Vielleicht ist mein Grundthema, dass ich nach meiner Mutter in pausenloser Folge (Ehe)partner hatte, die meiner Mutter entsprachen, insofern als sie deren Funktion übernommen haben. Ich kann mir also keinerlei Lücke in meinen weiblichen Mutter-Partnern leisten, weil ich inzwischen so unselbstständig bin, dass ich einfach einen Lakaien oder eine Hauswirtschafterin brauche, die ich mir aber auf dem freien Markt nicht leisten kann.

Wir wollen alle nur hoffen, dass wir das rechtzeitig merken und bekämpfen, bevor wir anfangen, uns selbst oder schlimmer noch dem Partner (!) diesen egoistischen Versorgungsanspruch als „Liebe" zu verkaufen. Ein fortwährender Betrug wäre das Ergebnis, das schwerer wiegt als jeder sexuelle Sidestep, der früher oder später entlarvt wird. Und dann ist das Erwachen umso schlimmer.

Nach meiner Beratungs- und Lebenserfahrung gilt das übrigens für beide Geschlechter. Bei der derzeitigen gesetzlichen Lage nach einer Scheidung ist die Lage des Mannes vor lauter blinder Ehrfurcht vor alleinerziehenden und -lebenden Müttern so kompliziert geworden, dass Männer gar keine Chance haben und die Frauen regelrecht zum Betrug eingeladen werden. Diese Situation sollte geändert werden, um so etwas wie Chancengleichheit zu schaffen bzw. die Grundlage für echte Entscheidungsfreiheit zu legen.

Für unsere Zwecke gilt aber trotz aller Unbill: Was will ich eigentlich, und welche Folgen welcher Entscheidung gedenke ich zu tragen, und was ist die Belohnung?!

Auch wenn die Lösung ein Wolf im Schafspelz ist – will sagen: Sie entpuppt sich als etwas viel Radikaleres als ursprünglich gedacht: Verfolge ich sie nicht, verharre ich im Problem. Richtig ist, dass das jeder mit sich selbst abmachen muss. Aber: Man kann nur etwas mit sich abmachen, dessen man sich bewusst ist, und das wird man, indem man sich selbst ehrlich und offen befragt, was in diesem Falle heißt, dass man eine schonungslose Bilanz zieht und auch die Konsequenzen mit auf die Rechnung setzt. Gelingt einem das nicht, sollte man z.B. an dieser Stelle des Selbstcoaching-Prozesses aussteigen und sich einen professionellen Coach besorgen. Sonst besteht die Gefahr, dass man seine verhasste Wohnung nie verlässt!!

(5) Was unterscheidet das Problem genau von der Lösung?

Ein Problem lebt vom (zumindest scheinbaren) Status quo, eine Lösung lebt von der Veränderung. Wenn ich also leide und ich bemerke, dass ich mich in der Nichtveränderung einrichte, habe ich begonnen, meine Probleme zu „hasslieben" und gehe eine lange masochistische Beziehung mit ihnen ein. Der Eindruck, dass manche Menschen sich in ihrem Problem „warm und trocken" einrichten, kommt nicht von ungefähr. Seien wir mal ehrlich: Wir kennen alle bestimmte Menschen, die uns ohne Ende damit nerven, dass sie sich jahre-, ja jahrzehntelang in elegischen Selbstbedauerungsorgien ergehen, wie schrecklich ihr Dasein ist, ohne auch nur jemals wenigstens die Tendenz gezeigt zu haben, etwas daran zu ändern. Es ist Teil eines Annäherungs-Vermeidungs-Konflikts, der an sich bedeutet, dass man sich zwischen Sodom und Gomorrha entscheiden muss: Tue ich nichts, bleibt das Problem. Tue ich etwas, gehe ich das Risiko ein, dass das, was hinterher kommt, ein noch größeres Problem darstellt. Gekoppelt mit der Erziehungsbotschaft, dass der Spatz in der Hand mehr sei als die Taube auf dem Dach, bleibe ich im Problem stecken und kann mir noch einreden, ich hätte das kleinere Übel gewählt. Dabei habe ich die totale Erstarrung schon vollzogen. Und wenn es ganz dumm gelaufen ist, gehe ich mit der Taube in der Hand unter, die aber voraussichtlich kurz bevor ich in den Fluten meines ungelösten Problems verschwinde, abhebt und einfach davonfliegt. So kann ich also wirklich nicht weitermachen!

Wie viele Paare, ob Ehepaare oder nicht, bleiben zusammen, obwohl sie sich schon lange auseinandergelebt haben! Weil die Aussicht auf Freiheit gleichzeitig die Aussicht auf das Risiko beinhaltet, dass es noch schlimmer wird als ohne den nicht mehr passenden Partner!

(6) Was werde ich folglich ab sofort tun?

Natürlich die Lösung umsetzen, die ich bereits entdeckt habe. Denn wenn ich den Unterschied zwischen Problem und Lösung sauber herausgearbeitet habe, muss ich nur noch umsetzen, was das Problem hergibt. Beispielsweise also umziehen, wenn ich meine Wohnung hasse, in eine bessere Gegend, in eine andere, bessere Wohnung, zu Leuten, die ich mag usw. usw.

Wenn ich nur die Idee davon habe, was zu tun ist, und gleichzeitig mein innerer Schweinehund mich dazu veranlassen will, nichts zu veranlassen, sollte ich einen Coach, einen professionellen Schweinehund-Bändiger sozusagen, kontaktieren. Macht nichts, denn man kann schließlich nicht alles alleine können!

(6a) Keine Ahnung!

Ich habe also die Lösung noch nicht vom Problem unterscheiden können. Also fange ich genau da noch einmal an, aber diesmal bin ich gründlicher, mir selbst gegenüber offener, radikaler. Dann klappt es, und ich kann die Lösung umsetzen.

Falls dies immer noch nicht gelingt, gehe ich noch einen Schritt zurück und vergegenwärtige mir die Echtheit des Problems und die Konsequenz, die Nichtstun für mich hätte. Oder noch einen Schritt weiter zurück und analysiere noch einmal das Problem auf seine Eigenschaft hin, ein echtes Problem darzustellen oder nicht. Denn irgendetwas stimmt doch hier nicht …

(6b) Keine Ahnung! Da ist noch etwas faul ...

Wenn mir das Problem keine Lösung liefern kann, dann ist am Problem etwas faul! Ich habe es noch gar nicht richtig erfasst, also fange ich an diesem Punkt noch einmal von vorne an. Was also genau ist mein Problem?
Vielleicht bin ich an oberflächlichen Betrachtungen hängen geblieben, die mich aber nicht weiterbringen. Das hat mir vielleicht schon mal jemand gesagt, aber ich habe davon nichts wissen wollen. Also jetzt: Was ist wirklich los?
Wenn ich an dieser Stelle nicht alleine weiterkomme, weil mir mein Hirn immer an derselben Stelle einen Streich spielt, dann brauche ich Hilfe von außen! Der Streich könnte folgender Natur sein: Ich komme immer wieder in die Nähe des Problems, aber kurz bevor ich in echte Verhandlungen über dessen nervige Existenz mit ihm eintreten kann, sagt mein Hirn sich: „Nein, nicht schon wieder. Es ist doch so schön einfach mit dem Problem, warum will er da immer wieder ran?" Quasi als automatisierte Kosten-Nutzen-Analyse-Instanz versucht mein Hirn, Veränderungen zu vermeiden, die ihm zu aufwendig erscheinen, weil es ihm mit meinem inneren Schweinehund eigentlich ganz gut geht. Schließlich sorgt der ja für Kontinuität. Und ist das etwa nichts Gutes? Egal wie ich diese Instanz nenne: Jetzt muss ich also erst einmal in Verhandlungen mit meinem Hirn, meiner Schaltzentrale, darüber sprechen (am besten nehme ich meinen Bauch, wenn er denn für meine Emotionen zuständig ist, gleich dazu!), wer hier eigentlich Herr im Hause ist! Es muss zu einer „Vollversammlung" meines „inneren Teams" kommen, sonst geht es nicht weiter. Und erst wenn ich selbst wieder die Führung übernommen habe, kann ich mich wieder auf die Suche nach Problemlösungen machen! Das Konzept des „inneren Teams" stammt von Friedemann Schulz von Thun, der damit einen sehr humorvollen Zugang zu den inneren Auseinandersetzungen geschaffen hat, die wir bei nicht ganz einfachen Entscheidungsprozessen erleben: Wir haben sozusagen verinnerlichte „Anwälte" für bestimmte Sichtweisen in uns (als Ergebnis unseres eigenen Lernprozesses, aus übernommenen Erziehungsbotschaften usw.), die uns in der Regel davor schützen, falsche oder vorschnelle oder gefährliche Entscheidungen zu unseren Ungunsten zu fällen. Die aber manchmal durch ihre „ewigen" Debatten dringend notwendige Entscheidungen unnötig hinauszögern. (unbedingt empfehlenswert: Schulz von Thun: *Das innere Team*)

(7) Umsetzung in den Alltag

Mir ist also klar, was zu tun ist, und ich brauche „nur" noch eine Umsetzungsstrategie für den Alltag, damit das ganze Projekt nicht einfach nur versandet. Hier fängt die eigentliche mühselige Arbeit an, wegen der die meisten genau hier wieder aufgeben und zurück in ihre alte Wohnung bzw. in ihren eigenen Garten wollen. Denn diese Arbeit nimmt mir keiner ab. Kann mir keiner abnehmen. Nicht der Pfarrer, nicht die Mutter, nicht der Freund, auch nicht der väterliche und nicht irgendein Gott.[21] Das muss ich jetzt wirklich selber tun. Mit allen Konsequenzen. Denn sonst gerate ich mit aller Wahrscheinlichkeit vom Regen direkt in die Traufe. Und die Rechnung dafür zahle ich auch noch!

Und an dieser Stelle beginnt nun das eigentliche Abenteuer, denn hier fange ich an, mit meinen Veränderungen andere zu ebensolchen zu zwingen. Hier erlebe ich die Macht der Veränderungen, die ich selber initiieren kann. Mir ist aber wieder eine Möglichkeit gegeben, aus Angst vor der eigenen Courage einzuknicken und aufzugeben. Und natürlich eine passable rationale Erklärung dafür zu finden. Also aufgepasst!

(8) Problem = Lösung

Danke, dass ich das Problem erkannt habe, denn damit hatte ich auch schon die Lösung! Umsetzen ist leicht, weil der Leidensdruck inzwischen so hoch geworden ist, dass die Umsetzung keinerlei neue Probleme macht außer dem organisatorisch Notwendigen! Also los, Umzugskartons bestellt und eingepackt!

(9) Check: Erfolgloser Versuch

Ich habe nun die Umsetzung hinter mir, aber es ändert sich nichts Wesentliches. Das sei mir eine wichtige Lernerfahrung! Mist, da muss ich wohl von vorne anfangen! Obwohl es schon so teuer war, aber in der neuen Gegend wohnt es sich für mich genauso schlecht. Die Nachbarn sind auch genauso nervig wie bei der alten Wohnung, nur gemerkt habe ich das erst nach vier Wochen. Mist, ich muss wohl wirklich von vorne

---

[21] Es sei denn, ich bin so gläubig, dass ich meinem Gott ganz einfach gehorche und, egal was dabei rauskommt, das Ergebnis akzeptiere UND gut finde.

anfangen! Oder ich hole mir einen Coach, der ein bisschen hartnäckiger mit mir umgeht als ich selber!

(9a) Check: Erfolgreich

Feiern, feiern, feiern! Champagner! Lasst Freunde um mich sein, oder lasst mich ganz mit mir allein! Jetzt heißt es genießen, und der dumme innere Schweinehund liegt schmollend in der Ecke, wenn er nicht bereits gekündigt hat und den Kollegen einwickelt ...

Wer nicht genießt, ist ungenießbar, und dies ist die Zeit, den Genuss bestimmen zu lassen. Jede Belohnung ist die richtige, und Belohnung ist wichtig, sonst lerne ich ja nichts!

Jetzt ist auch die Zeit gekommen, sich endlich wieder Wichtigerem als den eigenen Problemen zu widmen: Auf zu neuen Ufern! Wo steht das Klavier?! Gut beraten ist hier derjenige, der einen wirklichen Plan hat! Aber das ist vielleicht noch eine andere Geschichte ...

Und ich kann mich darauf verlassen, dass ich es rechtzeitig merke, wenn es mal wieder Zeit ist, an die Box zu gehen und richtig aufzutanken. Nicht mit Alkohol, anderen Drogen oder durch betriebsame Hektik, sondern durch innere Einkehr. So altmodisch das Wort auch sein mag. Zum Glück ist es noch nicht ganz vergessen! Und den Spruch: „Geh in dich!" – „Da war ich schon, da ist auch nichts los!", der jahrelang auf unserem Kühlschrank klebte, den haben wir abgerissen und dahin gespült, wo er hingehört!

Ein kleiner Exkurs zum Thema Gefühle

Gefühle sind etwas Seltsames: Man hat sie dauernd, sie steuern fast unser komplettes Verhalten. Und selbst, wenn wir uns auf „gefühllos" getrimmt haben, dann tun wir das z.B. als Astronaut oder als Soldat noch mit viel Stolz, also mit viel Gefühl!

Nur bewusst sind wir uns dessen selten. Unter Männern gibt es immer noch die panische Angst vor „Gefühlsduselei". Die Frauen entwickeln sich „weiter" und lehnen „Gefühlsausbrüche" zunehmend ab. „Zickentheater" gibt es nicht nur unter Frauen, sondern auch unter Männern und mit Vorliebe im Unternehmenskontext. Auf bewusster Ebene gelten Gefühle in der Geschäftswelt im Allgemeinen immer noch als kontraproduktiv, und selbst die ganz großen Wirtschaftsführer sind sich kaum bewusst, dass sie selbst die meisten Entscheidungen ihres Lebens aus dem Gefühl oder nur mit Unterstützung heftiger Gefühle gefällt haben, ja nur so fällen konnten! Gefühle verletzter Eitelkeit, Eifersucht, Hass, Ehrgeiz, Gefallsucht, Liebe, Freundschaft, Glück sind die stärksten Motivatoren. Ja, eigentlich gibt es keine Motivatoren, die nicht durch die Modulation von Emotionen erst zu Motivatoren werden!

Und so ist es natürlich im Selbstbefragungsprozess genauso. Bei jedem Schritt spielen Emotionen eine Rolle. Wenn wir z.b. feststellen, dass wir ein Problem mit der Umsetzung einer Lösung haben. weil sie uns zu risikoreich erscheint, dann haben wir keine Probleme mit Logik, rationaler Entscheidung oder der Beschaffung von Informationen. Wir haben schlicht ein emotionales Problem, denn wir haben Angst, dass die Entscheidung im Nachhinein falsch war. Und Angst ist eine Emotion, genauso wie Unsicherheitsgefühle oder die Befürchtung, es könnte dies und das als Konsequenz unserer Entscheidung eintreten. Wie viele Entscheidungen im Leben haben wir bereits – im Nachhinein betrachtet – scheinbar rein emotional getroffen und hinterher waren wir damit sehr zufrieden? Eine ganze Menge, würde ich einmal behaupten! Es funktioniert also gar nicht so schlecht!

Und stellen Sie sich einmal vor, Sie würden eine völlig rational gesteuerte Entscheidung treffen, wobei Ihnen jeder zustimmen würde, dass Sie diese Entscheidung nach allen Regeln der Vernunft und der Logik gefällt haben. Aber genau diese Entscheidung gefällt Ihnen nun mal einfach nicht! Sie leiden drunter, es ist kein Teil von Ihnen! Sie sind vom Regen direkt in der Traufe gelandet!

Stellen Sie sich bitte weiterhin vor, Sie hätten eine Entscheidung getroffen, die nicht der Logik und nicht der Vernunft entspricht. Z.B. eine Entscheidung, die mehr Geld kostet, als sie bringt. Oder die sie eine Ausbildung nicht weitermachen lässt, obwohl sie schon so weit waren, schon kurz vor der Zwischenprüfung … Aber diese Entscheidung gefällt Ihnen, Sie fühlen sich mit ihr wohl. Sie gibt Ihnen Ihre Energie zurück, und Sie konzentrieren sich auf eine andere Ausbildung.

Welche Entscheidung würden Sie vorziehen?!

Also: Fragen Sie Ihren Bauch, wenn er denn mit Ihnen spricht und Ihnen Ihre Gefühle offenbart. Wenn nicht, lernen Sie, so auf sich zu achten, dass Sie zuverlässig Ihre Gefühle (er)kennen können und in Ihre Entscheidungen als wichtigen Faktor, wenn nicht den wichtigsten, mit einbeziehen!

Einige systemisch-konstruktivistische Kunstgriffe zum Selbstcoaching

Im Folgenden mute ich Ihnen ein paar einfache „Techniken" zu, wobei ich selber meine, dass das Wort „Technik" im Grunde zu hoch gegriffen ist. Besser würde passen: Perspektive, Denkweise, Sichtweise, Handlungsweise, Denkexperimente oder etwas ähnlich Profanes. Diese „Techniken", die viele meiner Kunden auf den ersten Blick überfordern, auf den zweiten amüsieren, auf den dritten Blick bzw. Gedanken aber meistens zu der einen oder anderen sinnvollen Herausforderung antreiben, möchte ich Ihnen nicht vorenthalten. Es sind relativ „alte Hüte" aus der „systemisch-konstruktivistischen Hexenküche", die aber noch lange nicht bei jedem angekommen sind, und obwohl inzwischen die verschiedenen Fachausdrücke für die eine oder andere systemisch-konstruktivistische Idee ganze Lexika füllen würden, nenne ich nur die charmantesten, die auch immer wieder funktionieren. Meine Favoriten, könnte man auch sagen. Meiner Meinung nach gibt es kaum etwas Vergleichbares, das tatsächlich so gut und so nachhaltig funktioniert wie diese „Techniken". Vorausgesetzt, man geht mit sich selbst in dem Sinne diszipliniert um, dass man sich die Fragen bewusst und ernsthaft stellt. Und zwar bevor man zu irgendwelchen hoch rationalisierten Abwehrmechanismen aus der Trickkiste der Hochbegabten greift, die dazu dienen, sich nicht verändern zu müssen.

Dies ist im Grunde genommen der wesentliche Punkt, wenn man sich ernsthaft verändern möchte. Dies ist aber eben auch der Punkt, an dem die meisten Veränderungsvorhaben in Eigenregie scheitern. Aber: Versuch macht klug, und so empfehle ich wenigstens einen oder zwei Versuche, denn gerade wir Hochbegabten neigen ja zum Experimentieren, und das kann man besonders gut mithilfe von „sozialen Experimenten", wie ich das gerne nenne, die aus der systemisch-konstruktivistischen Beschäftigung mit der eigenen „Wirklichkeit" stammen.

Diese „Techniken" sind einfach, für Hochbegabte vermutlich erschütternd einfach, denn die meisten Menschen, die meinen, sie hätten komplizierte Probleme, glauben gleichzeitig, dass es eine Lösung nur geben kann, wenn die Bearbeitung des Problems mindestens so kompliziert ist wie das Problem selbst.

Wenn man diese Techniken anwendet, darf das Selbstwertgefühl nicht durch den Komplexitätsgrad der eigenen Probleme oder deren nötiger Lösungen gespeist werden.

So wie einige Coaches das eigene Selbstwertgefühl unreflektiert mit der Hierarchiestufe ihrer Kunden füttern, füttern viele Hochbegabte ihr Selbstwertgefühl mit der ständig gesteigerten oder zumindest gepflegten Komplexität des eigenen Leidens. Einfache Menschen haben einfache Probleme, Hochbegabte haben hochkomplexe Probleme?! Ich hoffe, dass auch Sie das schnell als Unsinn erkennen!

Denn dann haben Sie eine echte Chance, durch selbst initiierte Versuche tatsächlich Lösungen zu finden, die zu Ihnen passen. Und wenn nicht, können Sie immer noch einen Coach fragen. Peinlich ist, dies *nicht* zu tun. Mutig und ein guter Weg ist es, sich dann Unterstützung zu suchen, wenn es offenbar alleine nicht klappt. Die lange erprobten Lonesome-Cowboy-Strategien aufzugeben und sich endlich weiterzuentwickeln, das ist wahre Größe!

Stur auf dem eigenen Stillstand zu beharren, das ist die Kapitulation vor den Herausforderungen des eigenen (ganz normalen) Lebens.

In jedem Problem steckt auch die Lösung

Diesen Gedanken haben wir an anderer Stelle schon ausführlich behandelt. Weil das aber eine so zentrale Herausforderung darstellt, hier noch ein paar Beispiele zum besseren Verständnis. Wer in der Lage ist, sein Problem zu beschreiben, beschreibt – das ist ihm aber in der Regel nicht bewusst – bereits die Lösung. Wunderbar einfach wird dieser an sich nicht banale Sachverhalt von Jürgen Hargens im Kapitel „Lösungen kümmern keine Probleme ..." in seinem Buch „Lösungsorientierte Therapie ... was hilft, wenn nichts hilft ..." beschrieben. Dieser Grundsatz begleitet jemanden, der sozusagen auf der systemisch-konstruktivistischen Basis coacht oder denkt, auf Schritt und Tritt. Mehr als in dem folgenden Beispiel demonstriert, ist in diesem Gedanken nicht enthalten, aber auch nicht weniger:

Beschwert sich jemand über das Problem, dass er mit seinem Beruf jeden Tag aufs Neue unzufriedener wird, dann hat er die Lösung bereits in groben Zügen beschrieben: „Ich muss einen anderen Beruf ergreifen, eine andere Arbeit aufnehmen, dann wird es mir wieder besser gehen!"

Statt mit dem Problem: „Ich leide unter meiner Tätigkeit", könnte ich mich also auch mit der Lösung beschäftigen und beispielsweise überlegen, welchen Beruf ich stattdessen ergreifen sollte. Es ist geradezu absurd, wie viele Menschen sich mit ihren Problemen anstatt mit den dafür bereitliegenden Lösungen beschäftigen! Freilich können sie nichts dafür, weil sie es gar nicht bemerken. Dem Coach sagen sie, sie möchten eine Lösung für ihr Problem haben, und dann reden sie ausschließlich über das Problem und merken nicht, dass sie bereits über die Lösungsmöglichkeiten berichten. Der Raucher, der zum Nichtraucher werden will, beschäftigt sich plötzlich intensiv wie noch nie mit dem Rauchen. Aber genau damit will er ja eigentlich aufhören. Hier kann man in der Tat Unterstützung gebrauchen: in Form von guten Fragen, die man sich selbst stellen kann, oder in Form eines hartnäckigen Coaches, der einem aus der Denkfalle heraushilft.

Es ist so einfach, wie es klingt: Entweder verharre ich in meinem Problem, oder ich wechsele zur Lösung.

Das einzig Schwierige ist, dass meine Lösung Veränderungen bei anderen, mir verbundenen Menschen erzwingt und schließlich ja auch bei mir.

Hier müssen wir noch einen kleinen gedanklichen Ausflug machen. Mein Problem, habe ich es erst einmal erkannt, stellt in der Regel eine Lösung für ein vorhergehendes Problem dar. Irgendetwas in der Vergangenheit ist aus dem Ruder gelaufen, daraufhin hat sich das problematische Verhalten beispielsweise gebildet, das nun wiederum für das ursprüngliche Problem eine Lösung oder doch zumindest einen Lösungsversuch darstellt. Dieser Lösungsversuch hat Vorteile und Nachteile. Oder anders ausgedrückt: Er bringt Gewinn und Kosten. Der Gewinn ist zweifellos, dass er einen Zustand verändert hat, der nicht zu ertragen war, sonst hätte man den Lösungsversuch, also das heutige Problem, nicht so weit getrieben. Beispiel: Das gegenseitige Nörgeln eines Paares, das damit offensichtlich versucht, wieder einen erträglichen Zustand herzustellen. Ein untauglicher Versuch, wie sich herausstellt, aber doch ein Vorteil, denn die Veränderungsbemühungen haben eingesetzt, verweisen gleichzeitig auf ein früheres Problem und eine spätere Lösung. Und das ist gut so! Denn sonst würde das Paar in seinem unerträglichen Zustand verharren. Aber dieser Lösungsversuch, wie wir ihn jetzt erst einmal nennen, bringt eben auch Kosten mit sich: Es ist eine neuerliche Belastung, entstanden durch den Lösungsversuch selbst. Denn das Nörgeln ist wahrlich nicht leicht zu ertragen, zumal es sich im Sinne einer Problemlösung erster Ordnung (mehr davon) höchstens steigern kann, aber das vorhergehende Problem so nicht lösen im Sinne von beseitigen kann.

Es entsteht ein völlig neues Problem, und das verstärkt sich auch noch durch die wiederholten und intensivierten Lösungsversuche. Bevor das Paar jetzt aber mit oder ohne Hilfe eines Coaches darangeht, diese Situation zu verändern, beispielsweise durch eine wirkliche Veränderung zweiter Ordnung, muss klar sein, dass es gewillt ist, die Kosten zu tragen, die der neue Lösungsversuch beinhaltet.

Lösung heißt eben auch immer Loslösung von etwas, wie etwa Klaus Mücke sehr schön beschreibt (S. 29 ff.). Löse ich ein Problem, trenne ich mich davon, und damit trenne ich mich eben auch von etwas, das mir unter Umständen als vorhergehende Lösung lieb und teuer geworden war.

Das Schwierige ist also nicht die theoretische Lösung, sondern die praktische Umsetzung. Das aber wollen gerade Hochbegabte oft nicht hören. Die halbe Miete ist aber bereits gezahlt, wenn der hochbegabte Mensch einfache Lösungen akzeptiert. Wir wollen ja nicht anfangen, ganz einfache Lösungen hoch kompliziert zu machen, damit sie die Hochbegabten akzeptieren. Obwohl, streng genommen wäre das auch nur eine Form besonders radikaler Kundenorientierung ...

Die radikalste Form der Lösung: Drei Grundsätze sind genug!

Die folgenden drei Grundsätze sind in Anlehnung mindestens an Steve De Shazer, Jürgen Hargens, Prof. Dr. Uwe Grau und ein paar andere, entstanden, die ich nicht minder als denkerische Vorbilder kenne und ehre. Ich versuche aber heute nicht mehr herauszufinden, wer sich das zuallererst ausgedacht hat. Vermutlich Steve De Shazer, es würde zumindest seiner Art zu denken am meisten entsprechen. Aber alle anderen und noch viel mehr haben ihre guten und konstruktiven Gedanken dazugetan und mögen sich gleichermaßen geehrt fühlen.

Grundsatz (1): Wenn etwas funktioniert, dann mach mehr davon!

Grundsatz (2): Wenn nicht, dann lass es sein!

Grundsatz (3): Wenn etwas in Ordnung ist, dann reparier es auch nicht!

Allein, wenn man diese drei Grundsätze konsequent verfolgte, hätte man das Meiste bereits geschafft: Denn dann wäre zwar nicht gerade die beeindruckende quantensprungmäßige Weiterentwicklung garantiert, aber immerhin ein weitgehend „problemfreies" Leben möglich. Vielleicht wäre aber das dann gerade die beeindruckende Weiterentwicklung, von der man geträumt hat! Es könnte bedeuten, dass man sich einem nicht lösbaren Problem nicht in dem Maße zuwendet, dass es das ganze Leben bestimmt, sondern sich arrangiert und sich den problemfreien

Zonen zuwendet, in denen es einem viel besser geht. Vielleicht wäre es wie mit dem „Freund Harvey" oder mit der bewältigten Flugangst, die nach einem erfolgreichen Lufthansa-Kurs vielleicht folgende Bedeutung hat: „Die Angst ist noch da, ja, ja, aber sie stört nicht mehr!" Im Zuge des zukünftigen Zusammenlebens mit der Angst (dem inneren Schweinehund oder anderen störenden Phänomenen) wäre es nicht unwahrscheinlich, wenn sie immer kleiner und bedeutungsloser würde und schließlich ganz verschwindet.

Manchmal ist es schwer herauszufinden, was das denn ist: Das, was funktioniert, oder das, was nicht funktioniert. Denn dann muss man ja auch wissen, was einem wirklich gefällt oder nicht. Und das ist für viele Menschen ein Problem.

Was funktioniert (und einem gefällt), das kann man über eine intensive Suche nach Ausnahmen beim beklagten Sachverhalt gut herausfinden.

Die Suche nach Ausnahmen

Wer beklagt, dass sein ganzes Leben ein einziges Unglück ist, der findet, wenn er erst einmal anfängt zu suchen, mit Sicherheit eine erste Ausnahme. Selbst ein für unsere Begriffe langweiliges Leben ist in der Regel so abwechslungsreich, dass man bald irgendetwas gefunden hat, das funktioniert: eine Zeit der Zufriedenheit, ein beeindruckendes Ergebnis oder oder oder ...

Hat man erst einmal etwas gefunden, kann man bei den Grundsätzen weitermachen und Bedingungen aufsuchen, in der das Funktionieren wahrscheinlicher wird und das Nichtfunktionieren abnimmt.

Die entscheidende Frage ist hier nicht, wie das funktioniert, sondern ob es funktioniert! Und ob ich das Ganze mit ökonomisch – unter Umständen auch mit weltanschaulich vertretbarem – Aufwand in mein alltägliches Leben integrieren kann oder nicht. Und ob es nach dieser Veränderung besser ist als vorher. Das Leben. Eine gewisse pragmatische Haltung ist ja schon bei dem Ablaufdiagramm zur systematischen Selbstbefragung herausgekommen. Wir wären ja schließlich ziemlich blöd, wenn wir aus theoretischen Gründen jammernd zu Hause sitzen würden, wenn wir praktisch gesehen schon wieder in fröhlicher Runde Bier trinken und Doppelkopf spielen könnten, oder?

Noch deutlicher: Wenn wir wissen, dass es uns beim Doppelkopf und beim Bier in fröhlicher Runde besser geht, warum spielen wir dann nicht öfter Doppelkopf? Wir müssen dabei ja nicht dauernd Bier trinken. Warum pflegen wir zu Hause unsere traurige Stimmung weiter? Nur weil ein „Problem" angeblich noch nicht gelöst ist? Nein, weil wir uns von diesem Problem in Wirklichkeit gar nicht lösen wollen. Wir wollen es behalten. Es gehört zu unserer Komfortzone! Aber wieso ist es dann ein Problem? Wir können uns über diese Problematik weiter im Kreise drehen. Mit uns selbst, mit unserem Partner oder sogar mit einem unerfahrenen Coach. Oder wir können uns unserer Doppelkopf-Runde zuwenden, lassen es uns gut gehen und verschieben die Traurigkeit auf einen anderen Termin. In diesem Moment haben wir angefangen, die Traurigkeit zu managen und die Opferrolle ihr gegenüber aufgegeben. In allen anderen Fällen sollten wir über den Nutzen unseres Problems nachdenken, damit wir es nicht leichtfertig aufgeben. Aber dann könnten wir auch aufhören, darunter zu leiden. Wir könnten uns beispielsweise fragen, ob uns „unser" Problem überhaupt gehört oder ob wir es nicht „gebraucht" UND unreflektiert von jemand übernommen haben, der es uns aufgedrückt hat, weil ER es loswerden wollte usw.

Beispiel:
Jemand beschwert sich, dass sein Partner ihn zur Weißglut treibt. Alles, aber auch alles, was dieser tun oder lassen würde, wäre dazu geeignet, die Beziehung zu gefährden oder zumindest unangenehm zu machen. Er selbst hätte schon alles versucht, aber der Partner reagiere ja nun einmal nicht auf die gut gemeinten Vorschläge. Das Leben sei nunmehr eine einzige Hölle, die man eigentlich nur noch verlassen wollte. Und sei es durchs Feuer! Als Berater fragt man sich an dieser Stelle, insbesondere wenn sich der Bericht über das unendliche Leid, dass der Partner einem zufügt, bereits über Monate und Jahre erstreckt: Warum, um Himmels willen, bleiben die beiden denn dann zusammen?! Ja, eigentlich sind doch schon ein paar Wochen bereits zu viel verlangt! Also würde der Mensch doch die Situation verändern oder gar verlassen, wenn sie wirklich so unerträglich wäre: Er würde seinen Partner verlassen. Das wäre im Übrigen die Lösung des Problems, die bereits im Problem selbst angelegt ist, nahe liegend, durchführbar und eine tatsächliche Veränderung. Um die Klassifizierung von Lösungen hier zu bemühen, die sicherlich hilfreich sein kann, sinnlose Veränderungsversuche zu entlarven (siehe Watzlawick et al.). Lösungen erster Ordnung bedeuten: „Mehr desselben!" Eine traditionell in Europa sehr verbreitete „Problemlösemethode". Man muss sich eben mehr anstrengen!! Wer etwas nicht hinkriegt, strengt sich an, macht mehr und mehr desselben, und nach einer Zeit der hartnäckigen Bemühungen und der Entbehrungen wird er mit der erzwungenen „Lösung" belohnt.

Lösungen zweiter Ordnung bedeuten: „Mach irgendetwas ander(e)s!"
Und das bedeutet: etwas *substanziell* ander(e)s! Hier sind Kreativität und
Intelligenz (!) gefragt und nicht Anstrengung. Hier geht es um elegante
Lösungen, die mit wenig Aufwand große Wirkung zeigen!

Im „Mehr („Meer") desselben" verfangen wir uns beispielsweise in
jahrelangen fruchtlosen Umerziehungsversuchen unserer (Ehe-)Partner,
die wir ja angeblich lieben. Beim „Mach irgendetwas ander(e)s!"
verlassen wir den Partner, oder wir akzeptieren ihn so, wie wir ihn
kennengelernt haben oder wie er sich jetzt entwickelt und: Wir kümmern
uns endlich um uns selbst und unsere Beteiligung an dieser Beziehung.
Dadurch werden wir auch wieder liebenswürdiger, weil: Das können wir
schon lange gar nicht mehr sein, oder haben Sie einen persönlichen
Oberlehrer geheiratet, den Sie lieben, weil der immer schon besser
wusste als Sie selbst, was für Sie gut ist?!

Wenn wir eine Eigenschaft an unserem Partner finden, die uns massiv
stört, dann sollten wir uns dringend fragen, inwieweit wir davon
überhaupt betroffen sind. Frage: Stört es uns, dass er so und nicht anders
ist, oder sind wir durch sein „So-sein-wie-er-ist" in irgendeiner Weise
betroffen, also beeinträchtigt? Wenn nicht, geht uns das nichts an, es ist
nicht unser Problem, es ist sein Hoheitsgebiet, also können wir es auch
dem zurückgeben, dem es gehört und für den es vielleicht überhaupt kein
Problem ist: unserem Partner.

Dieser Abschnitt startete unter der Überschrift: „Die Suche nach
Ausnahmen"…

Wenn die positive Ausnahme meines an sich als „dauernd" klassifizier-
ten Elends in meiner Beziehung die Abende außerhalb sind, sollte ich
mich fragen, ob das nicht die Ausnahme ist, die zur Regel werden sollte.
Wenn die Ausnahme vom Elend bestimmte Situationen MIT meinem
Partner sind, dann sollte die Frage sein, wie kriege ich davon mehr? Und
wenn mich gewisse Situationen nerven, wie stelle ich sie ab? Bzw. wie
ersetze ich sie durch andere?

Warum gehe ich denn immer mit, wenn mein Partner seine Verwandten
besucht, die er so toll findet und die ich so doof finde, weil sie mich zu
Tode langweilen? Hier besteht die Gefahr, dass meine Gefühle quasi in
Sippenhaft genommen werden. Was mein Partner mag, muss ich auch
mögen. Wenn nicht, ist das ein Gegenbeweis für unsere Liebe? Oh weia!
Und schließlich: Nur weil es mir gerade schlecht geht, muss ich nicht
überall herumdoktern und gleich alles einstellen, was mir früher mal
Spaß gemacht hat. Nach dem Motto: Hat ja doch alles keinen Sinn
(widerspricht dem Prinzip: Wenn etwas funktioniert, mach mehr

davon!)! Und noch schlimmer: In der eleganten Umgehung des womöglich tatsächlichen Problems (welches mich in tatsächliche Veränderungen „treiben" würde) schraube ich an allen möglichen Nebensächlichkeiten herum. Ich gefalle mir nicht, also kaufe ich mir dauernd neue Sachen, renne von Friseur zu Friseur, um eine meine „Persönlichkeit" betonende Frisur zu finden. Solange ich aber nicht weiß, was das ist: MEINE Persönlichkeit, brauche ich auch keine neue Frisur, die dazu passt. Ich brauche auch keinen Kochkurs oder eine Selbsterfahrungsgruppe, die sich mit dem Einfluss von Strahlungen aus einer fernen Galaxie auf meinen Gemüsegarten beschäftigt, sondern Zuwendung zu mir selbst.

Also noch mal:

- Wenn etwas funktioniert, mach mehr davon!

- Wenn nicht, lass es sein und:

- Repariere nicht, was nicht kaputt ist!

Reframing: Was man so sehen kann, kann man auch anders sehen

Stellt sich, etwas – auch nach mehreren mehr oder weniger anstrengenden Versuchen erster Ordnung und dann auch noch sozusagen systemisch-konstruktivistisch – in den Griff zu bekommen, als „unlösbar" (= unveränderbar) heraus, dann bleibt einem immer noch der Versuch, es mit anderen Augen zu betrachten, sodass sich mittelbar wieder (neue) Wege ergeben, es doch noch zu lösen oder sich mit dem Problem auf gesunde Weise zu arrangieren.

Reframing ist so oft und ausführlich beschrieben worden, dass ich hier auf den großen Wurf verzichten möchte. Wer sich näher dafür interessiert, sei beispielsweise auf mein Buch „Raus aus der Diabetes-Falle!" verwiesen (Seite 124 ff.) oder auf „Erfolgreiche Strategien für starke Teams" (Seite 76 ff.). Reframing heißt in etwa, einem Geschehen einen anderen Rahmen zu geben, damit ich es durch diesen anders, neu, alternativ betrachten und evtl. schließlich positiv statt negativ bewerten kann. Zuerst kommt der Perspektivenwechsel, danach die alternative Bedeutung, die ich dem Geschehen beilege. Wenn ich lange genug probiere, kommt für mich eine Lösung zustande, die mir mehr und bessere Handlungsmöglichkeiten als vorher ermöglicht: Das Ziel meines Selbstcoachings ist damit unter Umständen bereits erreicht!

Beispiel:

Ich leide angenommener Weise darunter, dass ich einen Kollegen habe, der mir in puncto Zuwendung durch meine Chefin „immer" vorgezogen wird. Ihm hilft sie, mir nicht, dabei ist er viel länger in der Abteilung als ich. Er hat mehr Erfahrung, aber er buhlt unerträglich um ihre Gunst und gewinnt mit diesem Verhalten auch noch ihre Zuwendung! Schrecklich: Ich muss alles alleine machen, habe keine Unterstützung, trage das ganze Risiko selbst. Und das geht so, seitdem ich hier angestellt bin. Also seit über drei Jahren.

Reframing:

Das eigentliche Problem: Der Kollege bekommt mehr Zuwendung als ich. Darunter leide ich.

Funktion des Geschehens, mögliche Alternativdeutungen des Geschehens an sich:

- Kollege macht viele Fehler, muss deswegen betreut werden
- Kollege ist langsamer, muss deswegen kontrolliert und beschleunigt werden
- Kollege hat nicht die nötige Kompetenz, die er eigentlich für seinen Job bräuchte. Er kann es gar nicht allein
- Chefin hat in der Regel Besseres zu tun, als sich so intensiv um ihre Mitarbeiter zu kümmern. So kommt sie gar nicht zu ihrer eigenen Arbeit (deshalb tue ich gut daran, sie in Ruhe zu lassen)
- Usw.

Mit diesen anderen Deutungen ein und desselben Geschehens komme ich fast zwangsläufig zu meinen alternativen Wertungen dieser Situation:

- Ich bin besser als mein Kollege, obwohl der schon länger da ist
- Ich bin so sicher, dass ich ihm meine Chefin durchaus „überlassen" kann
- Ich habe Handlungsfreiheit und -sicherheit, die mein Kollege nicht hat
- Ich will gar nicht so oft kontrolliert werden wie mein Kollege, und meine Arbeit kriege ich auch alleine hin
- Usw.

Mit diesen Bedeutungen/Wertungen derselben Situation geht es mir vermutlich erst einmal besser als vorher. Aber das Entscheidende wird sein: Mithilfe einer oder mehrerer dieser alternativen Sichtweisen auf dasselbe Geschehen (Reframing) habe ich mehr Handlungsfreiheit. Ich habe meinen Kopf frei für wichtigere Dinge, als mich um die Probleme meines Kollegen zu kümmern, den ich nicht mag und der bereits gut versorgt wird.

Reframing:

(1) „Problem entdeckt"

(2) Welche Funktionen hat das „Problem" theoretisch?

(3) Welche Funktionen kann ich akzeptieren?

(4) Welche Bedeutungen können diese Funktionen theoretisch haben?

(5) Welche von mir akzeptierte Funktion mit welcher akzeptierten Bedeutung hat den größten Nutzen für mich?

Das Entscheidende beim Reframing: Es ist weder sinnvoll noch möglich, jemandem, der man selbst sein kann, ein Problem auszureden, aber die Dinge anders zu betrachten, ist möglich, und daraus resultieren mehr Möglichkeiten als vorher. Ein guter Reframer hat damit mehr Macht, als ein anderer es ihm ansehen würde.

Also: Auf in die Startlöcher und mit den „Problemen" experimentiert! Es wäre doch gelacht, wenn ausgerechnet die Probleme in meinem Leben die größte Rolle spielten und die meiste Energie absorbierten! Oder?!

Zum Schluss noch ein geniales Beispiel des Fußballtrainers Otto Rehhagel, der offenbar ein Naturtalent in Sachen Reframing ist und einmal sagte, als ihn ein Reporter auf das anstrengende, „divenhafte" Verhalten eines bestimmten Spielers ansprach: „Ach wissen Sie, wer mir keine Probleme macht, der macht dem Gegner auch keine!" Dem ist nichts hinzuzufügen.

So tun, als ob die Lösung bereits umgesetzt wäre

So tun, als ob die Lösung bereits umgesetzt wäre, gibt mir einen Vorgeschmack darauf, wie es wäre, wenn ich bereits erfolgreich wäre, wenn ich meine Beziehungsprobleme gelöst hätte, wenn ich bereits dies und das erledigt hätte usw. Es ist primär ein Gedankenexperiment, das ich alleine oder zu zweit vornehmen kann (z.B. wenn meine Partnerschaft eigentlich keine mehr ist, weil beide inzwischen zu Protokoll geben, dass sie sich hassen und sich fragen, warum sie eigentlich zusammen sind; dazu findet sich das eine oder andere Beispiel bei Klaus Mücke, Seite 366 ff.). Das Entscheidende dabei ist, dass ich versuche, ein Verhalten zu zeigen, dass ich nie im Leben zeigen würde, wenn sich nichts veränderte. Also z.B. plötzlich freundlich zu sein zu einer Person, die mir das Leben schwer macht. Dabei experimentiere ich aus einer geheimen Haltung heraus („Ich habe da was für dich!"), also aus der des Experimentators, des Regisseurs. Ich habe es mit Versuchspersonen zu tun, die nicht wissen, dass sie welche sind, und kann unbemerkt ihre Reaktionen beobachten. Ich mache also ein Experiment mit Menschen, ohne sie zu informieren?!? Das würde ja sogar einen Laien-Ethik-Rat auf den Plan rufen! Aber in diesem Falle sei Folgendes zur Verteidigung angeführt: Es sind dies Experimente, die positive Reaktionen durch positive Aktionen provozieren. Zweitens sind es im Grunde Experimente, die ich nicht mit anderen, sondern mit mir selbst veranstalte, und ich lerne dadurch, wie man positive Reaktionen bei seinen eigenen Mitmenschen hervorruft und wie viel Spaß das machen kann und wie sich dadurch eine Beziehung zum Positiven wenden kann oder dass sie es nicht tut (dann habe ich Pech gehabt und kann mich aus dem Staub machen, ohne das Gesicht zu verlieren). Und drittens bestehen eigentlich alle sozialen Aktionen aus solchen verdeckten Experimenten, oder fragen Sie Ihren Traummann erst, ob es ihm recht wäre, wenn Sie ihn als solchen betrachten würden? Oder bemühen Sie erst den Ethikrat, bevor Sie jemandem einen Blumenstrauß kaufen und ihn oder sie damit, stammelnd und vor lauter Aufregung und Verliebtheit bemitleidenswert dämlich aussehend, überfallen? Und ist es nicht die völlig offene Reaktion, die Sie damit provozieren wollen, und hoffen Sie nicht, dass sie in Ihrem Sinne ausfällt? Und hat das nicht, als Sie es noch so machten, mächtig Spaß gemacht, trotz oder vielleicht wegen der ganzen Aufregung? Also ran an den Speck!
Mit dieser Einstellung kann man sein aktuelles Verhalten beeinflussen, aber auch ganze Zukunftsszenarien durchspielen: Was wäre, wenn ich

bereits eine Familie hätte? Was wäre, wenn ich meinen Job aufgäbe und das und das stattdessen anfange? Was werde ich tun, nachdem ich alle meine Probleme gelöst haben werde?

Die Beratung der eigenen Person aus der Zukunftsperspektive heraus

Mit dieser Einstellung kann man sein aktuelles Verhalten beeinflussen, aber auch ganze zukünftige Szenarien durchspielen: Was wäre, wenn ich bereits eine Familie hätte? Was wäre, wenn ich meinen Job aufgäbe und das und das stattdessen anfange? Was würde ich tun, nachdem ich alle meine Probleme gelöst hätte? Man kann also auch ein Ziel, eine Vision mit dieser Frage konstruieren oder finden, die es Wert ist, verfolgt zu werden.

Wenn man es schafft, sich sein eigenes Ziel (so möchte ich in drei oder fünf Jahren leben) so zu vergegenwärtigen, dass man schließlich mit seinem Alter Ego aus der Zukunft, in der man erreicht hat, wovon man heute träumt, Kontakt aufnehmen kann, dann ist es dem Alter Ego in der Zukunft auch möglich, mit dem Ich im Hier und Jetzt in einen beraterischen Dialog zu treten:

Was würden Sie sich also selbst raten, wenn Sie aus der Perspektive desjenigen, der es in zwei oder vier Jahren etwa geschafft hat, als Ihr eigener – inzwischen erfolgreicher – Berater agieren könnten: Was würde derjenige sagen, was Sie heute als Nächstes tun müssen, um das Ziel zu erreichen?

Das ultimative Selbstcoaching-Gespräch beginnt oder endet mit der entscheidenden Frage: „Welche Frage müsste ich mir eigentlich heute stellen und natürlich beantworten, damit ich endlich weiterkomme?!"

Diese allerdings entscheidende Frage kennt in der Regel der betroffene Ratsuchende besser als sein Coach, der sich mühsam herantasten muss. Der Ratsuchende ist Experte für sein Problem, und damit – wie wir gesehen haben – auch für seine Lösung. Um die Lösung umsetzen zu können, braucht er Unterstützung durch sich selbst oder durch einen Berater. Egal, wer es ist, derjenige ist gut beraten, irgendetwas ander(e)s zu machen als in der Vergangenheit, damit man nicht zu lange aus der hilflosen Perspektive eines Opfers auf die eigene Sanduhr starren muss. Denn der Sand fließt nur in der einen Richtung. Und man ist selbst dafür verantwortlich, ob er das zu schnell oder zu langsam tut, ob man das bewusst mitbekommt oder davon überrascht wird, ob man es anderen überlässt, die Dinge zu regeln, oder ob man das selber tut. Auch als

Hochbegabter. Auch als Hochbegabter, der momentan nicht weiß, wie es weitergehen soll. Oder wie es besser gehen könnte. Oder mit mehr Lust oder weniger Frust. Oder nicht so allein, oder oder oder.

Also runter vom Sofa ...

Es kommt immer wieder vor, dass auf dem Weg vom Problem zur Lösung neue Erfindungen gemacht werden, auf die es keine Patente gibt, die aber ganz wichtig für die anderen Menschen sind, die sich so etwas nicht haben einfallen lassen (können). Das nennt man dann Lebenserfahrung. Wir sind alle gut beraten, die Lebenserfahrungen bewusst zu machen, bei anderen zuzuhören, wenn sie von den eigenen erzählen. Denn vielleicht ist für uns etwas dabei. Und wenn beides nicht klappt, unsere eigenen (neuen) Erfahrungen bewusst anzuzetteln, also zu ermöglichen, zu (er)finden. Es wird kein anderer für uns tun.

Und aufgeben können wir immer noch. Später.

Es gibt andere Techniken

Aber wie gesagt, auch mein Gesichtsfeld ist etwas beschränkt. Und hier geht es ja gar nicht darum, eine neue erschöpfende Allwissenheitssammlung zum x-ten Male zu (re)produzieren, sondern lediglich um ein paar brauchbare Ideen, die einem weiterhelfen können. Deswegen ist dieses Kapitel auch genau hier zu Ende.

Wer die paar vorgestellten „Techniken" konsequent anwendet, kommt auf die richtigen Fragen, die er sich beantworten muss. Und wenn er damit hartnäckig nicht weiterkommt, kann er sich einen Coach nehmen, der ihm mit hoher Wahrscheinlichkeit helfen kann, das Eis zu brechen.

Positive Wendungen

Es ist immer schwierig, wenn man selbstverständlich totale Diskretion vereinbart hat, etwas über Kunden zu schreiben, doch ich will Ihnen trotzdem ein paar Beispiele geben, was ein Coaching konkret bewirken kann. Die Geschichten der Coachees sind dabei so verfälscht, dass Sie sie nicht erkennen *können*. Trotzdem erlauben sie einen Blick auf mögliche Ergebnisse eines Coachings.

Clara

Clara wollte unbedingt ein Studium machen, nachdem sie ihre Hochbegabung entdeckt hatte. Und zwar nach dem Strickmuster: Ich hole jetzt in zwei Jahren nach, was ich in 43 Jahren versäumt habe. Dass das nicht unbedingt gut gehen muss, ist unmittelbar einsichtig. Clara, die schon viel im Leben erreicht hatte – und zwar ohne Studium –, ganz offenbar war das nämlich eine von ihren Kernkompetenzen, klammerte sich auf einmal an einen Abschluss, den sie kaum noch erreichen konnte. Sie hatte kein Abitur und war jetzt 43 Jahre alt, ein Sohn war noch im Haus, ihre Tochter und der Älteste waren längst am Studieren. Zusammen mit ihrem Mann, einem gelernten Tischler und studierten BWler, betrieb sie ein sehr individuelles Einrichtungshaus der gehobenen Preiskategorie. Aber das befriedigte sie nicht mehr, nachdem sie jetzt wusste, sie hätte theoretisch Wissenschaftlerin werden können. Als ich sie kennenlernte, grübelte sie bereits im zweiten Jahr über ihre Situation nach.

Um es kurz zu machen: Unser Coaching führte dazu, dass sie eine Trainerausbildung machte, und im Moment ist sie eine gefragte und gut verdienende Verkaufstrainerin. Ihre Kernkompetenz: Nicht verkaufen um jeden Preis soll trainiert werden, sondern der Aufbau dauerhafter und tragfähiger Kundenbeziehungen. Sie unterstützt weiterhin ihren Mann im eigenen Unternehmen, macht laufend Fortbildungen und ist zufrieden mit der Entwicklung. Freilich ist das keine Garantie dafür, dass sie nicht in fünf Jahren etwas ganz anderes macht …

Ich möchte hier festhalten, dass ich nicht der Meinung bin, dass das Coaching inhaltlich sozusagen ursächlich für diese Entwicklung war, aber es war dafür verantwortlich, dass die Entwicklung überhaupt und in diesem Tempo zustande kam und sich inhaltlich überhaupt in eine bestimmte vom Kunden angesteuerte und am Kunden orientierte Richtung entwickeln konnte. Ich bin eher der Meinung, dass das Coaching einige Umwege ersparte, die ganze Entwicklung ökonomischer machte und sie beschleunigte. Außerdem kommt so noch etwas hinzu: Planung und erfolgte Umsetzung sozusagen unter Zeugen macht einfach Spaß! Das ist das Erfolgserlebnis in eigener Sache, nach dem sich die meisten Hochbegabten so sehnen, wenn sie glauben, sie bekommen ihre „PS nicht auf die Straße"!

Im Einzelfall möchte ich natürlich schon sagen, dass das Coaching das Handeln überhaupt erst ermöglichte, indem sich im Laufe des Coachings Denk- und damit verbundene Handlungsblockaden auflösten. Das eben Ausgeführte gilt selbstverständlich für alle Aussagen und Beispiele in diesem Zusammenhang!

Andreas

war ziemlich genervt, ja beinahe verzweifelt. Er hatte eine ziemlich erfolgreiche Karriere hinter sich und hatte das, womit die Protagonisten in gewissen Sparkassen-Werbespots so gerne angeben: „Mein Haus, mein Wagen, meine Frau, mein Boot …!"

Er hatte sich, um all dies zu erreichen, reichlich hoch verschuldet. Praktisch alles, Haus, Wagen, Urlaub, Technik in der Firma, auf Kredit gekauft, geheiratet, drei Kinder und jetzt die Frage: „Was im Leben soll ich machen? Mein Job gefällt mir überhaupt nicht mehr. Aber ich kann nichts machen, weil ich Kredite bedienen muss. Das Haus kann ich nicht verkaufen ohne massiven Verlust. Den Wagen brauche ich in meinem Beruf unbedingt. Meine Kinder sollen die bestmögliche Erziehung haben, dazu gehört auch ein angemessener Urlaubsort bzw. -aufenthalt …" usw.

Das Fazit ungefähr zwölf Wochen nach Abschluss unseres Coachings: Das Haus war verkauft und mit seiner Frau vereinbart worden, alternierend zu arbeiten, um sich gegenseitig Zeit für Familie und für die eigene Weiterbildung freizumachen. Kurioserweise waren die Kinder froh, dass sie im folgenden Urlaub nicht mit ins Hotel mussten, sondern in ein Ferienlager durften. Das sparte nicht nur Geld, sondern eröffnete der ebenfalls hochbegabten Tochter „völlig neue Horizonte", wie sie es selber (10 Jahre alt) ausdrückte.

Alex

hat mich eigentlich von Anfang an richtig beschimpft. So als wenn es eine Anmaßung wäre, dass ich überhaupt mit ihm sprechen wollte. Dabei wollte er ja etwas von mir! Steve De Shazer würde sagen: „Das ist ein Jammerer, bestenfalls ein Besucher. Der will sich nur mit jemand provokativ unterhalten und sehen, wo die Grenze der Belastbarkeit des Coaches ist."

Ich war trotzdem etwas genervt. Aber er war mir sympathisch, vielleicht deswegen habe ich es geschafft, eine „De-Shazer-Haltung" einzunehmen: Du willst dir auf Vorrat Lösungen in den Keller legen, falls du mal ein Problem hast? Aber du hast natürlich keine Probleme, Cowboy? Und du willst die Lösungen auf keinen Fall vom Psychologen, denn die Psychologen sind alle verrückt? Bitte, bedien dich! Ich bin nicht nur Psychologe! Ich bin auch dein Sündenbock, dein Seelenmüllplatz. Was du willst! Und ich werde niemandem verraten, dass du den Tipp von mir hast. Du hast recht: Ich kann dir nicht helfen! Schon deswegen nicht, weil ich Psychologe bin!" Wir haben uns zwar einige Mails geschrieben, aber ein persönliches Coaching kam gar nicht erst zustande. Seltsamerweise war das aber genau das, was meinem Kunden fehlte. Er kam zu der Einsicht, dass nur er sich selber würde helfen können, traf die wesentlichen Entscheidungen schnell nacheinander und bedankte sich schließlich bei mir für die Unterstützung.

Eine sehr elegante Lösung, zu der ich meinen Kunden nur beglückwünschen konnte. Leider ist diese Geschichte kein Zeichen dafür, dass man sich das Coachung generell sparen sollte. Denn die schließliche Ablehnung eines angestrebten Coachings führt nicht per se in die richtige Richtung. Außerdem könnte ich davon nun wirklich nicht leben ...

Michael

sei noch erwähnt. Er glaubte, er müsse es immer allen anderen recht machen, und litt verzweifelt darunter, dass er es nicht hochbegabten Menschen nicht recht machen *konnte*, weil er erstens immer etwas anders/komplexer/umfangreicher etc. als gewünscht erledigte und zweitens, und das war viel schlimmer für ihn: Wie konnte er das Feedback, die Kritik, den Dank von jemandem anerkennen, der nicht so hochbegabt war wie er selbst und deswegen doch kaum verstehen konnte, was ihn umtrieb?

Nachdem wir das Verhältnis von intellektueller Begabung, sozialer Kompetenz, emotionaler „Intelligenz", Anspruch und Wirklichkeit von Führungseliten und einige weitere Themen ausführlich durchgesprochen hatten, kam er plötzlich zu dem Schluss, dass Coaching für ihn absolut nichts sei. Er beendete das Gespräch und ließ mich mit meinem kleinen Misserfolg „sitzen". Wochen später rief er an und bedankte sich noch einmal für das ausführliche und erfolgreiche Coaching, ohne das er die wesentlichen Entscheidungen nicht hätte fällen können! Ich staunte nicht schlecht. Was war passiert? Etwas, was häufiger passiert, mich aber immer wieder in Erstaunen versetzt: Manche Lösungen drängen sich derartig auf, dass sie zunächst scheinbar mit aller Gewalt abgewehrt werden müssen. Vielleicht war dies ein ungewollter Angriff auf die „Komfortzone", in der es sich mein Kunde samt seinem Problem bereits warm und trocken eingerichtet hatte Und dann dauert das eben länger, und irgendwie muss die Entstehung oder wenigstens die Akzeptanz von bestimmten Lösungen wohl auch vom eigentlichen Coaching getrennt erlebt werden, damit man es integrieren kann. Ansonsten erlebt man sich nicht wie eine wirklich selbstständige Persönlichkeit. So hat mir das mein Kunde jedenfalls im Nachhinein erklärt. Und eine gewisse Plausibilität ist diesem Gedankengang gewiss nicht abzusprechen.

Ingrid

wechselte ihre Stelle wie ihre Blusen, wie sie sich selbst ausdrückte. Überall eckte sie nach kurzer Zeit noch in ihrer Probezeit an. Sie verstand einfach nicht, was passierte. Sie war exzellent qualifiziert und bekam Jobangebote, nach denen sich die meisten ihrer Mitbewerber die Finger lecken würden. Kaum hatte sie ihren Job angetreten, trat sie auch schon in eines der zahlreichen Fettnäpfchen, die die ihr völlig unbekannte Hierarchie für sie bereithielt. Sie kannte einfach die Spielregeln nicht. Sie schaffte es in einer Zeitspanne, in der noch keinerlei tragfähige Beziehungen entstanden sein konnten, so bedrohlich auf einzelne Menschen zu wirken, dass diese sofort versuchten, sich gegen eine vermeintliche „feindliche Übernahme" der eigenen Machtposition zu wehren.

Das Muster hatten wir schnell herausgearbeitet. Aber wie in Zukunft verhindern, wieder in dieselbe Falle zu tapsen?

Nach einigen Entwürfen und einem ziemlich provokanten Einwurf von mir, doch angesichts der Komplexität ihres Vorhabens äußerste „Diplomatie" und „Vorsicht" walten zu lassen und im Zweifel lieber nichts als das Falsche zu sagen, entschied sie sich für die „frontale Version" eines Handlungsentwurfs, für eine ziemlich offensive Vorgehensweise, die ich ihr nicht ohne Weiteres zugetraut hätte, die aber sofort funktionierte. Sie bat den von ihr identifizierten „Platzhirsch" um ein Gespräch, im Laufe dessen sie ihm erklären konnte, wie sie sich die vielen Jobwechsel und die Fallen, in die sie immer wieder lief, selbst vorstellte und erklärte. Er war zunächst erstaunt und ziemlich irritiert, dann aber sprang wohl sein „eigenes chauvinistisches Frauenschutzprogramm" an. Denn meine Kundin berichtete, dass er sie fortan in Schutz nahm, wenn sie gerade einmal mehr ein Fettnäpfchen entdeckt hatte, in das sie noch nicht getreten war.

Es war der erste Job seit 8 Jahren, den sie deutlich länger als ein Jahr ausübte und heute noch ausübt. Eine für meine Begriffe ganz normal emanzipierte Frau nutzt ein „chauvinistisches Muster", um ans Ziel zu gelangen. Sehr pragmatisch.

Margret

Die 27jährige Margret war vollkommen geschockt, als ich ihr das Ergebnis des Tests bekanntgab. Sie war überzeugt, dass ihr Lebensgefährte hochbegabt und sie selbst eher durchschnittlich begabt sei. Das Ergebnis war eindeutig: Sie waren beide hochbegabt. Allerdings hatte er das 2%, Kriterium, welches zu erreichen ihm besonders wichtig war, knapp mit 130 erreicht. Sie allerdings hatte die Möglichkeiten des Tests „gesprengt"! Dieser Test konnte keine vernünftige Aussage über ihren IQ mehr machen, weil sie in zwei von drei Bereichen keinen einzigen „Fehler" gemacht hatte und damit einen IQ von über 145 aufwies.

Sie brauchte eine ganze Weile, um quasi im beschleunigten Verfahren verschiedene Phasen zu durchlaufen, bevor sie sich jeder einzelnen Phase dann etwas länger widmete. Der erste „Schnelldurchlauf" von Überraschung und Ablehnung des Testergebnisses („Da hast Du was falsch ausgewertet!"), Begeisterung, Ernüchterung, Aggression, Trauer und erstem Versöhnungsversuch schüttelte sie emotional eine ganze Woche lang durch. Danach habe ich lange nichts mehr von ihr gehört, bis sie mir bekanntgab, dass sie ein Studium aufgenommen hatte, was sie nach dem Abitur nicht gewagt hatte, weil ihre Eltern ihr „keine Chance" gaben, ein Studium „durchzustehen". Ich brauche nicht zu erwähnen, wie gut es ihr heute damit geht.

Achter Teil: Und nach einem erfolgreichen Coaching?

Willkommen im Club!

Die positiven Seiten der Medaille

Ach ja: Was ist das denn nun eigentlich: „Mensa"?

Willkommen im Club!

Ich möchte hier einen Gedanken aufgreifen, den natürlich auch schon andere gedacht haben, der aber in der Diskussion unter Hochbegabten häufig untergeht: Dieser Gedanke findet sich als „Trost" im Nachwort des schönen Buches von Andrea Brackmann (2006, Seite 225 ff.) und in Form eines leidenschaftlichen Plädoyers, zu sich selbst zu stehen, in ihrem neuen Buch (Brackmann, 2007) sowie wahrscheinlich im Kopf aller anderen Autoren zu diesem Thema, die ihn vermutlich alle nur gerade vergessen hatten:

Es hat auch etwas Tolles, hochbegabt zu sein! Man hat nämlich viele Möglichkeiten, die man nur nutzen können muss. Mit dem Ferrari in der 30er-Zone kann es ein gutes Gefühl werden. Dann nämlich, wenn man freiwillig durchs Wohngebiet fährt. Immer nur auf der Autobahn? Was für ein Stress! Wer verlangt das eigentlich? Wohl doch eher wir selbst oder unser schlechtes Gewissen, oder?

Willkommen im Club! Willkommen beim Ball der einsamen Hirne! Wir sind ja bei Weitem nicht wirklich alleine!!! Willkommen beim Sammeln von Möglichkeiten und beim Nutzen unseres Potenzials!

Natürlich geht es dem einen oder der anderen von uns mal schlecht, wir haben Durchhänger, wir sind beleidigt, fühlen uns unterfordert oder ignoriert, wir finden uns hässlich, sozial inkompetent, manchmal sind wir es auch, manchmal sind wir zornig, manchmal traurig, manchmal fast depressiv. Arrogant und überheblich sowieso, irgendwie alleine fast immer. Manchmal verzweifeln wir schier an der Welt, oft haben wir Sehnsucht nach einem ganz normalen und ganz, ganz anderen Leben. Aber wie Andrea Brackmann so dankenswerter Weise Nietzsche zitiert: „Einer hat immer unrecht: aber mit zweien beginnt die Wahrheit. Einer kann sich nicht beweisen, aber zweie kann man bereits nicht widerlegen." (Brackmann, 2006, ebenda)

Je mehr Hochbegabte sich selbst erkennen und sich nicht mehr geheim halten, desto größer wird dieser „Club" (diesmal meine ich nicht Mensa!), desto größer wird also der Bereich, in dem wir uns ungestraft austoben können, voneinander lernen und uns weiterentwickeln bis zu einem Stadium, in dem wir dann tatsächlich unsere Ressourcen voll nutzen können. An anderer Stelle schreibt Brackmann, was meine Interviewpartner und meine eigene Lebenserfahrung als Mensch, als Trainer und Berater/Coach seit Langem immer wieder bestätigen: „Sich anders als alle anderen zu fühlen, kann zur Entstehung und Aufrechterhaltung einer psychischen Erkrankung offenkundig mit beitragen; sich zumindest aber einer Minderheit zugehörig zu fühlen, scheint hingegen einen bedeutsamen Einfluss auf die Linderung psychischer Beschwerden zu haben." (Brackmann, 2006, S. 163)

Also runter vom Sofa, raus in die Welt. Raus aus dem Schneckenhaus des Sich-selbst-Bedauerns, raus zu anderen, mit denen man fröhlich sein kann.

Aber das Wichtigste in diesem Zusammenhang ist wohl: mit einem Testergebnis und der darauf folgenden korrekten Einschätzung unserer Potenziale eben als *Potenzial* und nicht mehr als vermeintliche *Persönlichkeitsstörung* oder andere, sich selbst feststellende Handbremsen konzentrieren wir uns auf unsere Möglichkeiten anstatt auf unsere Fehler und Mängel. Und das erfreut das Herz eines radikal konstruktivistisch geprägten Psychologen, wie ich es einer bin, natürlich umso mehr:

So wie ich mir nicht das Rauchen abgewöhnt habe, weil ich keine Lust auf monatelange Entzugserscheinungen hatte, sondern stattdessen zum Nichtraucher wurde,[22] können wir uns alle auf unsere Stärken konzentrieren und daraus Möglichkeiten generieren, anstatt an unseren Schwächen langsam zu ersticken. Dass das nicht unbedingt für *alle* Marotten gilt, zeigt mein andauerndes Übergewicht. Aber was soll's: Lieber dick als doof! Und damit meine ich nicht die „nicht-hochbegabten" Menschen!

Oder – auch Brackmanns Idee: „Was bist du sensibel!!!" – „Ja, stimmt, bin ich!" (Anmerkung des Autors: Und ich ergänze: „... und das ist gut so!", danke, Herr Wowereit!)

Ich sage außerdem:

„Was bist du emotional!" – „Ja, stimmt, das bin ich!"

„Was bist du schnell!" – „Ja, stimmt, das bin ich!"

„Was bist du sprunghaft!" – „Nein, das bin ich nicht, ich habe nur gerade fünf Baustellen gleichzeitig! Und die muss ich bedienen."

„Was bist du abwesend!" – „Ja, stimmt, ich bin ganz woanders!"

„Wie kannst du nur früh morgens so wach sein!" – „Ja, toll, nech?!"

---

[22] Wenn man sich das Rauchen abgewöhnen möchte, muss man sich damit beschäftigen. Mit dem Rauchen und mit den Abgewöhnprogrammen. Das ist lästig. Man kriegt den Wunsch, wieder zu rauchen, und muss ihn jedes Mal abwehren. Man beschäftigt sich genau mit dem Phänomen, mit dem man sich ja gerade nicht mehr beschäftigen möchte. Ein Nichtraucher beschäftigt sich weder mit dem Rauchen noch mit der Frage, wie er den Entzug bekämpfen kann. Also ist es doch wesentlich leichter, sich selbst als Nichtraucher zu deklarieren.

Ein Freund von mir hat gerade das Bundesverdienstkreuz bekommen. Er ist schnell, unerträglich schnell manchmal, er ist ein sechzigjähriger Zappelphilipp mit „ADS" – könnte man meinen –, er hat immer zig Jobs gleichzeitig gemacht, hat sich mit jedem angelegt. Er hat seine Mission (Kindern, geschlagenen Frauen, Ausländern, Prostituierten, „Pennern", Eheleuten in gescheitertem Zustand, Selbstmördern, psychisch gestörten Menschen, überhaupt allen erdenklichen hilflosen Menschen ohne Wenn und Aber zu helfen) nie aus den Augen verloren und gegen alle Anfeindungen verteidigt, und er lebt immer noch so. Die offizielle Begründung für das Verdienstkreuz ist sein seit 40 Jahren andauerndes berufliches und privates soziales Engagement. Weil er genauso in Deutschland wie im Kosovo für Kinder kämpft und sich mal wieder um die kümmert, die alle Sonntagsredner vergessen haben, bevor ihre Rede zu Ende geht. Weil er selbst ein Kind geblieben ist, was ein Wert an sich ist in dieser Welt. Was aber nicht alle gleichermaßen mögen. Leider hat sich seine Frau, die ich seit über 30 Jahren kenne, von ihm verabschiedet. Ich hätte mir das nie vorstellen können. Für mich waren die beiden jahrzehntelang das Traumpaar schlechthin. Aber sie hat ihn wohl nicht mehr ertragen können. Sein Tempo, seine Aktivitäten, sein Leben auf der Überholspur. Ich bin davon überzeugt, dass er hochbegabt ist. Dass auch er – wie so viele – damit absolut nichts zu tun haben will (!), ist für mich nur ein weiteres Indiz. Man muss ihn lieben, sonst hält man ihn vermutlich keine drei Stunden aus. Und das wäre schade. Er ist anstrengend, er braucht kaum Schlaf, dafür brennt er den ganzen Tag. Er kann an mehreren Orten gleichzeitig sein. Die, die ihn kennen, bestätigen das, fürchten geradezu manchmal seine Präsenz und lieben ihn trotzdem. So kenne ich ihn und so mag ich ihn und so ist er für die Menschheit wertvoll. Schön, dass das nun gewürdigt worden ist, obwohl gerade Orden zu ihm passen wie ein Konfirmationsanzug zu einem pubertierenden pickligen Jugendlichen. Solange solche Menschen in Deutschland Orden bekommen, sollte man hierbleiben. Es ist noch viel zu retten!

Die positiven Seiten der Medaille

Und hier eine kleine Hirnjogging-Übung im Sinne des Reframings dazu, denn warum sollten wir uns schlecht fühlen, wenn wir uns mit demselben Phänomen auch gut fühlen könnten? Denn, dass wir hochbegabt sind, schadet ja niemandem. Also können wir es auch genießen.

Was ist von positivem Nutzen für uns Hochbegabte an folgenden immer wieder beklagten und beklagenswerten Tatsachen zu erkennen?

Vorschläge bitte gleich in die rechte Spalte eintragen:

Klage	Reframing/Nutzen
Wir kriegen immer mehr mit als andere	
Wir können uns nicht so gut konzentrieren	
Auf Partys sind wir oft alleine	
Small Talk ist etwas Fürchterliches für uns	
Wir haben wenig gute Freunde	
Die Lehrer haben uns häufig ausgebremst	
Wir denken oft, wir sind doof	
Wir können oft „nicht einfach so genießen"	

Wir sind oft nachtragend	
Die meisten Fernsehsendungen langweilen uns zu Tode	
Viele Menschen langweilen uns zu Tode	
Wir sind geradezu süchtig nach Informationen	
Wir sind fast immer schneller als andere	
Wir verzetteln uns oft	
Wir können uns oft nicht verständlich machen	
Vieles verstehen wir nicht	
Wir machen oft vieles gleichzeitig	

Vorschläge	
Klage	**Reframing/Nutzen**
Wir kriegen immer mehr mit als andere	Wir kriegen immer mehr mit als andere
Wir können uns nicht konzentrieren	Wir haben immer mehrere Filme im eigenen Kopf zur Auswahl
Auf Partys sind wir oft alleine	Wir haben oft Zeit für „andere wichtigere Gedanken"
Small Talk ist etwas Fürchterliches für uns	Das Niveau kann nur gesteigert werden. Also eine gute Ausgangsposition für Bright Talk
Wir haben wenig gute Freunde	Wir haben wenige nur oberflächliche Bekannte, dafür aber ein paar wirklich gute Freunde
Die Lehrer haben uns oft ausgebremst	Schon als Kind oder eben erst im hohen Alter haben wir die selbstausbremsende devote Ehrfurcht vor „Autoritäten" verloren. Eine Form von Freiheit
Wir denken oft, wir sind doof	Wir sind eben *nicht* arrogant. Auch wenn es keiner merkt
Wir können oft nicht „einfach so genießen"	24 Stunden Spaß und Herumlachen sind uns eben zu wenig. Aber wenn wir genießen, dann auch richtig (z.B. 5 Tage lang das Jahrestreffen von Mensa genießen)
Die meisten Fernsehsendungen langweilen uns zu Tode	Wir finden die, die nicht langweilen, und vergeuden keine Zeit

Viele Menschen langweilen uns zu Tode	Wir finden die, die es nicht tun, und haben unseren Spaß, und das sind eben nicht nur Hochbegabte! Aber wir suchen sie selber aus!
Wir sind süchtig nach Informationen	Körperlich unbedenklich, außerdem hält das den Spannungsbogen bis zum Schluss aufrecht, bis zum letzten Atemzug
Wir sind fast immer schneller als andere	Wir lernen warten, während wir etwas anderes erledigen können
Wir verzetteln uns oft	Wenn wir uns oft verzetteln, haben wir die Fertigkeit entwickelt, Ordnung zu schaffen und uns zu konzentrieren, denn sonst würden wir uns nur ein einzigen Mal (nämlich das letzte Mal) verzetteln
Wir können uns oft nicht verständlich machen	Wir befinden uns in einem dauernden Sprach-Präzisierungstraining
Vieles verstehen wir nicht	Vieles ist einfach nicht zu verstehen, weil gar nichts dahinter-steckt. Macht nichts!
Wir machen oft vieles gleichzeitig	Toll, dass wir das können. Wir sind multitaskingfähig

Und: Zum sofortigen Üben und Selbstausfüllen von diversen Klagen (linke Spalte) und zum Reframing in nützliche Aspekte des Selbst (rechte Spalte), malen Sie sich eine große zweispaltige Tabelle …

Und schließlich: Quantität schafft manchmal auch Qualität. Jedenfalls in diesem Fall! Und das bedeutet: Gelegenheiten schaffen, sich zu treffen, kann die Grundlage für ein völlig neues Lebensgefühl sein. Man kann auf viele verschiedene Arten und Weisen Gelegenheiten schaffen,

„Gleichgesinnte" bzw. Gleichtickende zu treffen. Manchmal geschieht es auch „zufällig", wie im Falle meines Interviewpartners Sven, der bei seiner neuen Arbeitsstelle sofort auf einen anderen Hochbegabten traf, nicht weil er einen solchen gesucht hätte, sondern weil es sofort funkte zwischen den beiden.

Man kann aber auch systematisch auf die Suche gehen nach sich selbst und anderen. Z.B. indem man die Zweifel beendet und sich testen lässt, z.b. indem man danach Mensa beitritt, was die Wahrscheinlichkeit dramatisch erhöht, auf Seinesgleichen in puncto intellektueller Leistungsfähigkeit zu treffen. Wir könnten ja schon einmal anfangen, unsere eigene kleine Welt dadurch zu verbessern, bunter zu machen, fröhlicher und leichter, erfolgreicher und schöner, indem wir zu den anderen kleinen Welten Kontakt aufbauen, denn nie war die Gelegenheit so günstig, so viele interessante Menschen kennenzulernen und den eigenen Horizont so schnell und so stark zu erweitern wie mit den kommunikativen Mitteln von heute. Mensa beispielsweise wächst momentan mit einer Geschwindigkeit von etwa 1.300 neuen Mitgliedern pro Jahr. Einige befürchten schon, wir würden einmal der ADAC der Hochbegabten werden. Tja, aber WAS FÜR EIN ADAC! Der Dalai Lama ist bekannt für sein Interesse für Technik und Wissenschaft. Und das hat seinen guten Grund: Man muss nicht mehr nach Indien reisen und viele Jahre lang unter einem Baum sitzen: Man kann sich heute auch so weiterentwickeln. Nicht nur er kann sich immer wieder begeistern für die Möglichkeiten moderner Informations- und Kommunikationstechnik. Man kann in Hamburg sitzen und sich im Buddhismus üben oder von Paderborn aus per Knopfdruck in die Bibliothek von Philadelphia gehen. Und wenn Hochbegabte etwas faszinierend finden, dann ist das Information. Also leben wir in einem wirklich faszinierenden Zeitalter. Wie geschaffen für Hochbegabte. Wir werden kaum noch als Hexen verbrannt, stattdessen haben wir heute die Flatrate! Und das macht Spaß. Wer Informationen beherrscht und die Technik dazu, der schafft es auch, die Zensur von Diktaturen aufzubrechen oder zu umschiffen, wie aktuelle Fälle in China, im Iran und in anderen Ländern zeigen. Das Netz ist nicht nur eine Domäne der Hochbegabten, aber natürlich finden die sich hier überrepräsentiert. Im *Stern* wurde unsere Zeit vor einigen Jahren mit einem Artikel, der so ungefähr betitelt war „Die Rache der Froschaugen und Eierköpfe", gewürdigt. Die, die nie einen Tanzpartner gefunden haben, leiten heute eine IT-Firma. Jetzt treffen sie sich sogar privat und veranstalten tolle Feste. Evtl. in dem sie gemeinsam etwas tun, was sie auch alleine tun: Informationen verarbeiten. Natürlich macht das am meisten Spaß mit Menschen zusammen, mit denen man sich versteht. Denn: Gemeinsam sind wir unausstehlich!

Ach ja: Was ist das denn nun eigentlich: „Mensa"?

Mensa oder auch MinD (= Mensa in Deutschland e.V.) wurde in diesem Buch so häufig erwähnt, was ich ursprünglich gar nicht vorhatte, sodass hier nun aber doch einige erläuternde Worte angebracht scheinen. Mensa ist zunächst einmal ein ganz gewöhnlicher Verein. Korrekt also: „Mensa in Deutschland e.V." Ein Verein mit Mitgliedern, einem Vorstand, einem Kassenwart usw., einer Satzung und einer Mitgliederversammlung. Alles korrekt nach dem deutschen Vereinsrecht organisiert.

Bei normalbegabten Menschen kursieren viele Gerüchte über diese angeblich „elitäre" Organisation. Dabei ist es bei Mensa sogar verpönt, über seinen eigenen IQ zu sprechen. Arroganz kommt nur insofern vor, als es mit einer gewissen Wahrscheinlichkeit unter Mensanern wie unter anderen Menschen arrogantes Verhalten von Einzelnen gibt. Allerdings ist zu beobachten, dass Mensaner eine erhöhte Wahrscheinlichkeit haben, in die Arroganz-Falle zu tappen ohne selbst arrogantes Verhalten zu beabsichtigen. In den letzten Jahren ist Mensa ein bisschen stärker als früher an die Öffentlichkeit gekommen, und zwar durch mehrere IQ-Shows mit Günther Jauch, die eine vorher nie gekannte Mitgliederschwemme brachten. Wer eintritt, merkt, dass es sich um einen ganz normalen Verein handelt.

„Mensa" (lateinisch) heißt Tisch, spielt mit der Bedeutung von „mens" (Geist) und „mensa" und meint damit: „Intelligente Menschen an einen Tisch bringen."

Wer kann Mitglied werden?

Jeder, der nach einem in Deutschland anerkannten wissenschaftlichen Verfahren unter kontrollierten Testbedingungen einen IQ von mindestens 130 aufweist. Das entspricht einem Prozentrang von 98 %. Das bedeutet, dass jemand einen IQ-Test besser als 98 % der Bevölkerung bearbeitet. Hat er das nachgewiesen, z.B. mithilfe eines der zahlreich regional veranstalteten Tests, dann kann er beitreten. Sein Beitritt bewirkt außer der Tatsache, dass er dadurch Mitglied wird, zunächst einmal nichts, außer dass er das MindMag, (das Vereinsblatt), regelmäßig bezieht und Zugang zum geschützten Mitgliederbereich der Website hat.

Geschichte

Die Gründungsgeschichte von Mensa ist schnell erzählt. Mensa wurde 1946 in Großbritannien vom Australier Roland Berrill und dem Engländer Dr. Lancelot Ware gegründet. Ursprünglich durch das zerbombte London und den Zweiten Weltkrieg stark beeindruckt, wollten die beiden etwas zur Rettung der Welt tun, indem sie ihre Intelligenz und die Intelligenz anderer dafür einsetzen wollten. Angeblich war die Gründung eine Schnapsidee der beiden, die sich gerade zufällig gemeinsam in einem durch einen zerstörten Vorort Londons ratternden Zug befanden. Die eigentlich ziemlich sinnvolle Idee verfing seltsamerweise nicht besonders. Erst unter der Leitung von Victor Serebriakoff, einem russischstämmigen Engländer, wurde Mensa, was sie heute ist, ein weltweiter Verein mit ca. 140.000 Mitgliedern. Davon Ende 2009 etwa 8.500 in Deutschland, davon ca. 31 % Frauen. Der Verein wächst derzeit um ca. 1.100 – 1.400 Mitglieder pro Jahr. Zum Vergleich 2003 hatte Mensa ca. 3.400 Mitglieder. Oder 1984: ca. 130 Mitglieder. Wichtig bei Mensa ist, dass sie bis heute keinerlei Meinung vertritt und sich als unpolitisch und areligiös versteht.

Struktur

Die Struktur von Mensa zu erfassen, ist schon schwieriger. Man kann sagen, es ist alles vorhanden, was ein Verein braucht, der Rest ergibt sich von Fall zu Fall. Die Struktur ergibt sich durch ein Geschehen, das ich bis heute noch als leicht anarchistische und sehr erfolgreiche Organisationsform bezeichnen würde. Entweder es passiert etwas, weil jemand damit anfängt, oder eben nicht. Bei einer solchen Masse von hyperaktiven Hochbegabten allerdings muss man dauernd damit rechnen, dass einer etwas anfängt, und so ist es auch. Deswegen haben wir dauernd sich den Ereignissen anpassende Strukturen wie eben ein lebendes System, das sich laufend in einer Art Fließgleichgewicht den Umständen und Ereignissen anpasst. Offiziell gibt es die Testleiter-Organisation, die die unter standardisierten Bedingungen durchgeführten IQ-Tests auf regionaler Ebene sicherstellt. Und noch eine Art Lokalvertretung, die sogenannten LocSecs (= „local secretary", eine Art offizieller Ansprechpartner auf regionaler Ebene). Und die „Eddies", die regelmäßig lokale Infoblätter (ein paar zig für Deutschland) herausgeben, die Stammtisch-Koordinatoren, die die Stammtische koordinieren (!), und dann noch die SIGs, sogenannte special interest groups, die sich jeweils eben einem bestimmten Thema intensiver widmen, von jeweils interessierten Mitgliedern gegründet werden und so lange existieren, wie Interesse am Thema besteht. Es gibt aber auch die Mensa-Kids (für 6-12-Jährige), die Sommercamps und Wochenenden für Kinder (und manchmal auch Eltern), Vorträge und andere Veranstaltungen organisieren, Junior-Mensa (für 12-18-Jährige) und ein Beraternetzwerk und und und.

Wahrscheinlich ist in den nächsten Jahren mit einer Restrukturierung zu rechnen, denn bei derartig stark steigenden Mitgliederzahlen ist irgendwann ein Vorstand überfordert mit einer Struktur, die für einen Verein mit ein paar Hundert Menschen noch angemessen erscheint.

Mitglieder

Weil es außer dem IQ keinerlei andere Kriterien für einen Beitritt gibt, findet sich bei Mensa alles, was unsere Gesellschaft an politischen philosophischen/weltanschaulichen/sexuellen/und sonstigen Neigungen und Richtungen zu bieten hat. Zuweilen stellt jemand Listen von Prominenten zusammen, die das deutlicher machen sollen, weil sie jeder kennt. Es ist in der Regel einigermaßen schwierig, die Echtheit dieser Behauptungen zu prüfen, weil kaum einer der international bekannten Prominenten seine Mitgliedschaft auf seiner Homepage vermerkt. Asia Carrera, eine amerikanische Porno-Queen, ist da eher die Ausnahme. So gibt es unter den prominenten Mitgliedern Carl-Christian Dressel, ein Mitglied des deutschen Bundestags. aber auch Isaac Asimov (gest. 1992) gehörte dazu, und Scott Adams, der „Gilbert"-Erfinder, ist Mitglied sowie Beate Bischler, die erfolgreiche deutsche Behinderten-Olympionikin (Interview auf Seite 37), „Stars" wie Steve Martin, Madonna, Sharon Stone, Dr. Julie Peterson (Playboy-Playmate), Geena Davis (bekannt u.a. aus „Thelma and Louise") und andere, z.B. Rapper oder Filmemacher (beispielsweise der Regisseur von „John Rabe", der Oscar-Preisträger und Regisseur Florian Gallenberger). Sogar Lisa Simpson, die amerikanische Comic-Figur, soll beigetreten sein. Ach ja, und nicht zu vergessen: Lothar und Sabine, Claudio, Beate, ja, Christian auch, und vor allem Doris. Und Ninja, Oliver, ach ja, Annika und Thomas und all die anderen. Max beispielsweise und Babette, und natürlich Christoph und Günter, Hermann und jetzt auch Reiner und endlich auch Claudia und Swen ...

Und das macht Mensa im Grunde aus: Man kommt in Kontakt mit den verschiedensten hochbegabten Menschen, das ist der einzige schöne Sinn von Mensa. Und mich würde es nicht wundern, wenn ich tatsächlich eines Tages Lisa Simpson anlässlich eines Jahrestreffens auf einem Hotelflur begegnen würde. So wie es in der Satzung von Mensa international steht:

Mensa's purposes are to identify and foster human intelligence for the benefit of humanity; to encourage research in the nature, characteristics and uses of intelligence; and to provide a stimulating intellectual and social environment for its members.

Veranstaltungen

Es gibt bundesweit ca. 70 verschiedene (steigende Tendenz), regelmäßig stattfindende, regionale Stammtische, wo man sich trifft und austauschen kann. Einmal im Jahr findet – immer in einer anderen Stadt – die sogenannte „Mitgliederversammlung" (seit Kurzem Jahrestreffen genannt) statt. Hier wird zwar auch die korrekte Form gewahrt und die nach dem Vereinsrecht erforderliche Mitgliederversammlung nach allen Regeln der Kunst abgehalten, aber das Ganze hat sich mittlerweile zu einem Event von insgesamt fast fünf Tagen Dauer entwickelt. Firmen- und Stadtbesichtigungen, Vorträge, Feiern, Relaxen, Arbeitskreise, Sport. Nichts, was es nicht gibt. Der Grundsatz ist klar: Wenn jemand etwas tut, passiert was. Wenn nicht, dann nicht.

Es gibt Veranstaltungen für Kids ab sechs Jahren, und es gibt Veranstaltungen wie die „Mindakademie", eine Veranstaltung mit einer konzentrierten Mischung aus Vorträgen über Gott und die Welt, organisiert durch das MinD-Hochschulnetzwerk (MHN). Es gibt Sommerfeste und Grillpartys, die seit mehr als zwanzig Jahren stattfinden und teilweise mehrere Tage dauern. Dann die legendären Silvesterpartys mit mehreren Hundert Teilnehmern. Alles an wechselnden Orten und immer mit einem ausgefeilten Programm-Mix von Besichtigungen und Vorträgen und und und. Im Sommer 2008 fand das erste EMAG (European Mensean Annual Gathering) in Köln statt mit ein paar Hundert Teilnehmern aus 19 europäischen Ländern. Fast fünf Tage voller Vorträge, Besichtigungen und sonstiger Events. Wer wollte, konnte die Deutsche Gesellschaft für Luft- und Raumfahrttechnik besichtigen, einen leibhaftigen Astronauten kennenlernen, den Kölner Dom besteigen oder gemeinsam mit Mensanern aus Europa eine Rheinschifffahrt unternehmen. Sogar der Kölner Karneval wurde für unsere Gäste mitten in den Sommer verlegt (na ja, wer's mag!). Neben ca. 40 anderen Veranstaltungen.

Außerdem gibt es eine Website mit derzeit ca. 120 verschiedenen Blogs (bei MinD „Boggs" genannt), deren Autoren sich in der Regel hyperaktiv geben, solange sie bestehen. Einige wechseln aber relativ häufig (Autoren und „Boggsen"), weil das Interesse hier erlahmt und da neu aufflammt.

Ach ja, und SIGHT, einen weltweit organisierten gegenseitigen Unterstützungsdienst beim Reisen. Nach dem Motto: „Biete Bett in Bremen, suche Wohnung in Adelaide."

Seit 2004 vergibt MinD den deutschen IQ-Preis für besonders intelligente Projekte/Ideen, beispielsweise 2006 an die Sendung mit der Maus und 2007 an den Moderator und Redakteur des WDR Ranga Yogeshwar.

Sonstige Aktivitäten

In letzter Zeit organisiert sich verstärkt eine Gruppe, die gezielter und systematischer, als das in der Vergangenheit der Fall war, die Intelligenzforschung stützt und vorantreibt, indem Diplom- und Doktorarbeiten, die sich damit befassen, durch die Vermittlung von z.B. Probanden unterstützt werden.

Was ist also das Besondere an Mensa?

Das Besondere an Mensa ist einfach zu formulieren: Hier fühlt sich ein hochbegabter Mensch aufgehoben und sofort akzeptiert. Egal wo er herkommt, wie er aussieht, welche Anschauungen er hat oder welche Ticks. Egal welche Sprache er spricht, welcher Religion er zugehörig ist, welche Schulbildung er hat (von Sonderschule bis zu x Dr.-Titeln und Professuren ist alles vertreten) oder welche sexuelle Neigung oder Prägung er hat oder welche politische Partei er bevorzugt. Hier treffen sich Couch-Potatoes und Hochleistungssportler. Hier gibt es Berufe und Möglichkeiten ohne Ende.

Aber damit sei auch eine Warnung ausgesprochen: Es sind Möglichkeiten. Eine einzige Möglichkeit gibt es bei Mensa kaum bis gar nicht: Die Möglichkeit, Unterhaltung einfach nur zu konsumieren. Mensa betreibt keine Erlebnisgastronomie. Wer das erwartet, wird schnell enttäuscht und bleibt einsam – vielleicht mitsamt seiner Ausgabe des Vereinsblattes. Das wird aber sogar bei Mensa spätestens nach fünfmaligem Lesen langsam langweilig.

Trotzdem spielt der Grad der eigenen Aktivitäten natürlich keine Rolle für eine Mitgliedschaft oder gar für die Akzeptanz der eigenen Person durch Mensa oder andere Mensaner. Und für viele ist das auch tatsächlich Stütze genug.

Für andere ist es ein virtueller und sehr tatsächlicher Spielplatz, auf dem sie sich austoben können, Spaß haben, ernste und ganz ernste Arbeitsgruppen gründen und wieder abschaffen. Und das ganz ohne Kommentare, ohne Lob und ohne Tadel, ohne Wertung von außen oder deren Notwendigkeit. Einfach so, weil es möglich ist. Selbstbestimmt. Eine große Gruppe von Individuen also. Insofern trifft Mensa die Kritik des Superhirns Daniel Tammet in seinem Buch „Wolkenspringer", sie wäre nur ein Spielplatz für Rätsellöser, nicht einmal peripher. Wir machen einfach nur, was wir wollen.

Bemerkungen zur Entstehung dieses Buches

Dieses Buch ist in den Jahren 2006 – 2009 entstanden. Es enthält viele meiner Erfahrungen als Coach, als Hochbegabter, als hochbegabter Coach von Hochbegabten und natürlich fließen meine Erfahrungen als Coach und Trainer von Führungskräften und Teams überhaupt mit ein. Ich habe dieses Buch etlichen Verlagen angeboten, die mir teilweise sehr gutes Feedback gaben, aber in ihren Programmen letztendlich keinen Platz dafür sahen. Die mir teilweise immer wieder versicherten, sie wollten es veröffentlichen und dann fast neun Monate später einen leisen Rückzug antraten. Wer schon mal ein Buch veröffentlichen wollte, der weiß, was ich meine. Ich bin auch immer neuen Tipps nachgegangen, wenn jemand einen Kontakt zu einem weiteren Verlag herstellen konnte. Offenbar sind in den letzten Jahren zwar wenige Bücher zum Thema veröffentlicht worden, aber doch so viele, dass man der Meinung ist, der Markt sei vorerst gesättigt.

Ich fühle mich aber meinen Kunden verpflichtet, meinen Interviewpartnern und den Menschen, die dieses Buch mit Interesse und Nutzen lesen werden.

Es gibt Stimmen, die behaupten, dass ein Buch, welches man quasi selber herausgibt, kein gutes Buch sein kann. Ja, dass es sogar imageschädigend wirken kann, wenn man dies tut. Ich habe in den letzten 15 Jahren Bücher über verschiedene Verlage veröffentlicht und selber welche herausgegeben. Ich konnte diese Negativerfahrung bis heute nicht machen. Schade allerdings, dass man weniger Vertriebsmöglichkeiten hat als ein großer Verlag.

Die Tatsache alleine, dass es ein großer Verlag ist, der ein Buch herausgibt, ist kein Qualitätsbeweis. Schon gar nicht in einer Zeit, in der sogar große und angesehene Verlage Druckkostenvorschüsse verlangen, und dann Bücher herausbringen, die sie normalerweise wegen des unternehmerischen Risikos nicht herausbringen würden. Dass man als Autor selber findet, dass man ein grandioses Werk verfasst hat, ist schon gar kein Qualitätsbeweis. Ich habe daher dieses Buch einigen Menschen zum Lesen gegeben, von denen ich mir ein „hammerhartes" und ehrliches Feedback erwarten durfte. Von dreien habe ich das Feedback wörtlich in diesem Buch zu Anfang wiedergegeben. Nicht, weil gerade diese drei die einzigen waren, die ein gutes Feedback gegeben haben, sondern weil sie aus drei völlig unterschiedlichen Blickwinkeln auf dieses Buch geschaut haben: Cornelia Hegele-Raih, weil sie mit dem professionellen Blick einer langjährigen Redaktionstätigkeit für den

Harvard Business Manager einen geschulten Blick für Lesbarkeit und Verständlichkeit von Texten hat und dafür, ob dieser Text ein genügend breites Publikum wirklich interessieren könnte. Dorothee Echter steht für mich als Vertreterin der wenigen Top Coaches in Deutschland, die sich in den Vorstandsetagen vieler führender und namhafter deutscher Unternehmen tatsächlich auskennen. Sie besitzt einen scharfen Blick für die Bedürfnisse, die speziellen Probleme sowie die Erfolgsfaktoren für glänzende Karrieren (hochbegabter) Top-Manager. Hermann Meier schließlich, weil er sich als Vorstandsvorsitzender von Mensa in Deutschland e.V. den Ende 2009 fast 8.500 Mitgliedern des größten deutschen Hochbegabten-Clubs verantwortlich fühlt und – typisch hochbegabt – mir mehr als deutlich gemacht hätte, dass der beste Platz für dieses Buch der Papierkorb in meinem Büro wäre, hätte er denn diese Meinung vertreten. Nachdem dieses Buch also etliche Menschen gelesen haben, die ich für kompetent halte – hochbegabte und nicht hochbegabte Erwachsene aus verschiedenen Branchen und kulturellen Kontexten – und die durchweg schier begeistert waren, gebe ich es jetzt heraus, damit es seine Leser erreicht.

Ein Buch über ein BoD-System (Books on Demand) herauszugeben, hat einen weiteren, nicht vollständig unwichtigen Vorteil, den zugegebenermaßen inzwischen auch viele Verlage nutzen: Es ist eine umweltfreundliche Idee, es werden keine unverkäuflichen Bücher jahrelang klimatisiert gelagert und hinterher eingestampft, sondern nur die Bücher produziert, die auch verkauft und hoffentlich auch gelesen werden.

Mir kommt es weniger darauf an, mit dieser Veröffentlichung reich zu werden (alle, die es einmal versucht haben, wissen, dass das sowieso abgesehen von Harry Potter kaum funktioniert), sondern, dass die Menschen, die damit etwas anfangen können, das Buch auch wirklich zu lesen bekommen. Und: jeder ernsthaft interessierte Verlag ist natürlich trotzdem jederzeit herzlich eingeladen, dieses Buch dennoch unter seinem Label herauszubringen.

Und noch ein kleiner Hinweis an diejenigen, die auch in diesem Buch Tippfehler entdecken werden: Ich habe dieses Buch mehrfach von Laien und zweimal von einem bezahlten Profi Korrektur lesen lassen (nachdem ich es selber mehrfach korrigiert hatte, über PC-Programme und auch ohne). Es werden trotzdem aller Erfahrung nach noch Tippfehler enthalten sein. Ich vertraue darauf, dass sie nicht so irritierend sind, dass sie den Inhalt völlig entstellen. Ich entschuldige mich aber trotzdem bei denjenigen Lesern, die darunter erfahrungsgemäß leiden werden und erwarte eine Flut von gutgemeinten Korrekturvorschlägen.

Dank

Mein besonderer Dank geht an alle Ms (Mensaner), die meine Interview-partner waren, die in beeindruckender Offenheit ihre guten und ihre belastenden Erfahrungen mit der eigenen Hochbegabung schilderten und mir damit sehr geholfen haben. Und natürlich an alle, die ich bisher kennenlernen durfte und die in zahlreichen Diskussionen zur Ordnung meiner Gedanken beitrugen. Großer Dank auch an Claudio Seipel, der das Manuskript in einem sehr frühen Stadium gelesen und mit wertvollen Anregungen angereichert hat. Dank seiner Kritik würde er den Text heute nicht wiedererkennen. Dank auch an Prof. Dr. Uwe Grau, der der Erste war, der mich darauf aufmerksam machte, dass ich als Student nicht blöde, sondern hirnmäßig eher ganz schön munter unterwegs war. Das war keine Diplomprüfung! Das war eine Offenbarung, dieses Prüfungsgespräch damals mit dir, lieber Uwe! Eines der besten und tatsächlich entspanntesten Gespräche nach einem schrecklichen Anfang (ich hatte vom Prüfungsstoff keine Ahnung), die ich je geführt habe. Von „Tarent" einmal ganz abgesehen! Dank auch an Top Management Coach Dorothee Echter, mit der ich mich seit fast 25 Jahren über wichtige Aspekte des Coachings immer wieder auseinandersetze, und in deren „Executive Coaching Quality Kompetenzzentrum" ich von Anfang an Mitglied bin. Und an Top Coach Dorothea Assig für ihre seit vielen Jahren immer wieder geäußerte hilfreiche und provozierende Kritik. Dank auch an Cornelia Hegele-Raih vom Havard Business Manager, die mir nach einem wunderbar spannenden, mehrstündigen Gespräch (eigentlich ein Interview für den Havard Business Manager) sowie der Vorablektüre dieses Buches noch wertvolle und wichtige Hinweise gegeben hat. Nicht zuletzt an Hermann Meier, den derzeitigen Vorstandsvorsitzenden von Mensa in Deutschland e.V., der sich sofort bereit erklärte, das Manuskript zu lesen, und kluge Hinweise gab. Und natürlich Dank an alle meine hochbegabten Coaching-Kunden, von denen ich immer wieder gerne lerne. Und vor allem auch an alle meine *nicht*hochbegabten Seminarteilnehmer und Coaching-Kunden, Führungs-kräfte aller Ebenen, die mir – vom Vorarbeiter bis zum Vorstand – immer wieder helfen, mich zu erden und mir helfen, der zu sein, der ich so gerne bin: Wanderer zwischen allen Welten. Und nicht zuletzt an meine Frau Gretel Sattler, die mich immer wieder fasziniert, mit der ich noch mindestens hundert Jahre zusammenleben und mich von ihren geradezu genialen Ideen überraschen lassen möchte.

Literatur

Barbery, Muriel: *Die Eleganz des Igels*, dtv, 2008
Bateson, Gregory: *Ökologie des Geistes*, Suhrkamp Verlag, 1988
Berg, I.K.; Miller, S.D.: *Die Wundermethode*, Dortmund, 2003
Berger, Mathias und Normann, Claus: „Kosmetik für graue Zellen", in: *Gehirn und Geist*, Heft 10/2008, Seite 36 ff.
Brackmann, Andrea: *Jenseits der Norm – hochbegabt und hochsensibel?*, Klett-Cotta, 3. Auflage, 2006
Brackmann, Andrea: *Ganz normal hochbegabt*, Klett-Cotta („leben"!"), 2007
Cecchin, Gianfranco; Lane, G. Ray; Wendel A.: *Respektlosigkeit*, Carl Auer Verlag, 1996
Epstein, Roberet: „Der Mythos vom Teenager-Gehirn", in: *Gehirn und Geist*, 1/2008, S. 24 ff.
Falkenstein, Michael: „Geistig vorsorgen – 7 goldene Regeln", in *Gehirn und Geist*, Heft 10/2008, Seite 42 ff.
Farrelly, Frank; Brandsma, J. M.: *Provokative Therapie*, Springer, 1986
Fischer-Epe, Maren: *Coaching: Miteinander Ziele erreichen*, rororo, überarbeitete Neuauflage 2004
Fleiß, Ida: *Hochbegabung und Hochbegabte*, Tectum Verlag, 2003
Foerster, Heinz von; Pörksen, Bernhard, *Wahrheit ist die Erfindung eines Lügners. Gespräche für Skeptiker*, Carl-Auer-Systeme Verlag, 6.Auflage 2004
Foerster, Heinz von; Glasersfeld, Ernst von: *Wie wir uns erfinden. Eine Autobiographie des Radikalen Konstruktivismus*, Carl-Auer-Systeme Verlag, 1999
Führlich, Ingrun: *Lebenslänglich hochbegabt*, MV Wissenschaft, 2006
Furman, Ben: *Es ist nie zu spät, eine glückliche Kindheit zu haben*, Borgmann, 5. Auflage 2005
Gardner; Howard; Heim, Malte: *Abschied vom IQ: Die Rahmen-Theorie der vielfachen Intelligenzen*, 2005
Getschmann, Dirk/Scheer, Heinz-Detlef: *Altern für Anfänger. Babyboomers Reifeprüfung*, Pendo Verlag, 2007
Greif, Siegfried: *Coaching und ergebnisorientierte Selbstreflexion*, Hogrefe, 2008
Greif, Siegfried: „Die härtesten Forschungsergebnisse zum Coaching-Erfolg", in: *Coaching-Magazin*, 3/2008, Seite 46-49
Grandin, Temple: *Ich sehe die Welt wie ein frohes Tier. Eine Autistin entdeckt die Sprache der Tiere*, Ullstein, 2006

Haan, Erik de: „Die zehn Gebote: Was ein Coach von der Therapie-Forschung lernen kann", in: *Wirtschaftspsychologie aktuell*, 2/2008, Seite 34-38

Händeler, Erich: *Kondratieffs Welt. Wohlstand nach der Industriegesellschaft*, Brendow, 2005

Hargens, Jürgen: *Bitte nicht helfen, es ist auch so schon schwer genug, (K)ein Selbsthilfebuch*, Carl-Auer-Systeme Verlag, 5. Auflage 2000

Hargens, Jürgen: *Lösungsorientierte Therapie ... was hilft, wenn nichts hilft...*, borgmann Verlag, 2007

Hargens, Jürgen: *Systemische Therapie ..., und gut. Ein Lehrstück mit Hägar*, verlag modernes lernen, Dortmund, 2003

Harland, Simone: *Hyperaktiv oder hochbegabt?*, Ehrenwirth, 2003

Hume, David: *Eine Untersuchung über den menschlichen Verstand*, Reclam, 5489, 1967

Jäger, Roland: *Praxisbuch Coaching. Erfolg durch Business-Coaching*, GABAL, 2001

Joder, Karin: *Die Diagnose „Hochbegabung". Reaktionen von Eltern und Erwachsenen*. S .Roderer Verlag, Regensburg, 2008

Klein, Tanja Gabriele: „Leta Hollingworth – Pionierin der Höchstbegabtenforschung", in: *Mind Magazin* (das offizielle Organ von Mensa in Deutschland e.V.), Nr. 61/2007

König, Eckard; Volmer, Gerda: *Systemisches Coaching. Handbuch für Führungskräfte, Berater und Trainer*, Beltz, 2002

Laing, Ronald D.: *Knoten*, rororo, 1986

Lange-Eichbaum, W.; Kurth, W.: *Genie, Irrsinn und Ruhm*, München, Ernst Reinhardt Verlag 1979

Luhmann, Niklas: „Operationale Geschlossenheit psychischer und sozialer Systeme". in: Fischer, Hans Rudi; Arnold Retzer & Joschen Schweitzer (Hrsg.). *Das Ende der großen Entwürfe*, 2. Auflage, Suhrkamp Verlag, 1993

Maturana, Humberto R.; Varela, Francisco J.: *Der Baum der Erkenntnis. Die biologischen Wurzeln menschlichen Erkennens*, Scherz, 1987

Mücke, Klaus: *Probleme sind Lösungen*. Klaus Mücke Öko-Systeme Verlag, zweite Auflage 2001

Mutius, Bernhard von (Hg.), in: Mutius, Bernhard von: *Die andere Intelligenz*, Klett-Cotta, 2. Auflage 2004

Petersen, Maria: *Danke! Jetzt bin ich glücklich!*, BoD Norderstedt, 2. überarbeitete Auflage 2008

Pörksen, Bernhard: *Abschied vom Absoluten. Gespräche zum Konstruktivismus*, Carl-Auer-Systeme Verlag, 2001

Prisching, Manfred: *Das Selbst Die Maske Der Bluff. Über die Inszenierung der eigenen Person.* Molden Verlag, 2009

proWissen Potsdam e.V.: *Das Potsdamer Toleranzedikt. Für eine offene und tolerante Stadt der Bürgerschaft,* 2008

Rauen, Christopher: *Handbuch Coaching,* Verlag für Angewandte Psychologie, 2000

Rauen, Christopher: "Coaching-Report", auf *www.coaching-report.de*

Rost, Detlef H.: „Klare Worte zur „Hochbegabungs"-Diskussion. Viel Seichtes in Pädagogik und Pädagogischer Psychologie". AG „Pädagogische Psychologie & Entwicklungspsychologie" und „Begabungsdiagnostische Beratungsstelle *„BRAIN"*, ohne Datum, aber vermutlich nach 2006, da die späteste zitierte Literatur 2006 datiert.

Rost, Detlef H.: *Intelligenz: Fakten und Mythen,* Beltz, 2009

Rost, Detlef H. (Hrsg.): *Hochbegabte und hochleistende Jugendliche.* Waxmann Verlag, 2., erweiterte Auflage, 2009

Sarges & Wottawa: *Handbuch wirtschaftspsychologischer Testverfahren,* Pabst, 2. Auflage 2004

Saß, Henning; Wittchen, Hans-Ulrich; Zaudig, Michael: *DSM IV: Diagnostical and Statistical Manual of Mental Disorders,* Hogrefe, 1998

Scheer, Heinz-Detlef: *Raus aus der Diabetes-Falle. Erkennen. Handeln. Genießen.,* BoD Norderstedt, 2005

Scheer, Heinz-Detlef: *Erfolgreiche Strategien für starke Teams. Gegenseitige Teamberatung im Betrieb,* Neuer Merkur, München, 1997

Scheddin, Monika: *Erfolgsstrategie Networking,* BW Verlag, 2. Auflage 2005

Scheidt, Jürgen vom: *Das Drama der Hochbegabten,* Kösel, 2004

Schreyögg, Astrid: *Coaching für die neu ernannte Führungskraft,* VS Verlag für Sozialwissenschaften, 2008

Schulz von Thun, Friedemann; Stegemann, Wibke: *Das innere Team in Aktion. Praktische Arbeit mit dem Modell,* Rowohlt, 2004

Senghaas, Johanna: „Null Problemo!", in: *Gehirn & Geist,* Spektrum der Wissenschaft, Heft 12/2006 (Seite 24-25)

Seipel, Claudio: Doktorarbeit in Vorbereitung: Planung: „Die Gefährdung der Identität durch nicht erkannte Hochbegabung", persönliche Mitteilung an den Autor, Januar 2009

Selvini-Palazzoli, Mara; Boscolo, L.; Cecchin, G.; Prata, G.: *Paradoxon und Gegenparadoxon*, Klett-Cotta, 4. Auflage, 1985

Shazer, Steve De: *Wege der erfolgreichen Kurzzeittherapie*, Klett- Cotta, 1989

Simon, Fritz B.; Clement, Ulrich & Stierlin, Helm: *Die Sprache der Familientherapie. Ein Vokabular,* 5. Auflage, Stuttgart, Klett-Cotta, 1999

Steen, van Uta: *Liebesperlen. Beate Uhse. Eine deutsche Karriere.* Europäische Verlagsanstalt, 2003

Steinhöfel, Andreas; Schössow, Peter: *Rico, Oskar und die Tieferschatten,* Carlsen, 2008

Tammet, Daniel: *Wolkenspringer*, Patmos, 2009

Vigan, Delphine de: *No und ich*, Droemer, 2008

Vosen-Pütz, Dr. Xenia: „Lebensfallen für Mensaner, oder warum wir nicht ALLE reich, berühmt und erfolgreich sind." Vortrag auf der Jahrestagung von Mensa in Mönchengladbach am 29.04.2006. Aus den Notizen zum Referat

Walter, John L.; Peller, Jane E.: *Lösungsorientierte Kurztherapie*, verlag modernes lernen, 1994

Watzlawick, Paul; John, H. Weakland; Fisch, Richard: *Lösungen. Zur Theorie und Praxis menschlichen Wandels*, Huber, Bern, 2008

Watzlawick, Paul: *Wie wirklich ist die Wirklichkeit?,* Piper, 1978

Wolf, Notker: *Worauf warten wir? Ketzerische Gedanken zu Deutschland*, rororo, 2006

Wrede, Britt A.: *So finden Sie den richtigen Coach.* Campus, 2000

Zeitschriftenartikel ohne Autorennennung:

Gehirn & Geist": Ins Erbgut eingebrannt. Kindesmissbrauch verändert die Genaktivität bei den Opfern, Heft 5/2009, Seite 10

Reader zu verwandten Themen vom selben Autor:

Scheer, Heinz-Detlef: *25 beliebte Mythen zum Thema Hochbegabung*
BoD, 2009, € 6,90

Scheer, Heinz-Detlef: *25 beliebte Mythen zum Thema Coaching*
BoD, 2009, € 6,90

Zu bestellen bei BuchhandlungSattler@t-online.de (sofort lieferbar) oder
jeder anderen Buchhandlung.